ENCYCLOPÉDIE-RORET

FABRICATION
DES COLLES
VÉGÉTALES, ANIMALES
ET COMPOSÉES

PARIS
ENCYCLOPÉDIE-RORET
L. MULO, LIBRAIRE-ÉDITEUR
12, RUE HAUTEFEUILLE, 12

ENCYCLOPÉDIE-RORET

FABRICATION

DES COLLES

EN VENTE A LA MÊME LIBRAIRIE

Manuel du Porcelainier, Faïencier, Potier de Terre, contenant des notions pratiques sur la fabrication des Grès cérames, des Pipes, des Boutons, des Fleurs en porcelaine et des diverses Porcelaines tendres, par D. Magnier, ingénieur civil. Nouvelle édition revue et augmentée par Bertran, Ingénieur des Arts et Manufactures. 1 vol. orné de 148 figures dans le texte. 4 fr.

— **Verrier et Fabricant de Cristaux**, Pierres précieuses factices, Verres colorés, Yeux artificiels, par Julia de Fontenelle et Malepeyre. Nouvelle édition entièrement refondue par Bertran, Ingénieur des Arts et Manufactures. 2 vol. ornés de 235 fig. dans le texte. 8 fr.

— **Cadres** Fabricant de Passe-Partout, Châssis, Encadrements, suivi de la restauration des tableaux et du nettoyage des gravures, estampes, etc., par J. Saulo et de Saint-Victor. Édition entièrement refondue, par E.-E. Stahl. 1 vol. orné de 27 illustrations. 2 fr.

— **Dorure sur bois** à l'eau et à la mixtion, par les procédés anciens et nouveaux, traitant des peintures laquées sur Meubles et sur Sièges, par Saulo. 1 vol. 1 fr. 50

— **Ebéniste et Tabletier**, traitant des Bois, de leur Teinture et de leur Apprêt, de l'Outillage, du Débitage des bois de placage, de la fabrication et de la réparation des Meubles de tout genre et du travail de la Tabletterie, par Nosban et Maigne. 1 vol. orné de figures et accompagné de planches. 3 fr. 50

— **Marqueteur et Ivoirier**, traitant de la fabrication des meubles et des objets meublants en marqueterie et en incrustation, de la Tabletterie-Ivoirerie, du travail de l'Ivoire, de l'Os, de la Corne, de la Baleine, de la Nacre, de l'Ambre, etc., par Maigne et Robichon. 1 vol. orné de figures. 3 fr. 50

— **Peintre en Bâtiments**, Vernisseur et Vitrier, traitant de l'emploi des Couleurs et des Vernis pour l'assainissement et la décoration des habitations, de la pose des Papiers de tenture et du Vitrage, par Riffaut, Vergnaud, Toussaint et F. Malepeyre. Nouvelle édition revue et augmentée du Peintre d'enseignes, de la Pose des vitraux, etc. 1 vol. orné de 44 figures. 3 fr.

MANUELS-RORET

NOUVEAU MANUEL COMPLET
DE LA

FABRICATION

DES COLLES

COMPRENANT

La Fabrication des Colles de matières végétales,
des Colles de substances animales et des Colles composées

AINSI QUE

Des détails sur leur Essai et leurs Applications

TRAITANT

DE LA FABRICATION DE LA GÉLATINE ALIMENTAIRE

PAR

F. MALEPEYRE

NOUVELLE ÉDITION ENTIÈREMENT REFONDUE
PAR
H. BERTRAN
Ingénieur des Arts et Manufactures

Ouvrage orné de 114 figures dans le texte

PARIS
ENCYCLOPÉDIE-RORET
L. MULO, LIBRAIRE-ÉDITEUR
12, RUE HAUTEFEUILLE, 12
1901

AVIS

Le mérite des ouvrages de l'**Encyclopédie-Roret** leur a valu les honneurs de la traduction, de l'imitation et de la contrefaçon. Pour distinguer ce volume, il porte la signature de l'Éditeur, qui se réserve le droit de le faire traduire dans toutes les langues, et de poursuivre, en vertu des lois, décrets et traités internationaux, toutes contrefaçons et toutes traductions faites au mépris de ses droits.

Roret

PRÉFACE

Destiné à rendre d'utiles et fréquents services non seulement aux fabricants de Colles de toutes sortes, mais aussi aux négociants qui les trafiquent et aux nombreuses personnes qui en font usage, ce nouveau Manuel comprend, outre la description complète des procédés de fabrication des colles, des notions détaillées sur les propriétés de ces produits ainsi que sur leurs caractères de bonne qualité, et un grand nombre de recettes pratiques pour préparer des composés agglutinatifs convenant à des applications spéciales dans différents arts.

Pour rendre ce Manuel commode à consulter, il a été divisé en deux parties :

La première partie traite des diverses colles en général; dans des chapitres distincts on trouvera sur les colles végétales, les colles minérales, les colles animales et leurs usages, de nombreux renseignements que l'on ne pourrait se procurer autrement qu'au prix de patientes recherches dans des ouvrages peu connus et non spéciaux.

La **deuxième partie** traite de la Fabrication de la colle forte en particulier, des méthodes d'essai permettant de juger de ses qualités adhésives, et aussi de la Fabrication de la gélatine alimentaire, de la colle à bouche, de la colle liquide et de la colle de poisson.

Des sommaires explicites placés au commencement de chaque chapitre, et une table des matières clairement disposée à la fin de l'ouvrage permettront au lecteur de trouver sans difficulté ce qui l'intéresse.

Nous espérons que le soin apporté à la rédaction et à l'illustration de ce nouveau Manuel lui feront trouver auprès du public un accueil non **moins favorable** que les précédentes Editions.

NOUVEAU MANUEL COMPLET

DE

LA FABRICATION

DES COLLES

PREMIÈRE PARTIE

COLLES DIVERSES

CHAPITRE PREMIER

Colles végétales

Sommaire. — I. Propriétés des fécules et de l'amidon. — II. Fabrication des fécules et de l'amidon. — III. Colle d'amidon. — IV. Colle de pâte. — V. Dextrine. — VI. Colles de dextrine imputrescibles. — VII. Gluten. — VIII. Colles au gluten. — IX. Parements des tisserands. — X. Gélatine chinoise. — XI. Colle de gélose. — XII. Gélatine des varechs et des algues. — XIII. Gommes. — XIV. Caoutchouc. — XV. Glu ou colle marine de Jeffery. — XVI. Gutta-percha. — XVII. Collodion. — XVIII. Celluloïd.

I. PROPRIÉTÉS DES FÉCULES ET DE L'AMIDON

Les colles végétales se préparent presque toutes avec les matières amylacées, c'est-à-dire avec les fécules de divers végétaux et différentes substances contenant des quantités plus ou moins considérables de fécule.

Les fécules tirées des céréales portent le nom d'*amidon* et l'on réserve généralement le terme de *fécule* pour désigner les produits similaires que l'on prépare avec les pommes de terre, la moelle ou les racines de certaines plantes, etc.

Un grain de fécule est essentiellement formé de substance amylacée et d'eau, avec une petite quantité de sucre, de dextrine, de matière grasse, etc. ; il est composé de couches nombreuses superposées, qui en général renferment d'autant plus d'eau qu'elles sont plus voisines du centre ; la partie centrale constitue ordinairement une cavité remplie d'air, autour de laquelle les couches sont disposées avec des épaisseurs réparties assez irrégulièrement.

Suivant la nature des plantes, le diamètre des grains de fécule paraît varier de 10 à 300 millièmes de millimètre. La fécule de pommes de terre forme une poudre un peu moins fine que l'amidon de froment.

L'amidon ordinaire séché à l'air contient encore environ le cinquième de son poids d'eau. Il est alors pulvérulent, mais il possède encore une grande tendance à se réunir en balles. Il est complètement insoluble dans l'eau froide, dans l'alcool, l'éther, les huiles grasses et essentielles.

Si on chauffe la fécule jusqu'à 55°, avec douze ou quinze fois son poids d'eau, elle ne subit aucun changement appréciable ; à 55 ou 60°, les jeunes grains d'amidon commencent à se gonfler, et plus la température s'élève, plus est grand le nombre des grains qui éprouvent cette altération. La consistance du liquide change, il devient épais et mucilagineux ; l'*empois* commence alors à se former et augmente surtout de 70 à 100°.

La température à laquelle commence le gonflement est un peu plus élevée pour l'amidon de riz (70°) que pour celui de froment (60°) ; elle est moindre pour la fécule de pommes de terre (55°).

L'empois résulte de la rupture des couches qui forment le grain d'amidon et de l'absorption de l'eau par la masse spongieuse ; le grain d'amidon augmente ainsi d'environ trente fois son volume. Dans cet état, l'amidon n'est pas dissous dans l'eau, car on peut l'en séparer par simple filtration ou par congélation.

On peut détruire par le refroidissement l'empois que la chaleur a formé ; lorsqu'on soumet en effet de l'empois à une basse température, les parties internes de l'amidon, qui s'étaient développées dans l'eau bouillante, se contractent sous l'influence de l'eau froide, rentrent dans leur enveloppe, l'empois perd sa consistance et la liqueur reprend sa fluidité première.

Lorsqu'on a fait bouillir de l'amidon dans de l'eau, les granules ont atteint un degré de ténuité extrême, et peuvent passer à travers les pores d'un filtre de papier ; mais si l'on remplace le filtre de papier, qui est toujours grossier, par un filtre à pores plus étroits, l'amidon est alors complètement retenu et l'eau passe parfaitement pure (*Payen*).

Cependant lorsqu'on fait bouillir longtemps l'amidon avec de l'eau, il se dissout ; une partie d'amidon se dissout ainsi dans 50 parties d'eau, mais par refroidissement il s'en sépare environ la moitié sous forme d'empois.

Les différents amidons n'empèsent pas avec la même force ; ainsi, d'après *J. Wiesner*, l'empois d'amidon de *maïs* préparé de la même manière et avec la même quantité de matière que l'empois d'amidon de *froment* empèse plus fortement que ce dernier, qui à son tour empèse plus fortement que celui de fécule de *pommes de terre*.

Plusieurs corps jouissent de la propriété de faire prendre l'amidon en empois : nous citerons particulièrement la soude, qui dans la proportion de 2 0/0, fait augmenter l'amidon de soixante-quinze fois son volume.

Il résulte de ce qui précède que lorsqu'on place les grains d'amidon dans des circonstances telles qu'ils ne puissent pas se gonfler librement ils adhèreront les uns aux autres et formeront un empois gélatineux.

Abandonné à l'air, l'empois d'amidon devient peu à peu acide en donnant naissance à de l'acide lactique ; cependant l'empois d'amidon de froment peut rester longtemps sans s'altérer, tandis que celui de fécule de pommes de terre laisse séparer au bout de quelques jours une masse gélatineuse sur laquelle flotte un liquide acide. L'amidon de froment doit pour cette raison être préféré à la fécule de pommes de terre et celle-ci aurait disparu du commerce si, dans certaines applications, elle n'était recherchée à cause de son bon marché.

Dans certaines circonstances, l'amidon peut éprouver un genre de désagrégation tout particulier et se transformer en granules. Pour obtenir des granules d'amidon, on chauffe de l'amidon pendant deux heures avec de l'eau à 150° dans une marmite de Papin ; la liqueur laisse déposer par le refroidissement des granules qui ont à peine 2 millièmes de millimètre et qui ressemblent aux plus petits grains de fécule. Cette expérience curieuse permet de ramener toutes les fécules au même état et de produire des granules qui ont la dimension des plus petits grains de fécule (*Jacquelain*).

Lorsqu'on soumet l'amidon à l'action de l'iode, il se colore fortement en bleu ; la coloration que l'on obtient dans ce cas varie avec l'état d'agrégation de l'amidon ; elle est ordinairement bleue ou violette, et dans quelque cas, elle devient rouge, lorsque l'amidon a éprouvé une désagrégation partielle. Cette action de l'iode est tout à fait caractéristique. Si l'on expose un empois d'amidon ainsi coloré par l'iode à une température de 66°, il devient incolore, mais reprend sa couleur par le refroidissement.

Tous les acides minéraux et organiques étendus paraissent agir sur l'amidon ; ils le désagrègent d'abord et le transforment ensuite en dextrine et en sucre. L'acide acétique seul (ou vinaigre) n'exerce aucune action de ce genre sur les fécules et amidons.

Lorsqu'on traite l'amidon par de l'acide azotique d'une densité de 1,5, l'amidon se dissout entièrement ; la liqueur, étendue d'eau, laisse déposer de la xyloïdine (*Braconnot*).

Le tanin précipite l'amidon de sa dissolution dans l'eau.

II. FABRICATION DES FÉCULES ET DE L'AMIDON

Amidon de froment

On préfère pour la fabrication de l'amidon, un froment pauvre en gluten et riche en amidon.

L'ancien procédé d'extraction de l'amidon reposait sur la fermentation du froment ; il est encore très usité en Allemagne, bien qu'il soit tout à fait irrationnel.

Il est plus convenable d'employer le nouveau procédé, imaginé par *E. Martin* : avec de l'eau, on transforme la farine de froment en une pâte ferme et l'on divise celle-ci en pâtons du poids de 1 kilogramme environ, que l'on soumet au lavage. On se sert à cet effet d'un cylindre en toile de laiton à mailles très étroites, dans lequel est adapté un appareil agitateur, et le tout est établi dans une cuve en bois munie, à 28 centimètres au-dessus de son fond, d'un orifice d'écoulement ; au-dessus de l'appareil se trouve un tube, duquel coule sans interruption un filet d'eau dans le vase intérieur. Cette cuve en bois, et avec elle le cylindre en toile métallique, est remplie d'eau jusqu'à une hauteur de 25 centimètres environ ; l'agitateur reçoit un mouvement lent et les pâtons sont projetés dans le cylindre intérieur ; sous l'influence du mouvement de l'agitateur, ceux-ci sont désagrégés et l'amidon est entraîné par l'eau.

L'eau devient très promptement laiteuse, et par suite de l'afflux continuel de nouvelle eau le liquide s'écoule par l'orifice dont est munie la cuve en bois. On ajoute peu à peu les pâtons tant que la masse, devenant de plus en plus visqueuse, ne gêne pas trop la marche de l'agitateur, et après l'introduction du dernier pâton, on continue l'agitation en faisant arriver de l'eau sans interruption, jusqu'à ce que le liquide commence à perdre sa couleur blanche et à devenir bleuâtre. Cette dernière coloration indiquant que presque tout l'amidon a été séparé de la pâte, il faut maintenant arrêter l'afflux de l'eau et arrêter l'agitateur.

Le liquide laiteux qui s'écoule de la cuve en bois est d'abord reçu sur un tamis en crin qui retient les particules d'amidon, et il est ensuite dirigé dans de longues gouttières où se dépose la majeure partie de l'amidon brut. Comme le liquide qui s'écoule des gouttières est encore troublé par de l'amidon, on le recueille dans une citerne où il se clarifie en laissant déposer l'amidon qu'il tenait en suspension et finalement on le décante pour le séparer de ce dernier. Tout l'amidon extrait de la pâte est de nouveau purifié par lévigation (*Wagner*).

D'après la méthode de *Martin*, on obtient avec 100 parties de farine de froment environ 50 parties d'amidon et 25 parties de *gluten* avec 38 0/0 d'eau. Ce gluten est employé pour la fabrication du macaroni, du vermicelle, etc.; on s'en sert en outre à la place de l'albumine et de la caséine, dans l'impression des tissus et à l'état putréfié comme colle végétale.

L'amidon de froment peut aussi être extrait sans fermentation et avec le grain lui-même à l'aide de la méthode suivante, qui est employée dans un grand nombre d'établissements. On fait d'abord macérer le grain de blé dans l'eau à une température moyenne pendant deux ou trois jours, afin de le ramollir et qu'il puisse s'écraser entre les doigts ; le grain, préalablement lavé pour le débarrasser des matières étrangères, est ensuite écrasé en pulpe entre des cylindres cannelés et l'amidon est séparé par trituration sur un tamis recevant un filet d'eau continuel. Cette eau entraîne la matière amylacée et tombe avec elle sur un autre tamis plus fin où s'opère une élimination plus complète des particules de son. Le produit est enfin recueilli dans des cuves ou sur de longues tables inclinées, où s'effectue la séparation des différentes sortes d'amidon (*L. Gautier*).

Amidon de riz

Le riz desséché à l'air contient 70 à 75 0/0 d'amidon, et 3 à 4 0/0 de gluten.

Le plus souvent, on fait macérer le riz non décortiqué pendant vingt-quatre heures dans une lessive faible contenant 300 grammes de soude caustique par hectolitre ; après cette opération, qui a pour but d'éliminer le gluten, le riz est lavé, puis écrasé entre des rouleaux et enfin tamisé afin d'en séparer le son. Ce tamisage, effectué à l'aide de brosses et d'un courant d'eau, est répété une seconde fois avant que l'amidon soit livré au commerce.

La lessive contenant le gluten en dissolution est neutralisée par de l'acide sulfurique et fournit ainsi par précipitation du gluten, qui, après lavage, séchage et mouture, est propre à l'alimentation du bétail.

L'amidon peut aussi être extrait du riz par l'action de la force centrifuge ; dans ce but, on introduit le riz, préalablement broyé et mélangé avec de l'eau, dans une turbine faisant mille tours par minute ; l'amidon, plus dense que l'eau, forme sur les parois de la turbine une couche solide épaisse de plusieurs centimètres, tandis que l'eau tenant en suspension la cellulose et le gluten reste au milieu de la turbine.

L'amidon de riz fournit un empois ou colle qui est d'une grande blancheur et jouit de beaucoup de ténacité. Il sert principalement pour donner de la fermeté au linge. On l'emploie aussi pour les cartonnages fins, pour peindre les vêtements légers de bal, les stores, après l'avoir mélangé aux couleurs d'aniline, etc.

Amidon de maïs

Dans le maïs, l'amidon est accompagné de matières huileuses et de matières azotées que l'on sépare en traitant à plusieurs reprises le maïs moulu par des lessives caustiques. Au moyen de lavages et de tamisages plus ou moins répétés, on prépare ensuite l'amidon à différents états de pureté, d'une manière analogue à celle employée pour les autres sortes d'amidon.

Fécule de pommes de terre

Les pommes de terre sont nettoyées par lavage et ensuite portées dans une trémie d'où elles tombent peu à peu sur la râpe, appareil analogue à celui qu'on emploie généralement pour râper les betteraves dans la fabrication du sucre. **La pulpe** tombe immédiatement dans un appareil de tamisage.

Parmi les appareils employés pour enlever par **lavage** l'amidon de la pulpe de pommes de terre, le tamis cylindrique était autrefois le plus en usage. Cet appareil se composait essentiellement d'un tamis métallique rond dans lequel tournait lentement une paire de brosses qui broyaient, au milieu d'un courant d'eau continu, la pulpe de pommes de terre contenue dans le tamis, jusqu'à ce que l'eau s'écoulât parfaitement claire. Le résidu était ensuite enlevé et de nouvelle pulpe introduite dans le tamis. L'eau de lavage, tenant en suspension les grains d'amidon, était conduite dans une cuve de dépôt.

Bien que ce procédé soit assez simple, il offre cependant plusieurs inconvénients graves qui s'opposent à son emploi. Ainsi le lavage n'est pas du tout complet, et il reste dans la pulpe une quantité assez considérable de fécule ; en outre, le tamisage n'a pas lieu d'une manière continue, l'enlèvement de la pulpe épuisée et le chargement du tamis exigent beaucoup de temps.

Dans les nouveaux appareils à tamisage continu, la perte en fécule est aussi réduite que possible, parce qu'on effectue le lavage de la pulpe pendant longtemps sans interruption, sans cependant nuire au rendement de l'appareil.

Le liquide laiteux, obtenu à l'aide de ces appareils et rassemblé dans des cuves collectives, laisse déposer au bout de quelques heures toute la fécule qu'il tenait en suspension. Après avoir fait écouler le liquide surnageant, on brasse l'amidon avec de nouvelle eau et on laisse reposer un instant, afin que les corps lourds, comme les pierres, la terre, etc., puissent se déposer et l'on fait passer la fécule léviguée à travers un tamis fin.

Suivant l'espèce de fécule que l'on veut préparer, on répète une ou même deux fois la lévigation, et l'on se sert alors de tamis à mailles plus étroites que précédemment. Après le dernier lavage, la fécule se dépose au fond de la cuve collective et forme une masse suffisamment dure pour pouvoir être facilement coupée en morceaux. On dépose ces morceaux sur une claie recouverte d'une toile, et, en secouant la claie, on étend la fécule.

On peut aussi, comme on le fait depuis quelque temps, employer, pour éliminer l'eau, des turbines ou des filtres-presses.

La fécule est ensuite desséchée dans une étuve. Au commencement du séchage, la température de l'étuve ne doit pas dépasser 60°, parce que la fécule se transformerait en empois. Lorsque la fécule est sèche, on écrase les morceaux légèrement agglomérés, au moyen d'un rouleau en fonte et on les livre au commerce soit sous forme d'aiguilles, soit en poudre (*Wagner*).

Fécule de marrons d'Inde

M. *Vergnaud Romagnési*, dans un mémoire inséré dans les *Annales de la Société royale des sciences, belles-lettres et arts d'Orléans*, a fait connaître qu'on pouvait obtenir du marron d'Inde une fécule abondante et sans saveur, qui peut être employée avec succès dans le parement pour les tissus de chanvre et de lin, ainsi que dans la fabrication de l'amidon, du sirop de fécule, du papier autographique.

Le procédé de M. Vergnaud Romagnési consiste à réduire les marrons d'Inde en poudre fine s'ils sont secs, en pâte s'ils sont humides; la poudre ou la pâte est délayée dans un tamis de soie suspendu dans de l'eau aiguisée d'acide sulfurique; on fait subir ensuite à la fécule, qui se sépare promptement, quelques lavages à l'eau pure, puis on la fait sécher à l'ombre.

Quant à l'acidité, il est indispensable que l'eau des deux premiers lavages soit assez aiguisée pour que son goût se fasse sentir au palais en la dégustant. La préparation qui réussit le mieux pour les marrons les moins huileux est 1 partie d'acide sulfurique sur 100 parties d'eau et, pour les marrons les plus onctueux, 1 partie d'acide sur 300 parties d'eau. On peut mettre, sans inconvénient, 1 partie d'acide sur 200 parties d'eau; cette dose, au surplus, ne peut être nuisible au produit, seulement il est plus coûteux. On emploie aussi, avec succès, la potasse caustique; il en résulte un produit en fécule plus blanc, plus léger, mais moins abondant que par l'acide sulfurique.

L'ammoniaque donne les mêmes résultats, mais un peu moins de produit. Converti en sirop par l'acide sulfurique, et en alcool, l'amidon du marron d'Inde donne un produit égal à celui de l'amidon de la pomme de terre.

M. *Callias* a proposé un autre procédé qui consiste à râper les marrons sans les décortiquer, à les laver au tamis pour extraire la plus grande partie de l'amidon, puis à passer les fragments d'écorce échappés à la râpe entre deux cylindres lamineurs en fonte animés de vitesses différentes. Sous l'action de ces deux cylindres, les cellules restées intactes se déchirent et on obtient une pulpe qui abandonne, lorsqu'on la passe au tamis, les dernières portions d'amidon renfermées dans la graine. La matière amylacée est purifiée ensuite par des lavages.

La fabrication de l'amidon avec les marrons d'Inde a pris en France une certaine extension. Non seulement les frais de fabrication sont moins élevés, mais le rendement est plus grand qu'avec les pommes de terre; l'amidon des marrons d'Inde est en outre aussi beau que celui des céréales; on le dit même préférable en ce qu'il fournit un empois plus volumineux. 100 parties de marrons frais donnent 19 à 20 parties d'amidon sec.

Malheureusement, le goût amer prononcé que conserve cet amidon empêche jusqu'ici qu'il puisse remplacer l'amidon de blé dans les usages alimentaires.

III. COLLE D'AMIDON

Pour préparer cette colle, on triture de l'amidon avec de l'eau froide dans un mortier, de manière à obtenir une bouillie épaisse ne contenant plus de grumeaux; puis en agitant continuellement cette bouillie, on y fait couler d'un autre vase, sous la forme d'un filet délié, de l'eau bouillante, jusqu'à ce que l'empois commence à se former et que le mélange devienne translucide, et enfin on verse le reste de l'eau bouillante jusqu'à ce qu'on ait obtenu le degré de dilution qu'on désire. On ne fait pas cuire la masse parce qu'autrement la colle s'écaillerait. Pour que cette colle se conserve plus longtemps, on peut dissoudre une petite quantité d'alun dans l'eau qui sert à la préparer. On y mélange aussi quelquefois un peu d'une dissolution de colle forte ou de gélatine pour accroître ses propriétés adhésives.

Si on ajoute à cette colle une quantité de térébenthine égale à la moitié du poids de l'amidon et qu'on brasse le mélange encore chaud, la colle résiste mieux à l'humidité et devient plus adhésive.

Lorsqu'on veut coller avec une colle quelconque du papier sur du métal, il arrive souvent, surtout lorsque le métal est poli, que le papier se détache au bout de peu de temps, emportant au revers la colle sous forme d'une couche glacée. On fabriquait autrefois les cadrans de montres économiques en papier collé sur du zinc, mais la grande difficulté était de faire adhérer le papier au zinc. Maintenant on a découvert un procédé satisfaisant; le métal est trempé dans une solution chaude de carbonate de soude, puis rincé et essuyé soigneusement, on passe alors un peu de jus d'oignon à la surface, puis on colle le papier avec de la colle d'amidon. Une fois sec, il n'est plus possible de séparer le papier du métal.

IV. COLLE DE PATE

La préparation de la colle de pâte ne présente aucune difficulté et il n'est pas nécessaire d'entrer à son égard dans des détails étendus.

On prépare cette colle en délayant des farines ordinaires de blé, avariées ou à bas prix, et surtout celle de seigle, qui coûte le moins cher, avec un peu d'eau bouillante afin de bien écraser et pénétrer de liquide tous les grumeaux. On augmente peu à peu la quantité d'eau en délayant avec soin de manière à obtenir une sorte d'émulsion ou de lait clair et bien homogène, on verse dans une chaudière et l'on chauffe jusqu'à 70° à 75° centigrades en remuant sans cesse pour s'opposer à ce que la colle adhère au fond du vase : on pourrait d'ailleurs cuire au bain-marie ou à la vapeur pour n'avoir point à redouter cet accident.

Le liquide s'épaissit peu à peu et après un bouillon de quelques minutes on retire du feu et on verse dans des baquets où la colle se prend en gelée tremblante par le refroidissement.

Les colleurs, pour s'en servir, la délaient dans une fois son volume d'eau à peu près ; les cartonniers, les cartiers, les relieurs, qui en font un usage si étendu, la délaient aussi dans de l'eau ; les tisserands s'en servent également avec ou sans addition d'autres matières pour encoller leurs chaînes.

Dans le siècle dernier, *Duhamel du Monceau* avait conseillé de laver la farine destinée à faire la colle sous un filet d'eau ; on obtenait ainsi une émulsion claire qui fournissait une belle colle de pâte ; à l'aide de ce lavage il restait dans les mains du *gluten*, qu'on peut il est vrai utiliser aujourd'hui, mais dont la soustraction enlève certainement à la colle une partie de sa force adhésive.

V. DEXTRINE

Lorsqu'on chauffe de l'amidon à 200°, il éprouve un changement isomérique très remarquable et se transforme en un corps soluble qui a été nommé *dextrine*. On le désigne aussi sous les noms de *gommeline*, *amidine*, *gomme d'Alsace* ou *léiocomme*.

Quand la fécule ou l'amidon sont chauffés à 230°, ils se déshydratent, se ramollissent et paraissent fondre. Convenablement traités, ils abandonnent une substance très brune, la *pyro dextrine*, qu'on trouve en abondance dans la croûte du pain et des pâtisseries, dans le café torréfié, le malt des brasseurs et dans toutes les matières féculentes qui ont été soumises à l'action d'une chaleur un peu forte.

Si l'on introduit de la fécule humide dans un tube de cuivre fermé, et qu'on porte ce tube à la température de 170°, la fécule se transforme en dextrine sous l'influence simultanée de l'eau et de la pression (*Pelouze* et *Frémy*).

Tous les acides étendus (1) agissent sur l'amidon, en le désagrégeant d'abord, puis en le transformant en dextrine et en sucre.

Sous pression, l'acide carbonique peut aussi transformer l'amidon en dextrine et en sucre.

A l'état pur, la dextrine est tout à fait incolore et semblable à la gomme arabique, mais elle est ordinairement colorée en jaunâtre. Elle se dissout facilement et complètement en donnant une dissolution limpide, épaisse et collante. Elle est insoluble dans l'alcool absolu et un peu soluble dans l'alcool faible.

L'iode ne la colore pas en bleu comme l'amidon, mais en rouge amaranthe faible.

La dextrine est transformée en *dextrose* par les

---

(1) Sauf l'acide acétique (Voir p. 5).

acides étendus et en *maltose* par l'extrait de malt.
— Une solution de dextrine mélangée avec de la levure de bière n'entre pas en fermentation ; mais lorsqu'on ajoute du sucre à ce mélange, une grande partie de la dextrine se transforme tout comme le sucre, en alcool et en acide carbonique.

La composition centésimale de la dextrine du commerce est extrêmement variable, ainsi qu'il résulte des analyses de *Forster* :

	Dextrine	Sucre	Substances insolubles	Eau
Dextrine prima. . .	72.45	8.77	13.14	5.64
Dextrine brune. . .	63.60	7.67	14.51	14.22
Gommeline.	59.71	5.76	20.64	13.89
Dextrine vieille. . .	49.78	1.42	30.80	18.00
Amidon grillé clair.	5.34	0.24	86.47	7.95
Amidon grillé foncé.	70.43	1.92	19.97	1.68

Pour préparer la dextrine, on se sert presque partout de la fécule de pommes de terre ; on emploie plus rarement l'amidon du froment, parce que la première, pour un prix moins élevé, est beaucoup plus pure que le dernier.

On prépare la dextrine :

a) En grillant lentement la fécule ;

b) En faisant agir avec précaution l'acide azotique sur la fécule ;

c) En chauffant la fécule avec de l'acide sulfurique étendu ;

d) En traitant la fécule par une infusion de malt (diastase).

La préparation de la dextrine par grillage lent (amidon grillé et fécule torréfiée ou léiocomme) est une opération très simple ; la fécule (ou l'amidon) est chauffée dans un appareil approprié jusqu'à ce qu'elle prenne une couleur bien jaune. Si l'on emploie de l'amidon de céréales, on effectue le grillage dans de grands cylindres en cuivre ou en tôle, traversés comme un tambour à torréfier le café, par un axe en fer muni d'une manivelle et dont les tourillons se trouvent dans la maçonnerie du fourneau.

L'amidon est chauffé dans ce tambour tenu en rotation continue, jusqu'à ce qu'il se gonfle et dégage des vapeurs odorantes comme un pain bien cuit.

La fécule de pommes de terre ne peut pas être traitée de la même manière, parce qu'elle présente l'inconvénient de se résoudre en poussière au contact de la chaleur, poussière qui se déposerait sur les parois du tambour et serait en partie carbonisée.

Pour parer à cet inconvénient, on remplaça le cylindre par une chaudière à fond plat, dans laquelle se trouvait un agitateur muni de brosses. Cependant il arriva que les brosses furent aussi carbonisées. On construisit alors de grands fours, semblables aux fours pour cuire le pain, dans lesquels on grillait la fécule en la brassant continuellement. Fréquemment on disposait les unes au-dessus des autres des plaques métalliques sur lesquelles la fécule était étendue en couches minces.

Comme la fécule peut être très facilement surchauffée aussi bien dans les cylindres que dans les fours, il est préférable d'employer un bain d'huile. Une chaudière plate est munie de deux fonds entre lesquels se trouve de l'huile, dont la température peut être exactement déterminée au moyen d'un thermomètre. En chauffant avec précaution, on peut obtenir une température constante. Un agitateur continuellement en activité met peu à peu toute la fécule en contact avec les parois de la chaudière et l'expose ainsi à la température nécessaire pour la formation de la dextrine. La température la plus convenable est comprise entre 225 et 260°.

La couleur jaune ou brunâtre de la dextrine obtenue par grillage exclut complètement la fécule grillée de certains usages, comme, par exemple, dans l'impression des tissus avec des couleurs claires. C'est pourquoi on a dû penser à un meilleur mode de préparation. Le procédé généralement usité maintenant est celui de *Heuzé*. D'après ce dernier, on étend 2 kilogr. d'acide azotique du poids spécifique de 1,4 avec 300 litres d'eau et l'on mélange avec cet acide étendu 1,000 kilogr. de fécule, puis on met la masse sous forme de gâteaux, qu'on laisse sécher à l'air libre. Après la dessiccation, on chauffe les gâteaux dans l'appareil exsiccateur mentionné précédemment à une température graduellement élevée à environ 80°. La masse est ensuite finement pulvérisée, tamisée et de nouveau introduite dans l'exsiccateur, où maintenant on élève la température jusqu'à 100 ou 110 degrés. Au bout d'une heure et demie tout au plus, toute la fécule est transformée en dextrine. La dextrine ainsi préparée avec de l'acide azotique étendu ne peut pas être distinguée extérieurement de la fécule; elle est tout à fait blanche et soluble dans l'eau. (On la désigne sous le nom de **dextrine blanche, de fécule soluble ou gommeuse, ou de dextrine Heuzé.**)

Autrefois on préparait aussi la dextrine avec l'acide sulfurique étendu. L'amidon peut aussi être transformé en dextrine au moyen de l'acide chlorhydrique (gommeline), de l'acide oxalique et de l'acide hydrofluosilicique.

La dextrine peut remplacer la gomme dans la plupart de ses applications. Elle sert aux apprêts des indiennes et autres étoffes de coton, à l'application des mordants dans les impressions en couleurs des tissus et des tapisseries, pour l'encollage des chaînes dans le tissage, pour vernir les cartes et les papiers, etc. On s'en sert aussi en chirurgie pour faire des bandages qui acquièrent, en séchant, une grande dureté et qui peuvent être ensuite facilement enlevés au moyen de l'eau chaude.

VI. COLLES DE DEXTRINE IMPUTRESCIBLES

En faisant de la colle à la farine, si on ajoute un peu d'acide, on transforme une partie de l'amidon en dextrine et on obtient une colle infiniment supérieure.

Voici une formule à employer : on mélange 500 grammes de *farine*, 10 grammes d'*alun* et 10 grammes de *borax* avec 500 grammes d'eau pour faire une bouillie, puis on ajoute 500 grammes d'*acide chlorhydrique* et on chauffe en remuant constamment jusqu'à ce que la colle devienne transparente. On obtient ainsi une pâte épaisse que l'on peut additionner d'eau pour l'emploi et qui se conserve bien si on y ajoute quelques gouttes d'*essence de wintergreen*.

Autre colle de dextrine

Cette colle est si bien susceptible de se conserver qu'elle demande même à « mûrir » un certain temps et qu'on peut la mettre en bouteille pour ne l'employer que beaucoup plus tard. Aussi, ne l'indiquons-nous que pour répondre à des usages tout spéciaux. Dans 4 litres 1/2 d'eau, on fait dissoudre environ 2 kil. 1/2 de *dextrine* blanche, et cela en remuant bien, l'eau étant élevée à une température de 53° à peu près.

Quand le tout est refroidi, on y ajoute 2 grammes d'*huile de wintergreen* et autant d'*huile de girofles*. Après avoir bien brassé, on vide dans des bouteilles et on met dans une cave ou dans un endroit où un refroidissement complet puisse se produire ; les bouteilles doivent être soigneusement bouchées. Si la température de la cave est aux environs de 4°, la maturation dont nous parlions tout à l'heure se fera en quelques jours.

VII. GLUTEN

Le gluten est une substance azotée, insoluble dans l'eau, que renferme la farine de blé et de plusieurs autres céréales et qui jouit de la propriété de faire avec l'eau une pâte liante.

Lorsqu'on malaxe sous un filet d'eau et sur un tamis de la pâte de bonne farine, il reste une masse molle, élastique et grisâtre qui constitue le gluten. L'amidon, entraîné par l'eau, a passé à travers les mailles du tamis en laissant sur celui-ci une couche grisâtre qui est encore mélangée à un peu d'amidon.

Quand on fait sécher le gluten sur une surface polie, il se réduit en écailles jaunes et friables, et à l'état de pureté, il se rapproche des matières albuminoïdes, et en particulier de la fibrine.

Abandonné à l'état humide, le gluten se putréfie en dégageant de l'acide carbonique, de l'hydrogène et du gaz sulfhydrique. Le résidu ou gluten purifié contient de la leucine, de l'acétate et du phosphate d'ammoniaque.

L'eau qui contient 1 à 2 millièmes d'acide chlorhydrique gonfle le gluten pur et le dissout peu à peu. Le gluten putréfié se dissout aussi sous l'influence des acides qui prennent naissance.

On peut séparer le gluten en deux portions, l'une soluble dans l'alcool, formée de mucine ou caséine végétale et de gélatine végétale à laquelle quelques chimistes ont donné le nom de glutine (nom que nous avons réservé à l'osséine traitée par l'eau bouillante), et l'autre insoluble dans l'alcool et semblable à la fibrine végétale.

Voici quelle est la composition centésimale du gluten et de la gélatine végétale :

	Gluten		Gélatine végétale
Carbone.	52.6	53.1	53.3
Hydrogène.	7.2	6.8	7.5
Azote.	15.0	18.9	14.6

Le gluten entre en forte proportion dans la fabrication des pâtes alimentaires, et à l'état fermenté, **il forme une sorte de colle dont on fait usage dans l'impression des tissus.**

VIII. COLLES AU GLUTEN

Colle végétale

La colle végétale se prépare avec un gluten altéré par un commencement de putréfaction. Pour la préparer, on lave à plusieurs reprises avec de l'eau du gluten préparé, d'après les procédés ordinaires, et on l'expose à une température de 15° à 25° C. Sous l'influence de cette température, le gluten entre en fermentation et acquiert un certain degré de fluidité. Lorsque cette transformation paraît suffisamment avancée, au point de pouvoir faire pénétrer aisément le doigt dans la masse et la désagréger, la décomposition est arrivée au degré convenable. On verse alors ce gluten liquide dans des moules semblables à ceux qui servent pour la colle animale et on porte dans une étuve chauffée à 25° ou 30° C. Après une dessiccation de 36 à 48 heures, les couches supérieures ont pris de la consistance et sont devenues dures, on relève les feuilles des moules et on les dépose, le côté raffermi tourné en dessous, sur une toile de lin ou sur une planche en métal et on les transporte ainsi de nouveau dans l'étuve où elles achèvent de se dessécher complètement, ce qui exige à peu près 4 à 5 jours. Ainsi préparée, cette colle peut être employée immédiatement ou conservée. Pour en faire usage, on la dissout dans le double de son poids d'eau, on l'étend au degré convenable pour l'usage qu'on veut en faire.

La colle végétale peut servir à coller les bois, les grès, la porcelaine, le verre, la nacre, le papier, le carton, le cuir; pour encoller les tissus, clarifier les liquides, apprêter les soieries, pour fixer les couleurs, comme mordant dans la teinture et l'impression des tissus.

Colle pour le cuir

Les cordonniers emploient pour coller le cuir une colle que l'on peut préparer de la manière suivante :

On brasse de l'orge égrugée avec de l'eau chaude, de manière à en faire une bouillie très épaisse, puis on laisse reposer dans un endroit chaud. Après quelques jours, la masse d'abord pâteuse, devient fluide, sous l'effet de la fermentation. Lorsqu'elle est homogène et un peu liquide, on arrête le processus de décomposition en ajoutant un peu d'acide phénique. Pour éviter l'action délétère des gaz produits par la fermentation, on peut mettre le mélange dans un vase clos dont le couvercle est muni d'un tuyau de dégagement aboutissant à l'extérieur du local où l'on opère.

IX. PAREMENTS DES TISSERANDS

Les tisserands en toile de lin et de chanvre sont dans l'usage d'enduire les chaînes des pièces qui sont montées sur le métier avec une sorte de colle à laquelle ils donnent le nom de *parou* ou de *parement*. La base de cette colle est généralement la farine des céréales. Le but de ce parement est de conserver aux fils dont se compose la chaîne une moiteur, une souplesse et une élasticité telles que les fils cèdent sans se casser à la tension de la chaîne et aux coups du battant. Mais cette colle se sèche promptement lorsqu'on l'expose au grand air, et le parement produit alors un effet contraire à celui qu'on se proposait. C'est dans le but de parer à cet inconvénient que les tisserands humectent de temps à autre le parement avec de l'eau pure, afin d'entretenir sa souplesse ; mais pour les toiles fines ce moyen ne suffisant pas, ces ouvriers ont été obligés de placer leurs métiers dans des caves ou des lieux humides, ce qui apporte un préjudice notable à leur santé.

Un pharmacien de Rouen, M. *Dubuc*, a proposé d'introduire dans le parement des tisserands du chlorure de calcium, qui jouit, comme on sait, de propriétés hygrométriques très prononcées, dans la proportion de 25 grammes en hiver et 30 grammes en été par kilogramme de farine moitié de blé moitié de seigle, ou bien de préparer le parement avec un demi-kilogramme de fécule de pommes de terre, 40 grammes de gomme arabique et la même quantité que ci-dessus de chlorure de calcium. Ces parements remplissaient assez bien le but, mais on leur a reconnu le grave inconvénient de piquer les toiles et on les a abandonnés définitivement.

Ils sont d'ailleurs insolubles dans l'eau froide ou tiède et se dissolvent difficilement dans l'eau bouillante, de sorte que leur emploi est peu pratique.

M. *Blieck* a cherché à obtenir un apprêt exempt de ces inconvénients ; il obtient par son procédé une pâte concrète plus ou moins dure, qui fond facilement dans l'eau froide, et une pâte dure, élastique et transparente qui fond dans l'eau chaude.

Ce procédé repose sur ceci : puisque la fécule

gonflée ou empois refroidi ne fond pas dans l'eau, il convient de transformer la plus grande partie de la fécule en dextrine et une faible partie en empois.

Dans ce but, on met dans la solution de chlorure de calcium une faible partie d'acide chlorhydrique ; on y délaye la fécule et on donne à la pâte ainsi formée un certain degré de chaleur pendant un temps suffisant pour que cette pâte devienne liquide comme de l'huile.

A ce point, on sature l'acide par une base quelconque comme l'eau de chaux, par exemple, et on met le liquide à refroidir dans des moules pour le livrer, ensuite, à l'état solide au commerce.

Pour 100 kilog. de fécule, on prend 100 kilog. de chlorure de calcium dissous dans l'eau et 2 kilog. d'acide chlorhydrique, et on en fait une pâte que l'on maintient pendant une heure à 90° centigrades.

On peut obtenir le même résultat en faisant bouillir la solution acide de chlorure de calcium et en y versant lentement la fécule délayée dans le liquide ; après quoi on sature et on fait refroidir.

Quelquefois les parements sont principalement destinés non plus à entretenir la moiteur des chaînes, mais à les conserver après qu'elles ont été pliées pour empêcher qu'elles ne s'éventent et ne perdent de leur ténacité ; dans ce cas, on conçoit que c'est une sorte d'encollage conservateur dans lequel on ne doit pas faire entrer de substance hygrométrique, mais bien plutôt des corps ayant des propriétés antiseptiques.

On peut ainsi composer une multitude de parements dont il serait trop long d'énumérer les recelles. Nous nous contenterons, pour donner un exemple, de faire connaître la composition d'un parement ou encollage de ce genre, proposé, il y a quelques années, par M. J.-R. Chalmin, fabricant, à Rouen.

Les fils de chaînes et de trames qui doivent être encollés par ce procédé sont d'abord blanchis, parce que, autrement, après cet encollage, ils résisteraient à l'action des agents de blanchiment.

Le parement pour chaînes se compose de 16 kilogrammes d'amidon, 16 de farine de froment, 11,5 de fécule de pommes de terre, 45 grammes de cire blanche, 1,26 kilog. de sulfate de zinc et 250 grammes de sulfate de cuivre en cristaux, le tout mis en solution en chauffant dans un vase avec 600 litres d'eau. Cette quantité de solution suffit pour 200 kilog. de chaîne. Ces fils de chaîne sont plongés dans cette solution, exprimés pour en extraire le plus possible de liquide, puis séchés et en cet état propres à être employés.

Le parement pour fils de trame se compose de 33 kilog. d'amidon et 33 de fécule de pommes de terre, amenés à l'état de bouillie fluide avec 400 litres d'eau. Cette quantité suffit pour préparer 200 kilog. de trame qu'on en imprègne, qu'on exprime et qu'on fait sécher comme on a dit ci-dessus.

La chaîne ainsi préparée et séchée devient dure comme du bois et peut être conservée pendant un temps indéfini sans courir le risque qu'elle se détériore. Pour la rendre propre au tissage, quand elle doit être humide, il suffit de la tremper pendant cinq minutes dans une dissolution chaude de savon qu'on compose en dissolvant 360 grammes de savon dans 950 litres d'eau.

Le tissage peut s'exécuter à la main ou sur métier mécanique, et l'apprêt du tissu a lieu simultanément et à mesure de sa production, en substituant à la poitrinière du métier un tube ou cylindre en métal chauffé à la vapeur et qu'on met en contact intime avec le tissu, ou bien on peut faire passer un tuyau de vapeur sur le devant du métier et le faire toucher par le tissu comme auparavant.

Pour faire sécher l'étoffe produite par ce moyen, on la fait passer sur des cylindres chauffés à la vapeur jusqu'à ce que l'opération soit complète, après quoi on la transporte aux séchoirs ordinaires où se termine ce travail.

Voici encore deux autres recettes de parements que les tisserands apprendront avec intérêt. L'une est donnée par M. *Ch. Drury* :

Prenez 1/2 kilog. de pommes de terre crues ; et après les avoir lavées avec soin, vous les réduirez en pulpe au moyen d'une râpe ordinaire, sans les peler ; ensuite jetez cette pulpe dans un litre et demi d'eau, et faites bouillir le tout pendant deux minutes en remuant continuellement. En retirant la colle du feu, vous y ajouterez peu à peu, 16 grammes d'alun réduit en poudre fine, et vous opérerez le mélange parfait à l'aide d'une cuillère. Alors, cette colle, qui est belle et transparente, sera propre à être employée.

L'auteur assure l'avoir essayée avec le plus grand succès pendant dix mois, et s'être convaincu qu'elle est égale, sinon supérieure, à la colle faite avec de la farine, et moins chère ; elle est exempte de toute mauvaise odeur ; 4 litres de pommes de terre préparées comme ci-dessus, donnent 8 kilog. de colle.

L'autre recette, composée par MM. *Billwillet* et *Schloepfer*, concerne une colle pour parer à froid les tissus de coton fabriqués au métier **mécanique**.

Pour 100 litres d'eau :

4 kilogr. 1/2 de colle ;
4 kilogr. 1/2 d'amidon ;
560 grammes de gomme arabique ;
300 — de bois de réglisse ;
560 — de bleu de Prusse ;
100 — de bleu d'outremer ;
1/2 litre d'alcool ;
Un peu de savon et de résine.

Colle pour les tissus fins

On importe depuis longtemps en Angleterre une quantité considérable de graine de phalaris (*phalaris canariensis*) qu'on emploie à faire la **colle des tisserands**.

On procède avec la farine obtenue des graines de Canarie, exactement comme avec celle du froment. Elle est préférable à cette dernière, parce qu'elle donne plus de souplesse à la chaîne et qu'elle y entretient l'humidité si avantageuse au tissu. Ce sont ces deux qualités qui la rendent éminemment propre à la préparation des tissus fins de coton, des mousselines, des batistes, et en général des tissus dont la chaîne est très serrée, à cause de la finesse des fils. La farine des graines de Canarie est très douce et très visqueuse ; c'est probablement la **quantité de gluten qu'elle contient qui favorise le**

2.

collage des tissus. Elle possède encore, outre la propriété d'unir plus intimement et d'une manière plus uniforme le tissu des étoffes, l'avantage de pouvoir servir peu de jours après sa préparation ; tandis que la colle faite avec de la farine de froment, exige souvent du temps pour sa fermentation, surtout en hiver. La quantité à employer est à peu près la même pour les deux sortes de farines ; cependant quoique leur prix soit très différent, les avantages que procure la farine des graines de Canarie, dans le collage des étoffes très fines, font plus que compenser cette différence. Au reste, cette plante est aujourd'hui cultivée dans presque toute l'Europe, où elle a été promptement répandue.

Les essais entrepris en grand dans des manufactures d'étoffes, ont confirmé la supériorité de la colle de farine de Canarie pour les tissus fins. On doit l'attribuer à une plus grande affinité hygrométrique pour l'eau, comparativement à la farine de froment. L'humidité qu'elle entretient dans les fils qui en sont imprégnés, favorise leur tissage. On sait que la sécheresse fait casser les fils, particulièrement en été, ce qui désespère les tisserands qui, surtout par cette raison, sont forcés d'établir leurs métiers dans des souterrains. L'emploi de la colle de farine de graine de Canarie mettrait ces utiles artisans à portée d'habiter des ateliers plus salubres, et d'y travailler avec plus de perfection et de profit.

Colle économique

Les tisserands emploient une substance alcaline qu'ils nomment *colle économique*, et qu'ils substiluent à la colle forte dans la préparation de leurs empois.

Cette substance est en masse, d'une dureté pareille à celle de la potasse d'Amérique ; elle attire fortement l'humidité de l'air, rougit le curcuma et agit sur l'épiderme comme un alcali très caustique.

Elle marque 65 degrés à l'alcalimètre Descroizilles, et l'acide sulfurique en dégage très peu d'acide carbonique. Saturée par cet acide, elle cristallise en longs prismes à six pans qui sont efflorescents et présentent tous les caractères du sulfate de soude. La cristallisation ne présente aucune trace de sulfate de potasse. Avec l'acide nitrique, on obtient des cristaux rhomboïdaux, attirant un peu l'humidité de l'air, auquel on reconnaît le nitrate de soude. Ainsi, elle se compose principalement de soude caustique ; on y trouve aussi un peu de chlorure de sodium et de chlorure de calcium.

Cette substance, mise en quantité suffisante dans les empois d'amidon et de farine, les rend aussi propres à l'encollage des fils de coton que ceux qui contiennent de la colle forte, apparemment parce qu'elle transforme les fécules en matière gommeuse en dissolvant l'enveloppe des granules.

De plus, elle communique aux empois la propriété d'attirer l'humidité de l'air. Ces propriétés ne pouvant être attribuées qu'à la soude caustique, qu'elle contient en grande quantité, on a cherché si elle ne pouvait pas être remplacée par un autre alcali moins cher et plus répandu dans le commerce.

Dans des expériences faites par M. *Henri Schlumberger*, les empois ont été préparés en faisant bouillir, pendant trois minutes, 45 grammes d'amidon, ou 60 grammes de farine dans 390 grammes d'eau, et on a estimé qu'ils étaient altérés lorsqu'ils devenaient aqueux.

La soude préparée a été faite en calcinant ensemble 85 parties de soude concrète, 10 parties de chlorure de sodium, et 5 parties de chlorure de calcium. Ce mélange imite assez bien la colle économique, et en diffère en ce que son alcali n'est pas caustique. La potasse préparée a été faite d'une manière analogue.

On peut conclure des résultats de ces expériences :

1° Que les empois traités par un vingtième ou un seizième d'alcali s'altèrent avant ceux qui ne contiennent pas d'alcali ; que ceux qui en contiennent davantage se conservent plus longtemps, mais sans suivre de loi constante; car ceux avec un dixième et un huitième de colle économique ont été altérés deux jours avant ceux qui en contenaient un douzième, et tous ceux avec un seizième d'alcali se sont conservés plus longtemps.

2° Que l'alcali doit être caustique et contenir quelques substances alcalines. S'il est pur comme la potasse caustique, il agit trop fortement et transforme l'amidon en gelée. S'il n'est point caustique comme la potasse préparée, il produit le plus mauvais effet.

3° Que les empois préparés avec la potasse d'Amérique se sont conservés aussi longtemps que ceux préparés à la colle économique.

On peut aussi remarquer que les empois faits d'amidon s'altèrent avant ceux faits de farine. On a plaqué de la toile blanche avec des empois contenant un dixième d'alcali, pour voir lesquels attirent le mieux l'humidité de l'air, et on n'a remarqué aucune différence entre ceux contenant de la colle économique et ceux contenant de la potasse d'Amérique.

Ainsi on peut remplacer l'alcali, nommé colle économique, par la potasse d'Amérique, qui présente les mêmes avantages, sous tous les rapports, et on doit l'employer à la dose de un dixième ou un douzième du poids de l'amidon.

Apparatine

Suivant M. H. Gérard, on prépare sous ce nom une colle végétale, incolore, translucide, ressemblant à de la gélatine, en chauffant de l'amidon, de la farine, ou autres substances riches en matière amylacée, avec un alcali caustique. Les meilleures proportions sont 76 parties d'eau, 16 de fécule de pommes de terre et 8 d'une lessive de potasse ou de soude caustique marquant 25° Baumé. On verse toujours en agitant la fécule dans l'eau et on ajoute en agitant toujours la lessive. Au bout de peu de temps, la liqueur s'éclaircit tout à coup et fournit une gelée épaisse qu'il faut battre ; plus on la bat, plus l'apparatine est de meilleure qualité. A l'air, elle se dessèche mais ne s'altère pas et reste inodore. Si on l'évapore à siccité elle se solidifie, mais reprend ses propriétés quand on la mouille. En **feuilles minces, elle a la consistance de la corne, mais elle est moins fragile et on peut la plier sans la casser.**

Cette masse est très propre à l'apprêt de toute espèce de tissus, en coton, soie, laine, etc., auxquels elle procure, suivant l'inventeur, un aspect velouté. Elle donne aux tissus transparents une raideur presque métallique et elle peut remplacer toutes les autres matières dont on fait usage pour les apprêts, pour épaissir, etc.

X. GÉLATINE CHINOISE

Le commerce offre, sous le nom de gélatine chinoise ou de Chine, une substance très légère, blanche, ayant la forme de cylindres repliés et refoulés sur eux-mêmes, de 30 à 35 centimètres de longueur.

Cette soi-disant gélatine se gonfle dans l'eau froide, sans dissolution apparente, et se convertit en une masse cylindrique non gluante.

Dans 95 à 99 parties de son poids d'eau bouillante, elle se dissout plus facilement que la colle de poisson, moins facilement que la gélatine. Si la solution ne renferme que 1 à 2 0/0 de gélatine de Chine, elle se laisse filtrer à chaud et se prend par le refroidissement en une gelée très ferme, inodore, insipide, transparente et limpide comme de la glace.

Une gelée faite avec 1/2 0/0 de gélatine de Chine est plus consistante, se conserve plus longtemps et supporte une température bien plus élevée sans se fluidifier (30 à 50° C.), qu'une gelée préparée avec 4 0/0 de bonne gélatine blanche de Paris.

La solution de gélatine de Chine ne donne aucune réaction avec l'acide gallique, l'iode et l'acétate neutre de plomb; elle est précipitée par l'alcool et le sous-acétate plombique; incinérée sur une lame de platine, elle ne répand pas l'odeur empyreumatique caractéristique des substances azotées; et, brûlée avec la chaux sodée, elle ne fournit pas d'ammoniaque.

La gélatine de Chine est donc une substance non azotée, d'origine végétale (elle provient d'une plante désignée en Chine sous le nom de aja-aja), très différente de la gélatine, mais présentant beaucoup d'analogie avec la mousse d'Islande (la lichénine); seulement cette dernière forme une gelée que l'iode colore en bleu.

Ces propriétés semblent assurer à la gélatine de Chine des applications très variées et très nombreuses, pour les apprêts des mérinos et autres tissus fins et aussi dans l'art culinaire.

Sous ce dernier rapport surtout, elle l'emporte de beaucoup sur la gélatine animale, même la plus belle et la plus pure. En effet, les gelées faites avec cette dernière sont toujours un peu gluantes et laissent un léger arrière-goût de colle forte; au contraire, la gélatine chinoise est absolument insipide, et elle ne masque ni n'altère en rien l'arome et le goût des substances entrant dans la composition de ces gelées.

En outre, tandis que la gélatine animale se putréfie facilement, en acquérant une odeur et une saveur des plus désagréables, la gélatine de Chine se conserve beaucoup plus longtemps, et en s'altérant, elle ne fait que se fluidifier et acquérir une odeur et une saveur acide. La grande fermeté de la gelée faite avec la gélatine chinoise et sa propriété de ne pas être gluante la rendent précieuse pour le moulage (*Lipowitz*).

XI. COLLE DE GÉLOSE

La gélose est une substance gélatiniforme extraite de l'algue de Java (*gehelium corneum* L.) et d'une algue de l'île Maurice et de la Cochinchine, la *Phearia lichenoïdes*. Elle forme la plus grande partie d'un produit commercial connu sous le nom de mousse de Chine, qu'on extrait du lichen, et est employée en Chine dans la préparation des gelées alimentaires. Pour extraire la gélose, on traite l'algue de Java à froid successivement par l'acide acétique, l'eau, l'ammoniaque; le résidu est repris par l'eau bouillante et le liquide décanté bouillant se prend en une gelée diaphane par le refroidissement.

La gélose est une substance amorphe sans saveur et sans odeur, se gonflant beaucoup dans l'eau froide, se dissolvant dans l'eau bouillante et se prenant par le refroidissement en une gelée solidifiant environ 500 fois son poids d'eau pure, c'est-à-dire formant à poids égal 10 fois plus de gelée que ne peut en fournir la meilleure gelée animale. Elle est insoluble dans les acides étendus, les solutions faibles de soude, de potasse et d'ammoniaque, dans l'ammoniure de cuivre, l'eau froide et l'éther. Elle se dissout dans l'acide chlorhydrique et l'acide sulfurique concentrés en donnant une solution brune.

La gélose peut servir comme matière adhésive, mais elle doit être surtout utile dans l'apprêt des étoffes.

En Chine, la gélose porte le nom de *Haï-thao*, et depuis quelque temps on en fait usage en France pour la fabrication des baudruches des batteurs d'or et pour l'apprêt des étoffes de soie et des toiles ; additionnée de glycérine ou de talc, elle donne plus d'onctueux et de souplesse aux tissus fins.

XII. GÉLATINE DES VARECHS ET DES ALGUES

En 1879, *Otto Hassel* a pris un brevet d'invention pour un procédé d'extraction de gélatine végétale, consistant à utiliser certaines plantes telles que varechs et algues, et à les traiter de la manière suivante :

Après un lavage à l'eau fraîche, on les transforme en une gelée, qui est d'abord soumise à la distillation. On fait ensuite barboter cette gelée et enfin on la transforme en gélatine de la densité voulue.

Cette gélatine peut immédiatement être employée pour la clarification et divers usages similaires.

XIII. GOMMES

Comme les baumes, comme la résine, comme le caoutchouc et la gutta-percha, les gommes sont des sécrétions de certains arbres (acacia, astragale, arbres fruitiers de nos pays) qui s'écoulent naturellement à travers l'écorce des troncs et des rameaux, surtout quand ils vieillissent ; d'abord liquides et incolores, ces produits se durcissent en se colorant. Dans quelques végétaux, des produits gommeux et des produits résineux peuvent se mélanger pour donner les corps connus sous le nom de gommes-résines tels que le galbanum, l'encens, la gomme-gutte, l'assa-fœtida.

Les gommes pures, résineuses ou autres, forment une famille bien nette dont les représentants sont toujours faciles à reconnaître. Elles ne peuvent être confondues qu'avec les gommes-résines. La distinction est facile à faire : une gomme-résine mise dans l'eau ne se dissout jamais complètement, car la gomme se dissout mais la résine reste, et une ébullition prolongée dans l'eau ne la rend pas plus soluble. Dans l'alcool, la gomme-résine se dissout aussi en partie ; car, si, dans ce cas, la résine se dissout, la gomme reste inattaquée. Les vraies gommes, au contraire, sont toujours complètement solubles dans l'eau ou le deviennent par une ébullition prolongée ; de plus, l'alcool ne les dissout pas. Elles sont neutres, solides, incristallisables et ont une saveur fade, une cassure vitreuse.

M. *Guérin-Varry* qui, l'un des premiers, étudia les gommes, crut y reconnaître trois principes différents dont l'un soluble, l'*arabine* et deux insolubles, la *césarine* et la *bassorine*. Ces trois principes formaient toutes les gommes.

C'est ainsi que d'après ces travaux, la gomme arabique était de l'arabine presque pure ; la gomme de France, qui s'écoule principalement du cerisier et qui n'est pas complètement soluble dans l'eau froide, était un mélange d'arabine et de césarine ; de même la gomme de Bassora était un mélange d'arabine et de bassorine.

Plus récemment, M. *Frémy* a montré que toutes les gommes contiennent, au contraire, un principe commun acide, acide très faible, très soluble, qu'il a appelé *acide gummique*, qui y existe à l'état de gummates de potasse et de chaux solubles. Cet acide gummique, qui peut être facilement retiré de la gomme arabique à un grand état de pureté, se transforme, lorsqu'il est maintenu pendant plusieurs heures dans une étuve à la température de 120°, en un isomère que M. Frémy appelle de l'*acide métagummique*, lequel est insoluble, ainsi que les sels qu'il forme. Inversement, l'acide métagummique insoluble, maintenu pendant longtemps dans de l'eau bouillante, se transforme de nouveau en acide gummique soluble.

Tout le secret de la composition des gommes est maintenu dans ces deux expériences; dans les gommes solubles, l'acide gummique existe; dans les gommes partiellement insolubles, il existe aussi, mais sous sa forme insoluble dite métagummique; du reste, on peut à volonté transformer une gomme soluble en gomme insoluble et inversement.

La *gomme arabique*, de toutes la plus importante, est fournie par différents acacias; elle est formée d'acide gummique presque pur. Maintenue pendant quelque temps à l'ébullition avec de l'acide azotique, elle se transforme en acide mucique; c'est là, du reste, un caractère général des vraies gommes. Si on la traite par l'acide azotique très concentré, on obtient un composé explosif, analogue au fulmicoton par sa propriété et son mode de préparation : c'est l'*arabine nitrique*.

La gomme arabique se trouve dans le commerce en fragments plus ou moins arrondis et translucides, blancs, jaunes ou rougeâtres; complètement soluble dans l'eau, elle est insoluble dans l'alcool, les essences et l'éther.

Sa dissolution dans l'eau est assez visqueuse; elle dévie à gauche les rayons de la lumière polarisée, ce qui permet facilement de la distinguer de la solution de dextrine, avec laquelle on cherche souvent à la falsifier. Cette dernière, comme son nom l'indique, dévie à droite le plan de polarisation.

Les gommes dites *turique, verte, pelliculée, luisante*, ne sont que des variétés commerciales de la gomme arabique, de même que la *gomme du Sénégal* et de l'*Inde*. L'industrie les emploie en solution pour épaissir les couleurs et les mordants de teinture et leur donner en même temps plus d'éclat. Les fabriques d'encre et de cirage en emploient des quantités considérables.

La médecine emploie aussi la gomme arabique, mais la veut très pure, pour ses pâtes, ses tisanes et ses sirops. Elle y entre comme émollient; d'autres fois elle ne sert qu'à augmenter la viscosité des potions dans lesquelles sont introduites des poudres insolubles.

La *gomme de France* et la *gomme de Bassora*, bien moins solubles et bien moins pures que la précédente, ont une faible importance; la première s'écoule du tronc des arbres fruitiers de nos pays quand ils deviennent vieux, surtout du cerisier, du merisier, du prunier et de l'abricotier; la seconde provient de cactus et d'acacias. Leur unique usage est l'apprêt du feutre en chapellerie.

La *gomme adragante* provient d'un arbre de la famille des légumineuses : l'astragale. On la trouve surtout en Asie-Mineure, en Arménie et dans les provinces septentrionales de la Perse; elle est complètement insoluble dans l'eau, mais se gonfle et se divise très bien sous son action, de façon à former un mélange beaucoup plus consistant que la solution de gomme arabique. C'est là ce qui explique son prix élevé et qui lui donne son seul usage : épaissir des potions, des pâtes pharmaceutiques ou des vernis.

Telle est la rapide histoire de ces produits naturels, encore mal connus au point de vue chimique. Leurs usages sont peu nombreux, peut-être parce que la production ne peut fournir aux besoins. M. L.-M. *Schützenberger* a pris un brevet pour un procédé permettant d'extraire des résidus de betteraves qui ont déjà servi à la fabrication du sucre, des principes gommeux pouvant remplacer avantageusement les gommes naturelles. On traite les pulpes par l'eau bouillante en présence de chaux, on filtre, on précipite la chaux en excès par l'acide carbonique, et on évapore à l'étuve. Ce procédé, applicable aussi aux pulpes de poires, d'orges fermentées, etc., pourra peut-être rendre de grands services et donner une plus grande extension à l'industrie des gommes.

Lorsqu'on prépare une solution de gomme, il est facile de la préserver de la moisissure; à cet effet, on mouille d'abord la gomme avec de l'alcool, puis on la dissout dans l'eau comme à l'ordinaire. On y ajoute alors quelques gouttes d'acide sulfurique; il se forme un précipité de sulfate de chaux qu'on laisse déposer. On obtient ainsi une solution de gomme parfaitement incolore qui ne moisira pas, quand même on aura employé de la gomme inférieure.

La solution de la gomme arabique a comme liqueur adhésive la propriété désagréable, quand on enduit du papier d'impression ou du papier peu collé, de pénétrer à travers ces papiers et d'empêcher ensuite d'adhérer aux corps sur lesquels on les applique. On ne peut guère non plus se servir de cette solution pour faire adhérer du papier sur du carton ordinaire ou du bois sur du bois. Quant au papier collé à la gomme sur des surfaces métalliques, il ne tarde pas à s'en détacher. Enfin l'emploi de la gomme pour recoller le verre, la porcelaine, les objets en faïence, en terre cuite, etc., est impraticable.

M. *Planier* a pris, en date du 4 avril 1851, un brevet d'invention pour une colle composée et pouvant adhérer à froid, dit-il, à tous les corps durs métalliques ou autres, et qu'il compose ainsi qu'il suit :

On fait un mélange de 46 gr. 50 d'acétate de plomb et 46 gr. 50 d'alun, qu'on fait dissoudre dans l'eau.

On prend 76 grammes de gomme arabique ;

On répand dessus 2 litres d'eau chaude ;

On délaie le tout et on le verse dans un vase de capacité suffisante ;

On délaie ensuite dans une casserole 500 gr. de farine de blé avec l'eau de gomme refroidie, jusqu'à l'état de bouillie ;

On place la casserole sur un feu de fourneau ;

On y verse le restant du vase contenant le mélange d'acétate de plomb et d'alun ;

On agite avec une cuillère en bois, pour éviter qu'il se forme des grumeaux ;

On retire la casserole du feu avant aucun bouillonnement, à la première ébullition;

On laisse le tout refroidir et la colle est faite.

Si la colle refroidie se trouvait trop épaisse, on la rendrait plus liquide avec de l'eau préparée comme on l'a indiqué déjà, ayant soin de bien agiter le vase dans lequel elle est contenue.

L'addition de sulfate d'aluminium cristallisé à une dissolution de gomme arabique est extrêmement recommandable. La propriété adhésive de ce mucilage en est tellement accrue qu'il devient capable de souder le bois, le verre ou de la porcelaine. Voici la formule à employer :

Sulfate d'aluminium. 2
Eau distillée. 20
Solution de gomme à 2 parties de gomme pour 5 parties d'eau. . . 250

XIV. CAOUTCHOUC

Le caoutchouc naturel se trouve dans le commerce sous la forme de poires généralement brunes, qui ont été obtenues en appliquant sur de petites bouteilles de terre, servant de moules, le suc laiteux de certains arbres des pays chauds. Ces poires sont ordinairement séchées à la fumée, qui les colore. Le moule est ensuite brisé et laisse le caoutchouc sous la forme de poire. On rencontre aussi le caoutchouc en plaques épaisses; on l'expédie aussi en Europe dans des bouteilles qui contiennent le suc naturel; en soumettant ce suc à l'ébullition, l'albumine qu'il contient se coagule et entraîne le caoutchouc.

Le caoutchouc est altéré par les acides sulfurique et azotique concentrés; mais il résiste à l'action des autres acides : la potasse en dissolution concentrée ne l'altère pas. Il est insoluble dans l'eau, un peu soluble dans l'éther pur; l'alcool le précipite de cette dissolution.

Lorsqu'on met le caoutchouc naturel en contact, à froid, avec l'huile de pétrole, il augmente d'abord de volume (jusqu'à 30 fois son volume primitif), et se dissout complètement par l'ébullition. Il est également soluble dans les huiles essentielles, les huiles grasses, le sulfure de carbone, la benzine, l'essence de térébenthine et divers hydrocarbures.

Avec l'essence de térébenthine, le caoutchouc est plutôt ramolli que dissous; la benzine est tout à fait convenable pour unir ensemble des morceaux de caoutchouc; mais le meilleur dissolvant est sans contredit le sulfure de carbone; cette dissolution se dessèche avec une très grande rapidité et laisse le caoutchouc inaltéré et inodore. Si l'on mélange avec le sulfure de carbone une petite quantité d'alcool, le liquide n'exerce plus d'action dissolvante sur le caoutchouc, mais le gonfle et le ramollit extrêmement.

On trouve aujourd'hui dans le commerce du caoutchouc dissous qui peut servir à unir des feuilles de papier, du bois, du cuir, à la brochure et la reliure des livres, des registres, etc.

Si on voulait une colle plus forte, on pourrait ne pas opérer complètement la dissolution du caoutchouc, ou plutôt profiter de la propriété dont il jouit de se gonfler énormément dans ses dissolvants avant de se dissoudre entièrement, l'enlever de ceux-ci et l'écraser et le pétrir pour en faire une sorte de magma qui, appliqué sur les substances et séché à l'étuve, serait très adhérent et très élastique en même temps.

On peut traiter de la même manière la gutta-percha, qui est susceptible de donner encore une masse d'une plus grande force adhésive.

On peut se servir du caoutchouc liquide tel qu'on le rencontre chez les fabricants, pour coller les dessins sur carton ou dans les livres ; cette colle a l'avantage de bien fixer le dessin sans faire goder le papier, de ne pas se détériorer à l'humidité, de se décoller aisément en passant une lame de couteau mince entre le dessin et le carton, et enfin de ne pas tacher le papier. Quand on colle le dessin, la colle s'étend un peu au delà ; dans ce cas, on la laisse sécher pendant deux ou trois heures, puis on l'enlève aisément en frottant avec de la gomme élastique.

Actuellement, on fabrique des courroies de transmission en toile et caoutchouc. Ces courroies se font en repliant sur eux-mêmes dans des conditions de longueur, de largeur et d'épaisseur, résultant de l'effort à transmettre, de très forts tissus préalablement enduits d'une préparation de caoutchouc. Par ses propriétés adhésives, le caoutchouc fait corps avec le tissu et, par cette même cause, des tissus en nombre quelconque peuvent faire corps entre eux sous l'effet d'une simple superposition, et après une vulcanisation qui suit le façonnage, on obtient un tout d'une homogénéité comparable à celle du cuir le mieux corroyé.

3.

En ajoutant de la gomme-laque à une dissoulution de caoutchouc on augmente les qualités adhésives de cette dernière et on obtient une excellente colle pour réunir le caoutchouc aux métaux et au verre.

Pour fabriquer cette colle, on prépare la dissolution suivante :

On dissout à froid une partie de gomme-laque dans dix fois son poids d'ammoniaque concentrée; la dissolution exige trois à quatre semaines au bout desquelles on obtient une liqueur bien limpide sans avoir besoin d'employer d'eau chaude. Cette liqueur ramollit le caoutchouc et permet de l'appliquer sous cette forme à coller les joints des tuyaux métalliques qui deviennent ainsi imperméables à l'eau, à la vapeur et autres fluides. En effet, après cette opération, l'ammoniaque s'évapore, et le caoutchouc se durcit et se soude avec force au métal.

S'il s'agit de souder du caoutchouc à du verre, ou deux objets en verre l'un à l'autre, il est indispensable de nettoyer convenablement les parties à réunir en se servant d'une solution formée de :

> Acide chlorhydrique. . . . . 1 partie
> Eau. . . . . 4 —

On rince ensuite à l'eau pure, on sèche, puis on étend la colle sur les deux surfaces. Après rapprochement des objets, on laisse sécher.

On a encore préconisé pour coller les cuirs de courroie une colle analogue à la précédente, composée de la manière suivante :

Sulfure de carbone.	100
Caoutchouc.	15
Essence de térébenthine.	10
Gomme-laque.	10

XV. GLU OU COLLE MARINE DE JEFFERY

La glu ou colle marine de *Jeffery* est un mélange de caoutchouc dissous dans une huile essentielle et de gomme-laque. Cette colle, lors de son apparition, a fait grand bruit, et des expériences nombreuses et assez concluantes semblaient lui assurer des applications fort étendues. Cependant, malgré ses qualités réelles, elle est peu employée aujourd'hui dans les arts, et il serait même assez difficile d'assigner les causes qui ont concouru à cet abandon. Quoi qu'il en soit, nous indiquerons ici sa composition, sa préparation et la manière de l'appliquer.

Cette colle, qui est très adhésive, élastique et insoluble dans l'eau, et sert principalement à réunir les pièces de bois employées dans les constructions navales, se prépare de la manière suivante, du moins si on s'en rapporte à la patente même de l'inventeur, *Repertory of patent inventions*, janvier 1843 :

1° On fait dissoudre dans 40 litres de naphte de houille ou naphte brut, 1 kilogramme de caoutchouc de bonne qualité, divisé en petits fragments. On agite de temps en temps, jusqu'à complète dissolution du caoutchouc, et lorsque le mélange a acquis la consistance de crème épaisse, ce qui a lieu au bout de dix à douze jours, on y ajoute de la gomme-laque, ou mieux encore de la laque en écailles, dans la proportion de deux parties en poids de laque pour une partie de la dissolution ; on verse ensuite le mélange dans une chaudière de fer, munie à sa partie inférieure d'un tuyau de décharge, et qu'on place sur le feu. Pendant que la matière chauffe, on la remue constamment pour rendre la combinaison moins intense. Le composé qui en résulte est la *colle* ou *glu marine* au caoutchouc, qu'on retire chaude du vase de fer par le tuyau de décharge, et qu'on étend ensuite sur des dalles pour refroidir, après quoi on la brise et on la conserve pour l'usage.

2° On prépare une seconde espèce de colle sans caoutchouc, en mêlant ensemble une partie en poids de naphte brut, et deux parties aussi en poids de gomme-laque ou plutôt de laque en écailles, et en opérant comme ci-dessus.

Quand on veut se servir de cette colle, on la fait chauffer dans un vase de fer à la température de 121° C. environ, et on l'applique chaude à l'aide d'une brosse sur les surfaces qu'on se propose de réunir, en ayant soin de l'étendre en couche bien uniforme. On rapproche ensuite les pièces de bois et on les serre fortement ; comme la température de la colle s'abaisse aussitôt qu'elle est étendue et qu'elle durcit, il faut la ramollir en la ramenant à 60° C., ce qui se fait en passant dessus des fers chauds ; on doit alors saisir le moment pour rapprocher les surfaces et les serrer à l'aide de frettes chassées par des coins.

Lorsque les surfaces de contact sont bien dressées, l'auteur applique une couche mince de colle sur chacune; mais si elles présentent des inégalités, la couche de colle doit être assez épaisse pour remplir ces inégalités.

On emploie cette colle marine non seulement pour la réunion des pièces de mâtures et autres, mais aussi pour la réparation des pièces fendues en remplissant les crevasses de colle portée à 121° C. On peut faire varier la proportion des ingrédients suivant les circonstances. Ainsi, en employant une plus grande quantité de laque, la colle prendra plus de consistance, sera plus dure et résistera mieux aux intempéries de l'air; tandis qu'en augmentant les doses de naphte ou de caoutchouc, la colle acquerra plus de douceur et d'élasticité.

Glu translucide

Une substance transparente, et propre à remplacer la glu marine de Jeffery dans beaucoup de circonstances, surtout quand il s'agit de soudures ou de collages translucides, comme pour unir des morceaux de verre, a été inventée par M. S. *Lenher*, de Philadelphie, et présentée à l'Institut de Francklin, dans sa séance mensuelle du 8 septembre 1850, où le président, M. G. W. *Smith*, a fait remarquer que cette matière serait probablement très propre à unir les diverses portions qui composent les lentilles polyzonales des phares, etc. Voici sa composition :

On prend 8 décigrammes de caoutchouc, 60 gr. de chloroforme et 15 grammes de mastic. On combine d'abord les deux derniers ingrédients, puis, après la dissolution du caoutchouc, on ajoute le mastic en laissant le tout macérer pendant huit jours, temps nécessaire pour la dissolution du mastic à froid. On peut augmenter la dose du caoutchouc si on veut une plus grande élasticité. On applique au pinceau et à froid.

XVI. GUTTA-PERCHA

Cette substance offre une grande analogie avec le caoutchouc.

Elle arrive en Europe à l'état de masses sèches, rougeâtres, marbrées, contenant beaucoup d'impuretés. Avant de l'employer, on l'épure mécaniquement et on la met en feuilles. Comme le caoutchouc, la gutta-percha possède la propriété de se souder à elle-même, mais à une température plus élevée. Elle est aussi insoluble dans l'eau, l'alcool et les acides étendus, tandis que le sulfure de carbone, l'essence de térébenthine, la benzine, la dissolvent avec facilité.

La gutta-percha n'est pas extensible comme le caoutchouc; elle est très résistante à la température ordinaire; à 50° elle devient pâteuse et peut être laminée ou étirée; à 80° elle devient fort molle, peut être pétrie à la main, est propre au moulage et peut être soudée à elle-même; à 100° elle devient fluide; à 120° elle fond complètement et une température plus élevée la décompose.

Les dissolutions de gutta-percha peuvent servir comme matière adhésive au même titre que les dissolutions de caoutchouc.

Pour faire usage de la colle à la gutta-percha, on en couvre à la brosse les objets que l'on veut réunir, on presse fortement et on laisse sécher. Au bout de quelque temps la colle est prise.

On masque ou on détruit en grande partie l'odeur désagréable de ces colles en y mélangeant une petite quantité d'éther ou d'essence de térébenthine en proportions variables.

M. *Perra* a présenté à la Société d'encouragement, dans sa séance du 2 novembre 1853, des chaussures faites sans coutures ou rapiécées à l'aide d'un collage à la gutta-percha; et il a aussi employé la colle de gutta-percha pour la restauration des courroies.

Puisque nous avons parlé des solutions de caoutchouc et de gutta-percha, il n'est pas superflu de dire qu'on peut très bien ajouter de ces solutions aux colles fortes ordinaires après qu'elles ont été fondues. Après cette addition, on agite avec soin pour bien incorporer les deux substances et on se sert du mélange comme de colle forte ordinaire. Le caoutchouc donne du liant et de la souplesse aux colles fortes et leur communique en même temps une plus grande ténacité.

XVII. COLLODION

Le collodion est une solution de coton-poudre dans l'éther. C'est un liquide d'une consistance sirupeuse, que l'on peut obtenir à l'état plus ou moins fluide, et qui jouit de propriétés adhésives très remarquables. Si l'on en verse une couche mince sur la peau, il se forme par suite de l'évaporation de l'éther, une pellicule solidement adhérente et imperméable. On profite de cette propriété en chirurgie pour couvrir les blessures à la place de taffetas d'Angleterre, ainsi que pour agglutiner les bandelettes qui servent à envelopper les membres blessés, malades ou opérés, qu'il s'agit de maintenir fermement en place ; *on utilise également le collodion en photographie, pour obtenir des images sur verre.* On peut s'en servir aussi comme enduit imperméable à la place des vernis à la résine, et aussi comme matière adhésive et agglutinative pour coller une foule d'objets.

Nous allons d'abord indiquer la préparation du coton-poudre d'après la description qu'en a donnée M. *Schœbein*, qui en a fait la découverte.

Préparation du coton-poudre

Le coton-poudre se prépare avec du coton tel qu'il arrive en Europe, mais débarrassé de toute matière étrangère, et les *acides azotique et sulfurique*.

L'acide azotique doit avoir de 1,45 à 1,50 de poids spécifique, et l'acide sulfurique 1,85.

Les deux acides doivent être mêlés ensemble dans la proportion de 1 d'acide azotique pour 3 d'acide sulfurique. Une grande élévation de chaleur est produite par le mélange ; on le laisse refroidir jusqu'à ce qu'il *retombe à 12 ou 15° C. Le coton est* alors immergé dans les acides jusqu'à ce qu'il en soit complètement imprégné ou saturé. On le remue avec une baguette de verre ou autre matière non susceptible d'être attaquée par les acides. Le coton doit être introduit dans le mélange acide, aussi ouvert que possible. On décante alors le liquide, et le coton est doucement pressé au moyen d'un *instrument de porcelaine pour en faire sortir* les acides, puis on le couvre et on le laisse reposer une heure dans le vase ; il est ensuite lavé à l'eau courante, jusqu'à ce que la présence de l'acide ne soit plus indiquée par le papier de tournesol. Pour enlever les portions non combinées d'acide qui peuvent rester après le lavage, on plonge le coton dans une faible dissolution de carbonate de potasse, composée de 6,22 grammes de carbonate par litre, et on le sèche en partie en le pressant comme il a été dit ci-dessus. Le coton est alors fortement explosif et peut servir dans cet état ; mais, si on voulait le rendre plus explosif encore, on le plongerait dans une dissolution de nitrate de potasse, et on le sècherait enfin dans une chambre chauffée à l'air chaud ou à la vapeur, à la température de 64 ou 65° C. L'emploi du nitrate de potasse peut être supprimé.

Il est bon de remarquer que l'acide azotique peut être employé seul à la fabrication des combinaisons explosives ; mais, autant qu'on peut en juger par l'expérience, le produit ainsi obtenu n'est pas aussi bon et revient beaucoup plus cher.

Le *coton-poudre*, ou *poudre coton*, *pyroxiline*, *pyroxyle*, *balistoxyde*, ainsi préparé, jouit de propriétés fulminantes très énergiques, mais celui fourni par des mélanges à parties égales d'acide azotique et d'acide sulfurique est plus violent encore ; il vaut mieux, en conséquence, se borner, pour éviter le danger, à la première recette.

On peut préparer aussi du pyroxyle au moyen du linge, de la pâte à papier, du papier lui-même et autres matières analogues ; celles-ci ne sont, ainsi que le coton, que de la cellulose presque pure et le pyroxyle n'est en résumé que le produit résultant de l'action des acides sur la cellulose.

Un autre produit du même genre est le *pyroxam* qu'on prépare avec l'amidon et la fécule. Pour cela, on fait sécher la fécule dans une étuve pour la débarrasser entièrement de l'eau hygrométrique qu'elle renferme, et on la traite par le mélange des acides sulfurique et azotique qui la convertit en matière fulminante. On fait écouler l'excès d'acide et on lave à plusieurs reprises avec de l'eau ; on fait sécher et on conserve pour l'usage.

Dans tous les cas, on ne saurait prendre trop de précautions quand on veut préparer, surtout en grand, du pyroxyle ou du pyroxam, car ces matières sont tellement explosives et leurs effets si violents qu'elles occasionnent souvent des dommages considérables ou des blessures graves.

M. *Legray* prépare par le procédé suivant un coton-poudre qui se dissout complètement dans l'éther (coton-poudre soluble) : on mélange 80 grammes d'azotate de potassium pulvérisé et sec avec 120 grammes d'acide sulfurique ; si le mélange, qui a la consistance d'une bouillie, s'était échauffé trop fortement, on le refroidit en plongeant le vase dans l'eau froide ; on y introduit ensuite 4 grammes de coton desséché et on l'y triture pendant environ cinq minutes avec une spatule de porcelaine ou de verre.

On porte maintenant le tout dans une capsule contenant de l'eau de pluie, et l'on cherche à séparer aussi complètement que possible l'acide du coton en tordant celui-ci. Lorsque tout l'acide a été enlevé par plusieurs lavages avec de l'eau renouvelée plusieurs fois, on dessèche le coton à une douce chaleur.

D'après *Mann*, la richesse en eau de l'acide sulfurique, la température à laquelle on opère, le temps que dure l'opération et la présence d'une certaine quantité d'acide hypoazotique doivent être surtout pris en considération dans la préparation du coton-poudre soluble. Un acide sulfurique d'une densité de 1,830 à 1,835 à 15° (contenant 94 0/0 de H^2SO^4) est le plus convenable pour la décomposition du salpêtre.

Dans une éprouvette on arrose 20 parties de salpêtre pulvérisé avec 31 parties d'acide sulfurique et l'on brasse les deux substances jusqu'à ce que le salpêtre soit tout à fait dissous.

Dans le mélange encore chaud, mais dont la température doit s'élever à 50° tout au plus, on introduit le coton-poudre et on l'y agite avec soin ; on couvre ensuite l'éprouvette avec une plaque de verre et l'on abandonne le tout environ vingt-quatre heures à une température de 28 à 30°.

On lave le mélange avec de l'eau froide jusqu'à ce que le coton qui reste n'ait plus de réaction acide. Enfin, le coton encore humide est débarrassé par un traitement par l'eau bouillante des dernières traces de sulfate de potassium qui adhèrent opiniâtrement aux fibres du coton. Si on laisse séjourner le coton pendant cinq ou six jours dans le mélange à environ 30°, il ne gagne rien en qualité. Un traitement de dix à vingt minutes donne une bonne préparation.

Préparation du collodion

Le collodion se prépare en faisant dissoudre, par un mélange en diverses proportions avec l'alcool, du coton-poudre dans l'éther; il est nécessaire, pour le succès complet de cette préparation, que le coton-poudre et l'éther employés soient parfaitement purs, c'est-à-dire qu'ils ne contiennent pas de traces d'acide sulfurique et d'acide azotique. Le collodion est plus ou moins liquide, suivant les proportions d'éther et de coton-poudre qu'on emploie. Quand on le trouve trop épais pour l'usage qu'on veut en faire, on l'étend avec de l'éther jusqu'à ce qu'il ait la fluidité nécessaire.

MM. E.-M. *Plessy* et I. *Schlumberger* ont annoncé en 1854 qu'ils avaient découvert un dissolvant du coton-poudre. Ce dissolvant est l'esprit de bois ou alcool méthylique.

En employant l'esprit de bois seul, on peut faire dissoudre avec facilité 80 grammes de coton-poudre par litre d'esprit de bois, ce qui donne une dissolution gélatineuse épaisse. Avec 40 grammes par litre, on a une dissolution sirupeuse que l'on peut étendre à volonté.

Le collodion à l'éther sulfurique est très volatil, celui à l'esprit de bois l'est beaucoup moins et peut en dissolution plus épaisse s'étendre avec facilité en l'additionnant d'alcool à 40°.

M. *Maxwell Lyte* donne le procédé suivant pour la préparation d'un collodion avec lequel il a obtenu, particulièrement pour la photographie, des résultats qui lui paraissent supérieurs aux autres.

Prenez :

Acide nitrique (D = 1,38). . . .	200cc
Acide sulfurique (D = 1,84). . .	500cc
Nitrate de potasse bien pulvérisé et bien sec.	15 gr. 5
Papier de fil ou à cigarettes. . .	19 gr.

Mettez d'abord l'acide nitrique avec le nitrate de potasse, agitez et ajoutez l'acide sulfurique, et lorsque le thermomètre marquera 50° centigrades, mettez le papier dans l'acide feuille par feuille, en l'immergeant avec une baguette de verre.

Laissez en contact une demi-heure ou une heure, décantez l'excès d'acide et jetez le tout dans beaucoup d'eau. Séparez les feuilles les unes des autres rapidement pour les débarrasser de l'excès d'acide adhérent, lavez dans un courant d'eau huit à dix heures, terminez par un lavage avec une solution faible d'acétate de soude (7 grammes par litre d'eau) et un dernier lavage à l'eau et faites sécher au soleil. Avec la pyroxyline ainsi obtenue, on prépare le collodion normal en mélangeant :

Éther rectifié avec soin. . . .	1 litre 153
Pyroxyline.	8 à 9 gram.

Agitez ce mélange et versez-y peu à peu de l'alcool absolu ; lorsque le papier commence à devenir transparent et à se désagréger, la quantité d'alcool ajoutée est suffisante, on agite jusqu'à dissolution complète du papier.

Comme l'éther du commerce renferme toujours une certaine quantité d'alcool indéterminée, le procédé indiqué ci-dessus a l'avantage de n'ajouter que juste la quantité nécessaire pour la dissolution de la pyroxyline.

On laisse déposer ce collodion, et on le décante quand il est parfaitement clair.

XVIII. CELLULOID

Le celluloïd a été découvert en 1869 par deux Américains, les frères *Hyatt*. C'est un mélange de nitro-cellulose et de camphre, qui à l'état brut se présente sous l'aspect d'une matière cornée, transparente, dégageant une faible odeur de camphre.

Sous l'action de la chaleur, le celluloïd se ramollit et peut recevoir des empreintes ; à 90°, il devient très plastique ; à une température plus élevée, il devient tout à fait mou, et, si on continue à le chauffer, il finit par se décomposer. Il s'enflamme facilement et brûle avec une flamme fuligineuse.

Il est fréquemment employé pour imiter la plupart des objets en corne, en ivoire, en écaille, en marbre, etc. On en fait des manches de parapluie, des pommes de cannes, des billes de billard, des claviers de piano, des règles, des équerres, etc. ; en appliquant du celluloïd sur de la toile ou du carton, on fabrique le *linge* dit *américain*, etc.

Fabrication du celluloïd

La plus grande partie du celluloïd employé dans l'industrie est fabriqué en France, où des usines sont montées dans ce but. Un rouleau de papier est déroulé lentement et saturé à mesure de 5 parties d'acide sulfurique et 2 parties d'acide nitrique, mélange qui est projeté en pluie sur le papier. La cellulose est ainsi changée en pyroxyline ou coton-poudre. Après avoir enlevé l'excès d'acide par pression, le papier est lavé à l'eau jusqu'à ce que toute réaction acide ait disparu, puis on le réduit en pulpe et on le fait passer dans une cuve à blanchir.

Lorsque l'eau a été enlevée pour la plus grande partie au moyen d'une essoreuse, on ajoute à la pulpe 20 à 40 0/0 de son poids de camphre, puis on broie et malaxe de nouveau.

La pâte est ensuite étendue en feuilles minces que l'on soumet à l'action d'une presse hydraulique jusqu'à ce qu'elles soient parfaitement sèches; on les roule alors sur des rouleaux chauffés et le celluloïd sort de là sous forme de feuilles élastiques. Dans ce moment on peut, en chauffant le celluloïd pour le ramollir, lui faire prendre toutes les formes voulues et en confectionner tous les objets imaginables.

CHAPITRE II

Colles minérales

—

Sommaire. — I. Colle au silicate de potasse ou verre soluble. — II. Colle au phosphate d'alumine. — III. Colle pour l'os et l'ivoire.

I. COLLE AU SILICATE DE POTASSE OU VERRE SOLUBLE

Une propriété importante du verre soluble est celle d'unir et de coller. C'est une véritable colle minérale, dont on peut se servir avec avantage pour réparer le verre, la porcelaine, le marbre, etc.

On désigne sous le nom de verre soluble divers silicates de soude et de potasse, qui forment une dissolution visqueuse, un peu opale quand elle est concentrée. Ce produit a une réaction et un goût alcalins. Sa dissolution se mêle avec de l'eau dans toutes les proportions. Quand la densité de la dissolution est 1,25 elle contient presque 28 0/0 de verre; quand on la concentre davantage, elle devient très visqueuse et peut se tirer en fils comme le verre fondu. A la fin, la liqueur se prend en une masse vitreuse cassante, dont la cassure est conchoïde; elle ressemble beaucoup au verre ordinaire, mais n'a point autant de dureté. Quand la dissolution a été appliquée sur d'autres corps, elle sèche rapidement à la température de l'air et forme un enduit analogue au vernis.

Le verre soluble desséché n'éprouve pas de changements remarquables à l'air, et n'en attire ni l'eau ni l'acide carbonique. Aussi l'acide carbonique de l'air n'a-t-il point d'action bien prononcée sur la dissolution concentrée, mais la dissolution étendue devient trouble à l'air avec le temps et se décompose entièrement.

L'alcool précipite, sans l'altérer, le verre soluble de sa dissolution dans l'eau. Quand la dissolution est très concentrée, il faut peu d'alcool pour le précipiter, et il n'a pas besoin d'être très rectifié. On peut donc se servir, pour produire du verre soluble pur, d'une dissolution de verre soluble impur; on traite la dissolution par l'alcool, on laisse reposer le précipité gélatineux, on soutire la liqueur surnageante, on rassemble le dépôt, on le pétrit rapidement après avoir ajouté un peu d'eau froide, et on le presse.

Les acides décomposent la dissolution du verre; ils agissent aussi sur le produit desséché et en séparent la silice à l'état pulvérulent.

La craie et le phosphate de chaux pulvérisés donnent avec le verre soluble une masse compacte qui acquiert en se desséchant une dureté presque égale à celle du marbre.

Le carbonate de magnésie (dolomie) donne encore plus de cohésion que la craie.

La chaux éteinte broyée avec le verre forme une masse qui se solidifie rapidement et qui devient assez dure en séchant; il se produit dans ce cas une véritable combinaison et de la potasse est mise en liberté. Il en est de même avec l'oxyde de zinc et avec la magnésie.

Colles. 4.

Le plâtre broyé avec une solution de verre soluble se prend immédiatement en masse, mais cette masse, après dessiccation, ne présente guère plus de cohésion que le plâtre ordinaire.

On emploie encore le verre soluble pour l'encollage des tissus de coton.

Enfin, depuis quelque temps, le silicate de potasse (exempt de silicate de soude) est employé en chirurgie pour la contention des fractures, à la place de l'amidon, de la dextrine ou du plâtre; on se sert dans ce but d'une solution visqueuse marquant 33° Baumé.

II. COLLE AU PHOSPHATE D'ALUMINE

En 1880, M. *Bremmer* a fait breveter un procédé pour le traitement des phosphates d'alumine en vue d'obtenir une gomme siccative et d'une grande adhérence.

Dans ce but, l'inventeur broie du phosphate naturel d'alumine, ceux d'Alto-Vela, par exemple, de préférence à ceux de Redonda, en une poudre fine à laquelle il mélange 20 0/0 de plâtre de Paris ou gypse.

Il place ce mélange dans un four à réverbère, et le cuit à une chaleur rouge pendant plusieurs heures, en le retournant de temps en temps, pour assurer l'homogénéité de toute la masse avant qu'elle ne soit retirée et mise à refroidir.

Une certaine quantité de ce produit, ainsi cuit, est placée dans une cuve doublée de plomb et est additionnée d'une solution d'acide sulfurique et d'eau, renfermant de 5 à 7 parties d'eau pour

1 partie d'acide sulfurique de la force ordinaire du commerce ; cette quantité est suffisante pour permettre de bien remuer le tout et de l'agiter.

Sans cesser de délayer, on ajoute l'acide par petites quantités aussi longtemps que dure l'effervescence, et à mesure que l'absorption a lieu, pour empêcher la masse de s'agglomérer en gâteaux. Ce mélange est alors abandonné au repos jusqu'à ce qu'il soit devenu épais et gélatineux.

On fait ensuite bouillir la masse à l'aide d'un serpentin à vapeur, qui est adapté à la cuve, jusqu'à ce qu'elle ait une densité d'environ 70° de cailletage.

L'ébullition est alors interrompue pour permettre aux particules solides de se déposer, puis le liquide est soutiré dans une autre cuve également munie de tuyaux à vapeur.

Dans le liquide soutiré, on délaie, en agitant, 15 à 20 0/0 de gypse cuit, ou de plâtre de Paris, et on porte cette masse à l'ébullition au moyen du serpentin, en remuant constamment.

Le mélange est ensuite concentré par l'évaporation à une chaleur régulière de 160 à 190° Fahrenheit (71 à 88° C.) en l'agitant continuellement. Une certaine proportion de solution de silicate de soude ou de verre liquide peut être ajoutée à la masse pour neutraliser l'excédent d'acide et augmenter les qualités siccatives ainsi que la force adhésive du produit.

Celui-ci, soumis ensuite à une chaleur de 280° Fahrenheit (430° C.), est additionnée d'autant de phosphate d'alumine que la masse peut en absorber jusqu'à densité convenable ; enfin on filtre de nouveau pour obtenir un produit clair et brillant,

III. COLLE POUR L'OS ET L'IVOIRE

L'alun ordinaire, sulfate double d'alumine et de potasse, peut être employé pour coller diverses substances, notamment l'os et l'ivoire.

Une dissolution d'alun, dans l'eau concentrée à chaud jusqu'à consistance sirupeuse, possède en effet des propriétés adhésives permettant de l'employer à cet usage. En raison de l'état de concentration de la dissolution, on doit l'appliquer à chaud, et autant que possible sur les objets préalablement chauffés; la couche de dissolution déposée sur les surfaces à réunir doit être très mince. Cette colle ne résiste pas à l'action de l'eau.

On emploie d'ailleurs l'alun dans la composition de diverses colles en vue d'augmenter leur puissance adhésive.

CHAPITRE III
Colles animales

SOMMAIRE. — I. Gélatine. — II. Chondrine. — III. Colles gélatineuses. — IV. Caséine. — V. Colles au fromage. — VI. Albumine. — VII. Colles albumineuses.

I. GÉLATINE

Il n'est personne qui ne sache que la peau, le tissu des os, les cartilages et beaucoup d'autres tissus qu'on rencontre dans le corps des animaux, jouissent de la propriété, quand on les fait bouillir avec de l'eau, d'abandonner à celle-ci une substance translucide qui permet à ce liquide de se prendre en gelée après le refroidissement.

La substance qui jouit de cette propriété au plus haut degré a reçu le nom de *gélatine*, mais elle n'est pas la seule qui la possède, et la chimie moderne a reconnu qu'il y en avait encore une autre, fournie par les cartilages des os et à laquelle on a donné le nom de *chondrine*, où l'on a pu aussi la constater. Nous indiquerons ici sommairement quelles sont les principales propriétés physiques et chimiques de ces deux substances.

La gélatine, dont l'existence a été reconnue depuis bien longtemps dans le corps des animaux, est la substance à l'état impur connue dans le commerce sous le nom de *colle forte*.

La gélatine est un produit de la transformation moléculaire de certains tissus de l'organisme animal, et notamment du tissu organique des os qu'on a désigné sous le nom d'*osséine*. Sous l'influence d'une ébullition prolongée avec l'eau, ces tissus passent de l'état insoluble à l'état soluble, avec plus ou moins de rapidité suivant leur état d'agrégation.

A l'état de pureté la gélatine est incolore, transparente et douée d'une force adhésive considérable et qui varie en raison des tissus qui la fournissent. Elle est inodore, insipide, d'un poids spécifique plus grand que celui de l'eau et ne présentant aucune réaction acide ou alcaline. Si on la chauffe elle répand une odeur particulière, se ramollit, devient pâteuse, se boursoufle en exhalant une odeur

4.

semblable à celle des matières animales qu'on brûle. Elle est néanmoins difficile à brûler complètement et laisse un charbon boursouflé qu'on incinère difficilement et dont la cendre consiste en phosphate de chaux. Quand on distille la gélatine seule et à feu nu elle donne de l'ammoniaque en abondance et les produits des matières azotées.

L'eau froide la gonfle, la ramollit, la rend opaque, mais sans la dissoudre. Aussi conseille-t-on de faire tremper la colle forte concassée dans l'eau froide avant de s'en servir, afin de la débarrasser des sels solubles qu'elle renferme et qui en cristallisant lui font perdre de sa ténacité. Au moyen d'une douce chaleur et d'une quantité d'eau convenable on dissout aisément la gélatine. La dissolution limpide et incolore se prend par le refroidissement en une gelée transparente de consistance variable suivant le degré de concentration de la liqueur.

Les colles de la première qualité absorbent ainsi jusqu'à six fois leur poids d'eau sans se dissoudre et en prenant l'aspect et l'apparence d'une gelée. Les colles de commerce en absorbent environ trois fois leur poids, et celle de basse qualité moins encore. Les colles solubles à froid doivent être rejetées.

La consistance de la gélatine, à quantité d'eau égale, varie avec la nature des tissus dont elle provient et l'âge des animaux. Celle qu'on extrait des os paraît être la plus tenace et la plus consistante. Celle qui provient, à égalité d'eau, de tissus des vieux animaux est plus ferme et plus tenace que celle des jeunes animaux.

Exposée à une température au-dessus de 100°, la gélatine perd en partie la propriété de se prendre en gelée. Soumise pendant longtemps et à l'air libre à une température de 16° à 20°, sa dissolution s'altère, dégage de l'ammoniaque et finit par entrer en putréfaction. L'addition d'une certaine quantité d'acide acétique prévient cette décomposition sans altérer sensiblement les propriétés adhésives.

Sous l'influence de la distillation sèche, la gélatine fournit des produits analogues à ceux que donnent les matières protéiques (eau, carbonate, sulfhydrate et cyanhydrate d'ammoniaque : alcaloïdes volatils, tels que méthylamine, propylamine, tétrylamine, aniline, pyridine, lutidine, picoline, huiles neutres indéterminées).

Pour acquérir des propriétés adhésives, il faut que la gelée qu'on obtient des tissus animaux soit évaporée et la matière desséchée puis redissoute dans l'eau.

La gélatine se dissout à peine dans l'alcool auquel elle n'abandonne qu'un peu de matières grasses et de matières extractives. Elle est parfaitement insoluble dans l'éther et les huiles grasses ou volatiles.

La gélatine forme avec le chlore une matière glutineuse, d'un aspect particulier et jouissant de propriétés qui ont été étudiées avec soin, mais qui sont étrangères à notre sujet.

L'acide sulfurique concentré convertit la gélatine en sucre de gélatine, leucine, etc. L'acide azotique la transforme en acide oxalique. L'acide acétique concentré rend la gélatine ramollie, transparente et la dissout ensuite. Du reste, les acides n'empêchent pas cette substance de se prendre en gelée.

Les acides étendus ne précipitent pas les solutions de gélatine. L'acide gallo-tannique forme exception et cet acide ainsi que quelques autres tanins forment avec la gélatine des combinaisons insolubles et imputrescibles.

Par l'ébullition avec une solution concentrée de potasse ou de soude, la gélatine se convertit en divers produits parmi lesquels se distinguent la leucine et le glycocolle ou sucre de gélatine.

Les agents oxydants, acide sulfurique étendu, peroxyde de manganèse, bichromate de potasse, donnent avec la gélatine les mêmes produits qu'avec les substances albuminoïdes.

Les alcalis en dissolution étendue et l'ammoniaque, même concentrée, ne lui enlèvent pas non plus la propriété de se prendre en gelée, mais troublent sa dissolution en y faisant naître un précipité de phosphate de chaux. La gélatine ramollie se dissout à la température ordinaire dans une dissolution concentrée de potasse caustique en laissant un résidu blanc de ce phosphate. Les acides précipitent de cette dissolution une gélatine altérée. Bouillie avec la potasse caustique, elle dégage une grande quantité d'ammoniaque et est transformée en un mélange de sucre de gélatine et de leucine. L'hydrate de chaux n'altère pas la dissolution de gélatine qui en dissout beaucoup.

Le cyanure jaune, les acétates neutres et basiques de plomb, le nitrate d'argent, le sulfate de cuivre ne donnent pas de précipité dans les solutions de gélatine. Le bichlorure de mercure y détermine un trouble qui, au début, disparaît par l'agitation, et devient persistant par l'addition d'un excès de réactif. Le perchlorure de platine précipite la gélatine.

La gélatine se combine avec plusieurs sels et dissout beaucoup de phosphate de chaux récemment précipité, ce qui fait qu'on en trouve souvent des quantités notables dans les colles fortes du commerce.

L'alun ne précipite pas la gélatine ni à chaud ni à froid. Le sulfate de fer neutre n'est pas troublé par sa dissolution. Les acétates de plomb n'y déterminent aucun précipité, et il en est de même des dissolutions d'argent ou d'or.

Le tanin forme plusieurs combinaisons stables avec la gélatine, et c'est sur cette propriété qu'est fondé l'art du tanneur.

Analysée par M. *Mulder*, ce chimiste a trouvé que la gélatine avait pour composition :

Carbone..........	50.07	49.3
Hydrogène.......	6.25	6.6
Azote...........	19.32	18.3
Oxygène.........	24.36	25.8
	100.00	100.00

En moyenne 100 parties de gélatine sèche renferment :

Carbone............	50.10
Hydrogène..........	6.60
Azote..............	18.30
Soufre.............	0.14

M. *Hunt* a représenté ces rapports par la formule $C^6 H^{10} Az^2 O^2$.

II. CHONDRINE

On prépare la chondrine en faisant bouillir pendant plusieurs heures des cartilages dans l'eau. La solution un peu colorée qu'on obtient se prend en gelée par le refroidissement.

On l'évapore jusqu'à consistance gélatineuse, et on la traite par l'éther, qui enlève les corps gras.

Le pouvoir agglutinatif de la chondrine est de beaucoup inférieur à celui de la gélatine. Aussi doit-on exclure autant que possible les cartilages de la fabrication de la colle forte.

A l'état de pureté la chondrine précipite abondamment par le sulfate d'alumine, l'alun, l'acétate de plomb et le sulfate de fer, tandis que ces réactifs ne déterminent presque aucun trouble dans la dissolution de gélatine. Presque tous les acides minéraux et la plupart des acides organiques ont la propriété de la précipiter de sa dissolution, mais ces précipités sont solubles dans un excès d'acide.

L'acide chlorhydrique, qui permet d'extraire la gélatine des os, a une action toute différente sur les cartilages et autres matières qui peuvent fournir la chondrine, et fournit une matière qui n'est pas susceptible de se prendre en gelée et dont le résidu n'est ni visqueux ni collant.

La chondrine a été analysée par trois chimistes, *Mulder*, *Scherer* et *Vogel fils*. Voici le résultat de l'analyse de Mulder, qui ne comprend que les principes actifs de cette matière :

Carbone	49.3
Hydrogène	6.6
Azote	14.4
Soufre	0.4

On pourrait, dans le cas où l'on traite des matières qui renferment des cartilages et qui produisent par conséquent de la chondrine qui ne jouit pas des mêmes propriétés que la gélatine, précipiter après un certain temps d'ébullition la première par le sulfate d'alumine, l'alun, l'acétate de plomb ou le sulfate de fer qui sont sans action sur la gélatine, afin d'obtenir des solutions de celles-ci plus pures et plus tenaces. On pourrait ensuite recouvrer la chondrine pour la faire servir à préparer les gelées, mais ce sujet est encore trop obscur pour qu'on puisse rien prescrire de positif, et de nouvelles expériences sont nécessaires pour bien constater les propriétés des deux matières gélatineuses qu'on rencontre dans les débris du corps des animaux.

III. COLLES GÉLATINEUSES

La plus simple et la plus répandue est la colle forte ; comme c'est aussi la plus importante, nous étudierons ses propriétés et son emploi avec de grands détails ainsi que sa fabrication, dans la seconde partie de cet ouvrage.

Cependant nous indiquerons dès maintenant plusieurs sortes de colles, dans lesquelles différentes substances sont ajoutées à la gélatine en vue de lui donner des propriétés particulières convenant à diverses applications.

Colle à vernir les cartes, les portraits, les photographies, etc.

Pour garantir ces objets de la poussière, de l'humidité, des taches, etc., on prépare à chaud une solution de gélatine ou de belle colle blonde, de façon à former, quand la couche sera refroidie, une gelée tremblante, et on y incorpore par litre 7 à 8 grammes de fiel de bœuf. On verse ce mélange sur une plaque de verre, de manière à y former un enduit très mince et uniforme. Dès que cet enduit est pris en gelée, on plonge le verre dans une solution d'acétate d'alumine; la colle absorbe l'alumine et devient ainsi insoluble.

On prépare cette solution d'acétate d'alumine en dissolvant 30 grammes d'acétate de plomb et 30 grammes d'alun dans 500 grammes d'eau et laissant se déposer l'acétate de plomb qui se forme. La plaque de verre est abandonnée pendant deux à trois heures dans cette liqueur, puis on l'en retire et on la lave à grande eau pour la débarrasser de tout le sel alumineux adhérent. L'enduit qui reste sur la plaque, qui est de la gélatine insoluble, est alors recouvert d'une couche mince d'une solution claire de gélatine, puis on applique dessus la feuille de papier mouillée bien uniformément et légèrement qui porte le dessin, la gravure, etc., et frotte doucement pour bien étendre sur le verre. On introduit celui-ci pendant deux ou trois jours dans un lieu chauffé, jusqu'à ce que la gélatine soit complètement sèche, puis avec un couteau affilé on en détache l'image adroitement.

On peut enduire aussi le papier de l'autre côté de l'image avec la même colle pour le rendre aussi hydrofuge et verni, ou colorier l'image avant de la soumettre à ce traitement, ou bien après que le papier a été traité par l'acétate d'alumine et lavé, **le plonger en entier dans un bain de cochenille, de** bois de Campêche pour le rouge de carmin, d'indigo pour le bleu, etc., où on le soumet à un bouillon jusqu'à ce qu'on ait atteint la nuance qu'on désire.

Colle mixte de riz et gélatine

On prépare une excellente colle de riz en prenant 80 parties d'amidon de riz et 13 de gélatine qu'on arrose de 600 grammes d'eau; on chauffe le tout en remuant continuellement avec un bout de bois. Dès que le mélange laiteux commence à devenir épais et vitreux, la colle est prête. Pour la conserver chaque fois après qu'on s'en est servi, on la renferme dans une boîte bien close et on place à côté un flacon d'alcool ouvert. Cette colle, d'une excellente qualité, suivant M. *R. Buchner*, se conserve ainsi intacte pendant douze ou quinze jours.

Colle de reliure

On laisse gonfler quelques heures 4 parties de colle de Cologne dans 15 parties d'eau puis on chauffe doucement, et quand la masse est devenue claire, on la dilue avec 65 parties d'eau bouillante. Dans un autre vase on a délayé 30 parties d'amidon avec 20 parties d'eau froide, de façon qu'il n'y ait pas de grains et on y verse la solution de colle en remuant vivement.

Après refroidissement, on ajoute encore quelques gouttes d'acide phénique pour empêcher la colle de se gâter.

Colle à l'éther et au caoutchouc

Suivant M. *J. M. Meisch*, on obtient une colle excellente en faisant fondre de la colle forte ordinaire ou de la colle de poisson dans de l'éther azotique. Cet éther ne s'empare que d'une faible portion de la glutine, et par conséquent, ne donne pas une masse épaisse et gélatineuse. La solution qu'on obtient a la consistance d'un sirop, et possède suivant l'*American journal of pharmacy*, mai 1872, une force adhésive double de celle qu'aurait eue la colle si elle eût été dissoute dans l'eau. Si à cette solution on ajoute quelques morceaux de caoutchouc, gros comme des chevrotines, et qu'on laisse macérer pendant quelques jours en ayant soin d'agiter fréquemment, la colle n'en possède que plus de qualité et résiste infiniment mieux à l'action de l'humidité, des acides. etc.

Colle forte à la térébenthine

La *térébenthine* ajoutée de même à la colle forte, dans la proportion de un tiers et en opérant le mélange sur le feu, fournit aussi une matière agglutinative pour coller le verre, les métaux, le bois, etc.

La Société d'encouragement de Berlin a accordé il y a quelques années une récompense à M. *Kühle* pour deux compositions dans lesquelles il entre de la térébenthine ; elles sont propres à réunir ou à coller promptement, solidement et avec propreté diverses substances ; en voici la recette :

A. On prend 60 grammes d'amidon, 100 grammes de craie finement pulvérisée, qu'on délaie dans un mélange de parties égales d'eau pure et d'eau-de-vie commune ; au mélange on ajoute 30 grammes de bonne *térébenthine de Venise* ; et lorsque ces deux dernières substances sont dissoutes entièrement, on agite avec soin pour former un mélange bien homogène.

Cette colle sert principalement à unir les pièces de verre ou de porcelaine, qu'elle fait adhérer fortement entre elles.

B. On forme d'abord une bouillie suffisamment épaisse avec 100 grammes d'amidon, puis on fait dissoudre 50 grammes de colle forte et autant de térébenthine dans de l'eau sur un feu doux, et on y incorpore la bouillie d'amidon.

La colle qu'on obtient ainsi sèche promptement et ne pénètre ni ne macule pas; elle est propre à unir les petits objets en cuir, en carton ou autres matières, attendu qu'elle ne tache ni la soie ni le papier, et ne leur fait pas perdre leur éclat et leur apprêt. On s'en sert à froid, et comme elle sèche avec rapidité, on l'emploie avec avantage pour coller des adresses, des prix-courants, des numéros, etc., sur des marchandises qu'on expédie.

Colle pour étiquettes

On prépare une excellente colle pour les étiquettes sur verre, bois et papier, de la manière suivante : On fait fondre 25 grammes de bonne colle qu'on a fait macérer depuis la veille dans l'eau, avec 50 grammes de sucre candi et 12 grammes de gomme arabique, dans une capsule sur une lampe à esprit-de-vin, en agitant continuellement dans 100 grammes d'eau. On fait bouillir jusqu'à ce que la masse soit bien fluide. On enduit les étiquettes avec cette colle et on laisse sécher. Ces étiquettes adhèrent ensuite fortement sur le verre et le bois quand on les applique en les mouillant simplement avec de la salive.

Colle à la gélatine chromée

La gélatine chromée est préparée avec une solution modérément épaisse de colle forte (5 à 10 0/0 de gélatine sèche) à laquelle on ajoute pour 5 parties de gélatine une partie de bichromate de potasse. Ce mélange jouit de la faculté particulière d'être influencé par la lumière du soleil, de manière à devenir insoluble dans l'eau chaude qui ne produit pas même un léger gonflement de la matière sèche. Cette remarquable propriété a été, comme on sait, mise à profit en photographie.

M. le professeur *H. Schwarz*, de Gratz, a fait l'essai de ce composé pour raccommoder une éprouvette en verre, délicatement graduée, dont le pied avait été cassé; il a enduit aussi uniformément que possible les deux faces de rupture avec de la gélatine chromée récemment préparée, les a pressées l'une contre l'autre et maintenues ensemble par un lien, puis a exposé le tout au soleil. Au bout de quelques heures, l'éprouvette a été parfaitement recollée, la suture était à peine visible et parfaitement étanche dans l'eau chaude. Des objets précieux en verre, qui seraient défigurés par un mastic ordinaire, peuvent ainsi être réparés solidement. L'eau bouillante ne fait plus dissoudre la colle chromée qui a subi l'influence des rayons solaires, et la cassure est à peine reconnaissable.

La gélatine chromée paraît aussi pouvoir être employée à la préparation des tissus hydrofuges, surtout quand la raideur ne sera pas un obstacle.

On étend en conséquence le tissu sur un cadre et on l'enduit une ou deux fois avec de la gélatine chromée chaude et on l'expose au soleil ou simplement à la lumière du jour.

Une couverture en carton bitumé imbibée de colle au chrome a été exposée pendant tout un été à des pluies violentes sans qu'elle ait été pénétrée par l'eau.

Il est bon de remarquer que la lumière seule donne à la composition sa solidité. La colle qui n'aurait pas été exposée aux rayons du soleil serait soluble dans l'eau. La lumière par une action chimique a rendu la substance complètement insoluble même à l'eau bouillante.

Ciment pour le verre

Pour raccommoder le verre et la porcelaine, un ciment composé de 5 parties de gélatine et de 1 partie de solution de chromate acide de chaux convient parfaitement. On couvre les bords cassés avec le ciment, on presse les morceaux ensemble et on les expose au soleil; la lumière durcit le ciment et le rend capable de résister à l'eau bouillante.

Gélatine formolisée

Depuis quelques années, surtout depuis les recherches de M. *Trillat*, on utilise le *formol*, ou *formaldéhyde*, ou *aldéhyde formique* (CH^2O), pour rendre la gélatine insoluble. Ce produit, dont les propriétés antiseptiques sont bien connues, possède des avantages importants sous le rapport de la résistance et de l'absence de coloration, sur le bichromate de potasse, sur l'acétate d'alumine et sur les autres substances jouissant à un degré plus ou moins élevé de la faculté d'insolubiliser la gélatine. La gélatine au formol a reçu des applications assez étendues dans la fabrication des pellicules photographiques, des paillettes et des perles pour les modes, et de divers produits similaires.

Nous décrirons à titre d'exemple un procédé breveté par la *Société Chemische Fabrik auf Actien (vorm. E. Schering)* pour la formation de pellicules insolubles sur les plaques de verre destinées à recevoir des enduits de collodion pour la photographie.

On dissout 1 gramme de gélatine dans 250 centimètres cubes d'eau chaude, on ajoute, après refroidissement, quelques gouttes de formol (à 36 0/0 de formaline), on enduit les plaques nettoyées et humectées d'eau, une ou deux fois, avec la dissolution de gélatine formolisée. Les plaques ainsi traitées sont alors comme à l'ordinaire séchées, puis préparées par le procédé au collodion humide ou le procédé au collodion en émulsion.

On peut encore se servir avec avantage de gélatine formolisée pour obtenir des pellicules ou plaques flexibles résistantes et impressionnables à la lumière, en opérant de la manière suivante :

On prend une plaque bien nettoyée de verre ou de métal et on la recouvre d'une couche mince de collodion.

Celle-ci une fois sèche, on verse une dissolution de gélatine plus ou moins additionnée de formaldéhyde, selon le degré de dureté ultérieure que l'on désire.

On peut employer la dissolution suivante :

Gélatine.	30 gram.
Eau.	200 —
Alcool.	20 —
Glycérine.	3 —
Dissolution de formaldéhyde à 36 0/0 de formaline.	1/2^{cc}

Quand la couche de gélatine au formol est sèche, on verse comme à l'ordinaire la gélatine sensible soit une émulsion de gélatino-bromure d'argent, soit une dissolution de gélatine rendue sensible par les sels de chrome.

Après séchage, on peut détacher de la plaque avec la plus grande facilité la pellicule de gélatine formolisée à laquelle adhère la couche de gélatine sensible qui est dessus.

Pour durcir la gélatine sensible, l'émulsion de bromure, par exemple, on peut ajouter à l'émulsion avant tout usage, de petites quantités de formaldéhyde, plus ou moins, suivant le degré de dureté désiré, à l'abri des rayons actiniques, sur des plaques, du papier ou autre couche réceptrice.

On peut aussi durcir la gélatine par immersion dans une solution étendue de formaldéhyde ou par exposition aux vapeurs de formaldéhyde.

La gélatine formolisée est rendue insoluble dans l'eau et dans l'air humide jusqu'à 50° C.

IV. CASÉINE

La caséine est une substance qu'on n'a encore rencontrée que dans le lait des mammifères, mais ses propriétés chimiques sont en tout point semblables à celles du produit qu'on obtient par l'action des alcalis sur les matières albuminoïdes en général, et notamment sur l'albumine du blanc d'œuf, celle du sérum et l'albumine coagulée (protéine, albuminate ou albuminoïde).

On prépare la caséine pure en précipitant du lait frais par un excès de sulfate de magnésie. Le précipité est lavé avec de l'eau saturée de sulfate de magnésie, redissous dans l'eau, filtré pour enlever la graisse, enfin le liquide clair est précipité par l'acide acétique étendu.

Après sa dessiccation, la caséine se présente sous la forme de masse jaunâtre, transparente, hygroscopique, insoluble dans l'eau qui la gonfle seulement. A l'état de flocons hydratés telle qu'on l'obtient par la précipitation, elle se dissout très aisément dans une eau légèrement alcaline, dans l'acide acétique, et une solution de borax, mais une fois desséchée, elle est très difficile à dissoudre dans l'acide acétique. Enfin c'est une substance susceptible de s'unir aux bases et aux acides.

Pour l'obtenir à l'état de pureté, M. *Pelouze* indique le procédé suivant : on traite d'abord le lait par une certaine quantité d'acide sulfurique ; il se forme un précipité qu'on lave à grande eau et qu'on soumet ensuite, à froid, à l'action du carbonate de soude, qui dissout la caséine ; la dissolution est abandonnée à une température de 20°, afin que le beurre se sépare complètement. On précipite ensuite la dissolution par l'acide sulfurique ; le précipité est lavé jusqu'à ce que les eaux de lavage ne soient plus acides.

La caséine retient encore des traces d'acide sulfurique qu'on lui enlève par du carbonate de soude ;

enfin, on traite la caséine par l'alcool et l'éther, qui dissolvent les matières grasses qu'elle peut retenir. La caséine ainsi obtenue est blanche, à peine soluble dans l'eau, insoluble dans l'alcool ; elle est soluble dans les alcalis.

On prépare la colle de caséine en dissolvant cette substance dans une solution saturée de borax. Ce liquide qui est épais se distingue par une force adhésive considérable qui permet de remplacer par cette caséine la colle forte ordinaire dans un grand nombre d'industries, telles que : la tabletterie, l'ébénisterie, la reliure, la confection des portefeuilles, etc.

V. COLLES AU FROMAGE

Le fromage frais, ou matière caséeuse du lait, broyé avec de la chaux vive, de manière à en former une pâte d'une certaine consistance, constitue une matière très propre à coller le verre, la porcelaine, le bois, la pierre, les métaux, etc. On prépare cette matière de deux manières.

On prend du fromage frais débarrassé de son petit lait, on le broie sur le marbre ou dans un mortier et on y ajoute peu à peu de la chaux éteinte ; on broie toujours jusqu'à ce qu'on ait obtenu une matière bien homogène qu'on applique immédiatement sur les surfaces parce qu'elle prend vite.

Il faut éviter d'employer trop de chaux, parce que la colle serait trop sèche et ne s'étendrait pas bien, et cette proportion doit s'élever au plus au quart en poids du fromage supposé bien égoutté. On s'arrête du reste quand, par le broyage, on a atteint la consistance désirée.

Dans l'autre méthode on prend du vieux fromage dont on a retiré la croûte, on le coupe en tranches, on le fait cuire dans l'eau chaude, en le remuant avec une cuillère jusqu'à ce qu'il soit réduit en une colle qui ne se mêle plus avec l'eau. On décante cette eau et on travaille la colle dans de nouvelle eau chaude, et ainsi de suite à plusieurs reprises. On met ensuite cette colle chaude sur une pierre où on la broie avec de la chaux vive, jusqu'à ce qu'elle ait la consistance voulue. Cette colle s'emploie chaude, et sèche en deux ou trois fois 24 heures. Les *Mémoires de l'Académie des sciences*, année 1712, qui donnent cette recette, affirment qu'on l'emploie avec avantage pour le bois, le marbre, la pierre, le verre, les vases de terre.

Le fromage mou, seul et sans le secours de la chaux, est lui-même une bonne matière adhésive quand on le dissout dans une solution de bicarbonate de potasse et qu'on évapore à consistance suffisante. On peut aussi broyer du fromage avec le bicarbonate de potasse. Cette colle sert pour le verre et la porcelaine.

A quelques matières composées pour coller la pierre, les métaux et les bois, on ajoute parfois aussi au fromage et à la chaux de la brique pilée, du verre en poudre ou du quartz, cas auquel on y mélange aussi de l'albumine ou blanc d'œuf, ou du sérum du sang. Par exemple, on prend 1 kilogr. de chaux vive, qu'on éteint avec de l'eau, de manière à en faire une bouillie épaisse, on y mélange 750 grammes de quartz en poudre très fine et on broie le tout avec 1 kilogramme de fromage frais. Il faut humecter préalablement avec de l'eau les corps qu'on veut coller avec ce mélange.

On a encore proposé une colle à base de caséine pour fixer les enveloppes sur les rouleaux de filature.

Voici sa composition :

> Sel de Saturne ou acétate de plomb ;
> Fromage blanc égoutté ;
> Sulfate de chaux.

On fait chauffer pendant trois heures environ 100 kilogrammes de fromage blanc et, au moment de la cuisson, on ajoute 5 kilogrammes de sel de Saturne.

On agite la masse, puis on laisse déposer.

On décante le tout sur un tamis très fin, et avec la pâte obtenue on forme de petites boulettes, on fait sécher celles-ci et on les pulvérise au moyen d'une râpe en fer-blanc.

Une quantité quelconque de cette poudre est alors prise à part et mise dans un mortier en métal, marbre ou faïence, et on y ajoute moitié de son poids de sulfate de chaux très liquide.

Ensuite, on triture le tout avec une molette en bois jusqu'à ce que la dissolution soit complète et que la colle soit formée.

La colle ainsi préparée est immédiatement en état de servir, elle prend avec rapidité et l'adhérence du rouleau et de l'enveloppe est aussi complète que possible.

VI. ALBUMINE

L'albumine se trouve à l'état de dissolution dans quelques liquides de l'organisme animal, tels que le sang et le blanc d'œuf.

Lorsqu'on soumet une dissolution d'albumine à une température de 65°, elle devient opaline, et si l'on porte la température à 75°, l'albumine se coagule alors entièrement.

La coagulation de l'albumine sous l'influence de la chaleur est incomplète lorsque la dissolution est très étendue. Ainsi, une liqueur qui est formée de 1 partie d'albumine et de 10 parties d'eau ne se coagule plus par la chaleur et devient simplement opaline.

Lorsqu'on évapore de l'albumine à une température qui reste au-dessous de son point de coagulation, on obtient une masse gommeuse et transparente qui peut se redissoudre entièrement dans l'eau.

L'alcool, l'éther et l'essence de térébenthine produisent également la coagulation de l'albumine du blanc d'œuf.

Presque tous les acides précipitent l'albumine, à l'exception de l'acide acétique (vinaigre), qui fait prendre en gelée les dissolutions concentrées de cette substance.

L'albumine, broyée avec de la chaux, donne une bonne matière agglutinative.

Pour coller le papier sur le fer, on étend une couche d'acide chlorhydrique sur le métal et on y place aussitôt le papier recouvert d'une couche d'albumine; l'action de l'acide sur l'albumine coagule celle-ci et l'adhérence du papier au métal devient si considérable que l'action de l'eau, pendant plusieurs heures, ne peut la détruire.

VII. COLLES ALBUMINEUSES

L'albumine ou blanc d'œuf, broyé avec de la chaux, donne aussi une bonne matière agglutinative. On peut très bien combiner ensemble l'albumine, la chaux et le fromage. Cette composition sèche plus lentement que celle au fromage et à la chaux, et elle a moins de force que cette dernière. On peut de même y ajouter de la brique, du verre, du sable en poudre.

On peut aussi broyer l'albumine avec de la gomme adragante et y ajouter de la chaux ou de la brique en poudre très fine, on a ainsi une matière qui ne sèche qu'avec lenteur et qui sert à coller la pierre, par exemple pour les travaux de mosaïque.

Les propriétés de l'albumine de se contracter par la chaleur et de devenir insoluble dans l'eau, permettent de la mélanger à de la farine pour en faire une sorte de colle qu'on appelle *lut* dans les laboratoires de chimie, où elle sert à s'opposer à la fuite des gaz et des vapeurs par les robinets, les tubulures et les jonctions.

Le *sang* et le *sérum* du sang de bœuf, ainsi que le *lait écrémé*, peuvent aussi remplacer le fromage dans les compositions précédentes et être employés aux mêmes usages.

Un Anglais, qui avait résidé à Canton, a communiqué à sir *Joseph Banks* le procédé suivant qu'il a vu pratiquer ;

On mêle ensemble 5 kilogrammes de sang de bœuf et 500 grammes de chaux vive et on en forme un amalgame qui a la consistance et les mêmes propriétés que la colle de pâte, mais qui ne se conserve sans altération dans les grandes chaleurs, que pendant sept et huit jours.

Pour s'en servir, il suffit de l'étendre d'un peu d'eau.

CHAPITRE IV

Colles mixtes

Sommaire. — I. Colle à la gomme-laque. — II. Colle aux gommes-résines. — III. Colle au vernis-gras. — IV. Colle au vernis-copal. — V. Colles-ciments. — VI. Colles à la céruse et à la gomme-laque. — VII. Mastic à la glycérine. — VIII. Ciment pour fixer la nacre et le métal.

On a imaginé diverses combinaisons, soit pour augmenter la force adhésive des matières collantes, soit pour les rendre plus propres à divers services. Les ouvrages de technologie renferment un grand nombre de recettes de ce genre qui suffiraient à elles seules pour faire un volume. Nous ne donnerons place dans ce chapitre qu'à un petit nombre d'entre elles les plus récentes et les mieux éprouvées. On peut d'ailleurs inventer une foule de combinaisons de ce genre, qui sont plus ou moins heureuses, mais qui se prêtent aussi davantage à la fraude et aux abus.

Il arrive souvent que les additions faites à la matière première pure diminuent plus ou moins sa force ; on ne doit jamais perdre de vue cet inconvénient.

I. COLLE A LA GOMME-LAQUE

On peut préparer une colle propre à recoller la porcelaine, le verre, etc., avec la colle de gélatine ordinaire, en ajoutant à la gelée une proportion plus ou moins considérable d'une dissolution de gomme-laque.

La question qu'il s'agit de résoudre dans ce cas consiste à préparer une solution alcoolique limpide de gomme-laque dans le temps le plus court possible et sans perte sensible. La gomme-laque renferme en général des corps étrangers et peu solubles qui troublent ses dissolutions. On a bien essayé de faire bouillir cette gomme dans de l'eau à laquelle on a ajouté de 1 à 3 0/0 de chaux, de soude ou d'ammoniaque, mais on n'a pas obtenu de résultat satisfaisant et une plus forte proportion de soude ou d'ammoniaque dissout complètement la gomme qui ne peut plus servir à fabriquer de la colle.

Voici comment M. *A. Peltz* a résolu le problème : on prépare une solution alcoolique de gomme-laque en faisant dissoudre 1 partie de gomme dans 6 parties d'alcool à 90° C. Cette solution se fait à froid, en ayant soin d'agiter fréquemment, et au bout de dix à douze heures elle est complète. On ajoute alors à cette solution du carbonate de magnésie, moitié en poids de celui de la gomme et on chauffe le mélange à 60° C. La liqueur qu'on obtient se clarifie promptement et on la filtre aisément. Mais on obtient une solution qui se clarifie en moitié moins de temps lorsqu'on remplace la magnésie par la craie. On filtre et on lave le filtre avec un peu d'alcool, et on obtient enfin une solution bien claire.

Quoique le but proposé soit atteint, M. Peltz a entrepris encore l'expérience suivante :

A trois parties de la solution de gomme-laque indiquée, on ajoute 1 partie d'éther de pétrole et on agite le mélange avec soin. Au bout de quelques instants de repos la liqueur se sépare en deux couches ; celle supérieure, claire, est de l'éther de pétrole qui a dissous la cire contenue dans la gomme, et celle inférieure une solution claire de gomme-laque contenant un peu d'éther de pétrole. Abandonnant alors la solution à l'air, la couche de pétrole s'évapore spontanément et on obtient la cire à l'état de résidu blanc.

Si on se sert d'un alcool plus concentré, par exemple de 95° centésimaux pour dissoudre la gomme, et si on ajoute l'éther de pétrole, on obtient un mélaneg parfaitement limpide qui, aussitôt après une addition d'eau, se sépare en deux couches comme ci-dessus.

La gomme-laque purifiée par l'éther de pétrole a un défaut désagréable, c'est qu'après l'évaporation de l'alcool, elle reste dans un état plus cassant et se brise aisément, mais il est facile de remédier à ce défaut par une addition de 2 à 3 0/0 de térébenthine de Venise et un peu de benzine. D'ailleurs, combinée avec la gélatine elle ne perd rien de ses **propriétés adhésives,**

La benzine du commerce, d'un prix moins élevé que l'éther de pétrole, ne peut qu'imparfaitement remplacer celui-ci.

II. COLLE AUX GOMMES-RÉSINES

La *gomme-laque*, le *mastic*, le *galbanum*, la *gomme-ammoniaque* et autres *gommes-résines*, combinés avec la colle de poisson, peuvent aussi fournir une bonne préparation adhésive. On dissout, en conséquence, la colle de poisson dans l'alcool et on y ajoute une solution alcoolique de la gomme, ou bien on fait dissoudre simultanément la colle de poisson et la résine dans de l'alcool en agitant continuellement. Cette colle s'emploie chaude et résiste à l'humidité ; on s'en sert pour coller le verre, la porcelaine, les pâtes, les pierres précieuses et même les métaux.

Les bases de toutes les compositions qui suivent et qui ont été proposées par M. *C.-E. Deutsche*, sont les essences, huiles essentielles ou carbures d'hydrogène, qu'on extrait du bitume, de l'asphalte, du baume de Judée ou du goudron de houille, qu'on rencontre aujourd'hui en abondance dans le commerce.

Pour opérer avec les bases, on en prend une certaine quantité, du bitume de la Trinité, par exemple, auquel on donne la préférence, et on le place dans un vase distillatoire ; on clôt, et on chauffe jusqu'à ce que les huiles essentielles et l'eau que cette matière renferme soient évaporées en condensant les vapeurs à la manière ordinaire ; puis, lorsque cette distillation est faite, on passe le résidu liquide à travers un tamis en toile métallique qu'on a fait chauffer, et on coule dans de l'eau qu'on chauffe à 50° C. On enlève alors et on conserve pour faire les mélanges ci-après.

On peut aussi employer le naphte pour la dissolution des matières. Voici maintenant les recettes pour faire des colles-glus, se rappelant que l'asphalte distillé entre dans ces préparations, pour des quantités qui varient de 1 à 100 0/0 :

1° Une partie d'essence ou d'alcool, et 2 parties de gomme-laque ; on fait fondre et on mélange avec soin. On s'en sert au pinceau à l'état liquide, pour coller, plaquer des bois, etc.

2° Une partie d'essence, 1 partie de bdellium ; on fond, puis on ajoute 1 partie de gomme-laque ou autre résine ; on chauffe comme précédemment.

3° Une partie de gélatine, 1 partie d'essence ou d'alcool, 1 partie de gomme-laque ; on mélange sur le feu jusqu'à parfaite amalgamation, et on s'en sert comme du n° 1.

4° Une partie de bdellium, 2 parties de gélatine dissoute dans de l'eau et 1 partie d'essence ou d'alcool ; on fait fondre, on agite et on ajoute 2 parties de gomme-laque dissoute dans 1 partie d'alcool ; on mélange et on applique comme le n° 1.

5° On fond 2 parties de gomme-laque ou autre résine avec 1 partie de styrax liquide, qu'on applique comme ci-dessus.

6° On fond 2 parties de gomme-laque et 1 partie de térébenthine, et on applique comme ci-dessus.

7° Une partie de styrax liquide ou térébenthine, à laquelle on ajoute 4 parties de gomme-laque et

1 partie d'essence ou d'alcool ; on mélange et on applique comme ci-dessus.

8° On prend 1 partie de styrax liquide ou de térébenthine, 1 partie d'alcool et 2 parties de gomme-laque, auxquelles on ajoute 2 parties de gélatine dissoute dans l'eau ; on mélange et on applique comme précédemment.

Une portion de caoutchouc, ajoutée à ces diverses préparations, leur confère plus d'élasticité. Cette proportion peut varier de 1 à 100 0/0.

Les n°s 1, 2, 5 et 7 peuvent être appliqués avantageusement au calfatage des bâtiments qui naviguent dans les pays chauds, ou à enduire et coller les bois des bâtiments à vapeur dans les endroits les plus voisins de la chaudière. On peut aussi en faire usage pour coller la pierre, le bois et les métaux, luter les appareils de chimie, ou ceux où l'on conserve les aliments. Combinés avec la pierre, la houille ou ses scories réduites en poudre, de la sciure de bois, de la limaille ou des oxydes des métaux, ils peuvent s'employer à des moulages.

Les préparations n°s 3, 4, 6 et 8 peuvent servir comme enduits pour rendre imperméables les cuirs, les papiers et diverses substances végétales.

On peut ajouter à cette composition quelque substance vénéneuse pour préserver les corps collés ou enduits des attaques des insectes.

III. COLLE AU VERNIS GRAS

Le *vernis d'huile de lin*, qu'on prépare en faisant bouillir de l'huile de lin avec de la litharge, jouit déjà par lui-même de propriétés agglutinatives bien marquées. Mais pour l'employer plus avantageusement sous ce rapport, il faut le mélanger à de la colle forte. Pour cela on prend 250 grammes de colle forte dissoute et de consistance ordinaire et on y ajoute 125 grammes de vernis; on mélange celui-ci avec la colle pendant qu'elle est encore sur le feu, on laisse cuire en agitant toujours pendant deux à trois minutes et on retire du feu. On emploie surtout cette colle sur les objets qui sont exposés aux injures du temps. Il faut environ quarante-huit heures pour qu'elle soit complètement sèche. Elle se conserve très bien et s'améliore même, dit-on, avec le temps. On peut aussi la préparer en faisant fondre la colle forte cassée en morceaux dans le vernis qu'on fait chauffer.

IV. COLLES AU VERNIS COPAL

M. *J.-G. Lamenaude* a proposé, il y a quelques années, pour fixer des objets de métal sur le verre, le marbre, le bois et autres substances, sans employer les rivets, les boulons, les vis et les fils en métal, diverses compositions dont voici les recettes et qui ont reçu depuis de nombreuses applications.

Les lettres ou objets découpés dans du métal en feuilles, ou obtenues par voie galvanoplastique, sont fixés sur ces surfaces à l'aide des compositions suivantes :

1° On mélange ensemble 15 parties de vernis au copal, 5 d'huile grasse siccative, 3 de térébenthine, 2 d'essence, 5 de colle de nerfs dissoute au bain-marie, et 10 d'hydrate de chaux.

2° On mélange 15 parties de vernis à la sandaraque ou au galipot à 5 d'huile siccative, 5 de térébenthine et d'essence mélangées, et 5 de glu marine ou colle navale, et on ajoute 10 de blanc d'Espagne et de blanc de plomb sec.

3° On mélange 15 parties de vernis au copal et à la gomme-laque mêlés ensemble à 5 d'huile siccative, 3 de solution de caoutchouc ou de gutta-percha, 7 d'huile de goudron, et 10 de ciment romain et de plâtre en poudre mêlés.

4° A 15 parties de vernis au copal et à la colophane, on ajoute 5 de térébenthine et d'essence, 2 de colle de poisson en poudre, 3 de limaille de fer, et 10 d'ocre ou de terre pourrie.

V. COLLES-CIMENTS

Une dissolution modérément épaisse de colle forte peut aussi être combinée à la chaux vive pour préparer une manière adhésive à tel degré de consistance qu'on désire.

La *poix*, la *colophane*, seules ou broyées avec la chaux, la craie, le gypse, etc., etc., constituent également des matières propres à réunir des pièces séparées. La *cire*, l'*asphalte*, le *suif*, le *goudron végétal* ou celui *minéral*, peuvent, dans certaines circonstances, servir au même usage.

Enfin, on pourrait peut-être encore rapprocher des matières agglutinatives et adhésives, les préparations dites *ciments de fondeurs*, *ciments de fonte* ou *de fer*, qui servent à boucher les fissures des chaudières et autres pièces en fonte, et qu'on compose avec de la limaille de fer, du vinaigre ou de l'acide sulfurique, ou bien avec de la tournure de fer, du soufre et du sel ammoniac, etc.

VI. COLLES A LA CÉRUSE ET A LA GOMME-LAQUE

Le *blanc de céruse*, surtout celui de la qualité la plus fine, est une matière employée depuis longtemps, après qu'elle a été broyée finement, pour raccommoder la porcelaine ou pour coller des bois et des pierres exposés à l'injure du temps ou à l'humidité.

On raccommode d'une manière solide la porcelaine, la faïence, les terres cuites, les poteries, le verre, le marbre, etc., en enduisant les surfaces de rupture avec de la céruse ou blanc de plomb qu'on a mis en pâte avec de l'huile siccative, rapprochant ces surfaces et les maintenant fortement pressées l'une contre l'autre jusqu'à dessiccation complète.

On donne à cet enduit une plus grande ténacité en y ajoutant un peu d'une dissolution de gomme-laque. Mais quoi qu'on fasse et quelle que soit l'adhérence des pièces, l'eau bouillante, les acides, les solutions alcalines attaquent assez fortement cette colle et en outre il n'est guère possible, à raison de ses propriétés vénéneuses, de l'employer pour les objets servant à la préparation des aliments.

VII. MASTIC A LA GLYCÉRINE

Aujourd'hui la glycérine est mise à contribution pour la préparation d'un mastic blanc, plus dur et plus résistant pour les scellements que le ciment de Portland. Sa préparation est simple ; on pulvérise la litharge très finement de façon à obtenir une poudre impalpable, puis on la dessèche complètement dans une étuve à haute température ; on mélange alors, à la poudre ainsi obtenue, de la glycérine en quantité suffisante pour faire un mortier épais. Le mastic ainsi obtenu présente une série de propriétés utiles qu'il est bon de mettre en évidence ; il se solidifie rapidement et complètement soit à l'air, soit par immersion dans de l'acide. Son volume reste simplement invariable pendant la solidification ; il résiste sans modification à des températures approchant de 300° ; enfin il adhère très fermement au corps avec lequel on le met en contact.

VIII. CIMENT POUR FIXER LA NACRE SUR LE MÉTAL

Pour ce ciment blanc opaque, on mélange très intimement :

Litharge	2 parties
Céruse	1 —
Copal	1 —
Huile de lin cuite	3 —

CHAPITRE V

Usage des Colles

—

Sommaire. — I. Conservation des fruits. — II. Conservation des viandes. — III. Clarification des vins. — IV. Apprêt des tissus. — V. Teintures. — VI. Toile pour relieurs. — VII. Sparadrap. — VIII. Pains à cacheter, feuilles de gélatine. — IX. Capsules pharmaceutiques. — X. Vitres en gélatine. — XI. Imitation de la corne, de l'écaille, etc. — XII. Imitation de la nacre. — XIII. Imitation du cuir, du parchemin, du feutre, etc. XIV. Imitation de l'ivoire, de l'os. — XV. Composition dite Opaline. — XVI. Colle servant à enduire les barriques. — XVII. Plaque-mastic pour obturer les trous des barriques. — XVIII. Préparation des couleurs. - XIX. Préparation des encres de sûreté. — XX. Autres applications de la gélatine. — XXI. Usages de la colle de poisson. — XXII. Emploi de la colle forte.

L'emploi des matières gélatineuses agglutinatives, tenaces ou alimentaires qu'on extrait de diverses parties des animaux est tellement étendu dans l'industrie et l'économie domestique ou la thérapeutique, qu'il est fort difficile de présenter une énumération complète des innombrables applications qu'on en fait. Nous essaierons cependant de donner un tableau sommaire des applications intéressantes ou peu connues.

Mais ces diverses applications ne sont encore rien en comparaison de l'emploi qu'on fait de la colle forte dans une foule d'arts divers. Il suffira de citer à cet égard l'ébéniste, qui en fait une consommation considérable pour les assemblages et les placages, le menuisier, le marqueteur, le sellier, le facteur d'orgues, le luthier, le peintre en bâtiments, le doreur sur bois et sur métaux, le relieur, le chapelier, le cartonnier, l'éventailliste, le carrossier, le tabletier, le cartier, le fabricant de jouets d'enfants, etc.

I. CONSERVATION DES FRUITS

On a conseillé de faire usage, pour conserver les fruits, du mélange de gélatine et de glycérine dont on se sert pour fabriquer les rouleaux d'impression, qui, lorsqu'on emploie des matières pures, jouit de la propriété de conserver les matières végétales. Cette colle est fondue à une douce chaleur et on enduit les fruits d'une couche légère qui sèche et les garantit du contact de l'air et de la fermentation ; on l'enlève facilement sur les fruits avec de l'eau chaude et on peut la faire resservir.

II. CONSERVATION DES VIANDES

On a fait dans ces derniers temps des applications fort étendues de la gélatine pour la conservation des matières animales et prévenir la putréfaction qui s'empare aisément de celles-ci, surtout lorsque la température est un peu élevée et humide. Il suffit pour cela de plonger ces matières dans une solution suffisamment concentrée de gélatine et de laisser sécher. La gélatine sèche forme ainsi à la surface et dans les cavités un enduit qui préserve les matières du contact de l'air et par conséquent s'oppose à leur décomposition.

Colles. 6

On sait que la gélatine à laquelle on ajoute une petite quantité de bichromate de potasse jouit de la propriété, quand on l'expose à la lumière solaire, de prendre une grande fermeté et d'être insoluble dans l'eau. Lors de la guerre de 1870 à 1871, on a essayé en Prusse une application de cette propriété pour la conservation des saucissons de légumineuses animalisées dont on avait fait le principal aliment des soldats en campagne. Voici, suivant M. J. *Stinde*, le procédé qu'on a mis en usage à Berlin pour cet objet.

On découpe des feuilles de papier-parchemin d'une longueur et d'une largeur propres à faire un cylindre de la grosseur désirée ; on humecte ces bandes et on les pose les unes sur les autres. Ce papier peut rester ainsi humide pendant plusieurs jours sans éprouver d'altération. Avant de l'encoller, on range et étend les feuilles de manière que chacune d'elles dépasse la précédente de 1 à 2 centimètres ; puis toute la surface apparente est enduite avec de la colle et le bord est rabattu pour en former une sorte de tube en appuyant sur la surface de contact avec un couteau de bois. La colle se prépare avec une solution de gélatine de bonne consistance à laquelle on ajoute 3 0/0 de bichromate de potasse. Pour 1 litre de gélatine ou de colle animale de force convenable, il suffit d'ajouter de 25 à 30 grammes de bichromate réduit en poudre fine. Lorsque le papier a été ainsi encollé avec la gélatine qu'on a fait fondre au bain-marie, **on rabat les bords l'un sur l'autre et on presse avec un couteau de bois. On dispose les boudins sur des claies où on les fait sécher promptement.**

Lorsqu'ils sont secs, on les expose à la lumière du soleil jusqu'à ce que la gélatine qui était jaune passe à une teinte brunâtre, puis on les fait bouillir dans une quantité suffisante d'eau à laquelle on a ajouté 3 0/0 d'alun. On poursuit l'ébullition jusqu'à ce que tout le bichromate de potasse ait été enlevé, on lave alors à l'eau froide et on fait sécher.

Les boyaux ou boudins de parchemin ainsi préparés ne s'entr'ouvrent jamais dans les faces de soudure ; ils ne cèdent que dans l'eau bouillante.

La consommation énorme qu'on faisait de ces préparations de légumineuses animalisées ayant fait manquer les intestins animaux dans lesquels on les renfermait, on a dû avoir recours au papier-parchemin, mais on ne tarda pas à observer que le papier, lorsqu'il était collé sur les bords en forme de tube, s'entr'ouvrait et que la suture ne résistait pas à l'humidité. Si on cousait ces bords à la machine à coudre, ils laissaient suinter la graisse. C'est alors qu'on eut l'idée d'appliquer à cet usage la gélatine chromée qui a parfaitement rempli le but.

III. CLARIFICATION DES VINS

Dans l'économie domestique, les colles de qualité supérieure remplacent avec économie la colle de poisson pour clarifier les vins. Il se forme ainsi, entre le tanin, que renferment ces liquides, et la matière gélatineuse, une combinaison qui se précipite en entraînant avec elle toutes les matières qui troublaient leur transparence.

En conséquence de cet effet, on voit que la gélatine n'est pas propre à clarifier la bière, le cidre et autres boissons qui ne renferment pas de tanin, et que, sous ce rapport, elle ne peut remplacer la colle de poisson qui, en formant une sorte de réseau membraneux quand on la délaie dans ces liqueurs, y entraîne les matières suspendues.

L'utilité de la clarification des vins et boissons fermentées pour en assurer la bonne conservation et augmenter leur valeur hygiénique et marchande, n'est plus à démontrer aujourd'hui ; mais le choix et la bonne utilisation des colles et clarifiants nécessite certaines connaissances et précautions que nous allons résumer succinctement en limitant la question à la clarification par coagulation basée sur l'emploi des colles les plus usitées : gélatine et colles diverses de poisson telles que : Colle de Russie Saliansky — Colle de Chine en galettes — Colle Penang en oreillons et Colle de Saïgon en petites pochettes.

La meilleure colle est évidemment celle qui détermine rapidement une limpidité parfaite sans modifier sensiblement la constitution et la couleur du vin ou de la bière à clarifier, qui après son action n'y laisse aucun produit soluble et enfin qui agit en empruntant le moins possible d'éléments au liquide à clarifier.

Dans les boissons qui comme le vin contiennent des matières tannantes, de l'alcool, des aldéhydes, la gélatine est insolubilisée et forme dans le liquide un précipité qui enveloppe et entraîne les impuretés et ferments de maladie qui sans cela en compromettraient la conservation.

Quand les vins à traiter sont pauvres en tanin

comme cela existe pour les vins blancs et certains vins rouges légers, il est souvent nécessaire d'ajouter un peu de tanin pour pouvoir pratiquer convenablement l'opération du collage. Nous conseillons alors l'emploi du tanin à l'alcool à la dose de dix à vingt grammes par hectolitre.

Pour les vins âpres, trop riches en tanin et en couleur, l'emploi de la gélatine est également indiqué pour les dépouiller et leur donner plus rapidement les caractères d'un vin vieux que plusieurs soutirages ne peuvent souvent produire.

Malgré ses avantages, le collage ne réussit pas à coup sûr; et si le vin contient plus de 2 grammes de sucre par litre, il pourra encore se troubler et subir au commencement des chaleurs une petite fermentation secondaire qui nécessitera un nouveau collage.

D'autre part les vins mal aérés et trop riches en matières azotées peuvent également donner après collage à la suite de l'air introduit, un nouveau coagulum qu'on ne doit pas mettre sur le compte de l'opération, mais sur une pratique de vinification défectueuse.

La gélatine s'emploie généralement à la dose de 2 grammes ou plus selon sa pureté; mais on doit éviter le surcollage qu'on peut d'ailleurs déceler facilement par une solution de tanin.

La pratique du collage varie avec la capacité des récipients. On doit l'effectuer par temps clair et vent du Nord; c'est-à-dire quand la pression barométrique est élevée.

Pour les barriques ordinaires, on verse la colle dissoute par la bonde après l'avoir diluée dans quelques litres du vin ou du liquide à clarifier et on agite avec un bâton fendu pour bien mélanger. On abandonne ensuite au repos pendant huit ou dix jours et on soutire au clair fin dans des récipients propres et assainis par l'acide sulfureux ou le bisulfite de potasse.

Pour les foudres de grande capacité, on en soutire un certain volume dans lequel on délaie la colle comme ci-dessus, puis on reverse le tout dans le foudre à l'aide d'une pompe très propre.

Pour arriver à une bonne répartition de la matière collante dans le vin, on peut relier le tuyau d'aspiration de la pompe à vin au robinet du foudre et le tuyau de refoulement passe par la trappe du foudre. Pour avoir un mélange bien fait, on pompe jusqu'à ce qu'un tiers du liquide ait traversé la pompe.

La colle de poisson donne d'excellents résultats pour le collage, car elle ne communique jamais aucune saveur ni odeur aux liquides, tandis que les lies provenant de la gélatine ordinaire sont lourdes et très altérables surtout en été, époque à laquelle il faut les éliminer.

La colle de poisson la plus estimée est la colle de Russie Saliansky qui donne de 90 à 98 0/0 de gélatine soluble dans l'eau à la température de 40°; mais en raison de son prix élevé elle n'est guère employée que pour les grands vins de Champagne, tandis que pour les vins ordinaires et les bières, on emploie surtout les colles de Chine, de l'Inde et de Saïgon d'un prix beaucoup moins élevé.

Les colles brutes de poisson doivent autant que possible être traitées à froid, ce qui exige souvent

plusieurs jours pendant lesquels on doit éviter un commencement d'altération du produit.

Pour cela, on déchire la colle en morceaux et on laisse tremper dans l'eau fraîche pure. Après quelques heures de trempe, on enlève l'eau, on pétrit dans la main les parties déjà molles et les morceaux restés durs sont remis dans l'eau fraîche pour une nouvelle fabrication.

Quand la colle est bien pétrie, on en fait des espèces de boules que l'on délaie ainsi dans une autre eau fraîche de façon à avoir une pâte. On y ajoute alors quelques millièmes d'acide sulfureux ou une solution d'acide tartrique. La pâte se dissout instantanément, on la remue et on la délaie à volonté, c'est-à-dire qu'on la fait liquide ou dense à volonté. Il suffit enfin de la faire passer par un tamis pour la rendre plus homogène ; mais on peut l'employer sans la tamiser.

L'emploi de la gélatine ordinaire purifiée n'offre aucune difficulté particulière. On l'utilise comme nous l'avons dit plus haut à la dose de 10 à 12 grammes par hectolitre de vin après l'avoir fait préalablement dissoudre dans 10 parties d'eau tiède, et on l'incorpore avant refroidissement complet, afin de ne pas en amoindrir l'action.

IV. APPRÊT DES TISSUS

Les colles de belle qualité servent aussi à l'apprêt des cotons et des tissus de drap. On préfère surtout pour cet usage la colle claire dite *façon de Hollande* et les belles gélatines incolores. C'est ainsi qu'à Lyon et à Saint-Etienne, on emploie exclusivement ces dernières pour l'apprêt des rubans et des autres étoffes de soie.

La plupart des tissus ont besoin, avant de les livrer au commerce, d'un certain apprêt qui leur donne un coup d'œil plus flatteur ou des propriétés qu'on y recherche. Ces apprêts diffèrent suivant les divers genres de tissus; et dans plusieurs d'entre eux il entre de la colle forte.

Ainsi les doublures et articles de cuve en couleur foncée, et, aussi les tissus de lin ou de coton blanchi à demi ou aux trois quarts, teints en couleurs claires et légères, qui ont besoin de fermeté et de raideur, sont apprêtés à la colle d'amidon et à la colle animale; mais alors il faut faire choix de la colle la plus pure et la moins colorée, non pas de gélatine ou de greneline.

La quantité de colle forte qui entre dans les apprêts est très variable suivant le degré de fermeté, d'azurage, d'éclat, de sécheresse qu'on veut donner au tissu. Les autres matériaux qu'on fait entrer dans l'apprêt, tels que amidon, fécule, blanc minéral, savon, stéarine, cire, soude cristallisée, magnésie, gomme, suif, etc., ne jouent qu'un rôle secondaire.

V. TEINTURE DES TISSUS

On fait un usage assez étendu du tanin ou acide tannique pour fixer les couleurs d'aniline sur le coton; M. S. *Austerlitz* a constaté qu'on peut économiser notablement l'emploi de l'acide tannique lorsqu'avant d'imprimer on le combine avec la gélatine et qu'on se sert de cette combinaison comme mordant.

VI. TOILE POUR RELIEURS

Depuis longtemps on fabrique en Angleterre et actuellement aussi en France et en Allemagne une toile apprêtée pour la reliure des livres, qu'on appelle calicot ou toile pour relieur. Voici comment on prépare cette toile :

Pour se procurer 10 litres de la masse d'apprêt, on prend 750 grammes de gomme adragante qu'on fait gonfler dans l'eau et 750 grammes d'amidon, on fait bouillir ces matières ensemble et à la masse bouillante on ajoute 500 grammes de paraffine. C'est avec cette masse d'apprêt, qu'on peut colorer à volonté, qu'on imprègne le calicot. Pour cela on fait passer celui-ci par une machine à encoller les tissus, de là, il est à moitié séché par un tambour chauffé à la vapeur et, encore moitié humide, calandré par les machines ordinaires ; seulement le cylindre en fer de la calandre qui est chauffé porte le dessin qui est gaufré par la toile, tandis que le cylindre de bois est uni ; le calandrage opéré, le calicot est prêt à servir à la reliure.

VII. SPARADRAP

On se sert aussi de la gélatine, en concurrence avec la colle de poisson, pour préparer le sparadrap adhésif connu sous le nom de taffetas d'Angleterre.

VIII. PAINS A CACHETER. FEUILLES DE GÉLATINE

La grenetine blanche ou de couleur sert à préparer des pains à cacheter gélatineux, ou plutôt les plaques minces et parfaitement lisses qui servent à les fournir. Pour cela, on coule une dissolution de cette substance sur des glaces parfaitement horizontales et munies d'un rebord égal à l'épaisseur de la feuille qu'on veut obtenir. La glace est mouillée avec du fiel de bœuf, parce qu'autrement le retrait occasionné par la dessiccation de la colle dépolirait le verre. Après le refroidissement, on découpe la gélatine en carrés, en rectangles ou en pains à cacheter ronds avec des emporte-pièce, et on porte au séchoir.

On se sert de feuilles de gélatine blanche et colorée pour imiter les vitraux peints.

Le papier-glace, à l'usage des graveurs, et des metteurs sur bois, se prépare de la même manière.

C'est encore par ce moyen qu'on prépare les feuilles de gélatine blanche et colorée, ainsi que les gélatines filées de toute couleur, qui servent à faire des fleurs artificielles et qui entrent en si grande abondance dans la confiserie, la bonbonnerie fine de gélatine dite *bonbons anglais* et dans les élégantes préparations d'office.

IX. CAPSULES PHARMACEUTIQUES

La gélatine la plus pure, soit seule, soit mélangée à d'autres substances, sert à préparer des bouillons, des conserves et des gelées alimentaires. On s'en sert aussi pour faire ce qu'on appelle des capsules pharmaceutiques dans lesquelles on introduit des médicaments qui répugnent aux malades par leur goût ou leur odeur, et qui passent ainsi dans l'estomac sans offenser les organes olfactifs ou ceux papillaires.

La fabrication de ces capsules est fort simple : on mouille des boutons en métal avec du fiel de bœuf, puis on les enduit d'une ou plusieurs couches d'une solution épaisse de gélatine, et quand celle-ci a pris la consistance convenable et est encore douce et élastique, on en dépouille les boutons. Il en résulte une sorte de sac creux dans lequel on introduit la dose prescrite de médicament et qu'on ferme ensuite en bouchant l'entrée avec de la gélatine liquide. On fait ensuite sécher le tout qui prend une grande consistance. On donne généralement à ces capsules une forme ronde ou ovoïde. Quand elles sont introduites dans l'estomac, la chaleur de cet organe ramollit la gélatine, son action la dissout et le médicament resté à nu produit l'effet désiré. C'est encore avec la gélatine qu'on prépare les bains médicinaux dits bains gélatineux qu'on prescrit dans certaines affections de la peau.

X. VITRES EN GÉLATINE

On applique encore ces plaques de gélatine à d'autres usages ; ainsi, on s'en sert aujourd'hui pour faire les rapporteurs des étuis de mathématiques qu'on fabriquait jadis en corne ; on en prépare des tablettes transparentes pour apprendre aux enfants à écrire et à dessiner ; on en garnit les fenêtres par lesquelles certains artistes reçoivent la lumière du jour, etc.

Il est impossible de garnir les fenêtres des bâtiments de guerre de carreaux de verre qui éclatent par l'explosion des canons ; on y a suppléé, pendant longtemps, par des carreaux en corne, en talc, et autres matières minérales flexibles et translucides ; aujourd'hui on remplace ces matières par des plaques de belle gélatine blanche et transparente qu'on peut obtenir de toute grandeur. Pour fabriquer ces plaques d'une grande transparence on prépare à chaud une dissolution de cette gélatine dans laquelle on plonge des gazes métalliques en laiton bien tendues sur un cadre. On laisse un peu sécher et on répète les immersions jusqu'à ce que les plaques aient l'épaisseur convenable. Pour préserver ces carreaux factices des effets de l'humidité, on les vernit à l'extérieur.

XI. IMITATIONS DE LA CORNE, DE L'ÉCAILLE, ETC.

M. *Fichtner*, d'Atzgerdorf, près Vienne, a fait de nombreuses expériences pour imiter au moyen de la colle forte et de la gélatine les objets en corne, en écaille et en ivoire. La fabrication de l'ivoire artificiel avec la gélatine a été entreprise pour la première fois en 1844 par M. *Franche*, et plus tard M. *Mayall* a donné quelques détails intéressants sur cette fabrication. M. Fichtner a étendu cette industrie à la fabrication de l'écaille artificielle et à celle de l'imitation de la corne pour la fabrication des boutons et autres articles.

XII. IMITATION DE LA NACRE

Un mélange de matières calcaires, de colle de poisson, de gélatine et de sels dissous dans l'eau ou dans leur eau de cristallisation, et appliqué en une couche mince sur une surface quelconque qui s'y prête, donne par l'action d'un courant d'acide sulfhydrique la structure de la nacre avec les couleurs du prisme, qui peuvent être modifiées par un courant d'acide bromhydrique, iodhydrique, etc.

En employant ce procédé on obtient de très belles surfaces nacrées.

Les plus beaux effets peuvent être obtenus de la manière suivante :

Acétate de plomb du commerce dissous à chaud dans son poids d'eau.	125 parties
Gélatine dissoute dans de l'eau chaude en consistance sirupeuse.	8 —

Ce mélange maintenu dans un vase de porcelaine au bain-marie à 100°, et appliqué en couches minces par un seul trait rapide sur la surface à nacrer (papier, bois, carton, étoffes, etc.) donne par le refroidissement des résultats surprenants.

XIII. IMITATION DU CUIR, DU PARCHEMIN, DU FEUTRE, DE L'OS ET DE LA CORNE

MM. *Weygang* et *Lamprey* ont imaginé un procédé pour agglomérer des matières fibreuses avec un agglutinant, mélangé au besoin d'une substance oxydante; on presse et on sèche la composition en la préparant convenablement pour la produire plus dure ou plus souple.

Ces substances peuvent servir pour la confection des chaussures, semelles ou empeignes, des articles de voyage, la maroquinerie, la gainerie, la sellerie, la bourrellerie, la carrosserie, pour remplacer la toile cirée ou le caoutchouc, le caoutchouc durci ou ébonite.

Cette matière peut remplacer avantageusement le papier mâché, et se prête au moulage par emboutissage; on peut l'employer pour l'ameublement, pour la chapellerie, etc.

« Pour former une pâte avec des matières fibreuses on incorpore de la colle animale, de l'amidon ou de la farine, à une pâte fibreuse préparée par une machine à papier, et on précipite la colle, l'amidon, la farine, dans la pâte fibreuse, en traitant ces matières de manière à les rendre plus ou moins imperméables à l'eau ; on peut ainsi préparer une composition pour encoller le papier ou créer une substance remplaçant le cuir, l'os, la corne, la pierre, le bois, etc.

« La colle étant délayée, on ajoute la pâte fibreuse, puis des sels astringents et enfin un alcali, le tout en vue de former un oxyde naissant. Ce mélange de substances se fait dans un cylindre à broyer.

« Au lieu d'employer des sels métalliques, on peut employer des éléments non métalliques qui ont également une affinité chimique pour la colle.

« Pour fabriquer des composés imitant le cuir, on emploie du chanvre, de la ramie, etc., qu'on traite comme pour la fabrication du papier ; on emploie comme colle celle qui est faite de morceaux de peaux et de cuir. Pour d'autres destinations, on choisit cette colle suivant la couleur voulue. Cette colle s'emploie sous forme d'encollage.

« Par exemple, pour faire un simili cuir, on peut mélanger 150 kilogr. d'encollage de consistance moyenne avec 50 kilogr. de matière fibreuse sèche. Pour faire des produits imitant la corne, l'os et d'autres matières analogues, on emploie de 200 à 300 kilogr. d'encollage pour environ 50 kilogr. de matière fibreuse. Pour la plupart des autres applications, on emploie ordinairement de 75 à 125 kilogr. d'encollage.

« Quand la colle a été dissoute, on l'incorpore à la pâte fibreuse dans le batteur ou malaxeur, après que celle-ci a été réduite à l'état voulu par les cylindres à broyer, et on fait ensuite précipiter la colle par l'un ou l'autre des procédés suivants :

« 1° On ajoute pour 50 kilogr. d'encollage dans le batteur environ 2 kilogr. 500 d'un sel acide de zinc ou d'alumine, à l'état sec ou en dissolution ; on emploie préférablement des sulfates de ces métaux seuls ou combinés dans une proportion de 1 kilogr. de sulfate de zinc et 2 kilogr. de sulfate d'alumine.

« On ajoute alors un alcali caustique jusqu'à ce qu'il ne se forme plus de précipité ; le sulfate d'ammoniaque dans la proportion de 4 kilogr. par 50 kilogr. d'encollage donne de bons résultats.

« 2° On ajoute une solution de chlorure d'ammoniaque (3 kilogr. 500) à l'encollage (50 kilogr.) dans le cylindre à broyer. On ajoute ensuite 1 kilogr. 500 de bichromate de potasse en dissolution. On ajoute alors du sulfate d'ammoniaque jusqu'à précipitation totale de l'encollage, et on peut ajouter une petite quantité de sulfate d'alumine.

« 3° et 4° On peut remplacer le bichromate de potasse par du sulfate de cuivre ou de fer avec, au besoin, un sel de zinc et d'alumine. On précipite avec du sulfate d'ammoniaque ou de l'hyposulfite de soude.

« 5° On fait dissoudre du chlorure d'ammoniaque avec l'encollage et ensuite du sulfate d'alumine, puis on ajoute du chromate de potasse en dissolution. Afin d'améliorer le précipité on peut enfin ajouter une petite quantité de sulfate d'ammoniaque.

« Dans tous ces exemples le chlorure d'ammoniaque a pour but de rendre la colle moins cassante. Pour imiter les corps durs on supprime le chlorure d'ammoniaque.

« Afin de communiquer de la souplesse, au simili cuir notamment, on soumet la matière à un bain de glycérine diluée dans l'eau.

« On peut aussi précipiter avec une solution acide de silice préparée avec de l'acide chlorhydrique.

« Pour certaines applications spéciales on soumet la matière humide ou déjà un peu séchée à une pression graduelle entre des feutres et on sèche ensuite complètement ».

XIV. IMITATION DE L'IVOIRE, DE L'OS

Si à une dissolution de gélatine et de gomme arabique on ajoute du silicate de potasse, du ciment, du blanc de Meudon (carbonate de chaux), du papier, du sulfate de chaux, toutes matières préalablement réduites en poudre pour se mélanger plus intimement et plus rapidement, on obtient une pâte, qui, une fois séchée, acquiert une grande dureté, sans toutefois devenir cassante, et permet de remplacer l'ivoire et l'os dans la plupart de leurs applications industrielles.

XV. COMPOSITION DITE « OPALINE »

MM. *Paillard* et *Matran* ont pris en 1881 un brevet d'invention ayant pour objet une composition nouvelle à laquelle ils ont donné le nom « d'opaline », pouvant être employée sous toutes formes, feuilles et autres. Sous forme de feuilles, elle peut remplacer la gélatine, le collodion et autres substances analogues dans toutes leurs applications. Voici comment les inventeurs décrivent la fabrication de ce produit :

« Notre composition consiste en une combinaison de gélatine et de résine que nous pouvons obtenir de différentes matières.

« Nous employons de préférence un des deux procédés suivants :

« 1° On ajoute à la gélatine en fusion aqueuse de la résine dissoute dans un alcali ; l'ammoniaque réussit très bien comme dissolvant.

« Le mélange coulé sur une glace est desséché par les moyens ordinaires des gélatineurs et constitue l'opaline ; le produit ainsi obtenu est le plus commun.

« On obtient un produit supérieur en plongeant cette opaline dans une dissolution d'un sel métallique, qui y précipite un résinate insoluble en même temps qu'une certaine proportion de sel métallique se combine à la gélatine.

« On évite le gonflement de la gélatine en employant de l'eau additionnée d'alcool et un sel métallique soluble dans ce mélange, l'acétate de plomb, par exemple.

« 2° Le second mode d'obtention de l'opaline consiste à interposer la résine dans les pores de la gélatine après le coulage de celle-ci, ce à quoi l'on parvient en dissolvant la résine dans un liquide n'ayant pas d'action sur la gélatine et plongeant ensuite cette dernière dans le liquide.

« La solution résineuse doit jouir des propriétés suivantes : elle doit imprégner complètement la masse de gélatine, pénétrer dans tous ses pores, ne pas laisser à sa surface de couches cassantes.

« On obtient un très beau produit en employant comme dissolvant de la résine, les benzines, les huiles de pétrole, de goudron et en général tous les hydrocarbures.

« On peut ajouter à la résine des matières grasses qui donnent à l'opaline de la flexibilité.

« Nous pouvons employer à volonté les deux procédés sus décrits soit ensemble, soit séparément suivant le produit à obtenir.

« Nous pouvons de même ajouter à notre opaline :

« 1° Toute matière colorante ou colorée en poudre, ou liquide, dans le but d'obtenir les teintes ou les effets les plus divers.

« 2° Toute matière assouplissante, glycérine, mucilage de graine de lin, de varech, sirops, etc.

« 3° Toutes autres matières jouissant de propriétés différentes qui facilitent certains emplois de l'opaline.

« L'opaline peut être employée à un grand nombre d'usages; son peu d'altérabilité la rend précieuse aux lieu et place de la gélatine. Une de ses principales applications est la fabrication des fleurs, feuillages et herbes artificiels.

« La gélatine est en effet cassante et ne s'estampe pas facilement, l'opaline, au contraire, tout en étant très solide, est flexible et se prête très bien à l'estampage ; dans cette opération qui se fait généralement à chaud, une certaine portion de la résine fond et rend indélébile la marque opérée par le poinçon sur la matière ».

XVI. COLLE SERVANT A ENDUIRE LES BARRIQUES DESTINÉES A CONTENIR LA MÉLASSE ET L'HUILE.

Cette colle est obtenue en faisant bouillir des débris de cuir de bœuf (20 kilogrammes pour cent litres d'eau) pendant vingt-quatre heures et en additionnant la dissolution d'une légère quantité de gomme-laque pour rendre le produit imperméable.

Cette colle, appliquée à l'intérieur des barriques, conserve toujours un état gélatineux, et le contact de la mélasse ni de l'huile n'ont aucun effet pour la décomposer. On la pétrit aussi avec du sable au moment de l'employer et on s'en sert pour former un enduit extérieur insensible au soleil et à la pluie.

Pour une barrique d'environ 450 litres on introduit dans l'intérieur 5 litres de colle bouillante, on bouche hermétiquement, on agite dans tous les sens de manière que la vapeur intérieure force la substance à pénétrer par tous les joints, pores du bois, trous de chirons ou tous autres.

On met ensuite la barrique sur ses fonds pour que la colle couvre leurs joints.

On vide le liquide excédant; aussitôt après on cercle la barrique, en ayant soin de l'enduire extérieurement avec la même colle préalablement pétrie avec du sable lavé, on serre les cercles qui ne forment plus ainsi qu'un même corps avec la barrique.

Pour garantir extérieurement les fonds, on étend encore une couche de colle que l'on recouvre ensuite avec du plâtre blanc qui a été gâché avec la même colle. Toutes les parois de la barrique se trouvent ainsi enduites intérieurement et extérieurement, et il ne reste plus qu'à laisser sécher quelques jours.

XVII. PLAQUE-MASTIC POUR OBTURER LES TROUS DES BARRIQUES

Quand on a à fermer des ouvertures, érosions, déchirures, produites dans les vases en bois contenant des liquides, tels que tonneaux, foudres, cuves, etc., on se sert de substances diverses, de pâtes, par exemple, avec lesquelles on fait l'obturation, et pour maintenir ces substances obturantes en place, on cloue par-dessus une plaque en métal.

On peut réunir en une seule, les deux opérations de masticage et de mise en place de la plaque de maintien de la substance obturante.

A cet effet on emploie le mastic composé et confectionné ainsi qu'il suit :

On mélange ensemble :

Cire.	0k 500
Résine.	0k 200
Suif.	0k 140
Amidon.	0k 100
Colle forte.	0k 030
Ocre.	0k 030

On fait fondre le tout, et en l'agitant, on le laisse bouillir pendant vingt minutes, puis on le retire alors du feu.

Avant refroidissement, avec une cuillère ou par tout autre moyen, on répand sur une plaque en métal la substance mastic encore liquide. Elle s'étend en une couche mince et se solidifie. Sur cette première couche on en forme une seconde, puis une troisième et ainsi de suite jusqu'à ce qu'on ait une couche totale d'une épaisseur d'un millimètre et demi environ. Cette plaque ainsi revêtue, mise dans une armoire, une boîte, un caisson de voiture, etc., se conserve très bien et est toujours prête à servir.

Veut-on rendre étanche une ouverture quelconque, joints de bondes, érosions, déchirures, etc., on découpe dans une plaque un morceau tel qu'il puisse contenir largement entre ses arêtes la partie du vase à obturer (les bords de la plaque doivent, autant que possible, dépasser les bords de l'ouverture de un à deux millimètres). On applique avec force ce morceau, mastic contre bois, sur la partie à obturer et on le fixe avec des pointes suffisamment rapprochées les unes des autres.

7.

XVIII. PRÉPARATION DES COULEURS

On sait qu'un certain nombre de poudres blanches ne peuvent se mélanger à l'huile comme le fait la céruse; tels sont le sulfate de baryte obtenu par précipitation, les blancs dits minéraux, etc., qui se mélangent dans de certaines proportions, avec l'huile et la céruse, mais couvrent fort mal et même pas du tout, quand les proportions de ces produits dépassent les limites connues.

Au moyen de colles de toute nature, soit végétales, soit animales, on parvient à préparer des pâtes composées de poudres blanches, telles que craie, spath, albâtre, chaux, etc., se mélangeant très bien à l'huile et à la céruse, couvrant parfaitement et donnant en conséquence une grande économie.

Voici une bonne formule pour la préparation de ces couleurs :

150 parties de colle, soit animale, soit végétale, étendue d'eau ;
25 parties de poudre blanche (craie, spath, albâtre, etc.) ;
5 parties de céruse ;
6 — d'oxyde de zinc ;
20 — d'huile de lin.

On emploie aussi un mélange de colle forte, de glycérine, d'alcool méthylène et d'eau de graine de lin bouillie pour préparer une colle destinée à servir pour la peinture des plâtres, ciments, toiles, boiseries.

XIX. PRÉPARATION DES ENCRES DE SURETÉ

Quand on verse dans une solution chaude de gélatine une solution également chaude de tanin, il se produit *un magma en proportions* définies, soyeux et éminemment élastique. Mais ces propriétés ne persistent pas et, par la dessiccation, cette substance devient aussi fragile qu'elle était souple à son origine. Mais si l'on dissout alors cette substance dans l'ammoniaque, on obtient un liquide brun, transparent, qui peut servir à divers usages industriels.

Par suite de l'évaporation de l'ammoniaque en excès, il reste un produit de même couleur, inattaquable à froid par l'eau ou n'importe quel liquide.

Ce produit peut servir comme colle à froid pour le papier, le carton, le bois, etc., et est comparable pour ses effets à la gomme-laque; il peut, par suite, servir à constituer une encre de sûreté susceptible de tenir en suspension outre le carbone à *l'état de noir de fumée*, le brai de houille et la houille même finement pulvérisée, avec du bleu de Prusse, des couleurs de Campêche, d'aniline, etc., de façon à produire des encres du plus beau noir, inaltérables par n'importe quels réactifs chimiques, et à plus forte raison par le temps.

Cette encre étant de nature alcaline, ne peut en aucune façon oxyder les plumes métalliques.

Les proportions fondamentales sont les suivantes, pour la préparation d'un litre d'encre :

Noir de fumée	50 gram.
Tannate de gélatine.	50 —
Bleu de Prusse	10 —

Le tannate de gélatine est dissous dans une eau additionnée de 2 à 3 0/0 d'ammoniaque caustique. Par économie et pour éviter l'emploi du tanin et de la gélatine qui sont d'un prix élevé, ce tannate de gélatine peut être obtenu en faisant agir l'ammoniaque à froid ou à chaud sur des débris de cuir après les avoir hachés ou râpés.

XX. AUTRES APPLICATIONS DE LA GÉLATINE

On prépare aussi une colle forte liquide, dans laquelle on plonge l'extrémité des allumettes chimiques après qu'elles ont été garnies de la composition pyrophorique pour la préserver de l'humidité de l'air et prévenir l'inflammation spontanée.

On prend aussi des empreintes de médailles sur gélatine ou un stuc de gélatine et de plâtre.

Les belles gélatines servent encore à préparer la colle liquide, rendue imputrescible par une addition d'alcool et de 4 0/0 d'acide chlorhydrique, dont on se sert pour fixer l'essence d'Orient, c'est-à-dire une matière brillante fournie par l'ablette, dont on garnit l'intérieur des perles fausses.

On fait encore un emploi considérable de la gélatine dans la fabrication des papiers peints, dans la reliure, dans la chapellerie, dans la peinture en détrempe, au collage des papiers, pour la préparation des bains gélatineux, pour remplacer dans les eaux minérales artificielles la matière organique que renferment quelques eaux naturelles.

XXI. USAGES DE LA COLLE DE POISSON

La colle de poisson est surtout employée aux usages suivants : l'apprêt des étoffes de soie, des rubans et des gazes; la préparation des gelées alimentaires; la fabrication du carmin; l'imitation des perles fines et la monture des pierreries dans la joaillerie; la préparation du taffetas d'Angleterre, des fleurs artificielles, du papier-glace et la clarification de la bière.

XXII. EMPLOI DE LA COLLE FORTE

Pour que la colle forte soit efficace, il faut qu'elle pénètre le corps du bois; mieux la colle sera entrée dans le bois et plus le joint sera solide.

La colle qui prend le plus long temps pour sécher doit en général être préférée à celle qui sèche le plus vite; l'expérience nous apprend qu'elle est plus résistante; quant à la préparation et à l'emploi pratique de la colle, aucune méthode ne donne de résultats supérieurs à celle-ci :

Une fois que vous avez fait choix de votre colle, cassez-la en menus fragments, mettez-la dans un poêlon en terre, trempez-la d'eau et laissez-la digérer douze heures; au bout de ce temps faites fondre, et lorsqu'elle sera à point coulez-la dans un vase que l'on puisse fermer hermétiquement, mais que vous laisserez ouvert jusqu'à ce que la colle soit refroidie.

Lorsqu'il vous faudra de la colle, vous en couperez en petits morceaux que vous ferez fondre au bain-marie; n'en chauffez jamais plus qu'il n'est nécessaire pour une fois, car rien n'est plus mauvais pour la colle que de l'exposer continuellement à l'action de l'air. Il faut aussi éviter soigneusement de chauffer à feu nu, car la colle brûle très facilement.

N'employez jamais de la colle trop épaisse, pas plus pour les joints que pour le placage; en tout cas, faites entrer la colle dans le bois comme font les peintres avec la couleur. Pour les joints, mettez de la colle sur les deux surfaces; ne collez jamais du bois pendant qu'il est chaud, parce qu'il absorbe trop facilement l'eau de la colle et qu'il ne reste à l'extérieur qu'un résidu trop sec.

Lorsqu'on colle des feuilles de bois qui doivent être ensuite exposées à une certaine chaleur, une petite adjonction de chlorure de calcium dans la colle empêche celle-ci de craquer et de se fendiller plus tard.

DEUXIÈME PARTIE

FABRICATION DE LA COLLE FORTE

CHAPITRE VI

Préparation des Colle-matières

SOMMAIRE. — I. Colle-matières. — II. Échaudage ou chaulage des colle-matières. — III. Conservation des colle-matières. — IV. Lavage mécanique des déchets de cuir.

I. COLLE-MATIÈRES

La plupart des débris des animaux dont on extrait la colle forte et la gélatine sont connus dans le commerce sous le nom de *colle-matières* ; leur préparation et leur conservation font l'objet d'une industrie importante distincte de celles que nous allons décrire ; ceux qui s'en occupent ont surtout en vue d'éviter le développement de la fermentation dans les matières, ce à quoi l'on parvient en les passant à la chaux, et de les amener à un état de dessiccation telle qu'on puisse les conserver et les expédier au loin sans trop de frais. Les bouchers qui les vendent sans aucune préparation les nomment *colle-matières fraîches*.

Voici les principales colle-matières employées pour la fabrication de la gélatine :

Tanneries ou rognures

Ce sont les divers débris que les tanneurs séparent des peaux avant de les travailler. Ces matières rendent de 36 à 40 0/0 de colle. Les têtes de veaux rendent jusqu'à 50 0/0.

Vermicelles

Ce sont des peaux de lapin, de lièvre, de rat, etc., coupées mécaniquement par lanières après qu'on en a détaché le poil. Les peaux de lapin du pays donnent une colle ferme, blanche et abondante; celles de lièvre une colle plus liquide, plus molle, plus colorée, mais qui se raffermit assez bien au bout de quelques jours.

Buenos-Ayres

Rognures de peaux étrangères que l'on reçoit brutes en France pour les tanner. Elles rendent de 60 à 66 0/0 à la fabrication.

Patins

Ce sont les gros tendons que l'on enlève avec les petits os de derrière des quatre jambes des bœufs; on y ajoute ordinairement le reste des abats. Ces matières gélatineuses, qui contiennent beaucoup de petits os et de portions de muscles, et auxquelles on adjoint, sous le nom de *nerfs*, les tendons que les équarrisseurs extraient des jambes et des parties charnues des chevaux et autres animaux qu'ils abattent, donnent 36 0/0 d'une colle de qualité inférieure dite *colle de chapelier*, parce qu'elle est presque exclusivement employée dans la fabrication des chapeaux.

Pieds de bœufs

On sépare les tendons qui servent à l'extraction de la colle. Le reste de la matière s'emploie pour la préparation de l'huile dite de *pieds de bœufs* qui sert particulièrement à graisser les machines.

Rognures de parchemins ou de peaux d'ânes

Ces matières sont très propres à la fabrication de la colle; elles rendent jusqu'à 62 0/0 de leur poids. Il suffit de les passer une seule fois à la chaux.

Brochettes

Ce sont des pellicules que le mégissier enlève sur les peaux. Ces matières, bien dépouillées de graisse et de chair, rendent de 45 à 50 0/0 de colle de très bonne qualité. On peut ranger dans la même catégorie les vieux gants et les effleurures des peaux que l'on sépare dans la fabrication des buffles.

Surons d'indigo

Ce sont les débris d'emballage des indigos et d'un grand nombre de drogues exotiques; ils rendent ordinairement de 50 à 55 0/0.

II. ÉCHAUDAGE OU CHAULAGE DES COLLE-MATIÈRES

Dans une fabrication courante où l'on reçoit sans cesse des colle-matières fraîches, il n'est pas toujours possible de les employer immédiatement sous cet état. Il faut donc aviser au moyen de les conserver, et pour cela, on est obligé de les soumettre à un traitement qui prévienne ou arrête la fermentation putride à laquelle ces matières seraient inévitablement exposées au bout de très peu de temps, surtout dans les temps chauds et quand on les accumule en grandes masses.

On parvient à ce résultat au moyen d'un échaudage, c'est-à-dire en faisant tremper et macérer ces matières pendant quinze à dix-huit jours dans un lait de chaux préparé dans des cuves ou des fosses en maçonnerie et qu'on renouvelle plusieurs fois dans cet intervalle. Après cette macération les matières sont retirées des cuves à chaux, étendues en plein air sur des dallages, des aires, ou suspendues pour les faire égoutter, retournées plusieurs fois par jour avec des pelles ou des fourches pour hâter leur dessiccation, et enfin, quand elles sont parfaitement sèches, rentrées en magasin pour s'en servir à mesure des besoins et sans avoir à craindre leur détérioration par la fermentation.

Lorsqu'on emploie pour la fabrication de la colle les déchets des cuirs de veau provenant de la tête et des *écalissures*, on met ces déchets tremper dans une eau de chaux, vieille autant que possible, et cela pendant trente jours. On ne les met pas dans la chaux vive, parce qu'ils ont déjà été soumis à cet agent chimique chez le tanneur. Ces déchets étant beaucoup plus tendres que ceux provenant des cuirs de bœuf, un bain de trente jours suffit, après quoi on les retire, on les met tremper trois ou quatre jours dans de l'eau fraîche renouvelée chaque jour, on les lave et on les place au séchoir. Une fois bien secs, ces déchets, devenus de la colle brute, valent de 75 à 80 francs les 100 kilogrammes.

Il y a encore une autre espèce de colle de veau, où le cuir de la tête n'entre pas, mais qui n'en est pas moins d'une excellente qualité. Elle doit se préparer de la manière indiquée ci-dessus, et elle vaut de 52 à 55 francs les 100 kilogrammes. Elle monte même quelquefois à 60 francs, cela dépend de la manière dont elle est préparée.

Les déchets de cuir de mouton sont mis à tremper pendant trois semaines dans une eau de chaux assez forte, et vieille autant que possible. On les retire, on les lave, puis on les replonge pendant huit jours dans une eau de chaux vive, mais très légère ; on les retire de nouveau, on les fait dégorger dans une eau fraîche pendant quatre jours ; ensuite on les lave pour en extraire la chaux qui pourrait s'y trouver. Cette colle ainsi préparée se nomme *colle franche ou brochette* ; elle se vend au commerce 40 francs les 100 kilogrammes.

Cette colle est principalement fabriquée par les mégissiers, les parcheminiers, les chamoiseurs et les fabricants de peau blanche.

La colle du chamoiseur bien préparée doit se vendre 50 francs les 100 kilogrammes.

On fait encore usage des pieds de mouton pour préparer la colle brute.

Une fois détachés de la peau, on tire des pieds de mouton le grand os, aussi appelé quille, et l'on a soin de fendre en deux les pieds, sans néanmoins en séparer complètement les deux parties. Cette opération se fait pour que les parties intérieures puissent sécher plus facilement. On les plonge pendant soixante jours dans la chaux morte, autant que possible, c'est-à-dire de la chaux qui a déjà servi. Ce laps de temps écoulé, on les retire pour les jeter dans une autre cuve avec un lait de chaux vive, dans lequel on les laisse mariner pendant huit jours. On les lave, on les *ébourre*, on les met tremper deux ou trois jours dans l'eau fraîche, puis on les fait sécher. Cette colle vaut de 30 à 34 fr. les 100 kilogrammes.

Les déchets de parchemins, de cribles, de caisses de tambour, etc., n'ont pas besoin de préparation, attendu que les cuirs ont été mis suffisamment dans la chaux. Cette colle se vend ordinairement 60 fr. les 100 kilogrammes.

Comme les peaux fabriquées par les parcheminiers ont pour but de servir à faire des cribles, l'emporte-pièce détache beaucoup de perçures qui forment un déchet qui se nomme *colle de perçure*. Les peaux de mouton donnent une colle qui vaut 60 francs les 100 kilogrammes, et la peau de porc 90 francs les 100 kilogrammes.

La conservation des colle-matières fait souvent l'objet d'une industrie différente de celle de la fabrication de la colle forte. Cette industrie doit en effet être exercée dans des lieux loin des villes et des centres de population, elle a besoin de vastes locaux et de grandes étendues de terrain et enfin d'un matériel différent de celui du fabricant de colle forte. Il y a aussi un avantage à cette division du travail, c'est que les frais de transport des matières ainsi desséchées se trouvent beaucoup réduits, qu'on peut les emballer et les transporter sur le lieu de fabrication des colles sans crainte d'y porter des germes d'insalubrité.

Le rôle du lait de chaux dans lequel on plonge les débris animaux s'explique en disant que la chaux sert à dissoudre le sang et quelques parties molles, qu'elle attaque l'épiderme et prédispose le tissu à se transformer plus facilement en gélatine ; tout cela est très vraisemblable, mais aucune expérience directe n'est venue suivre pas à pas les transformations qui s'opèrent dans ce cas, et par conséquent nous devons nous contenter du fait industriel sans en chercher une explication chimique plus détaillée.

Les colle-matières ne sont souvent échaudées que pour pouvoir les conserver et les emballer, mais ce premier traitement par la chaux ne les débarrasse pas entièrement de quelques matières animales insolubles dans l'eau et qui s'opposeraient à la dissolution complète de la gélatine. En conséquence, le fabricant de colle forte, avant d'employer ces matières échaudées, est dans l'habitude de compléter les effets indiqués en les immergeant de nouveau dans un lait de chaux faible.

Cette seconde immersion dans la chaux semble avoir une influence réelle sur les matières. En effet, il paraît que la chaux facilite la dissolution de la matière gélatineuse et transforme en savon insoluble les parties grasses qu'elle renferme. Ce savon se sépare mieux des bains que les graisses, et la colle qui en résulte est ordinairement plus claire, mais aussi plus sèche et plus cassante. Quand on veut des colles plus liantes on les fabrique avec des matières qui ne sont pas entièrement desséchées et qui renferment par conséquent encore de la chaux caustique, mais alors la graisse est plus difficile à en séparer sur les bains gélatineux ou dans les moules.

Ce nouveau traitement ou passage à la chaux a d'ailleurs un autre but, c'est de gonfler les matières qui doivent être parfaitement pénétrées d'eau dans toutes leurs parties avant de s'en servir, de les débarrasser ensuite par des rinçages répétés dans l'eau de quelques matières rendues solubles et de l'excès de chaux dont elles sont saturées et qui donneraient lieu à des embarras dans la fabrication, et enfin en les étendant sur des dallages en pierre ou sur des claies de transformer en carbonate la chaux vive qui pourrait altérer la gélatine au moment de son extraction ou à la chaleur bouillante.

Les passages à la chaux se font en fabrique dans des baquets, des auges ou des cuves ; les lavages, dans des paniers avec une eau abondante, ou même dans l'eau courante d'une rivière ou d'un ruisseau. Lorsqu'ils sont terminés et que les colle-matières ont pu, au bout de quelques jours sur les aires ou les dallages sur lesquels elles sont étendues, saturer en grande partie la chaux qu'elles renferment avec l'acide carbonique emprunté à l'air, et enfin, avant d'être complètement sèches, quand elles sont encore chargées d'une certaine quantité d'eau, souples et gonflées, on les porte à la chaudière d'extraction.

Pour débarrasser de la chaux les matières qui ont été chaulées une première ou une seconde fois et les débarrasser de la chaux qu'elles ont pu encore entraîner avec elles, M. *Fleck* a proposé comme plus convenable de remplacer le lait de chaux par une lessive faible de soude qu'on prépare pour 800 à 1,000 kilogr. de matières, avec 3 kilogr. de carbonate de soude calciné et 7,5 kilogr. de chaux caustique.

On a aussi conseillé dans les localités où l'on pratique en même temps le tannage des peaux et la fabrication des colles de faire macérer pendant quelques heures les matières dans les fosses qui ont servi à tanner les peaux, et qui contiennent des acides lactique, butyrique et propionique qui contribuent à éliminer la chaux. On voit d'ailleurs à la cuisson se former à la surface une couche mince de tannate de gélatine qui se sépare et contribue à la clarification du bouillon.

Les solutions de gélatine entrent aisément, comme on sait, en putréfaction, et à la température de 25° C., il suffit de quarante-huit heures pour qu'elles se couvrent de moisissures, se fluidifient et se décomposent. Suivant M. *Laujorrois*, si à une solution de gélatine on ajoute 1 0/0 de fuchsine, on peut la conserver aussi longtemps qu'on le désire. Il y a plus, c'est que de la chair musculaire et des matières animales enduites de gélatine additionnée de 1 0/0 de fuchsine, n'éprouvent plus, pendant des mois entiers, d'altération spontanée et peuvent se conserver presque indéfiniment.

Suivant M. *R. Wagner* on peut, dans la fabrication de la colle forte, faire usage de l'acide salicylique dans la macération des colle-matières, pour les garantir contre la putréfaction, ou bien l'ajouter au bouillon pendant qu'il est en ébullition. Ce chimiste assure que la gelée qui a été additionnée d'acide salicylique se transforme plus aisément en colle forte sèche, que celle qui n'a pas reçu d'acide. Une addition de cet acide rend non seulement la colle moins exposée à des altérations, mais, de plus, elle ne nuit en rien à ses propriétés adhésives.

III. CONSERVATION DES COLLE-MATIÈRES

MM. *Huet* et *Déperais* ont pris, le 7 décembre 1881, un brevet pour un procédé de traitement permettant de conserver à l'état frais les déchets de matières animales et plus particulièrement les déchets connus sous le nom de *carnasses*, ainsi que divers autres déchets et résidus, nerfs, tendons, etc., aptes à fournir de la gélatine ; ce procédé, qui permet de recueillir les corps gras que contiennent ces matières, est décrit comme suit par les inventeurs :

« La matière désignée sous le nom de carnasse est, en sa plus grande partie, constituée de lambeaux de chair et de tissus adipeux que l'on enlève aux peaux après que les poils ont été détachés, et auxquels on ajoute les rognures de tête et de jambes qui apportent dans la carnasse la plus grande proportion des matières gélatineuses.

« Le moyen de conservation en usage aujourd'hui consiste à garder la carnasse dans un bain de lait de chaux que l'on renouvelle aussitôt qu'il laisse dégager des émanations ammoniacales.

« Cette méthode de conservation par la chaux

oblige, au moment de la mise en œuvre de la carnasse, à la soumettre à un lavage énergique, long et dispendieux, pour lui enlever toute la chaux dont elle est imprégnée.

« En étudiant l'action du *chlorure d'aluminium* sur les tissus animaux, nous avons remarqué que ceux de ces derniers qui, par leur ébullition dans l'eau, se résolvent en colle ou en gélatine, ne sont pas attaqués par cet agent, tandis que tous les autres sont tannés plus ou moins énergiquement.

« Mais comme tous, sans exception, sont par cet agent préservés de la putréfaction, nous avons déduit que le chlorure d'aluminium peut avec grand avantage être substitué à la chaux dans la fabrication des gélatines et des colles ».

IV. LAVAGE MÉCANIQUE DES DÉCHETS DE CUIR

Dans le but de purger rapidement les rognures de cuir des matières étrangères et surtout de la chaux qu'ils contiennent, et cela sans aucune perte des plus menus déchets, qui ont une valeur réelle, M. *Baux* a imaginé un appareil double, qui est représenté en section transversale à la figure 1 et en section longitudinale à la figure 2.

Cet appareil se compose essentiellement d'un récipient formé de deux compartiments a b communiquant entre eux et dans chacun desquels tourne un arbre c armé de bras d.

Les matières premières introduites dans le premier compartiment par l'ouverture supérieure sont immédiatement divisées et séparées de la chaux à

134   PRÉPARATION DES COLLE-MATIÈRES

laquelle elles ont été soumises et qui formait avec celles-ci un composé gras.

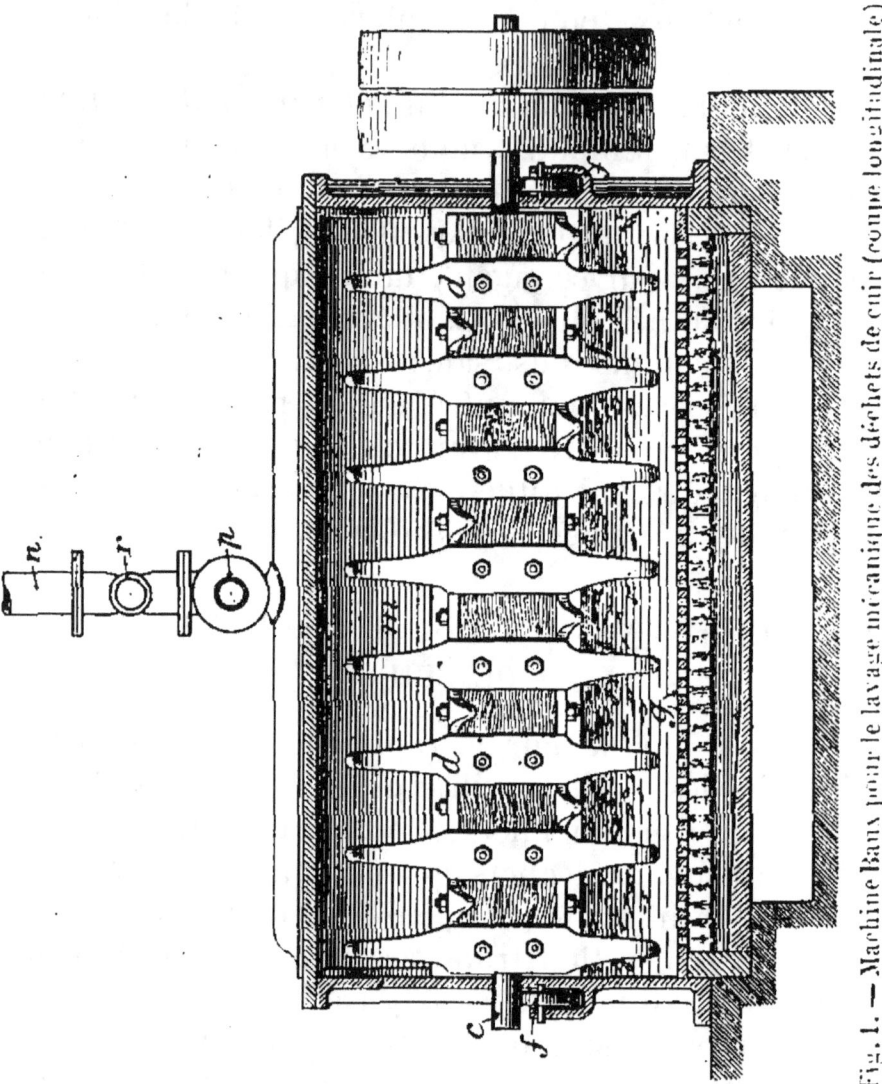

Fig. 1. — Machine Baux pour le lavage mécanique des déchets de cuir (coupe longitudinale)

Ces matières premières ou déchets de peaux ainsi divisées et réunies sont enlevées rapidement par la rotation des palettes *d* montées sur l'arbre *e* dont les extrémités tournent sur des galets *f* placés à l'extérieur du récipient, et elles sont projetées

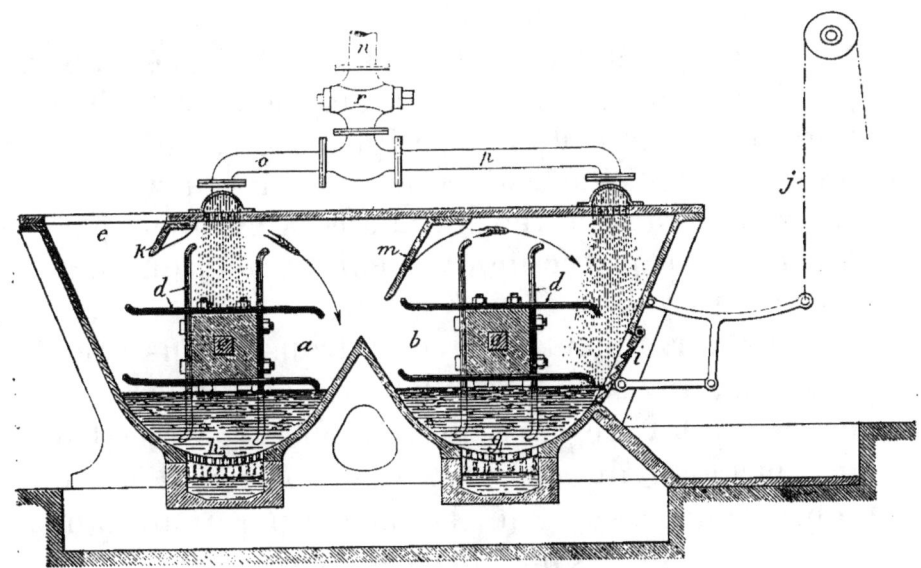

Fig. 2. — Machine Baux (coupe transversale).

dans le second compartiment *b*, dont les trous *g*, de l'échappement, par le dessous, sont fort petits. La chaux, les poils et autres matières s'échappent facilement, aussitôt détachés, par les trous *h* du premier compartiment qui sont assez larges. Une fois bien nettoyés, on fait sortir les déchets ou matières premières par une porte latérale *i* attachée au second compartiment ; cette porte de sortie est mue au moyen d'une corde *j* passant sur une poulie suspendue au plafond.

Les lames ou saillies *k* et *m* sont formées sous la paroi supérieure de l'appareil pour retenir les rognures dans le double récipient. La saillie *m* est plus allongée que celle *k* afin d'empêcher les déchets en lavage de repasser dans la première partie de l'appareil par le mouvement de rotation auquel ils sont soumis.

Dans le récipient *a* percé de trous *h* plus grands que ceux du second récipient *b*, les matières soumises au lavage laissent échapper, par les trous très larges *h* du dessous, toutes les matières qui sont étrangères à leur bonne préparation, tandis qu'elles-mêmes sont enlevées rapidement par les palettes *d*, montées sur l'arbre du lavoir, et projetées dans le deuxième compartiment, dont les trous *g* ne laissent passer que l'eau qui est plus ou moins claire. Les matières arrivées dans le deuxième compartiment sont agitées alors plus longtemps.

Le tuyau *n* qui amène l'eau se divise en deux branches *o p*, qui distribuent l'eau dans chacun des compartiments *a b* de l'appareil ; en ouvrant plus ou moins le robinet *r*, on règle facilement la marche convenable de la machine.

CHAPITRE VII

Traitement des Colle-matières

Sommaire. — I. Cuisson à l'air libre. — II. Ancienne méthode d'extraction. — III. Extraction fractionnée. — IV. Fabrication de la colle au baquet. — V. Cuisson à la vapeur. — VI. Cuisson dans le vide. — VII. Fabrication par la putréfaction et les acides. — VIII. Fabrication par trituration mécanique. — IX. Fabrication par l'acide sulfureux. — X. Fabrication par le chlore. — XI. Traitement des déchets de cuir de veau. — XII. Traitement des pieds de moutons. — XIII. Colle de pieds de veau, de peaux de lapins, de gants, de parchemins, de peaux d'anguilles. — XIV. Traitement des pieds de bœuf. — XV. Traitement du goudron noir animal.

I. CUISSON A L'AIR LIBRE

La cuisson des colle-matières s'effectue soit dans des chaudières communiquant librement avec l'air extérieur, c'est-à-dire à la pression atmosphérique, soit en vases clos sous pression, soit enfin dans le vide.

Nous avons dit que la chaleur de l'ébullition altérait la gélatine en lui enlevant au bout d'un certain temps la propriété de se prendre en gelée et en diminuant par suite la force adhésive de la colle forte. Pour obtenir des produits de bonne qualité, il est donc important de n'exposer la solution gélatineuse que le moins de temps possible à cette température.

On conçoit que le choix et la nature des matières premières, le degré et le temps d'ébullition auxquels on les soumet, et quelques manipulations ultérieures, doivent influer sur la qualité des colles fortes fabriquées, et que c'est en faisant varier ces conditions qu'on obtient les diverses qualités répandues dans le commerce.

Pour obtenir ces diverses qualités, on suit deux méthodes principales. Dans l'une de ces méthodes, qui donne les produits les plus tenaces et de meilleure qualité, on soustrait à l'action de la chaleur la gélatine dissoute en *fractionnant* les produits, c'est-à-dire en enlevant par soutiration la solution gélatineuse aussitôt qu'elle est assez forte pour se prendre en masse consistante par le refroidissement, être coupée en tranches et étendue sur les filets ; c'est ainsi qu'on prépare la colle dite de Flandre ou de Hollande, qui, lorsqu'on a pris toutes les précautions convenables, est d'une qualité supérieure.

Dans l'autre méthode, on ne soutire pas la solution gélatineuse à mesure qu'elle se forme et a acquis une certaine consistance, mais on poursuit la cuisson jusqu'à ce que les colle-matières soient entièrement dissoutes. La solution ainsi obtenue est épaisse et généralement colorée, parce que les premières matières extraites restent exposées à l'action de la chaleur jusqu'au terme de l'opération ; pendant cette coction prolongée, elles éprouvent une altération sensible et les produits qu'elles donnent sont d'une qualité inférieure, bien qu'ils soient d'une belle apparence et même recherchés dans plusieurs industries. C'est ainsi qu'on fabrique la **colle forte de Givet**, la **colle forte dite anglaise** et la **colle de Paris**, qui est une des plus mauvaises.

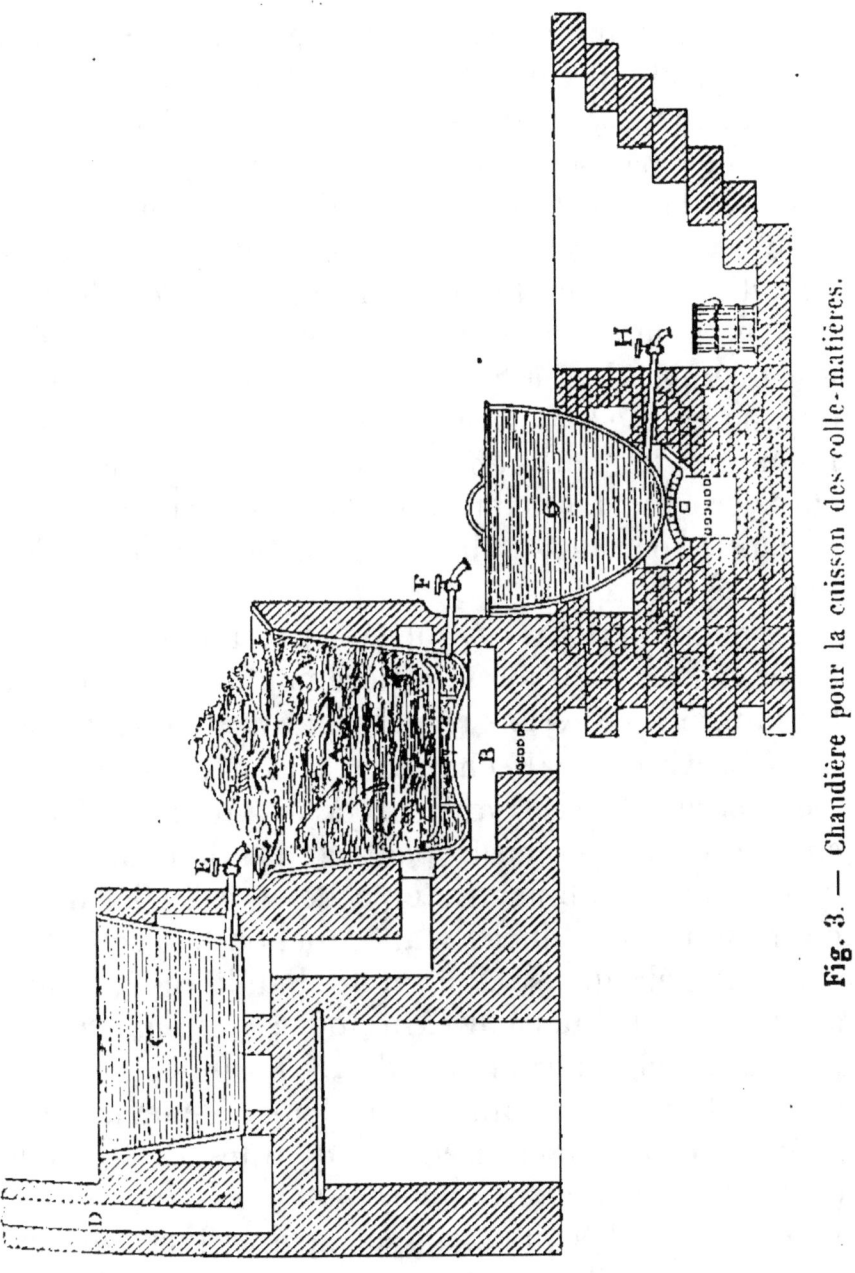

Fig. 3. — Chaudière pour la cuisson des colle-matières.

Quelle que soit la méthode employée, on peut effectuer la cuisson des colle-matières dans la chaudière représentée à la figure 3.

Cette chaudière A est en cuivre ou en fer, un peu moins profonde que large, de 2 à 3 millimètres d'épaisseur, avec un fond bombé intérieurement, et d'une épaisseur double au moins pour mieux résister au feu. Les colle-matières ne doivent pas toucher le fond ; c'est pourquoi on dispose dans la chaudière un double-fond en tôle de fer ou de cuivre percé de trous comme une écumoire et porté à une distance de 7 à 8 centimètres du fond par trois ou quatre pieds ; on peut aussi employer dans le même but un tamis en tôle métallique, ou une claie en osier, que l'on couvre d'abord avec une couche de paille, par-dessus laquelle on dépose les colle-matières.

La chaudière A est placée directement sur le foyer B, son fond étant entièrement exposé au feu ; les flammes et les gaz chauds du foyer passent sous un réservoir à eau chaude C avant de se rendre dans la cheminée D qui sert à les évacuer. L'eau chaude de ce réservoir peut couler dans la chaudière par le robinet E, et celle-ci est elle-même pourvue d'un robinet F par lequel on fait couler la solution gélatineuse dans une chaudière G, située à un niveau inférieur. Un foyer supplémentaire permet de chauffer la chaudière G afin d'y concentrer au besoin les solutions et leur donner la densité convenable pour certaines qualités. Cette chaudière inférieure G est encore pourvue d'un robinet H qui sert à l'écoulement de la gélatine dans les moules, les boîtes ou dans des seaux.

La chaudière d'extraction est chauffée à la houille, ou mieux au bois ; en général, le feu doit être assez ménagé et doux pour ne pas détériorer la gélatine, mais néanmoins suffisamment vif pour que l'opération se prolonge le moins possible.

La grandeur de la chaudière dépend de l'importance de la fabrique et de la quantité de matières que l'on veut fondre en une seule fois ; un diamètre de 1^{m}30 à 1^{m}50 dans le haut et une profondeur de 1 mètre, qui lui donnent une capacité d'un mètre cube environ, paraissent être des dimensions moyennes.

On remplit la chaudière A d'eau jusqu'aux deux tiers environ de sa hauteur. Si l'eau est déjà un peu chaude, elle n'en vaut que mieux pour la rapidité de l'extraction et l'économie du combustible. Les eaux de pluie et de rivière, qui contiennent peu de sels calcaires, sont préférables aux autres. Ces sels, en effet, retardent la dissolution de la gélatine et pourraient d'ailleurs provoquer des combinaisons qui diminueraient le rendement.

La chaudière ayant été remplie d'eau aux deux tiers, on la charge en colle-matières en quantité plus que suffisante pour remplir la chaudière jusqu'aux bords, en tassant légèrement ces matières. Il n'y a aucun inconvénient à cette pratique, parce que la dissolution des matières fait tout rentrer dans la chaudière, et qu'avec une même quantité de combustible, on a une cuvée complète de colle.

La chaudière d'extraction étant chargée d'eau et de matières, on allume le feu du foyer et on porte graduellement à l'ébullition. Dès que celle-ci se manifeste, les matières s'affaissent peu à peu, la portion liquide augmente, et au bout de quelques heures, les matières sont entièrement submergées.

On continue ainsi le feu de manière que l'ébullition se soutienne sans être trop vive ; de temps à autre, on enfonce près des bords de la chaudière une forte spatule en bois, et on soulève un peu les matières molles et en partie fondues pour que la solution chaude les traverse également.

A l'aide d'une écumoire, on enlève une matière graisseuse mêlée à de la chaux, qui s'élève en écume à la surface, et qu'on met à part jusqu'à ce qu'on en trouve l'utilisation. Pour rendre la solution plus homogène, et pour que la portion concentrée, qui a un poids spécifique plus considérable, ne reste pas constamment sur le fond, on peut soutirer quelques seaux de liquide par le robinet F placé à la partie inférieure, et le répandre à la surface.

A partir du moment où les colle-matières commencent à entrer en fusion, l'opération varie suivant la nature du produit qu'on veut obtenir.

Avant de procéder à la description des autres opérations, nous devons dire de suite que M. *Dumas* a indiqué dans les termes suivants, un perfectionnement qu'il nous paraît utile d'adopter dans la fabrication :

« Une pratique simple, dit cet habile chimiste, qu'il conviendrait d'introduire dans toute fabrique un peu importante, consisterait à introduire les colle-matières dans la chaudière au moyen d'un filet métallique qui retiendrait les résidus et que l'on enlèverait après chaque opération. Une petite grue ou une simple poulie pourrait ainsi desservir trois à quatre chaudières disposées en cercle, et économiserait une grande partie de la main-d'œuvre.

« Dans ce cas, il deviendrait facile de traiter les colle-matières d'après le principe de l'épuisement continu, c'est-à-dire de les faire passer successivement par trois chaudières. La première d'entre elles, dans un travail continu, contiendrait une dissolution qui aurait déjà reçu deux passages, et la troisième renfermerait de l'eau pure. De cette façon, les matières premières seraient mieux épuisées, et, ce qu'il y a de plus important, seraient épuisées plus promptement.

« On activerait certainement encore l'extraction de la gélatine, en disposant dans la chaudière un tube central comme on le fait dans les appareils de lessivage à circulation. La dissolution gélatineuse circulant sans cesse de haut en bas renouvellerait continuellement les contacts, ce qui rendrait l'extraction plus facile. Dans ce cas, bien entendu, la chaudière serait munie d'un couvercle. L'opération marcherait mieux aussi, et le chauffage serait plus économique, si un seul générateur chauffait les trois chaudières munies d'un double fond dans lequel s'introduirait la vapeur ».

II. ANCIENNE MÉTHODE D'EXTRACTION

Pour opérer suivant l'ancienne méthode, qui sert à préparer les colles façon anglaise et de Givet, on poursuit la coction à petit feu jusqu'à ce que les matières soient complètement fondues, en enlevant de temps à autre les matières grasses qui viennent nager à la surface.

Quand les matières sont suffisamment fondues et que la surface est bien nettoyée, on ajoute des bris provenant du coupage des colles d'une opération précédente, et on laisse l'ébullition s'établir de nouveau.

On soutire enfin le liquide avec précaution dans la chaudière inférieure lorsque ce liquide soutient l'*épreuve*.

L'épreuve s'exécute de la manière suivante : dans de l'eau froide, on verse plein une demi-coquille d'œuf de la solution bouillante de colle : si au bout de quelque temps la solution se prend en une gelée assez consistante, la cuisson est terminée.

La solution gélatineuse soutirée dans la chaudière inférieure a besoin d'être *clarifiée* avant d'être versée dans les moules; nous décrirons plus loin divers moyens employés pour atteindre ce résultat.

Le marc qui est resté dans la chaudière d'extraction est repris par l'eau; la faible solution qu'on en obtient sert dans l'opération suivante au lieu d'eau pure. Quant au marc lui-même, il est soumis encore tout chaud à l'action d'une forte presse. Celle-ci en exprime la plus grande partie des liquides qu'il contient et que l'on réunit à la solution faible ci-dessus.

La colle de Givet, altérée par une ébullition trop prolongée, a une diaphanéité et une couleur rouge qui séduisent les consommateurs inexpérimentés; mais, en réalité, elle est inférieure sous le rapport de la ténacité aux colles préparées par le procédé d'extraction fractionnée que nous allons décrire; sa cassure est vitreuse, elle donne des éclats anguleux sous le choc, et se dissout en partie dans l'eau froide.

C'est par le procédé qu'on vient d'exposer qu'on

produit aussi la colle qu'on appelait autrefois colle de Paris, et qui est un produit brun, sans transparence, presque toujours mou, et qu'on n'emploie guère que dans quelques applications qui exigent réellement des produits défectueux. Ainsi elle est meilleure que toute autre pour le travail de la chapellerie, parce qu'étant très hygrométrique elle conserve au feutre une souplesse convenable. On n'emploie à cette fabrication que les patins ou gros tendons des jambes de bœuf et de cheval, ainsi que d'autres abats et parties charnues, matières mélangées à beaucoup de petits os qui, par une épuration, pourraient donner de bonnes colles, mais qu'on altère à dessein par une ébullition trop prolongée qui fait perdre en partie à leur solution gélatineuse ses propriétés adhésives et rend les produits hygrométriques.

III. EXTRACTION FRACTIONNÉE

La méthode la plus convenable pour obtenir des produits de bonne qualité en cuisant les colle-matières à l'air libre, dans la chaudière décrite à la page 139, consiste à fractionner les solutions de la manière suivante :

La quantité d'eau introduite dans la chaudière A au début de l'opération, doit être beaucoup plus faible que celle qui est nécessaire pour dissoudre toute la masse des colle-matières traitées en même temps. Un couvercle doit en outre être placé sur la chaudière, afin que les vapeurs agissent sur les portions de colle-matières non recouvertes par l'eau et les dissolvent.

Au bout d'une heure et demie à deux heures environ, on examine l'état des colle-matières dans la chaudière ; lorsque celles-ci n'ont plus aucune consistance et que la solution gélatineuse, dont on *prend un échantillon qu'on dépose sur une soucoupe et qu'on laisse refroidir, se prend en masse*, le moment est venu d'opérer le soutirage. A cet effet, on couvre le feu et on *laisse reposer la solution pendant environ vingt minutes*; ce temps étant écoulé, on ouvre le robinet placé entre le fond et le faux-fond, avec précaution et à demi afin de ne pas troubler la solution par un écoulement tumultueux *du liquide, et on reçoit cette solution dans la chaudière inférieure G, préalablement chauffée à 100° C. au moyen d'eau bouillante*.

Cette chaudière est entourée de corps mauvais conducteurs, afin que la température de la dissolution s'y maintienne assez élevée pendant tout le temps que les corps étrangers en suspension dans le liquide mettent à se déposer sur le fond. Au bout *de quatre à cinq heures environ de repos, on soutire la colle claire pour la mouler*, ainsi qu'on l'expliquera plus loin.

Pendant que la solution gélatineuse se *clarifie* ainsi par le repos, on fait arriver sur les colle-matières qui restent dans la chaudière A de l'eau chaude empruntée au réservoir à eau chaude C situé dans la partie supérieure du fourneau. On *ranime le feu et on fait cuire encore le marc* jusqu'à ce que la solution gélatineuse soit amenée de nouveau à un degré de consistance et de concentration suffisant pour qu'elle se prenne en *masse* par le refroidissement.

Arrivée à ce point, la dissolution est soutirée, avec les mêmes précautions que la première fois, dans la chaudière inférieure G ; on l'y laisse s'éclaircir et se purifier pendant quatre à cinq heures, et enfin on soutire pour mouler la gélatine.

Les colle-matières ne sont pas encore épuisées par cette seconde opération, et pendant que la colle de la seconde cuite s'éclaircit dans la chaudière inférieure, on fait arriver une troisième fois de l'eau chaude sur le marc, on ranime le feu et on forme une nouvelle solution qu'on traite comme les deux premières.

Il arrive souvent que le liquide qu'on obtient ainsi n'a pas après la cuisson la densité nécessaire pour se prendre en masse ; dans ce cas, on peut en augmenter la densité en y jetant des rognures de colles provenant d'opérations précédentes ; ou, si l'on n'a pas de rognures, ou si celles-ci ne suffisent pas, on évapore vivement la solution dans la chaudière à dépôt elle-même, qui est munie, dans ce but, d'un foyer supplémentaire. Ce dernier moyen ne doit cependant pas être recommandé, car on détériore ainsi sensiblement la solution gélatineuse, et peut-être vaudrait-il mieux se servir des solutions faibles de la troisième cuite au lieu d'eau chaude dans les opérations de première et de seconde cuite.

On remarque que la solution obtenue par cette troisième ébullition, lorsqu'elle a atteint le degré de concentration voulu, ne se clarifie pas aussi facilement que les deux autres ; afin de hâter cette clarification, on ajoute au liquide 1 à 2 0/0 de son poids d'alun pulvérisé ; on agite vigoureusement, puis on laisse le liquide au repos, on ferme les portes et registres du fourneau, et on couvre la chaudière d'un couvercle en bois sur lequel on jette de grosses couvertures de laine; au bout de quatre à cinq heures, la liqueur étant suffisamment reposée, on soutire et on coule dans les moules.

Après la troisième cuite, il reste encore dans la chaudière A des résidus qu'on enlève et qu'on soumet encore tout chauds à l'action d'une forte presse. Celle-ci en exprime la plus grande partie des liquides qu'ils contiennent et qu'on remet à la troisième cuite ou qu'on réserve pour des opérations suivantes.

Les trois cuites successives dont il vient d'être question donnent évidemment des colles de qualités différentes; celle de la première cuite surtout, qui est très peu colorée, très résistante, à cassure nerveuse, est la colle la plus forte qu'on puisse fabriquer. La colle de seconde cuite est plus colorée et un peu plus trouble que la précédente, elle est aussi forte et de bonne qualité. Celle de troisième cuite est rougeâtre, trouble, à cassure nerveuse, peut-être sa force d'adhérence est-elle moins considérable. Ces colles, même celles des dernières cuites, sont supérieures aux colles façon Givet.

IV. FABRICATION DE LA COLLE AU BAQUET

On se sert dans la peinture en détrempe d'une solution gélatineuse à laquelle on donne le nom de colle au baquet, et qui se prépare avec les peaux de lapin, de vieux gants, du parchemin, les débris ou rognures des gantiers, des fourreurs, et toutes les matières minces analogues qui sont faciles à fondre. On les fait cuire dans une quantité d'eau double de celle qui serait nécessaire pour fabriquer de la colle sèche, et l'on ménage la cuisson pour ne pas les colorer. Pour avoir la facilité de retenir et d'enlever les résidus et que les matières ne flottent pas, on les renferme dans un filet en fil métallique qu'on immerge dans la chaudière. On n'emploie pour la bonne colle au baquet que la première cuite que l'on soutire non plus dans des boîtes, mais dans des baquets où elle se prend en une gelée d'une consistance molle.

Un marchand de couleurs de Paris, M. *Lecol*, a pris en 1832 un brevet pour une colle de peau servant à la peinture en détrempe, qui, suivant lui, se conserve longtemps sans altération, défaut qu'on reproche, à juste titre, à la colle au baquet. Voici la composition telle qu'elle est indiquée par l'inventeur :

« Cette colle, dit-il, se compose de 16 parties environ de rognures de peau blanche sur à peu près 11 parties de ratures ou rognures de parchemin. Ces deux sortes de matières sont cuites séparément dans la quantité d'eau nécessaire pour en composer une gelée d'une assez forte consistance ; lorsqu'elles sont cuites, on les passe au tamis, chacune dans un vase différent, et quand elles sont suffisamment déposées, on les tire à clair dans un seul récipient où elles s'unissent ensemble ; de là, on les verse dans des baquets pour les laisser se figer.

« On peut y ajouter de l'alun ou du sel d'oseille ; mais comme les sels acides ne lui donnent qu'une force factice, on peut les supprimer. Il en est de même de la racine de ciguë et de la chardonnette, plantes dont on se sert assez souvent pour opérer plus promptement la clarification. »

La colle au baquet est extrêmement exposée à s'altérer au contact de l'air, et il est assez difficile de la conserver intacte avec toutes ses propriétés. Néanmoins, M. *Stalling* débite depuis quelque temps en Allemagne, une colle au baquet dont il garantit la qualité et la richesse en glutine et qui est actuellement très employée par les fabriques de papiers, les fabricants de feutres et les ouvriers travaillant le bois, mais dont l'inventeur a conservé le secret.

Suivant M. H. *Fleck*, on préparerait cette colle en y mélangeant un sel pendant qu'elle est encore à l'état de bouillon. Ce chimiste a, en effet, démontré que la colle au baquet de Stalling renferme 2 1/2 0/0 de sulfate d'ammonium dont on s'explique difficilement la présence, si l'on ne veut pas admettre que ce sel doit être éminemment propre et commode pour saler la glutine dans la pratique.

V. CUISSON A LA VAPEUR

L'expérience a fait connaître que la gélatine exposée pendant longtemps à la chaleur se détériorait, et ne fournissait qu'une colle forte qui manquait d'adhérence et que l'eau froide dissolvait en assez grande quantité. De là la nécessité d'agir avec toute la rapidité compatible avec une bonne fabrication, et d'opérer en outre à une température assez basse pour ne pas porter préjudice à la solution gélatineuse. C'est à l'application de ce principe qu'on doit les beaux produits répandus aujourd'hui dans le commerce, et il semble que pour en faire profiter davantage l'industrie de la fabrication des colles fortes, il doit être possible d'établir des appareils où les dissolutions ne se feraient plus à feu nu, mais à l'aide des divers moyens employés dans quelques autres arts, tels que le chauffage à la vapeur ou aux bains de diverses substances, ou bien qu'on pourrait profiter de l'action de la vapeur d'eau surchauffée pour obtenir des solutions bien pures et bien complètes des colle-matières, sans crainte de colorer ou d'altérer les produits.

Divers procédés ont été imaginés dans ce but, dont nous allons décrire les plus intéressants, en commençant par l'emploi de la vapeur comme moyen de chauffage.

On a trouvé des avantages notables, dans toutes les fabriques où l'on peut disposer à volonté d'un générateur, à traiter les matières par la vapeur d'eau, à la pression de 100° ou un peu au-dessus, dans des appareils analogues à celui imaginé par d'Arcet pour préparer la gélatine avec les os, dont nous donnerons plus loin la description, ou tout autre du même genre adapté à ce service. Avec la vapeur d'eau on n'a nullement à craindre de colorer les produits par un coup de feu ou un contact direct; au contraire, on sait que cette vapeur détruit certains principes colorants d'origine végétale ou animale. On obtient donc en plus grande abondance des produits de première qualité d'une quantité donnée de matières; ces produits ont plus de ténacité, de pureté, exigent moins de combustible, se clarifient mieux, et enfin, même avec de basses matières, on retire plus de colle marchande et il y a moins de résidus stériles, car la vapeur à une haute température dissout dans ces matières des substances propres à donner de la gélatine et que l'ébullition seule ne suffit pas pour transformer en cette substance.

Cette méthode a été appliquée par M. *Bertram* (1892) en vue d'obtenir de la colle avec des débris de matières animales, par l'emploi d'une température restant au-dessous du point d'ébullition de l'eau.

On obtient aussi de la graisse comme produit accessoire.

« J'emploie pour fournir de la colle, dit M. Bertram, les débris de chair, de peau, de cuir, des os, etc., fournis par les tanneries et les abattoirs.

« Cette matière était jusqu'ici exposée à une chaleur considérable dans la fabrication de la colle, et l'on éprouvait souvent de grandes pertes de matières ou de colles lorsque celles-ci étaient surchauffées au point de griller; la colle perdait aussi beaucoup de son efficacité.

« J'ai reconnu qu'on obtenait des résultats notablement plus avantageux en n'employant qu'une chaleur modérée, de façon à rendre impossible le grillage de la matière ou de la colle.

« Afin d'empêcher efficacement la température de dépasser une certaine limite, j'emploie un appareil dans lequel la matière n'est pas exposée directement aux gaz donnant la chaleur nécessaire, mais est chauffée par l'intermédiaire d'une chambre métallique remplie d'eau chaude.

« L'appareil est au surplus pourvu de dispositions qui accélèrent considérablement la production de la colle, et qui permettent d'obtenir presque la quantité entière contenue dans la matière première.

« La figure 4 est une coupe longitudinale de l'appareil.

« La figure 5 est un plan.

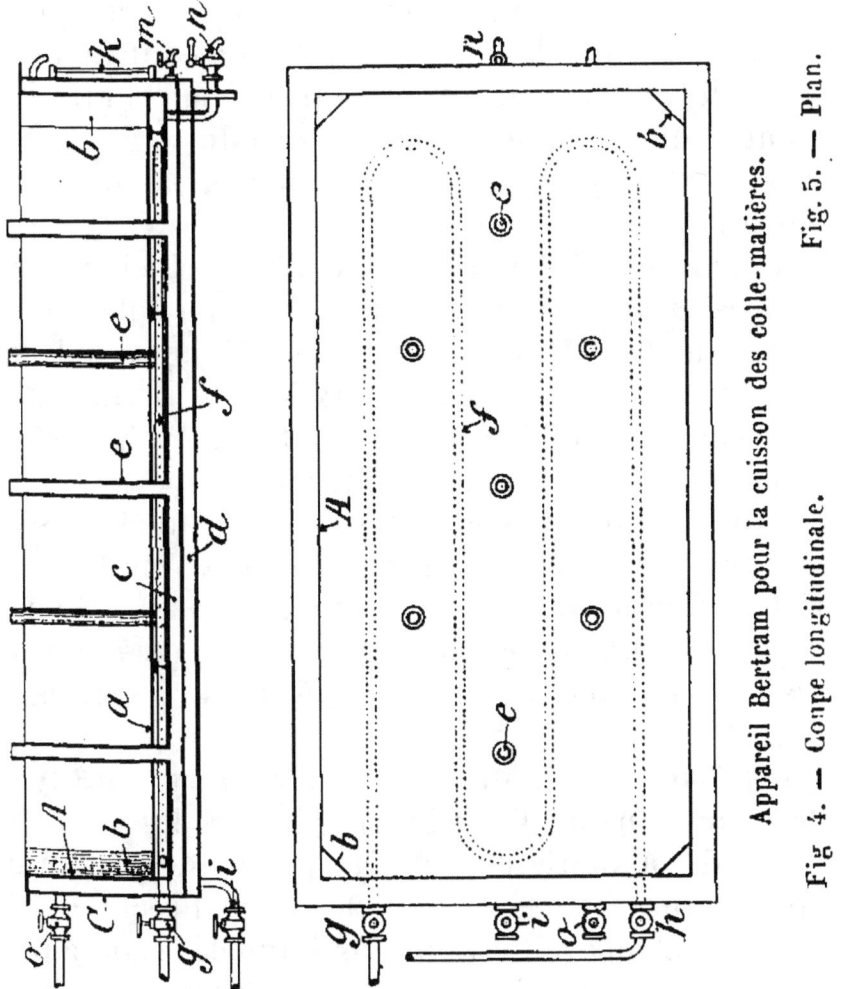

Appareil Bertram pour la cuisson des colle-matières.
Fig. 4. — Coupe longitudinale. Fig. 5. — Plan.

« L'appareil se compose d'une boîte ou d'un réservoir intérieur A fait en tôle de fer étamée à l'intérieur. Dans ce réservoir, une plaque horizontale perforée a, également de fer étamé, est fixée à peu

9.

de hauteur au-dessus du fond, et les coins sont munis de quatre plaques verticales semblables b, formant, comme a, des tamis.

« Le réservoir A dans lequel a lieu l'extraction de la colle est entouré d'une enveloppe extérieure C, et l'espace compris entre A et C forme une chambre à eau chaude c. Au-dessous du fond de cette dernière se trouve un troisième compartiment d dans lequel on peut introduire de la vapeur par un tube perforé ou courbé, ou de toute autre manière.

« Le réservoir intérieur A contient plusieurs cylindres ou tuyaux verticaux e, faits en tôle de fer étamée à l'extérieur. Ces tuyaux sont disposés de façon que l'intervalle entre eux soit égal ou à peu près égal à la distance entre les tubes extérieurs et la paroi du réservoir A. L'extrémité supérieure des tuyaux e, qui dépasse le bord supérieur du réservoir A, est ouverte ou fermée, et l'extrémité inférieure communique avec la chambre à eau chaude c; ces tuyaux passent à travers le tamis a et sont vissés d'une manière quelconque au fond du réservoir A.

« Je pose aussi, au fond de ce dernier, un tuyau de plomb perforé f, au moyen duquel les derniers restes de la matière première peuvent, à la fin de l'opération, être exposés à l'action directe de la vapeur. L'appareil est de plus muni de la soupape g pour l'admission de la vapeur ainsi que d'une soupape h qui s'ouvre à une certaine pression maxima, d'un tuyau i, par lequel s'écoule l'eau provenant de la condensation de la vapeur, d'un niveau d'eau k en communication avec la chambre à eau c, d'un robinet *m*, pour vider cette dernière, d'un robinet *o*, pour la remplir, et d'un robinet *n* pour soutirer la colle produite.

« Au lieu de disposer une chambre à vapeur spéciale *d* au-dessous de la chambre à eau chaude *c*, on peut aussi directement introduire la vapeur dans cette dernière au moyen d'un serpentin. L'effet est tout à fait semblable, mais l'emploi d'une chambre à vapeur séparée est à préférer, à cause de la plus grande sûreté qu'il offre. On peut naturellement aussi chauffer l'eau à une place quelconque et la faire entrer dans l'appareil dans cet état, ce qui est surtout à recommander lorsqu'on a de l'eau chaude à sa disposition.

« Les dimensions de l'appareil dépendent naturellement de la quantité de matières premières que l'on veut soumettre à l'opération. Il est toutefois avantageux de ne pas dépasser un mètre comme hauteur du réservoir A.

« Le procédé s'opère de la manière suivante :

« La chambre à eau *c* est remplie jusqu'en haut, puis on introduit un peu de vapeur dans la chambre *d*, et par là l'eau est chauffée à 65° environ.

« Pendant ce temps, on remplit d'eau environ à moitié le réservoir A et on y introduit de la matière première qui a été auparavant lavée et soumise à un traitement chimique.

« On distribue la matière également et légèrement sur tout l'espace resté libre.

« On ouvre complètement le robinet *i* pour l'admission de la vapeur, de sorte que la température de l'eau de la chambre *c* s'élève rapidement jusqu'à près de 100° et reste à ce point, tandis que le liquide du réservoir A est chauffé de 75 à 85°. Au bout d'à peu près deux heures, une grande partie de la colle s'est dégagée et est dissoute dans l'eau du réservoir A.

« Cette première solution saturée (12 0/0 à peu près) est soutirée, puis on ajoute de l'eau fraîche, et l'on répète le même procédé une seconde fois et s'il y a lieu une troisième.

« Pendant toute cette opération, la graisse monte continuellement et est enlevée de la manière connue.

« Finalement, le résidu qui ne tient plus que très peu de colle et de graisse est couvert d'eau et chauffé jusqu'à l'ébullition en admettant de la vapeur dans le tuyau de plomb f et la faisant agir sur le résidu, directement par les perforations du tuyau.

« On dégage et on obtient de cette façon les derniers restes de colle et de graisse.

« L'opération terminée, on sort les matières qui sont restées dans l'appareil, on les presse dans des moules et on les emploie à l'état humide comme engrais. Les solutions de colle sont, soit immédiatement refroidies, coupées en morceaux et séchées, lorsqu'on veut obtenir une colle claire et liquide ; soit concentrées dans le vide ou d'une autre matière jusqu'à ce que la proportion de colle atteigne 25 à 40 0/0, puis traitées de la manière ordinaire lorsqu'on veut obtenir une colle épaisse ».

VI. CUISSON DANS LE VIDE

M. *Capdeville*, fabricant de colle à la Glacière, près Paris, a proposé, en 1838, l'application à la fabrication des colles fortes de la cuisson dans le vide. Cette application ingénieuse a mérité d'être accueillie, et voici comment l'inventeur s'exprime à ce sujet dans son brevet :

« La cuisson des colles, opération qui dure ordinairement de huit à dix heures, est un obstacle à leur bonne qualité ; l'action ainsi prolongée d'une température élevée les détériore et leur fait perdre d'autant plus de qualité, qu'elles restent plus longtemps exposées à la température de l'ébullition à l'air libre. Pour remédier à cet inconvénient, la plupart des fabricants sont dans l'usage d'attendrir les matières destinées au chargement des chaudières, au moyen des laits de chaux épais, dans lesquels ils les font séjourner pendant plusieurs mois : ainsi préparées, ces matières, soumises à l'ébullition, fondent en quelques heures, et la colle, moins altérée, est plus belle et de meilleure qualité ; mais ce n'est qu'à grands frais que l'on a obtenu ce résultat, rendu plus onéreux encore par la perte que le séjour dans la chaux fait éprouver à ces matières en détruisant les parties nerveuses les plus tendres, et diminuant ainsi les résultats qu'elles peuvent produire.

« Pour éviter les inconvénients généralement appréciés du système actuel de cuisson, et les opérations onéreuses citées précédemment, on a reconnu que les appareils employés dans les raffineries de sucre, quel que soit le procédé mis en usage pour produire le vide, pouvaient s'appliquer avec succès à la cuisson et à la concentration des colles fortes et des gélatines, qu'au moyen du vide la température se trouvait continuellement maintenue bien au-dessous de celle nécessitée par les chaudières ordinaires, et qu'ainsi disparaissaient les causes de détériorations si nuisibles à cette fabrication par le système actuel.

« Cette invention consiste donc dans l'application, à la fabrication des colles fortes et des gélatines, des procédés de cuisson et d'évaporation par le vide, employés dans diverses industries. »

Suivant M. *Houzeau*, les matières à colle sont renfermées dans un appareil clos, chauffé soit au bain-marie, soit à la vapeur, au moyen d'un double fond ou serpentin.

Ce vase est en communication avec une pompe à faire le vide de n'importe quel système. Cette pompe doit produire dans le vase clos un vide le plus grand possible, 60 centimètres au minimum.

Lorsque les matières sont suffisamment dissoutes, on soutire la colle pesant 3° au pèse-colle et l'on procède à la mise en feuilles.

Pour la fabrication de la colle en gelée, après avoir laissé déposer le bouillon, on le place dans un vase clos et l'on opère la concentration par le chauffage à l'eau ou à la vapeur, en maintenant le vide minimum de 60 centimètres.

On peut prolonger la cuisson pour obtenir un bouillon plus concentré et arriver ainsi du premier jet au degré voulu.

Les colles et gélatines fabriquées dans le vide donnent comme rendement et comme qualité un produit supérieur à ceux fabriqués à l'air libre; on **évite ainsi les chances d'altération et de décomposition.**

VII. FABRICATION PAR LA PUTRÉFACTION ET LES ACIDES

Nous ne mentionnerons ici que pour mémoire un procédé importé en France en 1839 par M. *Piau-Dawling*, de Bruxelles, d'abord parce que l'importateur n'est entré dans son brevet dans aucun détail et se contente de dire qu'il prépare la gélatine avec des rognures de peau au moyen de la putréfaction et de l'acide sulfurique, mais en outre parce que nous ne croyons pas que ce procédé ait reçu d'application.

VIII. FABRICATION PAR TRITURATION MÉCANIQUE DES COLLE-MATIÈRES

Nous entrerons dans plus de détails sur un procédé imaginé par M. *A.-J. Briers-Senior*, qui a pris, en 1840, un brevet pour la préparation des peaux propres à la fabrication des gélatines et des colles blondes et brunes, au moyen de la trituration mécanique et du lavage de ces peaux dans une pile analogue à celles que l'on emploie dans la fabrication du papier.

« On prend, dit l'inventeur, des rognures de peau animale non tannée : si on les obtient des tanneurs à l'état frais et ayant été passées à la chaux, on les lave promptement, après quoi on les laisse tremper, pendant deux jours, dans de l'eau propre, d'où on les retire pour les mettre dans un bain d'eau légèrement blanchie de chaux; après trois jours de séjour dans ce bain, on les plongera dans un bain d'eau propre, où on les laissera pendant vingt-quatre heures.

« Si on achète des rognures de peau à l'état frais, sans avoir été passées à la chaux, on les met tremper dans de l'eau froide, on les lave et on les jette dans de nouvelle eau, jusqu'à ce qu'elles ne teignent plus celle-ci de leurs impuretés ; alors on leur donne un lait de chaux et on les y laisse pendant huit jours, après quoi on les lave à l'eau froide et on les remet dans une seconde eau de chaux, dans laquelle on les laisse pendant un mois ; après ce temps, on les rince à l'eau claire et on les laisse reposer dans de l'eau propre pendant vingt-quatre heures.

« Si on achète des rognures de peau à l'état sec et passées à la chaux, on les met tremper, pendant quatre jours, dans de l'eau propre, après quoi on les lave et on les remet dans de nouvelle eau blanchie à la chaux ; on les laisse dans ce lait de chaux pendant sept à huit jours, puis on les lave proprement et on les laisse reposer, pendant vingt-quatre heures, dans de l'eau propre.

« Si on obtient des rognures de peau sèches, qui n'ont pas été passées à la chaux, on les met tremper dans de l'eau froide pendant quatre jours, après quoi on les lave et on les remet dans de nouvelle eau propre ; on continue ainsi à les laver et à les renouveler d'eau, jusqu'à ce qu'elles soient parfaitement ramollies et qu'elles ne teignent plus l'eau du sang et des impuretés dont elles sont chargées dans leur état brut ; alors on leur donne un lait de chaux dans lequel on les laisse séjourner pendant huit jours, après quoi on les lave à l'eau claire et on les remet dans une seconde eau de chaux, dans laquelle on les laisse pendant un mois; on les retire de cette seconde eau de chaux, on les rince et on les laisse reposer, pendant vingt-quatre heures, dans de l'eau propre. Si ces rognures ou peaux sèches non passées à la chaux consistent en peaux de lièvre, de chat ou de lapin, on ne les laisse que pendant dix jours dans la seconde eau de chaux, puis on les rince et on les laisse reposer, pendant vingt-quatre heures, dans de l'eau propre.

« Les peaux ou rognures de peaux ayant reposé, pendant vingt-quatre heures, dans de l'eau propre et ayant été rincées et traitées comme je viens de le dire, on les soumettra à l'action d'un pilon ou d'un cylindre absolument semblable à ceux en usage dans les papeteries, et au moyen desquels on y triture et lave les chiffons pour la fabrication du papier; après deux à trois heures de lavage et de trituration, elles se trouveront converties en une espèce de filasse visqueuse et blanchâtre : on met cette pulpe dans des paniers d'osier pour en faire égoutter l'eau.

« L'eau étant égouttée, on mettra la pulpe dans un bain d'eau froide, dans laquelle on aura fait dissoudre assez d'alun pour que l'eau en soit légèrement acidulée; on remuera bien la pulpe que l'eau du bain doit couvrir de 3 centimètres, et on l'y laissera en repos pendant douze heures.

« Au bout de ce temps, on lavera la pulpe, à plusieurs reprises, à grande eau claire; après quoi on la mettra dans des paniers d'osier : l'eau en étant égouttée, la *géléate* se trouvera préparée.

« Avec la géléate, soit qu'on l'emploie à son état

frais ou après l'avoir fait sécher, on peut confectionner à volonté, soit de la gélatine incolore, ou toute autre gélatine ou colle du commerce d'une qualité parfaite, car il est physiquement impossible de faire mieux, comme je vais le démontrer.

« La gélatine contenue dans la peau animale étant, de sa nature, incolore, transparente et inodore, pour l'obtenir à cet état, il faut d'abord diviser complètement la peau, et, en même temps, la laver et la nettoyer d'outre en outre, c'est-à-dire dans toutes ses parties divisées, pour leur enlever tout le sel calcaire et autres substances étrangères dont la peau était imprégnée par les diverses manipulations qu'elle a subies. On parvient à cette division et à ce nettoyage par la trituration dans une pile à cylindre où la peau se lave, se nettoie et se triture simultanément. On conçoit que, ainsi déchirée et broyée à l'état de pulpe, la peau a perdu cet ensemble de solidité et de consistance, au moyen duquel, dans la fabrication ordinaire de la colle, elle résiste si longtemps à l'action de l'eau bouillante, avant de se désorganiser et d'abandonner à celle-ci la gélatine qu'elle contient.

« Le lien qui attachait si solidement la gélatine à la peau étant donc détruit dans ma géléate, il s'ensuit que celle-ci, étant soumise à l'action de l'eau bouillante, lui cède instantanément, pour ainsi dire, la gélatine devenue libre ; de là son état incolore, pourvu qu'on ne fasse pas bouillir la solution au delà de vingt à vingt-cinq minutes, et que l'on ait mis la dose de géléate nécessaire pour que le liquide, en se refroidissant, se prenne en gelée d'une belle consistance : la qualité transparente et inodore de la gélatine lui est conservée, ou plutôt lui est rendue, par le lavage continuel de la peau, pendant qu'elle se triture dans une masse d'eau claire, qui se renouvelle sans cesse dans la pile à cylindre. Si on opère avec des peaux de choix, la solution de gélatine obtenue de ma géléate n'a aucune saveur et peut remplacer la colle de poisson dans tous ses usages; l'économie qui en résulte, pour les consommateurs de cette dernière, est incalculable.

« Veut-on confectionner de la colle blonde ou de la colle forte avec la géléate, on n'a qu'à continuer la cuisson jusqu'à ce que la solution ait acquis le degré de nuance que l'on désire obtenir. On conçoit que l'emploi de la géléate par les fabricants de colle sera également pour eux d'un avantage immense : d'abord ils n'auront plus à s'occuper de ce long et dégoûtant travail attaché à la préparation de leurs matières premières; ensuite, en opérant avec un article sain, sans odeur et franc de toute substance hétérogène, et en le traitant convenablement, ils en obtiendront un produit parfait avec la moitié du combustible et du temps ordinairement employés, et ne courront plus le risque de voir leurs cuites tourner ou manquer, par suite de mélange de substances nuisibles et cachées, dont leurs matières premières sont toujours infectées, quand on les obtient soit des tanneurs, soit de ceux qui s'occupent à les sécher et qui ont intérêt à ne pas les laver préalablement, ni les nettoyer de l'abondance de chaux dont elles sont ordinairement chargées.

« La trituration et le lavage ayant porté la géléate à l'état de celui de la peau pure, il ne reste plus, après sa dissolution, qu'une poignée de résidu sain, comparativement à cette masse de marc immonde que le fabricant de colle trouve au fond de sa chaudière et qui, pendant le peu d'heures qu'il est soumis à l'action d'une presse pour en extraire tout le liquide, exhale l'odeur la plus fétide. Ce marc, pressé, forme ordinairement la moitié de la quantité de matières employées; plusieurs fabricants le cuisent de nouveau, pour dissoudre les parties grossières et coriaces qui ont résisté à l'action de l'ébullition première. D'après cela, qu'on ne s'étonne plus que, dans le commerce des colles, on rencontre tant de mauvais produits.

« Le soin avec lequel je fais laver, nettoyer et mettre dans un lait de chaux les peaux et les rognures de peaux est nécessaire pour les désinfecter avant de les soumettre à la trituration : cependant, quand on est pressé, on peut les broyer à l'état frais, sans les mettre à la chaux, mais le produit n'est jamais ni aussi régulier ni aussi beau; car, quelque temps que l'on mette à prolonger le lavage dans la pile, l'action de ce lavage n'est jamais aussi efficace sur la matière animale que si elle avait été préalablement désinfectée par son infusion dans les laits de chaux que je lui fais donner.

« Comme je l'ai dit plus haut, on peut employer la gélatine soit à l'état frais, soit après l'avoir fait sécher; on peut la mettre sous la forme de motte ou de brique, qui, étant séchée, se laisse facilement râper au moyen de la râpe ordinaire en fer. »

IX. FABRICATION PAR L'ACIDE SULFUREUX

MM. *Totin* frères, en 1880, ont imaginé de soumettre les matières premières à l'action de la vapeur de soufre, avant leur transformation en colle, en les exposant dans un état plus ou moins humide, à l'intérieur de chambres ou étuves hermétiquement closes, où l'on fait brûler du soufre. Ce traitement, décrit dans le brevet français n° 134,871, a pour résultat, suivant l'inventeur, de rendre la colle plus belle et de meilleure qualité.

Les matières peuvent aussi être traitées par une solution d'acide sulfureux, comme l'a indiqué M. W. Ruthay.

Toutes les matières animales qui renferment de la gélatine peuvent être traitées par ce procédé, mais les meilleures sont celles connues dans le commerce sous le nom de colle-matières (brochettes, effleurures, rognures de peaux), qui sont généralement des débris de peaux d'animaux qui ont déjà été débourrées et passées en chaux, mais non pas encore tannées. Ces matières sont mises dans l'eau pure, où on les laisse jusqu'à ce qu'elles y éprouvent un commencement de fermentation. Alors on les délivre, par des lavages et des battages, soit à la main, soit par machines, de toutes les impuretés qu'elles peuvent encore contenir; puis on les plonge dans une eau chargée d'acide sulfureux. On prend pour chaque quintal métrique de rognures de peaux 25 kilogrammes d'acide du poids spécifique de 1,035. Après vingt-quatre heures de macération, l'odeur de l'acide a complètement disparu, tandis que l'eau a acquis une odeur salée.

On enlève alors les matières, on les lave avec soin, au moyen de pilons, comme on a dit précédemment, puis on les plonge une seconde fois, et pendant autant de temps, dans la même quantité d'acide sulfureux liquide, et après cela on répète les lavages.

A l'ouverture des vases dans lesquels a lieu cette seconde macération, l'odeur de l'acide quand les matières sont de bonne qualité ou même moyenne, est encore très forte; ce qui est la preuve que toutes les substances colorantes ont été enlevées. Les matières, amenées à ce point, sont alors en état d'être transformées en gélatine.

Dans ce but, on les transporte dans des vases de bois ou autres, qu'on en remplit aux trois quarts; on verse dedans de l'eau à 45° C., on ferme les vases, on les abandonne pendant vingt-quatre heures dans un lieu chaud; au bout de ce temps, on en soutire la portion liquide, qui consiste, après le refroidissement, en une gelée ferme, incolore, propre à être transformée en colle forte. Sur le résidu qui se trouve encore dans les vases, on verse une nouvelle quantité d'eau qui est de quelques degrés plus chaude que la précédente, qu'on laisse séjourner aussi longtemps et qu'on soutire de même, en continuant ce mode de traitement tant qu'il y a un résidu.

De cette manière, on obtient une gélatine pure, incolore, et d'une très belle qualité. On peut la conserver aussi longtemps qu'on veut dans des vases clos; mais, dès qu'on l'expose à l'air dans le voisinage de plantes en état de floraison, surtout si le vent vient de ce côté, elle éprouve une assez prompte décomposition, et il se forme au bout de peu de temps, à sa surface, **une abondante végétation cryptogamique.**

X. FABRICATION PAR LE CHLORE

Dans le procédé S.-G. *Dordoy*, on introduit les colle-matières dans un vase convenable, on les recouvre d'eau froide où on les laisse plusieurs jours et jusqu'à ce qu'elles commencent à fermenter, on les lave alors à l'eau froide en les battant jusqu'à ce que l'eau de lavage en sorte pure, puis on les introduit dans des cuves en bois, en terre ou en plomb, fermant hermétiquement, et on les recouvre d'eau chargée de chlore qu'on prépare ainsi qu'il suit :

On prend pour 100 kilogrammes de matière animale, 500 grammes de chlorure de chaux qu'on délaie et broie dans 10 litres d'eau, on y ajoute 4 kilogrammes d'acide chlorhydrique et on agite avec soin. C'est ce mélange qu'on verse dans les cuves qui renferment les matières qu'on y agite continuellement. Ces matières doivent ensuite y rester vingt-quatre heures en repos. Les indications ci-dessus suffisent pour les peaux de moutons ou autres peaux minces, mais pour les matières empruntées à celles de bœuf, de veau et autres animaux auxquelles adhèrent beaucoup de chair et de fibres, il faut laisser macérer deux ou trois fois de suite et autant de temps, jusqu'à ce qu'elles paraissent uniformément translucides et blanches, en ayant soin de laver à l'eau froide entre chaque opération.

Dans cet état on transporte les matières dans une autre cuve, et on verse dessus de l'eau chaude à 70° C., on applique un couvercle et on entretient la température de cette eau au moyen de la vapeur, de l'air chaud, ou autrement entre 40 à 45°. Au bout de douze à vingt-quatre heures il s'est formé un liquide gélatineux qu'on passe à travers un tamis, en versant sur les résidus de l'eau à 50° qu'on y laisse au plus vingt-quatre heures, après quoi on coule sur un tamis. On verse de l'eau une troisième fois à 60° et on laisse macérer pendant vingt-quatre heures au plus, il se forme encore un liquide gélatineux qu'on soutire et filtre. On répète encore une fois l'opération avec de l'eau à 70°, et enfin les matières sont traitées par l'eau bouillante et agitées jusqu'à ce que le tout paraisse dissous et filtré. On peut mélanger alors ces solutions et les employer sous cet état ou les rapprocher pour en faire de la colle forte.

On peut ajouter l'acide à la solution du chlorure de chaux, ou ce qui vaut encore mieux, à une solution de chlorure de potasse, après que ces solutions sont déjà versées sur les matières.

XI. TRAITEMENT DES DÉCHETS DE CUIR DE VEAU

On met les déchets des cuirs de veau provenant des têtes et des écalissures, tremper dans une eau de chaux, vieille autant que possible, et cela pendant trente jours. On ne les met pas dans la chaux vive, parce qu'ils ont déjà été soumis à cet agent chimique chez le tanneur. Ces déchets étant beaucoup plus tendres que ceux provenant des cuirs de bœufs, un bain de trente jours suffit. Après quoi on les retire, on les met tremper trois ou quatre jours dans de l'eau fraîche renouvelée chaque jour, on les lave et on les place au séchoir. Une fois bien secs, ces déchets, devenus de la colle brute, valent de 75 à 80 francs les 100 kilogrammes.

Il y a encore une autre espèce de colle de veau, où le cuir de la tête n'entre pas, mais qui n'en est pas moins d'une excellente qualité. Elle doit se préparer de la manière indiquée ci-dessus et elle vaut de 52 à 55 francs les 100 kilogrammes. Elle monte quelquefois à 60 francs; cela dépend de la manière dont elle est préparée.

XII. TRAITEMENT DES PIEDS DE MOUTON

Une fois détachés de la peau, on tire des pieds de mouton le grand os, aussi appelé quille, et l'on a soin de fendre en deux les pieds, sans néanmoins en séparer complètement les deux parties. Cette opération se fait pour que les parties intérieures puissent sécher plus facilement. On les plonge pendant soixante jours dans la chaux morte, autant que possible, c'est-à-dire de la chaux qui a déjà servi. Ce laps de temps écoulé, on les retire pour les jeter dans une autre cuve avec un lait de chaux vive, dans lequel on les laisse mariner pendant huit jours. On les lave, on les ébourre, on les met tremper deux ou trois jours dans l'eau fraîche, puis on les fait sécher. Cette colle vaut de 30 à 34 francs les 100 kilogs.

Les déchets de parchemin, de cribles, de peaux de tambours, etc., n'ont pas besoin de préparation, attendu que les cuirs ont été mis suffisamment dans la chaux; cette colle se vend ordinairement 60 francs les 100 kilogrammes.

Comme les peaux fabriquées par les parcheminiers ont pour but de servir à faire des cribles, l'emporte-pièce détache beaucoup de perçures qui forment un déchet connu sous le nom de colle de perçure. Les peaux de mouton donnent une colle qui vaut 60 francs les 100 kilogrammes et la peau de porc 90 francs les 100 kilogrammes.

XIII. COLLES DE PIEDS DE VEAU, DE PEAUX DE LAPIN, DE GANTS, DE PARCHEMINS, DE PEAUX D'ANGUILLES.

Toutes les colles animales dont il vient d'être question, se préparent à peu près de la même manière, c'est-à-dire qu'on prend tantôt des pieds de veau, tantôt des rognures de peaux blanches des gants, celles de peaux d'agneaux, des peaux de lapins ou de lièvres, des rognures de parchemin ou des peaux d'anguilles qu'on fait bouillir dans l'eau dans un appareil convenable, jusqu'à la réduction à la consistance convenable. On laisse alors prendre en gelée dans des pots ou baquets. Il y a des industries qui donnent la préférence à ces sortes de colles molles comme mieux appropriées à leurs besoins. Celle de peaux d'anguilles a beaucoup de ténacité, et sert aux doreurs à fixer les feuilles d'or sur l'assiette qu'on lui a préparée.

Toutes ces colles peuvent très bien se préparer dans des chaudières rondes à fonds bombés, et munies d'un robinet de vidange, d'un petit robinet sur le couvercle, qui clôt hermétiquement, pour le dégagement de l'air intérieur lorsqu'on chauffe, d'une soupape de sûreté et d'un faux fond, et enfin d'un trou d'homme pour le chargement et pour enlever les résidus. Cette chaudière étant placée sur un foyer et dans une maçonnerie, on y introduit les matières renfermées dans un cylindre en toile métallique, ou simplement dans un sac en toile par le trou d'homme avec l'eau nécessaire, on remet et assujettit le tampon, puis on allume le feu. Les matières soumises à l'action de l'eau et de la vapeur qui s'en élève, se ramollissent et se dissolvent, et quand on juge que la solution gélatineuse a acquis la consistance nécessaire, on la coule en la recevant sur un tamis qui la laisse couler claire dans les pots ou les baquets. Si le marc n'est pas épuisé, on recommence une opération en y ajoutant des matières fraîches; s'il est épuisé, on l'évacue.

On voit, d'après tout ce que nous avons dit ci-dessus, que cette fabrication ne présente aucune difficulté et qu'on peut y appliquer tous les procédés et tous les perfectionnements que nous avons fait connaître. En résumé, les colles ainsi produites ne sont que des variétés des colles fortes produites par la décoction des substances animales, et leur fabrication est soumise aux mêmes lois et conditions.

XIV. TRAITEMENT DES PIEDS DE BŒUF

M. *Heusé* a cherché, en 1873, à obtenir de la gélatine blanche d'un prix peu élevé en partant de produits de qualité inférieure. Il a tenté de blanchir la gélatine brune ou presque noire, qui est fabriquée accessoirement, par exemple dans les fabriques d'huile de pieds de bœuf. Cette gélatine, dont les usages sont assez restreints à cause de sa forte coloration, se vend 42 francs les 100 kilog. Elle ne se gonfle pas dans l'eau froide, mais se transforme en un liquide sirupeux, épais, peu collant, semblable à la masse qu'on emploie pour faire les rouleaux d'impression ou pour l'apprêt des tissus et papiers teints en couleurs sombres.

Pour l'obtenir, on fait ordinairement digérer avec de l'eau ou de la vapeur surchauffée, sous une pression de trois atmosphères, les pieds privés des os compacts et des sabots, qui sont recherchés par les tourneurs. Après trois heures de digestion et une demi-heure de repos, on concentre au bain de vapeur la solution très ammoniacale de la gélatine, après l'avoir séparée de l'huile surnageante. On obtient ainsi une masse de gélatine noire et très friable. Sa couleur foncée est due à la présence d'une assez forte proportion de soufre et de sels ammoniacaux. C'est cette gélatine que M. Heusé a d'abord cherché à décolorer par l'acide sulfureux ou par un sulfate en présence d'acide chlorhydrique, mais les résultats sont peu satisfaisants :

Il a cherché alors à modifier le procédé de fabrication lui-même en diminuant la durée de l'action de la vapeur surchauffée. Au lieu de ne décanter tout le liquide qu'après trois heures, il opère cette décantation en trois fois, d'heure en heure.

La solution est alors additionnée de charbon de bois mélangé de 25 0/0 de noir animal et, après douze heures, traitée comme ci-dessus. La solution exige pour ce traitement 4 0/0 du mélange de charbon et de noir animal.

Le produit est une gélatine de très bonne qualité

et qui ne présente une teinte jaune que vue en grande masse; elle n'a aucune odeur ni aucune saveur; suivant M. Heusé, on pourrait même s'en servir dans l'alimentation.

XV. TRAITEMENT DU GOUDRON NOIR ANIMAL

M. *Thaulow* a réussi à extraire des colles claires et complètement pures en traitant le goudron noir animal et fétide, produit résultant de l'action de la vapeur à plusieurs atmosphères sur les poils, cuirs, cheveux, etc.

En faisant subir à ce goudron une analyse chimique, ce chimiste a trouvé que le goudron n'est pas une matière homogène comme on pouvait le supposer, mais qu'il est un mélange consistant :

1° En une matière soluble dans l'eau ;
2° En un corps pulvérulent et insoluble dans l'eau ;
3° En des sels ammoniacaux qui se fixent sur la poudre ci-dessus.

Pour transformer en colle pure et claire ce goudron fétide, M. Thaulow mélange le goudron noir animal avec 2 parties d'eau et 1/40 de sang; il fait bouillir ce mélange, puis le filtre sur de la laine. Le liquide filtré est refroidi à 40°. Un deuxième mélange est formé avec 1/40 de sang et est porté à l'ébullition quelques minutes. Le liquide encore filtré est alors tout à fait débarrassé de son odeur fétide; il a seulement besoin d'être évaporé pour donner des colles de commerce.

Par ce mode de traitement, une partie du carbone et de la matière azotée se séparent et il reste de la gélatine.

CHAPITRE VIII
Préparation des Os

SOMMAIRE. — I. Os. — II. Purification des os à sec. — III. Purification par lavage. — IV. Dégraissage des os.

I. OS

Depuis bien longtemps, on sait que les os des animaux sont composés de parties minérales et de parties organiques, et que parmi ces dernières, figure en assez grande abondance la gélatine. Ce n'est cependant qu'assez récemment qu'on a eu l'idée de soumettre les os qu'on recueille en si grande abondance dans les villes à des traitements particuliers pour en extraire de la colle forte ou de la gélatine alimentaire. Les premières tentatives qui ont été faites pour cette extraction étaient nécessairement imparfaites, ainsi qu'on pourra en juger par la description du procédé *Boby*, de Paris, décrit page 186, qui en avait fait l'objet d'un brevet pris en son nom le 5 brumaire an II (1793), et ce n'est que lorsqu'on a attaqué les os par l'acide chlorhydrique ou par une haute température qu'on est enfin parvenu à cette extraction d'une manière à la fois complète et économique.

La quantité de colle que peuvent produire les os est très variable suivant le genre des os et celui des animaux dont ils proviennent et selon leur âge. Les os plats et minces sont préférés aux autres os parce que leur traitement à l'acide est plus rapide ; les os des jeunes animaux sont très riches en gélatine et faciles à traiter; cependant les os longs des membres des moutons que l'on tue quelquefois dans un âge assez avancé sont recherchés, parce qu'ils donnent un beau produit. Les os de chevaux sont très calcaires et donnent une colle fortement colorée; on en emploie le moins possible.

On a conseillé comme une industrie avantageuse de combiner la fabrication de la colle d'os avec celle du sel ammoniac ou du phosphore, ou du moins du charbon d'os pour les noirs d'os employés dans diverses industries.

Nous avons dit que les os se composaient principalement de deux matières, l'une organique et l'autre minérale. La première a reçu le nom d'*osséine* et la seconde celle de *terre osseuse*. Si par un traitement convenable, on cherche le rapport qui existe dans les os, après qu'on les a débarrassés du sang, de la graisse et des matières accessoires, entre l'osséine et la terre osseuse, on trouve 30 à 40 0/0 de la première et 60 à 70 0/0 de la seconde.

Donnons d'abord la composition des os de quelques mammifères herbivores :

	OS		
	de bélier fémur	de taureau fémur	de cheval fémur
Matières organiques...	30.38	31.00	31.10
inorganiques...	69.62	60.00	68.90
Phosphate de chaux...	55.94	54.07	54.37
Carbonate de chaux...	12.18	12.71	12.00
Phosphates de magnésie.	1.00	1.42	1.83
Sels solubles........	0.50	0.80	0.70
Matières cartilagineuses.	29.68	29.09	27.99
Matière grasse.......	0.70	1.91	3.11

M. *Frémy*, qui a fait de nombreuses analyses des os humains et de ceux de divers animaux, a indiqué pour la composition des os du bœuf, du mouton et du cachalot, les chiffres suivants :

	OS		
	de bœuf humerus	de mouton	de cachalot
Phosphate de chaux...	61.4	62.9	51.9
— de magnésie..	1.7	1.3	0.5
Carbonate de chaux...	8.6	7.7	10.6

Ces mêmes os incinérés ont laissé les quantités de cendres suivantes :

70.4	70.0	62.9

L'expérience montre que les os des différentes parties du squelette chez la même espèce ne présentent pas la même proportion de matière terreuse et d'osséine, mais on ignore encore si la composition varie réellement avec l'âge.

Les os des herbivores paraissent plus riches en carbonate de chaux que ceux des carnivores, et ce sont les os des pachydermes et des baleines qui abondent le plus en carbonate. Ceux des oiseaux renferment une grande quantité de terre osseuse, et, dans les granivores, on y trouve un peu de silice. Chez les amphibies, il y a moins de terre osseuse que chez les mammifères, et on y rencontre un peu de sulfate de soude. Les plus pauvres en terre sont les os des poissons qui abondent en matières cartilagineuses, en matière grasse et en eau.

Voici le nom des principales matières employées dans la fabrication de la colle avec les os, classées, d'après leur valeur, au point de vue de la blancheur de la gélatine :

1° Les *déchets de boutons* ;

2° Les *cornillons*, os qui garnissent l'intérieur des cornes de bœuf, et les *os de la tête* des bœufs ; rendement de 22 à 24 0/0 ;

3° Les *têtes de cheval* ;

4° Les *têtes de mouton* ;

5° Les autres *parties osseuses* des bœufs, des chevaux et des moutons, rendement 14 à 15 0/0.

Pour les gélatines incolores destinées à l'alimentation, on ne prend que les os des bœufs ; ceux des autres animaux donnent un produit généralement plus trouble et plus coloré ou conservant une odeur de suif.

Osséine et Glutine

Nous avons dit ci-dessus que les os des mammifères se composaient principalement de deux parties, l'une organique appelée osséine et l'autre minérale désignée sous le nom de terre osseuse.

L'osséine est la matière qui constitue la trame organique des os. Pour obtenir l'osséine, on commence par réduire les os en poudre, on lave cette poudre à l'eau, à l'alcool et à l'éther pour lui enlever autant qu'il est possible le sang, la graisse et les tissus accessoires, et on la traite par l'acide chlorhydrique étendu de neuf parties d'eau. Au bout d'un certain temps de digestion, les sels terreux sont dissous entièrement dans le liquide et il reste une masse à demi translucide présentant la forme et la structure microscopique de l'os, formée presqu'en entier d'osséine mélangée à un peu de matière grasse et de tissu élastique.

M. *Frémy* a indiqué dans les *Annales de chimie et de physique*, tome 43, page 52, un moyen pour obtenir l'osséine pure. On traite comme ci-dessus la poudre d'os ou d'ivoire par l'acide chlorhydrique étendu, mais on renouvelle à deux ou trois reprises le traitement par l'acide, puis on lave suffisamment avec l'eau. On s'assure que le résidu ne laisse plus de cendres, et finalement on lave à l'alcool et à l'éther, pour enlever les traces de corps gras; mais, quoi qu'on fasse, il reste toujours mélangée à l'osséine une petite quantité de substance albumineuse provenant des parois des vaisseaux qui pénètrent dans les os.

L'osséine ainsi préparée est insoluble dans l'eau, mais elle se transforme en gélatine, ou plutôt en une matière soluble et isomérique avec celle-ci, par l'action de l'eau bouillante. C'est cette matière transformée à laquelle on donne actuellement le nom de *glutine*. Cette transformation, assez lente, lorsque l'osséine est parfaitement prise, est au contraire très rapide lorsqu'on aiguise la liqueur par un acide.

A l'état pur, la glutine est incolore, vitreuse, cassante, sans odeur ni saveur, se gonflant dans l'eau froide, se prenant en refroidissant en gelée, mais perdant cette propriété par une ébullition trop prolongée ou quand on y ajoute de l'acide acétique ou de l'acide azotique. Les alcalis la dissolvent, l'alun et les sels d'argent, de cuivre, de plomb, de mercure, de fer ne la précipitent pas de sa dissolution. Le tanin au contraire y forme un précipité abondant. Une solution de glutine et d'alun précipite avec la potasse une combinaison de glutine avec un sulfate basique d'alumine. La glutine fond quand on la chauffe et fournit à une haute température les produits ammoniacaux de la distillation, par exemple, du sulfite d'ammonium, du carbonate et du cyanure d'ammonium, des amides, du pyrol, etc. Exposée à l'air humide, la glutine éprouve promptement la putréfaction ; quand on la traite par l'acide sulfurique étendu, elle fournit du glycocolle ou sucre de gélatine, de la leucine, etc.

On voit donc que la gélatine osseuse et la glutine ont des propriétés analogues, et en effet la composition de ces deux substances est identique ; suivant M. *Frémy*, l'osséine donne exactement par la coction son poids de glutine ou de gélatine.

Voici, du reste, suivant plusieurs chimistes, la composition de la gélatine pure d'os et d'osséine extraites de différentes matières premières, en carbone, hydrogène, azote et oxygène :

	Carbone	Hydrogène	Azote	Oxygène	
Gélatine pure d'os.	50.00	6.50	17.50	26.00	Frémy.
Colle de poisson. .	50.76	6.65	18.32	24.69	Mulder.
Osséine d'os de bœuf	50.40	6.30	16.90	26.20	Frémy.
Osséine d'os de bœuf	49.81	7.14	17.30	25.67	Frémy.
Osséine de fémur de bœuf. . . .	50.13	7.07	18.45	24.35	V. Bibra

L'osséine, de même que la gélatine, contient en outre du soufre qui, d'après M. *Bibra*, s'élèverait à 0,216 0/0.

Il y a aujourd'hui deux procédés industriels pour fabriquer de la colle forte et la gélatine alimentaire avec les os et qui tous deux atteignent le but, mais dans l'un la gélatine reste comme résidu, et dans le second elle est entraînée en dissolution et la partie terreuse de l'os reste dans les appareils où on l'enlève pour servir à la fabrication du noir animal.

II. PURIFICATION DES OS A SEC

Il y a dans la fabrication de la colle forte un point essentiel, c'est de débarrasser entièrement les colle-matières, os ou débris d'os, de toutes les matières étrangères (sable, terre, substances colorantes, débris de chair et de peau, etc.), de manière à obtenir un produit aussi pur que possible.

Cette préparation des colle-matières s'effectue ordinairement soit par la voie humide, soit par la voie sèche. Dans le premier cas, on met les colle-matières dans un récipient fixe ou mobile, avec une grande quantité d'eau, dans le second cas on les traite à sec par la saturation. — Cette dernière méthode est préférable à la voie humide parce qu'elle n'altère en rien la composition chimique des os, et qu'elle n'occasionne aucune perte de substance par lessivage et entraînement.

Mais le traitement des colle-matières par la voie sèche s'est toujours fait très imparfaitement, à cause des pertes qu'occasionne la transformation partielle des os en une poussière ou farine impropre à la fabrication de la colle forte. Avec ce procédé on n'a jamais pu obtenir une purification complète, surtout des parties en putréfaction (débris de chair et de peau, etc.).

Le procédé *Berliner* (1884) permet une purification beaucoup plus radicale avec le moins de perte possible.

Ce procédé consiste à disposer les os en couche sur une surface à laquelle on donne un mouvement qui fait frotter les os les uns contre les autres, de telle sorte que toutes les impuretés, toutes les saillies souillées ou putréfiées, qui les salissent extérieurement, se détachent mécaniquement, et que les os, nettoyés, conviennent parfaitement à la préparation de la colle forte.

Ainsi ce procédé consiste essentiellement en un traitement à sec des os sur une surface mise en mouvement intermittent ou à secousses, ou bien de surfaces sans fin, comportant plusieurs dispositifs de ce genre superposés, ou encore à employer des tambours ronds ou polygonaux dans des enveloppes perforées.

L'action de ces divers moyens peut être complétée par l'application de dispositifs quelconques servant à remuer la masse et opérant soit dans le sens du mouvement, soit en sens inverse. On obtient ainsi un frottement plus considérable.

Dans tous les cas, le frottement à sec auquel les os sont soumis, les débarrasse, avec très peu de déchet, de toutes les impuretés et de toutes les parties putrescibles.

III. PURIFICATION PAR LAVAGE

M. *Coignet* a perfectionné en 1887 ses procédés de fabrication de la colle par l'action combinée d'un concasseur quelconque à force centrifuge (*Wappart*, *Karr* ou autre) avec un courant d'eau pour débarrasser, par un lavage intensif au moment du concassage, les os émiettés des matières graisseuses ou autres qu'ils peuvent contenir dans leurs tissus, à l'effet d'obtenir une colle parfaitement pure, absolument liquide et peu colorée.

Pour la réalisation de cette action combinée, il suffit d'adapter sur les concasseurs à force centrifuge de tous systèmes, une tuyauterie amenant un courant d'eau pure et permettant son écoulement après effet produit, l'agencement de cette tuyauterie étant convenablement approprié à la nature même du concasseur employé.

IV. DÉGRAISSAGE DES OS

Pour dégraisser les os, on les fait bouillir avec de l'eau ou on les traite par la vapeur.

Une grande partie de la graisse se sépare, mais en même temps il se dissout aussi sous forme de gélatine une grande quantité d'osséine.

La graisse obtenue par ébullition passe pour la meilleure, celle obtenue par vaporisation est considérée comme moins bonne, et celle qui est extraite au moyen de la benzine est la moins appréciée, parce que les savons préparés avec cette graisse ont souvent l'odeur de pourri, que la graisse elle-même présente généralement.

Comme on n'obtient par ébullition que 3 à 4 0/0 de graisse, tandis qu'avec la benzine on en retire 5 à 6 0/0, et qu'en outre les os dégraissés par la benzine ne perdent pas d'osséine, le dégraissage par la benzine se répand de plus en plus.

On emploie pour cette opération un appareil

dont la figure 6 représente la disposition générale.

Le réservoir à double paroi *a* est rempli avec les os et par un robinet *b* on fait arriver de la vapeur

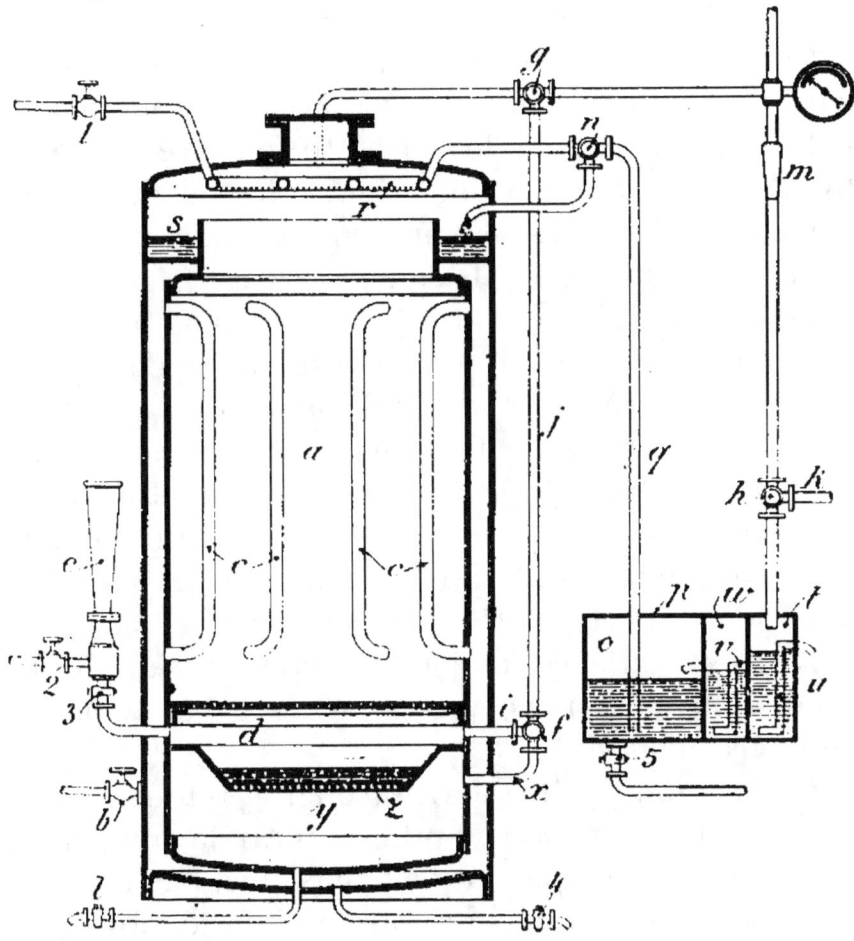

Fig. 6. — Appareil pour le dégraissage des os (coupe verticale).

entre les deux parois ainsi que dans les tubes *c* situés à l'intérieur du réservoir. Pendant ce temps, l'air humide résultant de l'échauffement des os, est aspiré en *d* au moyen d'une soufflerie à jet de vapeur *e*. Les robinets à trois directions *f g h* conduisant aux tubes *i j k* sont ensuite ouverts, et au moyen d'une soufflerie à eau *m* l'air qui reste encore dans le réservoir *a* et dans les os est aspiré jusqu'à raréfaction presque complète, après quoi le robinet *f* est fermé.

En ouvrant le robinet *n*, la benzine qui se trouve dans le compartiment *o* du réservoir *p* monte dans le tube *q*, entre dans le serpentin perforé *r*, pour tomber dans le réservoir *a*, sous forme de pluie, sur les os débarrassés d'air, secs et chauds, qu'elle pénètre jusqu'à ce qu'ils soient saturés.

Le reste du dissolvant est déversé dans le réservoir annulaire *s*, où il est réduit en vapeurs. Ces vapeurs, aspirées par la soufflerie à eau *m*, traversent le réservoir *a* de haut en bas et passent par le tube *i*, le robinet *f*, le tube *j* et le robinet *g*. Dans leur trajet de *m* au réservoir *p*, elles sont liquéfiées par l'eau de la soufflerie et se rassemblent avec elle dans le compartiment *t* du réservoir *p*.

L'eau s'écoule en majeure partie par le tube *u*, tandis que la benzine passe par le tube *v* dans le compartiment *w*.

L'eau qui a pu être entraînée en *w* retourne en *t* par un tube auxiliaire dont est muni le compartiment *w*, tandis que la benzine pure passe en *o*, pour s'élever, une fois la raréfaction de l'air opérée, dans le serpentin *r* et le réservoir *s*.

Lorsque le dégraissage est ainsi achevé, on expulse le dissolvant en introduisant de la vapeur entre les deux parois du réservoir *a* comme il a été dit plus haut, et on le recueille dans le compartiment *o* du réservoir *p*, pour l'employer de nouveau. Maintenant, à l'aide de la soufflerie à eau *m*, et le robinet *f* étant ouvert, on produit dans l'espace *y* un vide qui aspire la graisse arrêtée sur la couche filtrante *z* placée au fond du réservoir *d*; la graisse pure s'écoule par un robinet *l*.

A l'aide du même appareil, on peut extraire la colle des os : on introduit de l'eau par le robinet 1 et le serpentin *r*, et on vaporise jusqu'à ce que la colle soit dissoute. On ouvre ensuite le robinet *f*, le robinet *g*, la soufflerie *m* et le robinet *h*, et on laisse échapper la vapeur par le tube *k*.

Il se produit ainsi dans le réservoir *a* un fort courant descendant de vapeurs, qui entraîne violemment la colle en la faisant passer à travers la couche filtrante, laquelle retient les impuretés et les parcelles d'os qu'elle peut contenir.

Lorsque cette manœuvre a été répétée plusieurs fois, les os sont dépouillés de leur colle et on peut commencer à cuire celle-ci et en même temps dessécher les os dans le réservoir *a*.

Dans ce but, on envoie dans l'intervalle des parois du réservoir *a* de la vapeur à une pression assez élevée, de façon que la colle commence à entrer en ébullition dans l'espace *y*. Mais afin que la température ne s'élève pas trop dans le réservoir, on met en activité les souffleries *c* et *m*; celles-ci aspirent par les robinets 3 et *f*, l'eau évaporée des os et de la colle, jusqu'à ce que cette dernière soit complètement cuite; après quoi la colle est évacuée, et les os sont vaporisés encore pendant quelque temps, et desséchés jusqu'à ce qu'ils aient perdu toute trace **d'humidité.**

CHAPITRE IX

Traitement des Os par cuisson

SOMMAIRE. — I. Cuisson à l'air libre. — II. Traitement des os par la vapeur. — III. Appareil de Puymaurin. — IV. Appareil de d'Arcet. — V. Appareil de Malepeyre. — VI. Appareil de Maclagan. — VII. Appareil de Briers. — VIII. Procédé de Hagen et Seltstam. — IX. Procédé de Coignet. — X. Procédé de la Société Coignet et Cie.

I. CUISSON A L'AIR LIBRE

Procédé J.-F. Boby

Les os de toutes espèces d'animaux peuvent servir à la fabrication de la colle forte par ce procédé. On les réduit en poudre fine dans des mortiers de fonte. Cette poudre est ensuite transportée dans une chaudière de cuivre, qui est emboîtée, jusqu'à la partie supérieure, dans un four en maçonnerie, et dont la base porte sur un lit de briques de peu d'épaisseur. La poudre mise dans la chaudière sera en quantité suffisante pour monter jusqu'à 16 centimètres du bord ; on versera dessus de l'eau de rivière, de façon qu'il y ait au moins 5 centimètres d'eau au-dessus de la poudre.

Alors, on fera du feu sous le lit de briques, dont la chaleur se communiquera bientôt à la chaudière et fera bouillir le mélange sans risquer de le faire prendre au fond, ce que l'on ne pourrait éviter si la flamme portait directement sous la chaudière,

Le mélange ayant bouilli douze heures consécutives, on cesse le feu, et par le moyen d'une potence tournant sur un pivot, la chaudière est enlevée de dessus son fourneau et conduite sur une plate-forme en briques, où on laisse la matière déposer pendant quatre heures.

Ce temps est suffisant pour que le mélange soit refroidi et clarifié ; alors, à l'aide d'une pompe aspirante, on sépare la liqueur qui surnage de la poudre d'os qui s'est précipitée au fond.

Cette opération faite, la chaudière contenant la poudre d'os est replacée sur un fourneau rempli de nouvelle eau et mise de nouveau en ébullition pendant douze heures.

La liqueur extraite précédemment de la chaudière est versée dans des bassines en cuivre évasées et peu profondes qui sont à demeure dans des fourneaux de briques faits convenablement ; ensuite à l'aide d'un feu modéré, la liqueur s'épaissit par l'évaporation.

La chaudière ayant bouilli pour la seconde fois, on cesse entièrement le feu, et le mélange est aussitôt versé dans des sacs de toile forte et serrée, qui sont soumis à la presse pour en extraire toute la liqueur qui se rend dans des baquets par des gouttières disposées autour du pressoir.

Ce liquide est réuni dans les bassines à celui de la première cuisson, tandis que la partie terreuse, restée dans les sacs après l'opération, est jetée comme inutile.

L'évaporation de la liqueur contenue dans les bassines se poursuit à un petit feu que l'on diminue par degrés.

Enfin, lorsque cette liqueur est réduite en consistance d'un sirop épais, on la coule dans des moules de fer-blanc qui ont sur toutes faces 49 centimètres, dans lesquels elle prend la consistance en se refroidissant.

Pour sortir la colle du moule, on abat les quatre côtés qui sont à charnières et, avec des couteaux faits exprès, on divise la masse carrée par feuilles de 4 à 6 millimètres d'épaisseur; ces feuilles sont déposées sur des filets à un courant d'air libre.

Il faut douze jours en été et trois semaines en hiver pour que la colle soit parfaitement sèche.

Ce procédé, ainsi qu'il est facile de le reconnaître, est très imparfait et bien loin d'être suffisant pour extraire toute la gélatine que renferment les os, puisque l'eau bouillante n'enlève aux os que quelques centièmes de cette substance ; il a en outre le désavantage d'exiger une force mécanique considérable pour broyer ou râper les os, de faire une grande consommation de combustible et d'entraîner ainsi dans de grandes dépenses. Il n'y aurait qu'une ébullition très prolongée à 100° qui parviendrait ainsi à extraire une portion de la gélatine des os, ce qui indique que le procédé n'est pas manufacturier.

II. TRAITEMENT DES OS PAR LA VAPEUR

Les os, malgré la solidité et la résistance apparente qu'ils présentent, ne résistent pas en vases clos à l'action de la vapeur d'eau à une haute température. C'est à *Papin* qu'on en doit l'observation. Ce célèbre expérimentateur en avait conclu que, pour ramollir les os et pour en extraire la gélatine qu'ils contiennent, il fallait les soumettre à une température supérieure à celle de 100° C., en les renfermant dans un vase fermé, et les y faire bouillir jusqu'au point de soulever une soupape chargée d'un poids déterminé. C'est à cet appareil, qui a rendu de grands services aux arts, que, par reconnaissance pour l'inventeur, on a donné le nom de *marmite de Papin*, qu'on a remplacé quelquefois par celui de digesteur de Papin, et de nos jours par celui d'autoclave.

Cette observation d'une très haute importance est longtemps restée stérile, quoique Duhamel Dumonceau, dans l'*Art de faire des colles*, qui fait partie de la *Description des Arts et Métiers* de l'Académie des sciences, ait rappelé avec raison qu'on pouvait faire de très bonne colle avec les os, en se servant de la marmite ou digesteur de *Papin*. Ce ne fut que plus tard, et vers la fin du XVIIIe siècle, que des philanthropes éclairés conçurent l'espoir d'appliquer l'appareil de *Papin* à l'extraction de la substance gélatineuse que renferment les os pour la faire servir à l'alimentation. Au nombre de ces philanthropes, il convient de citer les noms de *Rumfort, Parmentier, Cadet de Vaux* et *Appert*, qui firent de très grands efforts pour introduire la matière nutritive des os dans l'économie domestique des diverses classes de la société, et qui, ainsi, donnèrent lieu à l'établissement de quelques fabriques de gélatine d'os.

L'appareil dont se servaient ces établissements, et qu'on rencontre même encore dans quelques fabriques du midi de la France, se composait tout simplement de l'appareil de *Papin* ; c'est-à-dire que

11.

c'était une chaudière autoclave munie d'un trou d'homme pour le chargement et le déchargement des os, d'un robinet de vidange pour évacuer la solution gélatineuse ou bouillon d'os, et d'une soupape de sûreté ; l'extraction de la gélatine s'opérait sous une pression d'environ trois atmosphères.

Cette disposition n'était ni commode ni avantageuse. D'abord l'appareil ne travaillait pas d'une manière continue ; ensuite on était obligé d'attendre un temps considérable avant que la chaudière fût refroidie et qu'on pût y pénétrer pour en extraire les os ramollis. Il y avait donc à la fois perte de temps et perte de combustible.

On trouve dans le *Register of the Arts and Sciences* (vol. III, page 313, 1826), et dans le *Bulletin de la Société d'encouragement* (vingt-deuxième année, 1823, page 74), les détails du procédé employé par *Charles Vardley* pour extraire la gélatine des os. Il se servait d'une grande sphère ou globe en tôle ou en fonte ; les os étaient placés dans l'intérieur, et une grille les empêchait d'arriver dans la partie inférieure. Cette sphère roulait sur deux tourillons ; un d'eux est creux et sert de conduit à la vapeur : son mouvement de rotation met constamment les os en contact avec la gélatine, au fur et à mesure qu'elle se forme. On la retire ensuite par un robinet placé au-dessous de la grille ; on la verse de nouveau dans la sphère après l'avoir dégraissée, on l'y laisse jusqu'à ce qu'elle ait acquis le degré de concentration convenable. *Charles Vardley* la clarifie ensuite avec un peu d'alun, et en forme des tablettes qu'il fait sécher à l'air. La pression de la vapeur est de 15 livres par pouce anglais ; ce qui répond à peu près à 8 dixièmes et demi d'atmosphère.

Ce procédé paraît avoir le grave inconvénient de combiner avec la gélatine une très grande quantité de phosphate et de carbonate de chaux : le froissement continuel des os entre eux et contre les parois de la sphère doit inévitablement colorer cette substance.

En l'année 1817, *d'Arcet* reprit le procédé de l'extraction de la gélatine des os, de *Papin*, et y apporta un perfectionnement d'une très grande importance. Jusqu'alors, comme nous l'avons dit, l'eau, la vapeur qu'elle produit, et les os étaient contenus dans un même vase clos d'un même générateur qu'on exposait directement à l'action du feu. D'*Arcet* comprit de suite qu'il fallait modifier cette disposition vicieuse ; il imagina en conséquence de rendre l'appareil producteur de vapeur indépendant de celui où s'opérait la transformation des os en gélatine, c'est-à-dire qu'il fit produire la vapeur par un générateur isolé.

Nous disons que ce perfectionnement avait une très grande importance, car dans les procédés suivis jusque-là on n'obtenait, et cela à grands frais, ainsi que nous l'avons fait remarquer ci-dessus, qu'une assez faible quantité de matière alimentaire ; mais en outre, cette substance était parfois altérée par des coups de feu auxquels l'appareil se trouvait exposé.

Le procédé de *d'Arcet*, tel qu'on peut l'employer aujourd'hui pour la préparation de la colle forte, consiste à exposer les os, après qu'ils ont été concassés et renfermés dans un cylindre de toile métallique, à l'action de la vapeur d'eau portée au plus à une température de 106° C. Ce cylindre en toile métallique, qui renferme les os, est introduit dans un cylindre en fonte assez solide pour résister à la pression de la vapeur. Il est fermé hermétiquement ; l'ouverture supérieure est munie d'un trou d'homme, ajusté avec soin, pour introduire ou retirer le réseau métallique. Les cylindres ont ordinairement 1 mètre de hauteur et un diamètre de 33 centimètres. On peut à chaque opération, traiter à peu près 35 kilogrammes d'os dans chaque cylindre.

Un générateur de vapeur, semblable en tout point à celui qui sert à mettre en action les machines à vapeur, est muni d'un tube qui amène la vapeur dans chacun des cylindres. Ce tube est pourvu d'un robinet qui donne la facilité de régler à volonté la température et la durée de l'opération. Chaque cylindre porte, en outre, une tubulure dans laquelle passe à frottement un thermomètre qui sert à reconnaître cette température à l'intérieur, et par conséquent à empêcher qu'elle ne descende au-dessous ou ne s'élève au-dessus de celle qui a été déterminée.

La vapeur qu'on fait arriver du générateur dans l'intérieur des cylindres se condense sur les os ; pénètre dans les cellules les plus intérieures, expulse d'abord la graisse, puis agissant sur le tissu cellulaire détermine sa transformation en gélatine. Celle-ci se dissout immédiatement dans l'eau de la vapeur condensée et s'écoule au fur et à mesure dans la partie inférieure du cylindre. Un robinet en cuivre placé dans cette partie permet de la soutirer. Quand cette opération est terminée, on arrête l'arrivée de la vapeur, on ouvre la partie supérieure du cylindre, on enlève le réseau métallique au moyen d'une corde passant sur une poulie, enfin on le laisse suspendu pendant quelque temps pour laisser égoutter les os épuisés qu'il contient.

Afin d'obtenir des dissolutions plus concentrées et plus claires, sans avoir à craindre les effets d'une température trop élevée, *d'Arcet* imagina de joindre à l'action de la vapeur celle d'une injection d'eau froide, qui procure les meilleurs résultats.

M. *Dumas* fait remarquer avec raison qu'il est de la plus haute importance de ne pas prolonger l'action de la vapeur au delà du temps nécessaire, et de ne pas dépasser la limite de température qui a été indiquée plus haut (106°). En chauffant trop, on obtiendrait des produits ammoniacaux, par la décomposition des matières animales, et en prolongeant l'action, même à une température moins élevée, on obtiendrait des produits altérés et plus ou moins fortement colorés.

Un autre soin, ajoute-t-il, qu'on doit prendre sans cesse dans la préparation de cette gélatine des os, consiste à tenir toutes les parties de l'appareil d'une extrême propreté et à prévenir ainsi toute fermentation putride dans l'intervalle des opérations.

La liqueur gélatineuse qu'on extrait ainsi des os peut renfermer environ 40 à 45 grammes de gélatine par litre de liqueur. On la tire à clair après quelque temps de repos et on la rapproche rapidement, soit à feu nu, soit au bain-marie, jusqu'à ce qu'elle ait acquis la densité nécessaire pour se prendre en gelée quand on l'expose au frais. Pour déterminer ce point, on en verse un peu sur des plaques de verre ou de porcelaine qu'on met au frais, et, quand on a atteint la consistance désirée, on coule dans une cuve enveloppée de corps mauvais conducteurs de la chaleur, on la couvre, puis on abandonne le tout au repos pendant cinq à six heures. Au bout de ce temps, on tire au clair et on ajoute à la liqueur deux ou trois centièmes d'alun en poudre ; on brasse fortement et on laisse reposer à chaud pendant six heures. Au bout de ce temps, on entonne la colle et on termine comme nous l'avons enseigné pour la fabrication au moyen des colle-matières.

L'évaporation de la dissolution gélatineuse est une opération qui exige toujours beaucoup de soin et qui reste constamment exposée à des causes nombreuses d'insuccès, quand elle n'est pas faite dans de bonnes conditions. D'abord, il faut qu'elle ait lieu à une température qui ne soit pas trop basse, pour ne pas se prolonger au delà d'un certain temps et exposer pendant longtemps la colle au contact de l'air à une chaleur assez élevée et parfois par des états atmosphériques défavorables qui pourraient la détériorer. D'un autre côté, cette température ne peut être trop élevée, parce qu'elle rougirait les matières et nuirait à leur pureté et à leur qualité. On doit éviter l'emploi des chaudières profondes, où il existe, par conséquent, sur le fond, une haute température, déterminée par la pression hydrostatique. On a conseillé, avec raison, l'emploi de chaudières à double fond, assez semblables à celles à cuire le sucre à la vapeur, ou celles à bascule et à feu nu, dont on se sert dans les raffineries. Nous croyons que ces deux appareils rempliraient fort bien le but.

On a essayé aussi de concentrer les solutions gélatineuses dans le vide, afin de diminuer les chances de déchet ou d'altération qui proviennent de l'action d'une température trop élevée. Cette méthode, comme on sait, a les meilleurs résultats dans la cuisson des sirops, et l'on devait s'attendre à ce qu'elle aurait le même succès dans le rapprochement des liqueurs gélatineuses, qui sont si délicates au contact de la température. On a échoué, assure-t-on, dans cette application ; cependant, rien ne fait entrevoir la cause qui aura pu faire manquer l'opération, qui est parfaitement conforme aux principes enseignés par la chimie et la physique. Il faudrait donc reprendre ce problème qui promet de beaux résultats à la fabrication de la colle forte et de la gélatine, faire une revue attentive de tous les appareils proposés jusqu'à présent pour la cuisson dans le vide, faire choix de celui qui présentera le plus de chances de succès, écarter toutes les circonstances étrangères et nuisibles à l'opération, et marcher hardiment à la conquête de ce procédé précieux dans l'industrie qui nous occupe.

Cent parties d'os en poids et tels qu'on les achète, donnent en grand de 12 à 15 parties de colle forte ou de gélatine sèche, suivant que les os traités sont plus ou moins humides et qu'ils sont plus ou moins faciles à traiter.

Les os qui ont servi à la préparation de la colle forte par le procédé à vapeur, contiennent encore assez de matières animales pour qu'on puisse s'en servir à la fabrication des noirs décolorants. *D'Arcet* affirme qu'outre les 90 0/0 de phosphate et de carbonate de chaux qu'ils contiennent, on y rencontre encore 10 0/0 de matière animale non attaquable par la vapeur, de savon, de chaux et de graisse libre, et que mêlés à des issues d'animaux et à des os frais, ces résidus peuvent fournir, par une calcination convenable en vases clos, un charbon animal de bonne qualité.

Mais l'emploi le plus étendu qu'on fait de ces résidus est dans la fabrication de la porcelaine ou poterie anglaise, où ils entrent dans une assez forte proportion ; dans celle du phosphore qui se fait aujourd'hui sur une grande échelle pour la préparation des allumettes chimiques, des pâtes à détruire les petits rongeurs, etc.; enfin, dans celle des coupelles, dont on fait usage dans les laboratoires de chimie, dans ceux de docimasie, etc.

Ces résidus consistent, en grande partie, comme on le voit, en phosphate et en carbonate de chaux, et les progrès de la chimie ayant démontré que le premier de ces sels jouait un rôle important dans la végétation des céréales, on les a appliqués, depuis peu de temps, avec le plus grand succès, à l'amendement des terres.

Enfin, la matière grasse ou suif d'os qui se fige à la surface de la liqueur gélatineuse et qu'il faut enlever avec soin, peut très bien servir d'aliment. Elle est recherchée par les parfumeurs pour la préparation de leurs pommades et cosmétiques, en remplacement de la moelle de bœuf dont le prix est plus élevé; mais, il faut pour cela qu'elle ait été extraite d'os frais et qu'elle n'ait contracté aucune odeur rance ou repoussante.

Les os renferment une quantité de graisse assez considérable qui, sous le nom de suif d'os, trouve son emploi dans les arts ; elle entraverait la fabrication de la colle. Pour les en dépouiller, on peut les faire ressuer dans une étuve disposée pour cet objet, ou mieux les faire bouillir dans l'eau. La graisse fond, vient nager à la surface, et on l'enlève avec une grande cuillère très plate et mince sur les bords. Quand toute cette matière est enlevée, on retire les os avec une cuillère percée de trous, et on les place dans des paniers pour les faire égoutter. L'eau bouillante peut servir plusieurs fois, et lorsqu'elle est très chargée de graisse dissoute, on peut s'en servir à quelques usages économiques, par exemple à l'engraissement des porcs.

N'oublions pas non plus de dire que les os dégraissés doivent être passés à la chaux. Cette opération est assez importante et ne doit pas être négligée ; elle facilite la séparation des dernières portions de graisse qui troublent la transparence de la colle, attendu qu'elles s'en séparent difficilement quand elles ne sont pas saponifiées. Le savon calcaire ou stéarate de chaux qui se forme par le chaulage, étant au contraire peu soluble, se sépare avec facilité et purifie la colle par cette élimination spontanée.

III. APPAREIL DE PUYMAURIN

Le premier appareil monté par d'Arcet pour extraire la **gélatine** des os par la vapeur était destiné à fournir des dissolutions de gélatine à la cuisine de l'hôpital de la Charité. Mais cet appareil ne présentait pas toutes les conditions d'une bonne fabrication économique, et ce n'est que plus tard qu'il établit enfin l'appareil que nous avons esquissé ci-dessus et dont nous expliquerons plus bas la structure et la forme. En attendant, nous ferons connaître ici celui établi en 1816 à la Monnaie des médailles sur le principe de d'Arcet, mais avec des perfectionnements par M. *de Puymaurin*, alors directeur de cet établissement ; il ne peut guère servir que pour une petite fabrication.

Ce premier appareil, dit-il, que j'ai fait construire était portatif, de forme cylindrique, il est représenté aux fig. 7 à 34. J'en ai fait construire un second, parce que je crois qu'il est bon d'avoir un double équipage de chaudières à vapeur, pour qu'un service aussi important n'éprouve pas d'interruption. Les conséquences en seraient d'autant plus fâcheuses que leur résultat serait de rappeler les ouvriers à leurs anciennes habitudes, et de rendre ainsi inutiles tous les efforts et les sacrifices qu'on aurait faits pour leur en donner de nouvelles.

Ces deux appareils sont à peu près semblables dans leurs détails, et la seule différence qu'offre la forme des chaudières m'a été imposée par la localité. Les formes rondes ont l'avantage d'offrir plus de résistance et de permettre de diminuer les épaisseurs ; les meilleures dimensions pour les chaudières de ce genre sont 1 de largeur sur 4 de longueur (Voyez fig. 18).

On peut objecter le rayonnement du calorique contre les chaudières cylindriques ; mais je ne pense pas que cet inconvénient puisse compenser leurs avantages.

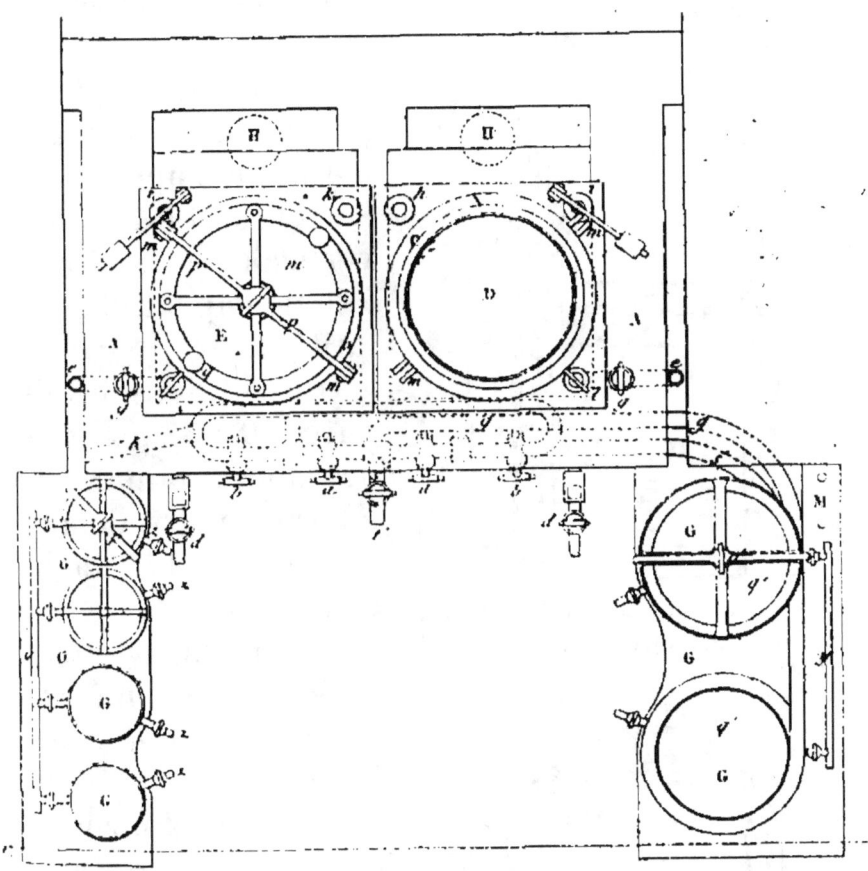

Fig. 7. — Plan général de l'appareil complet à deux chaudières de Puymaurin.

Mon appareil se compose d'une chemise en tôle ou en maçonnerie, d'une chaudière à vapeur, d'une chaudière plus petite entrant dans la première, dont elle forme le couvercle et dont elle renferme le bain-marie ou le bain de vapeur, d'une marmite pour la cuisson des aliments, d'un couvercle, d'un tuyau de distribution de la vapeur, de six cylin-

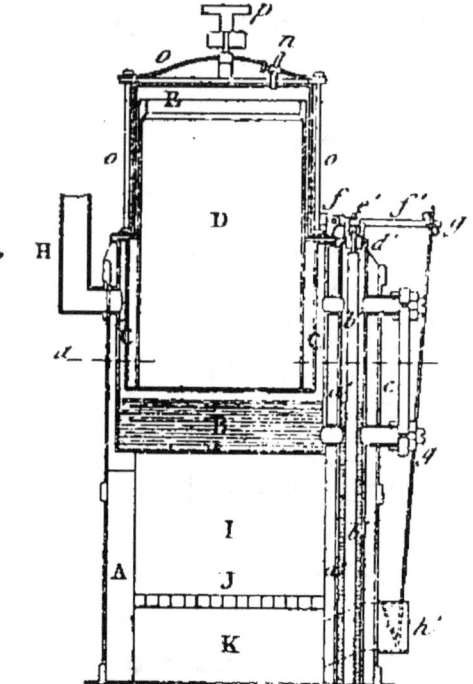

Fig. 8. — Coupe verticale de l'appareil portatif suivant la ligne c d de la figure 9.

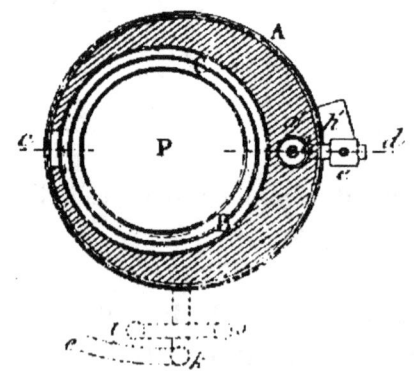

Fig. 9. — Coupe horizontale prise au niveau de la ligne a b, fig. 8.

dres, d'un flotteur, d'une machine pour briser et concasser les os.

Les figures 7 à 9 représentent le plan général de l'appareil à demeure, et les coupes verticale et horizontale de l'appareil portatif.

On voit dans les figures 10 à 34 les coupes longitudinale et latérale et les détails de l'appareil à deux chaudières.

Les mêmes lettres indiquent les mêmes objets dans toutes les figures.

A, fig. 8, fourneau en tôle ou en maçonnerie, convenablement percé pour donner passage aux diverses pièces de l'appareil. B, chaudière à vapeur d'une épaisseur proportionnée à sa forme, à la pression qu'elle doit soutenir et à la nature du métal dont elle est composée. C, chaudière plus petite que la chaudière à vapeur, logée dans son

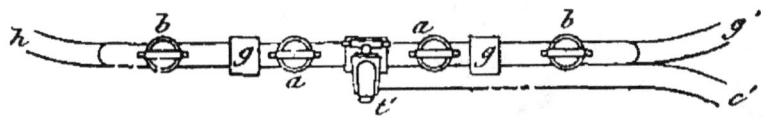

Fig. 10. — Tuyaux distributeurs de la vapeur, vus en dessus.

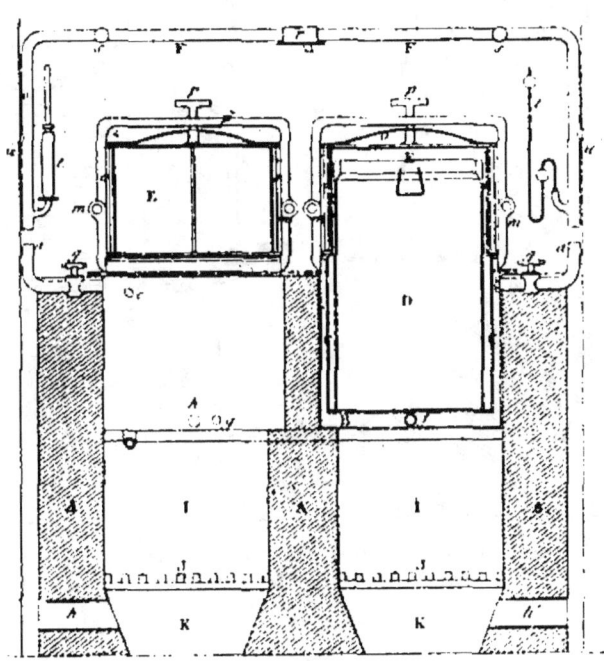

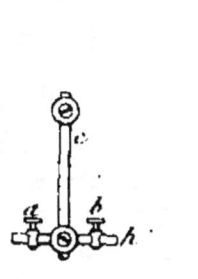

Fig. 11. — Vue de face du tube indiquant le niveau de l'eau dans la chaudière.

Fig. 12. — Coupe verticale du fourneau et des marmites, dont l'une est vue en élévation avec ses accessoires.

intérieur, et lui servant de couvercle. Elle est destinée à recevoir le bain-marie ou le bain de vapeur : de forts boulons la réunissent avec les bords de la chaudière à vapeur. D, marmite pour la cuisson des aliments; elle est en fer-blanc, avec deux fortes anses à charnières; on peut y cuire les aliments de trois manières différentes : 1° à la vapeur, en ne mettant pas d'eau dans son intérieur et en introduisant la vapeur par le robinet L (fig. 7) ; 2° comme marmite ordinaire, au bain-marie et au

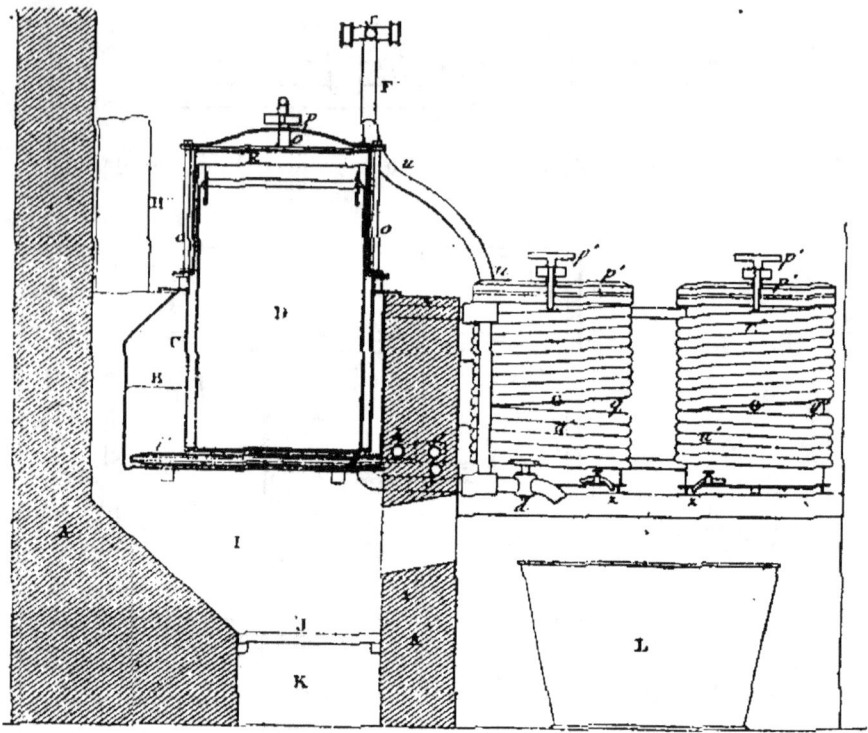

Fig. 13. — Coupe latérale du fourneau, de la chaudière et de l'une des marmites, et vue de face des cylindres.

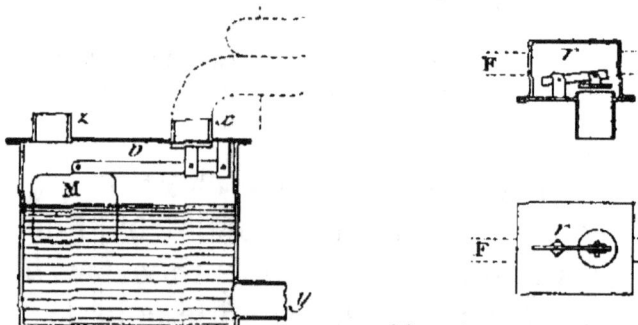

Fig. 14. — Section verticale de la boîte renfermant le flotteur.

Fig. 15. — Soupape pour la rentrée de l'air dans la marmite vue en coupe et en dessus.

bain de vapeur; 3° dans un bain d'air échauffé comme dans un four. E, couvercle de la marmite aussi en fer-blanc ; sa base est garnie d'étoffe, ce

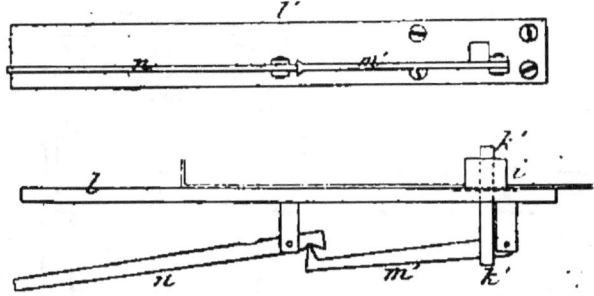

Fig. 16. — Mécanisme du régulateur du feu vu en plan et en élévation.

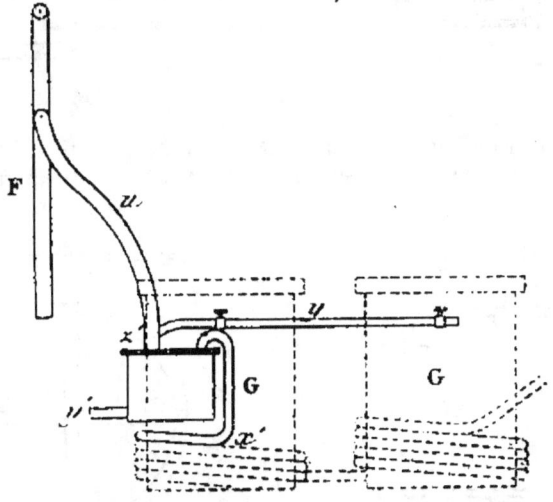

Fig. 17. — Disposition du flotteur, montrant l'arrivée et la sortie des divers tuyaux qui y aboutissent.

qui le rend élastique et capable de supporter la compression d'une garniture en fer : le couvercle est enveloppé de laine. F, tuyau distributeur de la vapeur. G, cylindres en fer-blanc, dans lesquels s'opère l'extraction de la gélatine ; deux de ces cylindres ont une capacité double de celle des autres : on peut donc considérer leur ensemble comme formant quatre capacités égales. Il est bon d'avoir quatre cylindres, parce que ce n'est qu'au bout de

204 TRAITEMENT DES OS PAR LA CUISSON

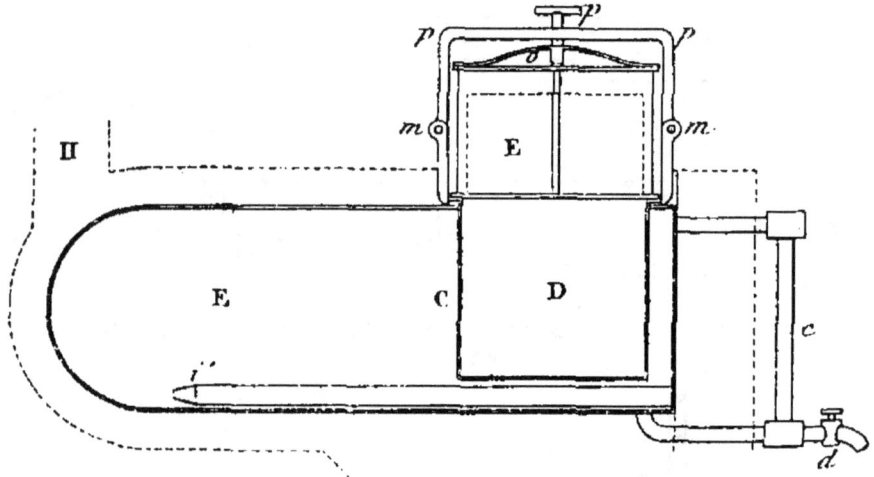

Fig. 18. — Coupe longitudinale de la chaudière et élévation de la marmite, dans les dimensions les plus convenables à donner à ces pièces.

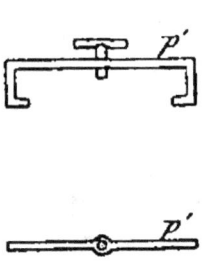
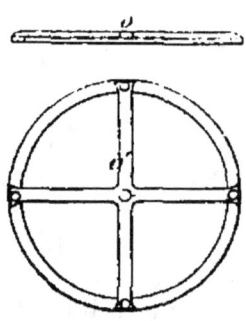

Fig. 19. — Bride du couvercle, vue en élévation et en plan.

Fig. 20. — Croisillon en fer pour maintenir les couvercles des cylindres.

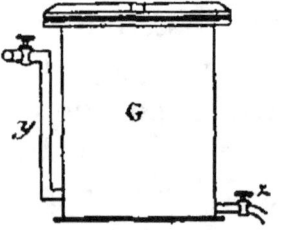
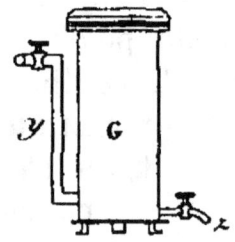

Fig. 21.
Un des cylindres, vu séparément.

Fig. 22.
Autre cylindre plus petit.

APPAREIL DE PUYMAURIN

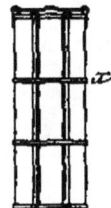

Fig. 23. — Cylindre en toile métallique entrant dans le cylindre précédent, et dans lequel on met les os concassés.

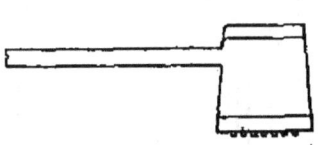

Fig. 24. — Maillet en bois dur, garni en dessous d'une plaque en fonte taillée en pointe de diamant.

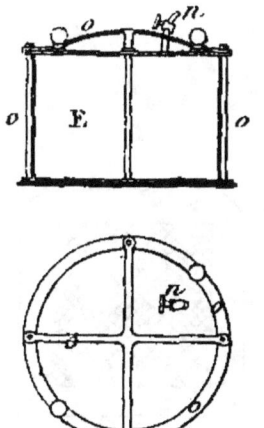

Fig. 25. Couvercle de la marmite vu en élévation et en plan.

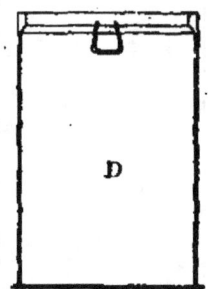

Fig. 26.
Marmite vue en coupe.

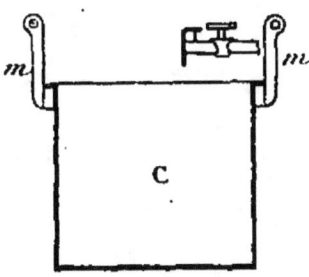

Fig. 27.

Autre marmite qui reçoit la précédente et qui se place dans la chaudière à vapeur.

Colles.

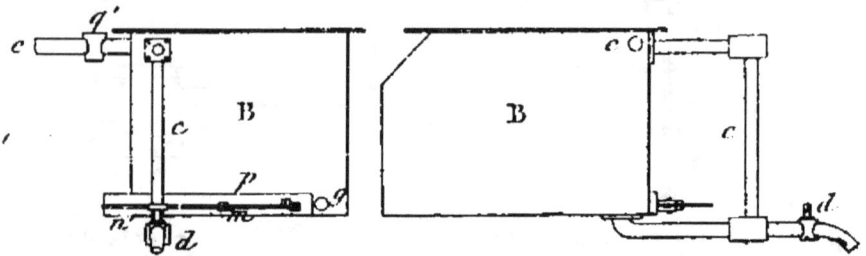

Fig. 28 et 29. — Autre marmite vue en élévation, de face et de profil.

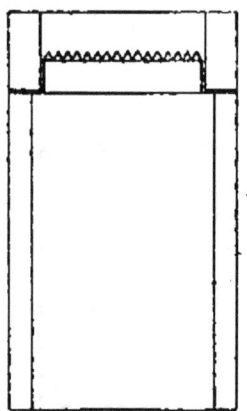

Fig. 30. — Billot surmonté d'une plaque de fonte taillée en pointe de diamant, sur laquelle on casse les os.

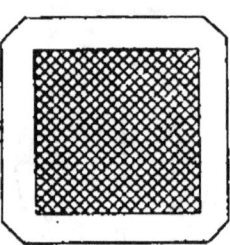

Fig. 31.
Plan de la plaque de fonte fixée sur le billot.

Fig. 32.
Virole en plan et élévation.

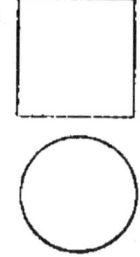

Fig. 33.
Boîte qui reçoit les os.

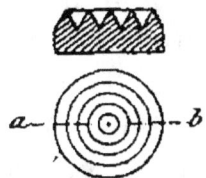

Fig. 34. — Plan et coupe d'un disque en fonte avec de profondes cannelures concentriques, sur lequel on brise les os sous le balancier.

quatre-vingt-seize heures que les os se trouvent entièrement dépouillés de tous leurs principes nutritifs. On renouvelle alternativement, toutes les vingt-quatre heures, les os de chacun des cylindres; on mêle les dissolutions obtenues et l'on a ainsi une dissolution moyenne constante. Les petits cylindres sont construits d'après les proportions les plus convenables pour la condensation; elle est activée dans les grands cylindres, par des serpentins en plomb qui les entourent. L'eau renfermée dans leur partie inférieure et chauffée à près de 100°, au moyen d'une quantité de calorique qui serait perdue, se rend dans la chaudière, active et régularise la marche de l'appareil, et diminue la consommation du combustible; l'eau échauffée dans la partie supérieure, se rend au robinet, et est employée pour les besoins de la cuisine. H, tuyau par où s'échappe la fumée. I, foyer qui doit être assez grand pour contenir la quantité de combustible pour le service de la nuit; la quantité de vapeur à produire servira à calculer son volume. J, grille. K, cendrier. L, baquet pour recevoir la dissolution de gélatine. M, flotteur qui sert à maintenir un niveau constant dans les chaudières.

a, robinets pour l'introduction de l'eau, b, robinets pour l'introduction de la vapeur provenant d'une chaudière employée dans l'établissement à d'autres usages. *c* (fig. 8), tube en verre avec ses accessoires, indiquant la hauteur de l'eau dans la chaudière. *d*, robinet de vidange de la chaudière. *e*, tuyau de sortie de la vapeur. *f*, régulateur du feu d'après le système de *Bonnemain*.

Le régulateur, placé dans les chaudières rectangulaires, est construit sur le même principe, mais il est plus simple. *g* (fig. 7, 10, 12, 13 et 28), tuyau pour l'introduction de l'eau au moyen de robinets différents; on peut diriger l'eau dans l'une ou l'autre chaudière, ou dans les deux à la fois. *h*, (fig. 7 et 10), tuyau aboutissant aux robinets *b b*, et servant à l'introduction de la vapeur provenant d'une autre chaudière. Cette disposition est spéciale pour les usines qui ont des machines ou des chauffages à vapeur. *i*, soupape de sûreté. *k*, prise de vapeur ménagée pour différents services. *l*, robinet d'introduction de la vapeur dans l'intérieur du bain-marie. *m m*, oreilles auxquelles tient la bride du couvercle. *n*, petit robinet que l'on ouvre pour laisser sortir la vapeur, afin d'avoir la facilité d'ouvrir l'appareil. *o*, garniture en fer qui exerce une pression sur la jonction du couvercle avec la chaudière. *p*, bride en fer et vis de pression du couvercle. *q*, robinets au moyen desquels on ouvre la communication de la vapeur avec le tuyau *e*. *r*, soupape adaptée au tuyau *e*, et disposée de manière à permettre, dans un cas de refroidissement subit, l'introduction de l'air dans l'appareil. Il se forme alors un vide, et la gélatine, contenue dans les cylindres, serait, sans cette précaution, aspirée par la marmite. *s*, rondelles en métal fusible. *t*, manomètre indiquant la pression. On peut employer indifféremment un thermomètre ou un manomètre ; mais le premier de ces instruments est préférable. *u*, tuyau conduisant la vapeur dans les cylindres. *v* (fig. 22), disque de fer-blanc, servant de couvercle au cylindre ; on place à la jonction une rondelle de carton. *x* (fig. 23), enveloppe en toile métallique entrant dans le petit cylindre, et dans laquelle on met les os concassés, pour être exposés à l'action de la vapeur. *y*, tuyau d'introduction de la vapeur dans les cylindres. *z z*, robinets pour extraire la dissolution formée.

a' (fig. 8 et 9), grand tube de tôle du régulateur du feu, en communication avec la chaudière, au moyen des tubes alimentaires des niveaux d'eau. *b'* tige de plomb soudée au fond du tube *a'*. *c'*, tige de cuivre soudée au bout de la tige de plomb. *d'* fermeture du grand tube de tôle *a'* ; elle est garnie d'une boîte à étoupes, dans laquelle passe la tige *b'*. *e'*, levier appuyé sur l'extrémité de la tige *b'*, et multipliant douze fois la dilatation de la tige de plomb ; la vis qui est à son extrémité règle la position. *f'*, second levier multipliant douze fois le mouvement du premier levier ; un contre-poids sert à le maintenir en place. *g'*, écrou auquel est attachée la tringle destinée à ouvrir ou fermer la soupape par laquelle l'air entre dans le fourneau ; cet écrou est à coulisse sur le levier *f'*, afin que l'on puisse le placer suivant la température désirée. *h'*, soupape du régulateur ; dans les fourneaux de forme rectangulaire et construits à demeure, le **régulateur a été placé horizontalement au fond de** la chaudière. Cette disposition qui a permis de supprimer la boîte à étoupes *d'*, augmente la sensibilité de tout l'instrument ; la différence de dilatation du plomb et du fer doit donc être plus forte, ce dernier métal étant isolé. *i'*, tube de plomb ouvert par une de ses extrémités ; il se retire ou s'avance, suivant le degré de contraction ou de dilatation du plomb. *l'*, plaque de fer sur laquelle sont placés les leviers. *m' n'*, leviers multipliant le mouvement de la tige *k'* : j'ai cru utile de placer également une soupape dans les cheminées H H ; elle est mue par le régulateur, et obvie aux accidents qui pourraient nuire à l'exactitude de l'instrument. *o'* (fig. 20), chapiteau en fer pour résister à la pression. *p'*, bride du cylindre et vis de pression. *q'* (fig. 7 et 13), grand cylindre ayant la même hauteur que les petits cylindres, et une capacité double. Son diaphragme, son tuyau d'introduction de la vapeur, son robinet pour l'extraction de la gélatine, son couvercle, son chapiteau et la bride sont semblables aux parties analogues des petits cylindres. *r'*, partie supérieure du serpentin qui fournit de l'eau bouillante pour les usages de la cuisine. *s'*, tuyau amenant au robinet *t'* l'eau chauffée dans la partie supérieure du serpentin. *t'*, robinet de sortie de cette eau. *u'*, partie inférieure du serpentin fournissant aux chaudières de l'eau échauffée. *v'*, soupape d'introduction de la boîte du souffleur ouvrant en dedans. *x'*, tuyau d'introduction de l'eau du réservoir ; ce réservoir est placé à une hauteur calculée sur la pression. *y'*, tuyau de départ de l'eau qui se rend dans les chaudières. *z'*, tuyau d'introduction de la vapeur dans la capacité de la boîte du flotteur pour maintenir l'équilibre dans la pression. L'eau condensée dans les tuyaux de plomb se rend dans cette même boîte; cette précaution est essentielle pour n'avoir pas de plomb dans la dissolution.

Je brise les os dans la boîte (fig. 33), sous le balancier de la Monnaie des médailles. Ce moyen pourrait être appliqué aux usines qui ont des presses hydrauliques ou autres moteurs capables de produire de fortes compressions.

Il est très important que les os soient concassés en très petits fragments. Cette préparation accélère et facilite l'extraction de la gélatine. Dans les établissements où l'on n'a pas à sa disposition un moteur pour concasser les os, on peut se servir d'un tas et d'un maillet garnis en fer, et remplacer le manche du maillet par un grand bras de levier qu'on ferait mouvoir comme celui d'un martinet. On peut aussi employer la batte à ciment ou un mortier et son pilon, en ayant soin de l'envelopper d'une toile pour empêcher les éclats d'os de se répandre au loin; de même qu'un mouton ou un moulin servant de moteur à deux cylindres cannelés entre lesquels les os sont broyés, etc. Il faut, en général, éviter de produire de la chaleur par des coups trop répétés, parce qu'alors les os contractent un goût d'empyreume; on doit les humecter pendant l'opération.

IV. APPAREIL DE D'ARCET

Voici maintenant la description de l'appareil de d'Arcet, tel qu'il a été établi à l'hôpital Saint-Louis et dans beaucoup d'autres établissements. On s'en sert aussi dans les établissements industriels où l'on fabrique la gélatine.

H, K, fig. 35, coupe d'un panier ou réseau en

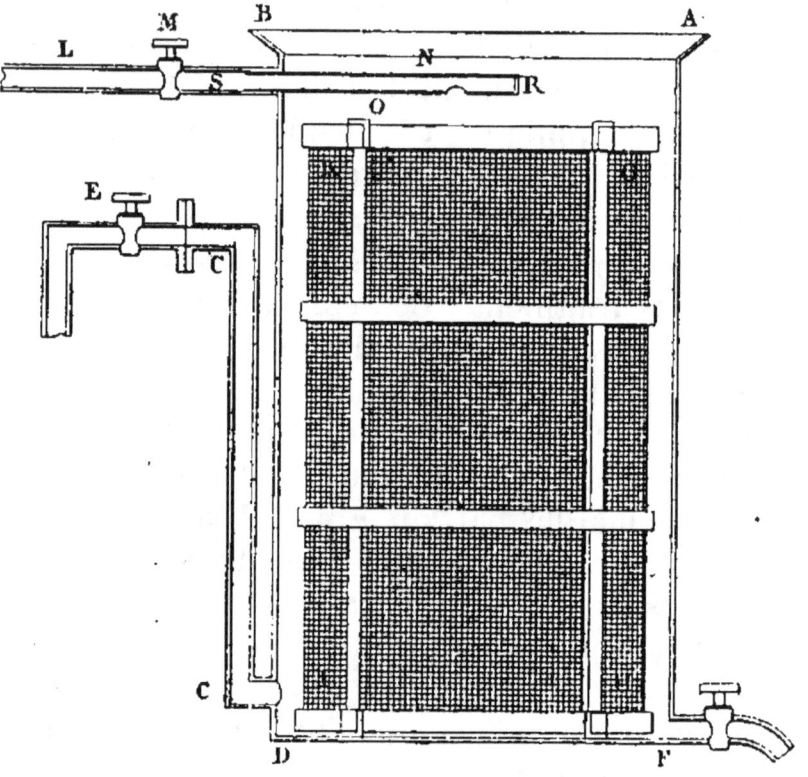

Fig. 35. — Coupe verticale d'un cylindre de l'appareil de d'Arcet.

toile métallique, qu'on a rempli d'os et qu'on introduit dans le cylindre. C est le tube qui communique avec le générateur de vapeur et qui amène celle-ci dans la partie inférieure du cylindre; un robinet E, placé sur ce tuyau, sert à amener à volonté cette vapeur ou à lui interdire tout accès. L, tuyau servant à introduire l'eau dans l'intérieur du cylindre. M, robinet servant à régler la quan-

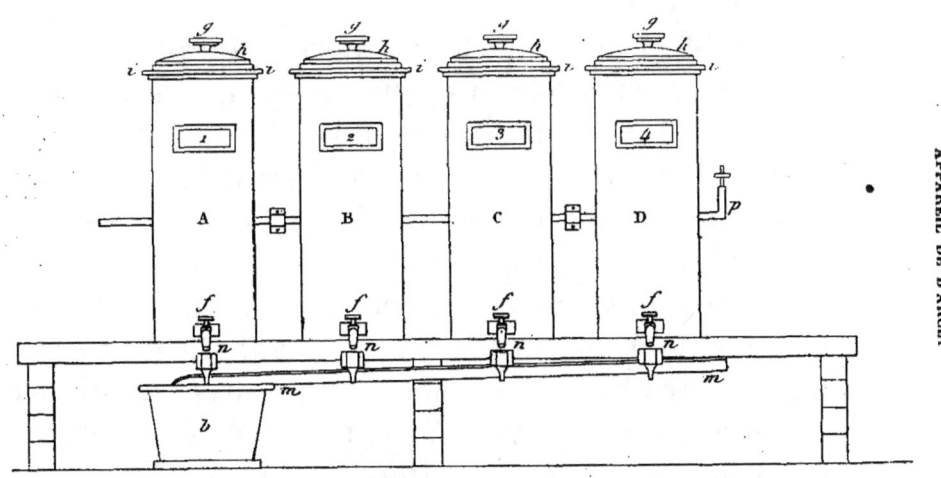

Fig. 36. — Elévation d'ensemble de face.

tité d'eau qu'on fait ainsi arriver dans l'appareil et qui, à la pression de vapeur indiquée, doit être de trois litres soixante-quinze centilitres par heure. N, tube en étain entrant à frottement dans la partie S du tube L; ce tube est fermé à son extrémité R, mais, dans la partie inférieure de sa surface, il est percé d'un trou O qui amène l'eau d'injection au centre du cylindre. Ce tube est nécessairement mobile; on l'enlève avant d'introduire le panier et on le remet en place lorsque celui-ci est descendu dans le cylindre.

Fig. 36. Elévation de l'appareil complet vu par devant. A, B, C, D, les quatre cylindres en fonte élevés de cinquante centimètres au-dessus du sol et établis à vis sur un banc reposant sur une maçonnerie. *h*, couvercles mobiles des cylindres. *g, g*, tubulures des cylindres dans lesquelles on insère les thermomètres régulateurs de la température. *i, i*, fermetures dites de *Moulefarine* ou à bride. *p*, manomètre indicateur de la pression. *f, f*, robinets de vidange qui servent à l'extraction de la solution gélatineuse. *m, m*, gouttière générale en fer-blanc qui reçoit cette solution de toutes les petites gouttières *n, n*, placées sous les robinets de vidange et la conduit dans le vase *b*. O, fig. 37, moufle mobile le long d'un rail pour relever et descendre les paniers dans les cylindres.

Fig. 37. Elévation de l'appareil vu de côté ou par l'extrémité. *a*, tuyau général de vapeur qui communique avec le générateur A ; *b, c*, branchement conduisant la vapeur dans le fond du cylindre et représenté en C, C dans la figure 35. P, le moufle qui enlève et abaisse les paniers. *f*, robinet de vi-

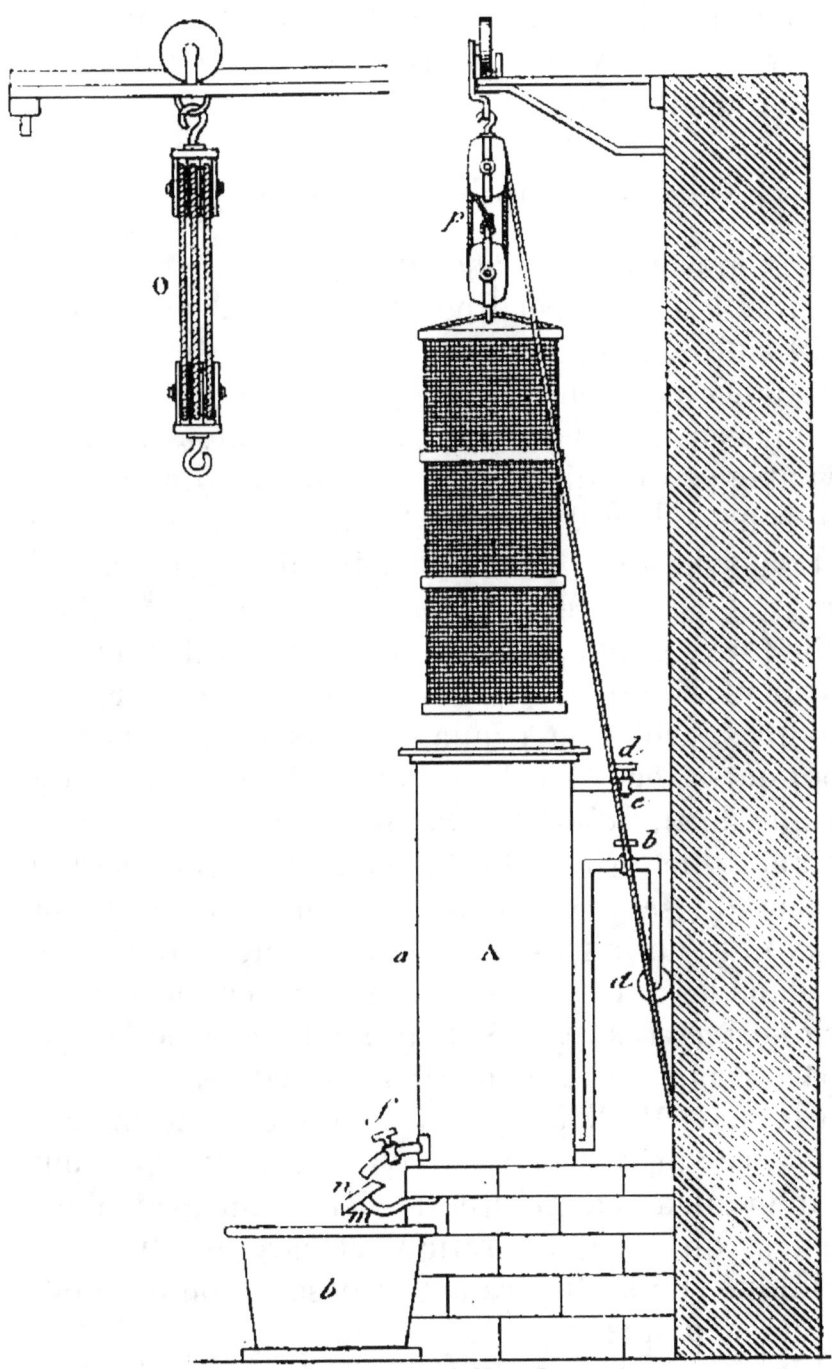

Fig. 37. — Elévation de profil, et détail du palan.

dange. *n*, petite gouttière versant dans la gouttière générale *m*. *b*, vase pour recevoir et enlever la solution gélatineuse.

V. APPAREIL DE MALEPEYRE

Les appareils de *Puymaurin* et de *d'Arcet* pour l'extraction de la gélatine des os par la vapeur peuvent suffire quand il ne s'agit que de préparer cette substance pour en faire des bouillons ou pour la réduire en tablettes ; mais, s'ils présentent quelque avantage économique sous ce rapport, on conçoit qu'ils ne sont plus disposés pour une grande fabrication courante et industrielle, dans laquelle il s'agirait d'extraire en grand de la gélatine ou de la colle forte, et que, sous cet autre point de vue, ils auraient besoin d'être remplacés par d'autres ou modifiés. Nous ne connaissons pas les appareils dont on se servait à Bouxviller, dans la belle fabrique de M. *Schattenmann*, pour préparer avec les os une colle forte fort estimée dans le commerce à raison de ses excellentes qualités, pas plus que ceux dont on fait usage à Rouen, chez M. *Grenet*, ou dans les autres parties de la France, où l'on fabrique avec ces résidus de la gélatine ou de la colle forte, et nous ne pouvons en conséquence les décrire, mais M. *Malepeyre* a imaginé, tout en conservant le principe de *d'Arcet*, un appareil qui nous semble mieux adapté que le sien à une grande industrie, qui est plus pratique et partant plus économique ; on en jugera par la description que nous allons en donner.

Fig. 38. A, A, gros cylindre en fonte couché dans

APPAREIL DE MALEPEYRE 217

une maçonnerie de briques afin d'éviter les pertes de chaleur qui auraient lieu par un rayonnement considérable à sa surface. Ce cylindre, qu'on a re-

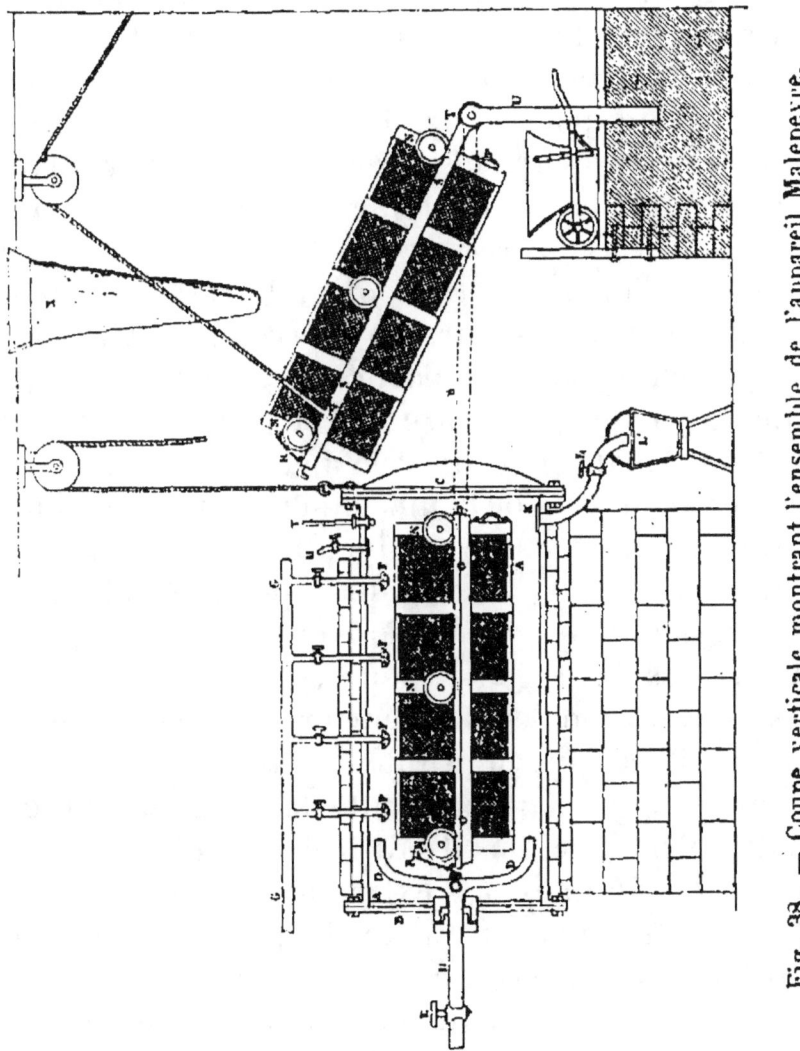

Fig. 38. — Coupe verticale montrant l'ensemble de l'appareil Malepeyre.

présenté avec la moitié intérieure enlevée, est ouvert aux deux bouts et fermé à l'extrémité postérieure par un couvercle plat B, retenu par des boulons, et à son extrémité antérieure par un couvercle

Colles. 13

bombé C, retenu par une fermeture dite de *Moulefarine*, c'est-à-dire avec un collier à gorge qui embrasse les collets du cylindre et du couvercle et entre lesquels on interpose un corps élastique, feutre, carton frit, etc. Le couvercle postérieur B est percé au centre pour livrer passage au tuyau D qui vient du générateur, amène sa vapeur dans le cylindre et la distribue à son intérieur par quatre branches à angle droit l'une par rapport à l'autre. Ce tuyau passe à travers une boîte à étoupes et il est muni d'un robinet E pour admettre ou arrêter l'afflux de cette vapeur. Le couvercle antérieur C ne présente rien de particulier, si ce n'est que dans la partie supérieure il est pourvu d'un crochet qui, quand le couvercle a été dégagé, sert à le relever au-dessus de la maçonnerie au moyen d'une corde passant sur une poulie attachée au plafond.

Le cylindre A, A est aussi percé de plusieurs ouvertures sur sa surface convexe, savoir : 1° quatre ouvertures F, F, F, F pour le passage de tubes d'eau froide pourvus à leur extrémité de pommes d'arrosoir et qui empruntent cette eau à un gros tuyau G, G régnant sur toute la longueur du cylindre. Ces injections d'eau froide, sont, comme on l'a vu, favorables à l'extraction de la gélatine ; 2° une autre ouverture pour le passage d'un tube à robinet H qui sert à évacuer la vapeur et à faire cesser toute tension dans le cylindre quand on veut l'ouvrir ; 3° un trou à douille pour le passage d'un thermomètre afin de connaître la pression à l'intérieur ; 4° enfin, un trou K par lequel on dispose un ajutage à robinet L, pour pouvoir évacuer les **liquides rassemblés sur le fond du cylindre.**

Le cylindre est disposé légèrement en pente sur le devant dans son enveloppe en briques, tant pour favoriser l'écoulement de ce liquide par l'ajutage L dans la gouttière L' qui est couverte pour éviter la buée, que pour faciliter la sortie du chariot ou panier.

A l'intérieur du cylindre, on introduit un chariot ou panier M, M (fig. 41) en forme de parallélipipède, qui se compose d'une carcasse en fer recouverte par de la toile métallique. Sur les côtes extrêmes et moyennes de cette carcasse sont rivés des axes qui portent chacun une paire de galets N, N, de même forme que les roues des véhicules de chemins de fer et qui roulent sur des rails O, O, boulonnés sur les côtés de la surface concave du cylindre, de façon qu'on peut à volonté faire sortir le chariot de celui-ci en le tirant au moyen de crochets par les poignées P, P, ou l'y faire rentrer en le poussant à la main et en le faisant rouler sur ces rails ; de petits butoirs Q servent à l'empêcher d'aller jusqu'au fond du cylindre et d'endommager le tuyau de vapeur. Ce chariot est aussi pourvu à l'arrière de deux crochets R R dont nous verrons plus loin la destination ; c'est dans ce chariot ou panier qu'on dépose les os qu'on doit soumettre à l'action de la vapeur.

Pour pouvoir manœuvrer commodément ce chariot, quand on le sort du cylindre après l'épuisement des os et quand on veut retirer les résidus, soit encore pour le charger et l'introduire de nouveau dans le cylindre, on a établi en avant de celui-ci une disposition particulière, facile à comprendre.

Devant le cylindre est disposé un châssis de décharge représenté à l'état de manœuvre dans la figure 38 et en plan dans la figure 39. Ce châssis

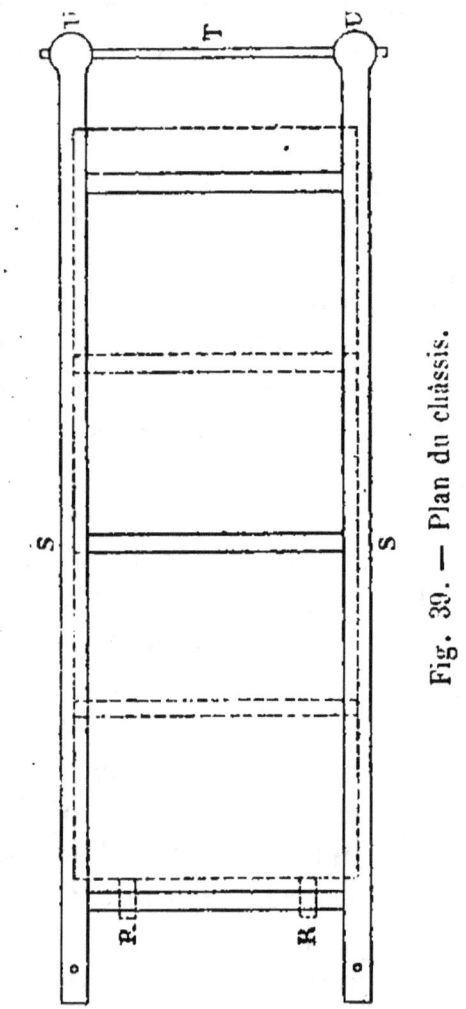

Fig. 39. — Plan du châssis.

se compose de deux rails S S (reliés entre eux par trois traverses, deux près des extrémités et une au milieu), qui peuvent basculer à leur extrémité sur un axe T monté sur des colonnes U. Ces rails, à leur partie antérieure, sont coupés à demi-épaisseur et portent en ce point un goujon qui s'engage dans un trou percé dans le bout des rails du cylindre et de même à demi-épaisseur, ainsi qu'on l'a représenté dans la figure 40. Il en résulte que, lors-

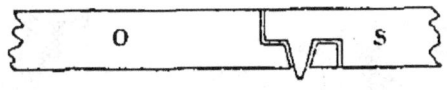

Fig. 40. — Assemblage des rails.

qu'on abat le châssis et que le goujon s'est inséré dans l'œil disposé pour le recevoir, les rails de ce châssis ne font plus qu'un avec ceux de l'intérieur du cylindre, et qu'au moyen de crochets on peut tirer (en s'aidant au besoin d'un treuil) le chariot en dehors du cylindre et l'en faire sortir tout entier. Aussitôt que ce chariot est en dehors du cylindre, les crochets R R s'engagent sur la traverse postérieure du châssis et ne lui permettent pas d'aller plus avant, même quand on le penche. Pour cela, ce châssis porte, sur chacun de ses côtés et à sa partie antérieure, un tourillon V embrassé par une corde passant sur une poulie suspendue au plafond et se rendant à un petit treuil qu'on manœuvre à la main. En enroulant la corde sur ce treuil, on fait peu à peu basculer le châssis chargé du chariot et, lorsqu'il est à une certaine hauteur, on ouvre la partie antérieure qui est à coulisse, ainsi que le représente la figure 42, puis on fait tomber tous les résidus qu'il renferme dans une brouette placée au-dessous. Cela fait, on redescend le chariot et on le charge de nouveau d'os frais ou conservés qu'on y introduit par un trou X percé dans le plancher supérieur et pourvu d'une manche qu'on dirige à la main pour répartir également les os dans toute l'étendue du chariot.

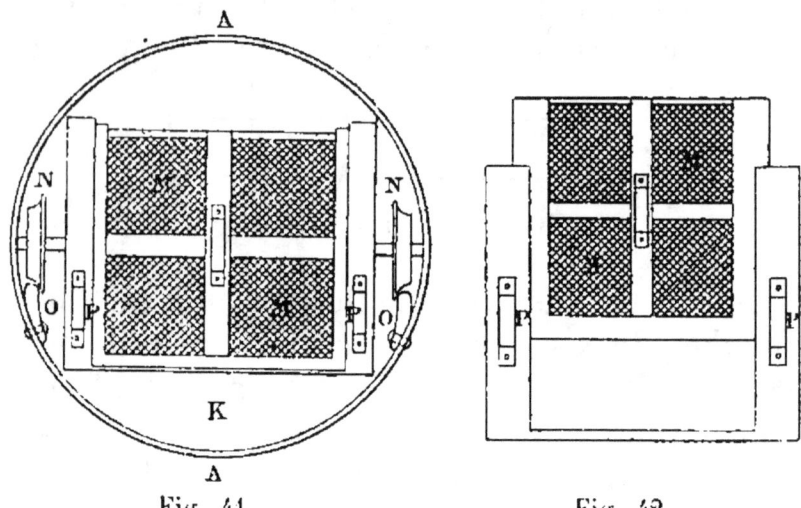

Fig. 41.   Fig. 42.

Vue de face de l'appareil ouvert.   Côté droit du chariot, ouvert.

Quand celui-ci est ainsi chargé, on le repousse dans le cylindre, en le faisant rouler sur le châssis et les rails intérieurs; on redescend le couvercle bombé qu'on tenait suspendu au-dessus; on ajuste sa fermeture, on ouvre le robinet de vapeur E et on recommence une opération.

Si l'on craignait que la forme cylindrique de l'appareil et celle carrée du chariot ne fissent perdre trop de capacité utile ou n'exigent trop de vapeur, on pourrait donner au cylindre la forme à peu près d'une cornue à gaz, ainsi qu'on l'a représenté dans la figure 43, et fixer alors les rails, non plus à mi-hauteur, mais sur le fond même du cylindre, ce qui faciliterait encore les manœuvres pour l'introduction et la sortie du chariot, l'abattage et le relevage du châssis de décharge.

On conçoit qu'en multipliant les cylindres dans une même maçonnerie, ainsi que les châssis mo-

Fig. 43. — Autre forme de l'appareil.

biles de décharge, on pourra régler leur nombre de manière à travailler d'une manière continue et à pouvoir obtenir à volonté des solutions gélatineuses d'une force donnée de 4 en 4, de 6 en 6, ou de 12 en 12 heures, etc. D'un autre côté, comme on peut donner à chacun de ces appareils des dimensions en rapport avec l'étendue de la fabrication, on a toutes les commodités imaginables pour organiser une fabrique d'une importance quelconque.

Nous ne voyons aucun motif pour lequel ce même appareil appliqué avec discernement à la fabrication de la colle forte avec les colle-matières ordinaires, ne fournirait pas de très beaux produits avec économie et célérité.

L'appareil, du reste, ne présente aucune partie difficile à construire, et qu'on ne puisse établir partout et à peu de frais. Il est à action continue, d'une manœuvre facile et simple ; par conséquent, il remplit toutes les conditions qu'on doit exiger dans un bon appareil industriel.

VI. APPAREIL DE J.-J. MACLAGAN

Les appareils de *d'Arcet* ne sont pas les seuls qu'on puisse employer ou dont on se serve pour fabriquer la colle forte et la gélatine, et plusieurs

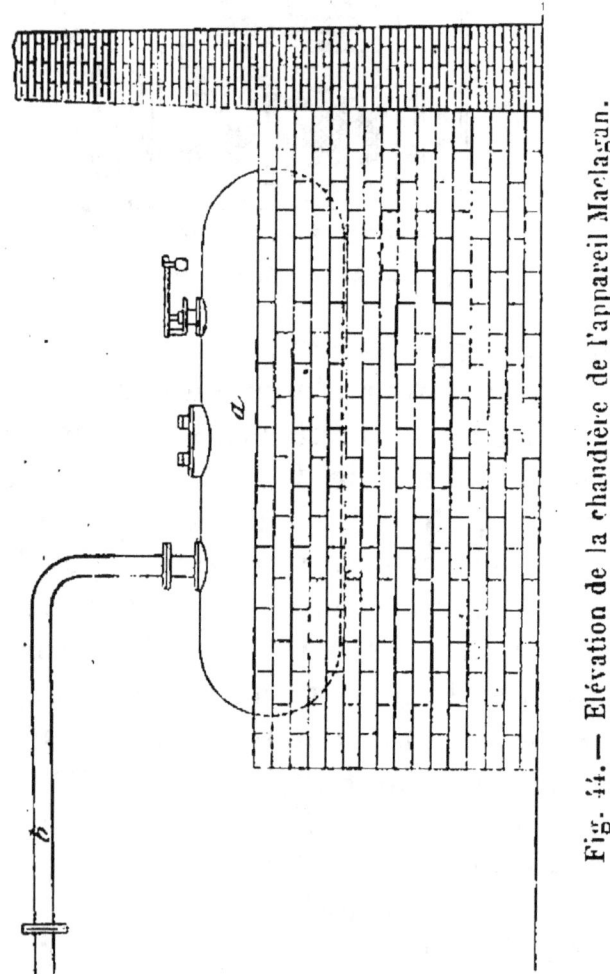

Fig. 44. — Elévation de la chaudière de l'appareil Maclagan.

fabricants en ont imaginé d'autres plus manufacturiers, dont quelques-uns ont été adoptés avec succès. Nous décrirons ici celui pour lequel M. *J.-J. Maclagan*, de Dunkerque, s'est fait breveter en avril 1824 et qui est aussi destiné à la fabrication

APPAREIL DE MACLAGAN

de la colle forte par l'extraction de la gélatine des os à l'aide de la vapeur (fig. 44 à 47).

La figure 44 est une élévation d'une chaudière à vapeur. — La figure 45 est un plan correspondant. — Les figures 46 et 47 montrent également en élévation et en plan les autres parties de l'installation.

a, chaudière à vapeur montée sur son fourneau.

b, tuyau qui fournit la vapeur dans toutes les parties de l'appareil.

c, tuyaux qui dirigent la vapeur, l'un dans le baquet *d*, qui sert à l'extraction de la graisse des os, l'autre dans l'évaporateur *e* et le troisième dans l'extracteur *f*.

g, robinets pour régler la quantité de vapeur à introduire.

h, supports sur lesquels on fait tourner l'extracteur.

i, soupapes pour laisser échapper la vapeur.

k, robinets pour la sortie de la vapeur de l'extracteur ; un autre robinet, placé en dessous de cet extracteur sert à le décharger de la gélatine.

l, serpentins servant à l'ébullition de la matière contenue dans le baquet *d* et dans l'évaporateur *e*.

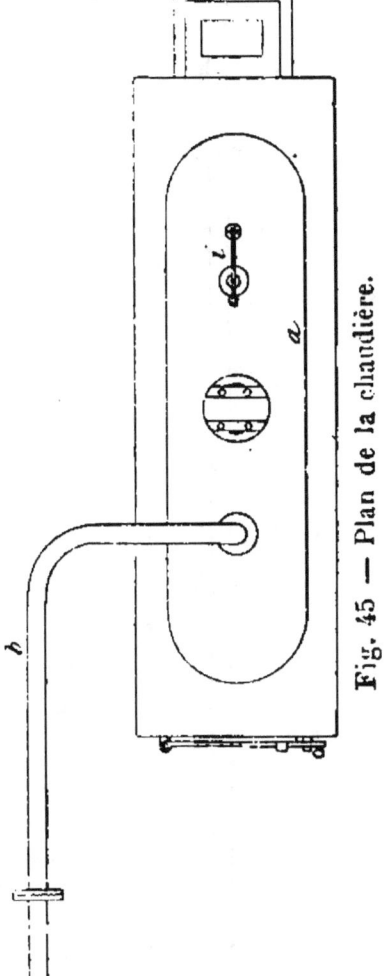

Fig. 45 — Plan de la chaudière.

13.

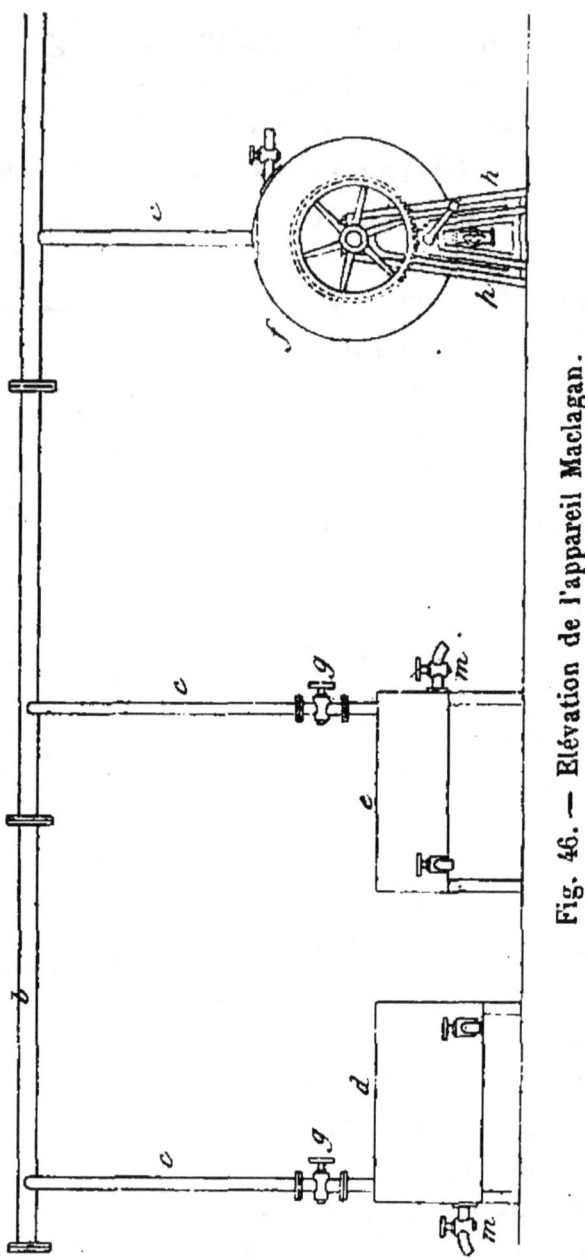

Fig. 46. — Élévation de l'appareil Maclagan.

m, robinets pour la sortie de la vapeur condensée.

n, manivelle appliquée à un engrenage d'un pignon et d'une roue pour faire tourner l'extracteur.

Première opération. — On commence par mettre

APPAREIL DE MACLAGAN

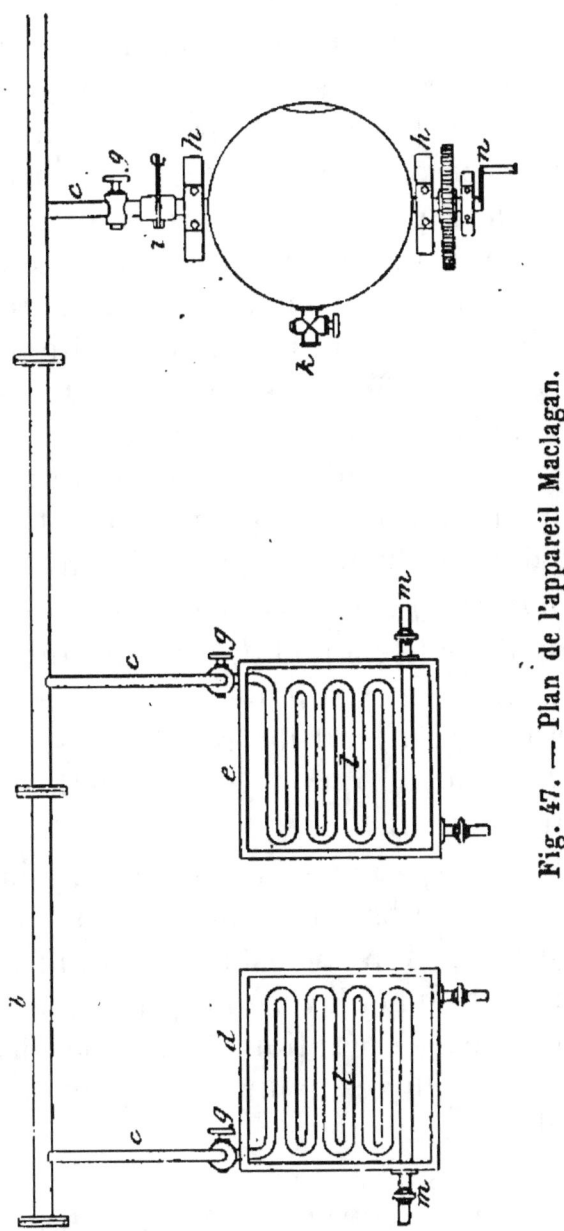

Fig. 47. — Plan de l'appareil Maclagan.

les os en contact avec la chaux, pour enlever les parties charnues, ensuite on les jette dans le baquet *d* pour les dépouiller de leur graisse au moyen de l'ébullition produite par la vapeur, que les tuyaux *b c* introduisent dans le serpentin *l*; la graisse qui surnage est enlevée. On ôte les os du baquet *d* et on les porte dans l'extracteur *f* qu'on a soin de luter; ensuite on y fait arriver de la chaudière *a*, la vapeur à une pression de deux tiers d'atmosphère. Les os ayant été ainsi soumis à l'action de la vapeur pendant deux heures, on fait écouler la gélatine qu'ils ont produite par le robinet placé à cet effet sous l'extracteur, ayant soin de faire tourner cet extracteur de temps à autre, à l'aide de la manivelle *n*, pour communiquer aux os toute l'action de la vapeur; on fait passer cette liqueur dans le baquet *e* en la filtrant.

Deuxième opération. — On prend de la liqueur contenue dans le baquet *d*, que l'on introduit dans l'extracteur *f*; on y fait de nouveau communiquer la vapeur, et, au bout de trois heures, on en retire encore la gélatine, qu'on ajoute à celle obtenue par le premier extrait.

Troisième opération. — Lorsque toute la liqueur a été mise dans le baquet *e*, on la réduit par l'évaporation jusqu'à due consistance toujours par la vapeur; ensuite on l'enlève, on la jette dans le tonneau.

La suite de l'opération se fait par les procédés ordinaires employés pour fabriquer la colle forte ou la gélatine.

VII. APPAREIL DE BRIERS

M. *Louis Legrand*, de Lille, a pris en 1825 un brevet d'invention pour un procédé de fabrication à la vapeur de la colle d'os, imaginé par M. *D.-J. Briers*, de Londres, et contenant la description d'un appareil imaginé par ce dernier qui mérite d'être connu. Comme ce brevet renferme des détails d'un grand intérêt pour l'industrie qui nous occupe, nous le donnerons ici en substance.

Description

Les premiers essais de M. *Briers* pour obtenir la gélatine des os, furent faits à l'aide de l'acide muriatique ; mais il reconnut ce procédé trop dispendieux pour l'objet qui l'intéressait. Il continua donc ses expériences avec de la sciure d'os qu'il se procura chez des fabricants de boutons ou d'autres ouvrages en os ; ses résultats furent assez satisfaisants ; mais pour opérer en grand, il fallut aviser au moyen de pouvoir broyer les os. Il eut occasion de voir, dans les environs de Hall, en Angleterre, des moulins établis à grands frais, au moyen desquels les os sont, non pas broyés, mais concassés ou réduits en petits fragments qu'on jette sur les terres comme engrais ; il vit également, à Londres, un appareil consistant en deux énormes meules en fonte, qui, passant sur les os, les écrasent, mais ne les réduisent pas en poudre. Ces moyens ne répondant pas à son attente, il fit lui-même des essais pour réduire convenablement ces matières coriaces. Il avait, à cet effet, imaginé et fait construire une roue en fer dont la surface, qui devait porter sur les os, était incrustée de plaques en acier qui formaient autant de limes ; avec cet appareil, il pouvait râper les os, mais en soumettant ces râpures à l'action de l'eau bouillante, il ne put jamais parvenir à dissoudre, dans un espace de temps convenable, toute la gélatine qu'elles contenaient ; la sciure d'os offrait la même difficulté ; il fut donc définitivement forcé d'abandonner son projet de réduire les os à l'état de farine, par des moyens mécaniques.

La marmite de *Papin* lui fut d'un plus grand secours, et il la regarde comme la cause primitive du succès de son entreprise et de la perfection à laquelle il a porté la fabrication de la colle forte d'os. Mais si ce vaisseau lui a donné d'abord le moyen économique d'extraire la gélatine des os, il ne lui a pas offert celui de pouvoir évaporer convenablement ce produit pour en faire de la colle forte. En effet, la gélatine d'os, obtenue à l'aide de cette marmite, est une substance si difficile et si délicate, que pour en faire de la colle forte, elle exige qu'on la traite avec le plus grand soin, il faut la préserver de la brûlure, l'extraire à l'aide d'un degré de chaleur auquel elle a été exposée pendant tout le temps de l'extraction ; tous procédés et qualités de rigueur, sans lesquels il est impossible de produire de la colle d'os en bonne qualité, et auxquels on ne peut espérer atteindre avec la marmite simple de *Papin*.

Il fallut donc avoir recours à d'autres moyens ; il fit d'abord construire, à Londres, une chaudière sphérique, à haute pression, de 1^{m}50 de diamètre, munie d'une grille en fer servant de faux fond et d'une soupape de sûreté ; il avait adapté à ce vaisseau, qui contenait deux mille livres d'os, un manomètre indiquant les degrés de pression de la vapeur, et un thermomètre pour faire connaître au juste le degré de chaleur produit par tel ou tel degré de pression. Avec cet appareil amélioré, il extrayait de la gélatine et faisait de la colle d'os ; mais il n'avait pas un moyen régulier d'obtenir constamment le même produit. Un jour il tirait une gélatine passable, et un autre jour une gélatine plus altérée ; parfois les os se trouvaient plus ou moins réduits, d'autres fois ils contenaient encore beaucoup de gélatine. Il ne tarda pas à s'apercevoir qu'il ne pouvait en être autrement, en continuant d'opérer avec cet appareil ; car, malgré tous les soins qu'il put apporter à tenir proportionnellement le thermomètre et le manomètre aux degrés de chaleur et de pression convenables, il n'en résultait pas moins que la liqueur, dans l'intérieur du vaisseau, était sans cesse exposée à différentes températures, comme il s'en assura par le placement d'un second thermomètre au pied de la chaudière, et communiquant immédiatement avec la portion du liquide occupant le fond et exposée la première à l'action du feu. Quand le premier marquait 250° Fahrenheit, celui du pied oscillait entre 258 et 260°, et variait ainsi, suivant qu'on ouvrait plus ou moins la porte du fourneau et que l'on fourgonnait le feu. La réduction des os était sujette à la même irrégularité, ceux qui touchaient les parois du vaisseau n'étaient pas réduits comme ceux qui étaient plus dans l'intérieur. Ils l'étaient même un jour beaucoup plus ou infiniment moins que l'autre, ce qu'on ne pouvait attribuer qu'à l'action ambiante de l'air atmosphérique, passant à diverses températures sur les parois extérieures de la chaudière.

Quoiqu'on pût faire de la colle d'os avec cet appareil, on était encore loin de pouvoir se flatter d'être maître de son opération ; effectivement, pour obtenir constamment une même qualité de gélatine et une réduction uniforme d'os, il fallait une chaleur qui fût au commandement, et dont la manœuvre fût aussi prompte qu'infaillible. Ce moyen a été trouvé dans un second vaisseau sphérique, en fer battu, établi sur deux axes ou essieux, tournant à l'aide d'un engrenage comme un moulin à café. De cette manière, l'opération se trouva améliorée, en cela que, le premier vase ne servant plus qu'à engendrer de la vapeur, on introduisait celle-ci dans le tambour rempli d'os, à l'aide d'un robinet gradué qui permettait de régler, à volonté, le degré de température convenable ; toutes les demi-heures, on tournait trois ou quatre fois ce globe pour déplacer les os, afin d'en opérer plus efficacement la réduction. On verra plus loin la description de cet appareil.

Mais il n'a pas suffi d'avoir amélioré l'appareil et les procédés, on a voulu atteindre à la perfection ; c'est à quoi on est parvenu au moyen des appareils et procédés que l'on va décrire.

Description de l'appareil

Fig. 48 et 48 bis. Coupe verticale et latérale de l'appareil.

Fig. 49. Section horizontale de la chaudière sur son fourneau.

a, chaudière cylindrique de 6 mètres de longueur sur 2 mètres de diamètre, dont les extrémités ont la forme d'une demi-sphère ; elle est en tôle forte, rivée à double rang, pour résister à l'épreuve d'une **pression de vapeur de six à sept atmosphères.**

b', trou par lequel entre l'homme ; il est bouché par un couvercle ovale qui ferme à l'aide de deux barres de fer et de deux boulons, de manière que, le couvercle étant introduit dans la chaudière, elle se trouve fermée hermétiquement en serrant les écrous des deux boulons.

c, fourchette en fonte, à deux soupapes de sûreté avec des leviers gradués d'un à cent degrés atmosphériques ; on ne les charge, pendant l'opération, qu'à raison d'une pression de trente-cinq degrés atmosphériques.

d, flotteur, ou niveau d'eau, muni d'une roue *b* graduée de un à six, qui sert à faire connaître, pendant l'opération, combien il se perd d'eau et combien il en reste dans la chaudière ; on aura soin de ne jamais laisser venir l'aiguille de la roue au-dessous du n° 1 ; ce nombre indique que l'eau est au niveau du point le plus élevé de la chaudière qui est exposé au feu, et qui, par conséquent, doit être le plus bas auquel on peut permettre que l'eau descende ; il ne faut pas non plus que l'aiguille dépasse le n° 6, car il en résulterait que l'eau étant trop élevée dans la chaudière et trop rapprochée des tuyaux communiquant la vapeur aux divers vaisseaux de l'usine, elle s'y introduirait pêle-mêle avec la vapeur, ce qui gâterait infailliblement l'opération dans le tambour *e* (fig. 48), dont on voit un fragment en coupe (fig. 50), et qui ne demande pas d'eau, mais de la vapeur, comme on le verra dans la suite.

f (fig. 48), manomètre indiquant les degrés de pression de la vapeur dans l'intérieur de la chaudière. Cette pièce consiste en un tuyau de fer battu

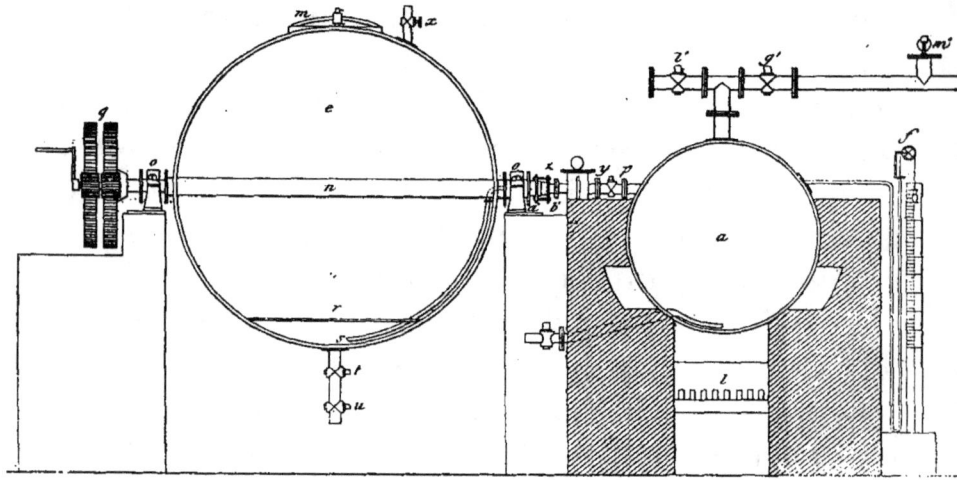

Fig. 48. — Coupe verticale de l'appareil Briers.

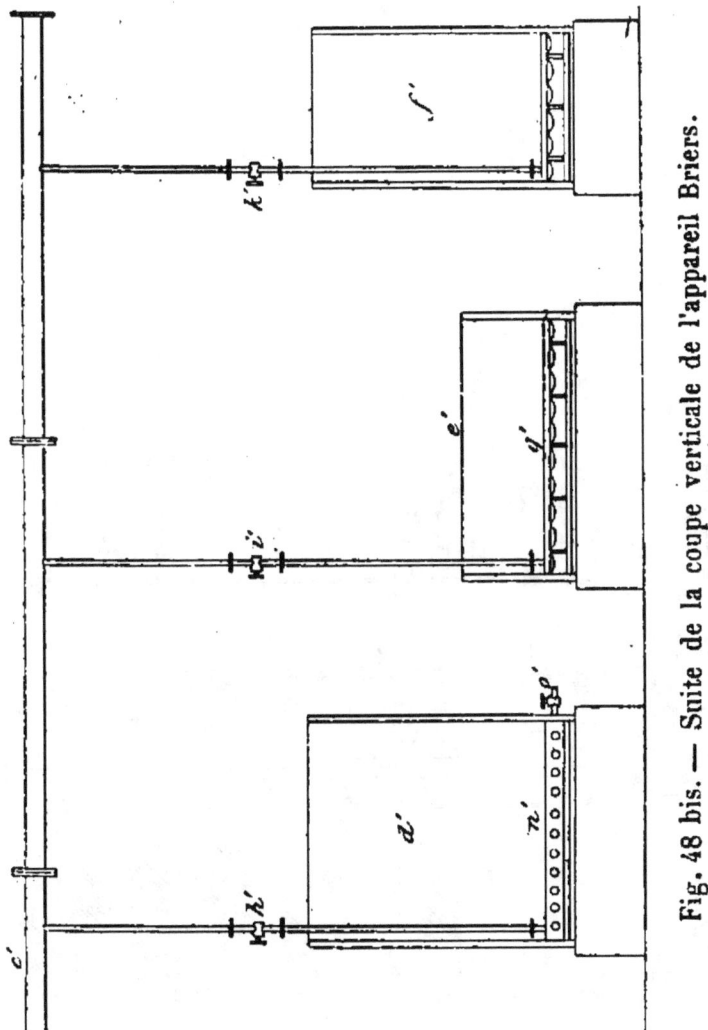

Fig. 48 bis. — Suite de la coupe verticale de l'appareil Briers.

en forme de canon de fusil, ayant 2 centimètres d'ouverture et plié en deux parties, comme on peut le remarquer dans la figure. On remplit ce tuyau de mercure, jusqu'à la hauteur de $1^m 22$, à compter de sa base; l'un des bouts de ce tuyau communique avec la chaudière; sur l'autre bout est placée une petite roue en cuivre, et sur celle-ci un fil en soie retorse, à l'extrémité duquel est pendu un cy-

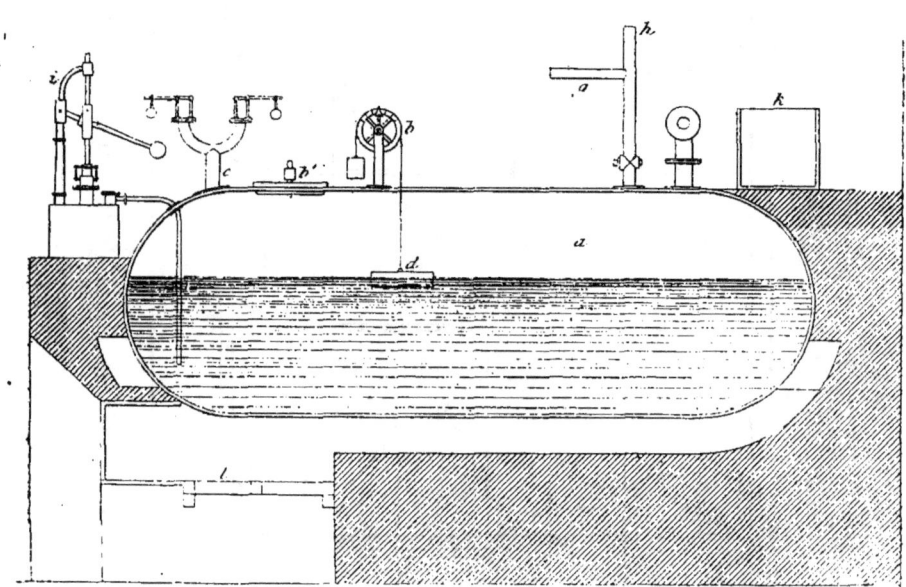

Fig. 49. — Coupe longitudinale de la chaudière.

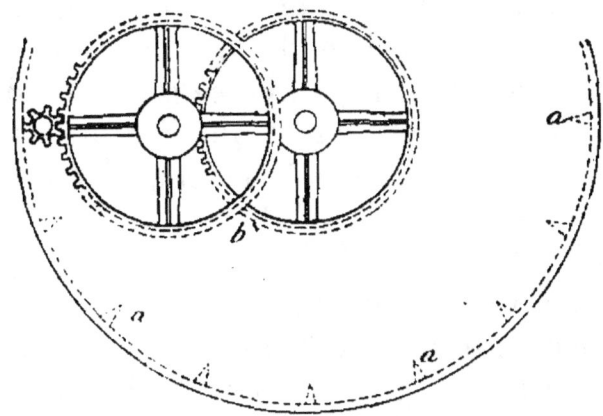

Fig. 50. — Élévation partielle du tambour.

lindre en fer, d'une circonférence un peu moindre que celle de l'ouverture du tuyau, afin qu'il puisse y monter et descendre sans frottement ; ce cylindre repose constamment sur le mercure ; à l'autre bout du fil est attachée une aiguille d'un poids un peu moindre que le cylindre, et qui, glissant dans une rainure creusée dans une planche graduée placée à côté du tuyau, indique les degrés de pression de la vapeur, à mesure que celle-ci, pressant sur le mercure, fait monter le cylindre et par conséquent descendre l'aiguille. La partie du tuyau sur lequel est placée la roue doit avoir au moins 2^m50 de hauteur, depuis sa base jusqu'au sommet ; la hauteur de l'autre partie du tuyau se détermine d'après celle de la maçonnerie de la chaudière ; mais elle ne peut être moindre de 1^m30.

g, tuyau en fonte, pour chauffer la chambre chaude.

h, autre tuyau en fonte, pour chauffer le grenier aux os.

i, pompe foulante dont la construction est connue ; elle sert à fournir de l'eau à la chaudière ; le bout du tuyau qui se rend dans la chaudière doit plonger dans l'eau jusqu'à 33 centimètres du fond. C'est par le tuyau de cette pompe qu'il est nécessaire de tenir l'aiguille de la roue du flotteur en dedans de l'espace gradué de 1 à 6, comme on l'a dit plus haut.

k, baquet ou réservoir en tôle composé de plusieurs pièces ; il représente un fond à surface unie ; sa place est fixe au bout de la chaudière. On le remplit d'eau chauffée par la chaleur qui se perd dans le tirage du foyer et par la fumée que l'on fait circuler dessous avant qu'elle gagne le tuyau de la cheminée ; on fait communiquer ce réservoir, à l'aide d'un tuyau à robinet, avec celui de la pompe foulante, pour ne pas se trouver dans le cas d'être obligé d'alimenter la chaudière avec de l'eau froide.

l, foyer consistant en grille et support de grille, porte du fourneau et châssis de fonte.

Un registre ou tiroir en fonte s'élève et s'abaisse à volonté, pour augmenter ou diminuer le tirage du foyer.

Le tambour *c* est un vase sphérique en forte tôle et à double rivet, ayant 3 mètres de diamètre, et qui est capable de résister à une pression de vapeur de 6 à 7 atmosphères ; ce vase sert à réduire les os à l'état friable à l'aide de la vapeur qu'on y introduit et qui vient de la chaudière *a*. Ce tambour a, comme *a*, un trou par lequel s'introduit un homme et qui se ferme par un couvercle *m* pareil à celui de la chaudière.

n, axe en fer battu traversant horizontalement le

tambour *e* et roulant dans les coussinets *o* ; cet axe est percé d'un bout pour correspondre, à l'aide d'une boîte à étoupe, avec le tuyau à vapeur *p*. Les deux coussinets *o* sont fixés sur une plaque de fonte et à la maçonnerie.

q (fig. 50), engrenage avec manivelle, à l'aide duquel le vase *e* reçoit le mouvement de rotation ; la force de cet engrenage doit être calculée de manière à ce qu'un homme puisse le tourner lorsqu'il est rempli d'eau et qu'il contient neuf à dix mille livres de matière en sus.

r, tamis ou faux fond en fonte, percé, dans toute son étendue, de trous de 12 millimètres de diamètre et placé à 15 centimètres du fond du vase : ce tamis est formé de deux pièces et attaché par deux écrous, de manière qu'on peut l'enlever et le rétablir en place aisément ; son usage est d'empêcher les os d'obstruer l'ouverture du tuyau *s* et des robinets *t*, *u*.

Le tuyau *s* est un tuyau à vapeur en fonte, adapté à l'endroit percé de l'axe, pour conduire la vapeur sous le tamis *r*.

a (fig. 50), languettes angulaires en fer attachées aux parois intérieures du tambour *e*, pour faciliter le déplacement des os dans le mouvement de rotation.

x (fig. 48), robinet placé près de l'entrée de l'homme, et auquel on donne 2 millimètres d'ouverture pendant le temps que dure l'opération dans le tambour. Il sert aussi pour laisser échapper la vapeur du vase lorsque l'opération est finie ; à cet effet, on y adapte un tuyau mobile en plomb, pour conduire la vapeur à l'extrémité de l'usine ou dans le tuyau de la cheminée.

Les robinets *t*, *u*, placés sous la partie inférieure du tambour, servent à l'écoulement de la vapeur condensée pendant l'opération.

Le tuyau à vapeur *p* (fig. 48), qui est en fonte, sert au passage de la vapeur du vaisseau *a* dans le tambour *e*.

y (fig. 48 bis), robinet gradué en huit parties égales et adapté au tuyau à vapeur *p*, pour introduire la vapeur, par la caisse *z*, dans la boîte à étoupe *a'* et de là dans le tuyau *s*, puis dans le tambour *e*, sous le tamis *r*.

La caisse en fonte *z* a, sur son couvercle, une soupape de sûreté chargée d'un poids correspondant à la pression d'une atmosphère ; cette soupape est placée là par mesure de prudence. Dans l'intérieur de la caisse *z*, se trouve une soupape à clapet destinée à empêcher la vapeur de rétrograder du tambour *e* dans la chaudière *a*, dans le cas où, par une cause quelconque, la pression deviendrait moindre dans la chaudière que dans le tambour.

b', thermomètre centigrade, fixé contre l'une des parois de la caisse *z* et communiquant avec l'intérieur ; il sert à faire connaître les degrés de chaleur de la vapeur dans le tambour *e*.

c' (fig. 48 bis), tuyau à vapeur en fonte par lequel passe la vapeur dont on a besoin pour l'opération à faire dans les vaisseaux *d'*, *e'*, *f'* ; il est convenable d'enfermer ce tuyau, dans toutes ses parties, depuis le robinet *g'* jusqu'aux robinets *h'*, *i'* et *k'*, et de l'envelopper d'une couche de poussier de charbon sec de 7 à 8 centimètres d'épaisseur, afin d'empêcher la vapeur de s'y condenser trop vite.

l', robinet servant à faire échapper la vapeur de

la chaudière *a*, lorsqu'on n'en a plus besoin, dans le cas où, par l'insouciance ou l'étourderie de l'ouvrier, le feu aurait été poussé avec trop d'activité et au point d'avoir dépassé le degré de pression exigé par le manomètre.

Le robinet *g'* sert à interrompre la communication de la chaudière *a* avec les vaisseaux *d'*, *e'*, *f'*, dans le cas où il arrive, pendant l'opération, un dérangement dans les robinets *h'*, *i'*, *k'*.

m', soupape de sûreté placée, par mesure de précaution, sur le tuyau *e'*, et servant de sauvegarde à tous les tuyaux et robinets communiquant avec la droite de ce tuyau ; on la charge d'un poids qui correspond à la pression d'une atmosphère.

Le vase ou baquet *d'*, qui est en bois, et dont le plan se voit figure 51, sert à la cuisson de la farine

Fig. 51. — Serpentin à vapeur situé au fond du baquet *d'*.

d'os pour en extraire la gélatine ; voici les parties qui composent ce baquet :

n', tuyau à vapeur en fonte, couché et serpentant horizontalement à des distances égales sur toute la surface du fond du vase, où il représente la figure d'une grille ; ce tuyau est composé de plusieurs pièces communiquant l'une avec l'autre par des pièces demi-circulaires ajustées à leur extrémité. La vapeur que l'on fait circuler dans ce tuyau, pour produire l'ébullition du liquide dans lequel il se trouve plongé, y est introduite par l'une de ses extrémités montant verticalement et fixée au robinet h'; l'autre bout, dans sa position horizontale, est solidement fixé, par son collet, contre la paroi intérieure du baquet, percé en cet endroit; il est fait à filet, pour qu'on puisse y visser, à l'extérieur du baquet, le robinet o'. Sur ce serpentin est placé un châssis en bois de la dimension de l'intérieur du vase, sur lequel est cloué un canevas, pour empêcher la substance farineuse soumise à l'ébullition de tomber sous le serpentin.

Le robinet h', gradué en huit parties égales, sert à introduire la vapeur dans le serpentin n'; on l'ouvre, soit entièrement, soit à moitié, à un quart, à un huitième, selon le plus ou moins d'ébullition que l'on veut produire.

Le robinet o' laisse constamment échapper, pendant l'ébullition, le plus petit filet de vapeur possible, pour qu'elle ne reste pas dans l'état stagnant dans le serpentin; il sert aussi pour faire écouler, de temps en temps, du serpentin, la vapeur condensée, lorsqu'elle ne possède plus le calorique nécessaire pour entretenir l'ébullition, et qu'on la conduit, à l'aide d'un tuyau de plomb, dans le réservoir placé près de la pompe foulante i, pour en alimenter la chaudière a.

p' (fig. 51), robinet placé au fond du baquet du vase d' (fig. 48 bis), par lequel on soutire la gélatine du marc.

La caisse en bois *e'*, dont on voit le plan (fig. 52), est une poêle qui sert à l'évaporation de la gélatine;

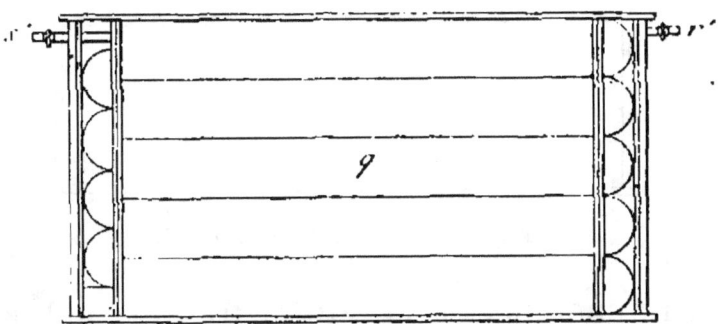

Fig. 52. — Plan de la poêle *e'* pour l'évaporation de la gélatine.

son fond *q'*, en fonte, est composé de plusieurs pièces à surface horizontale de dimensions égales, placées les unes à côté des autres sur le fond de la caisse et présentant un plancher à surface unie. Chaque pièce est percée d'un double trou de la forme d'une portion de cercle représentant un tuyau dans lequel circule la vapeur. Toutes ces pièces sont ajustées l'une à l'autre par leur extrémité et communiquent ensemble de la même manière que le tuyau-serpentin du baquet *d'*; on a soin, avant de s'en servir, de boucher les jointures formées par la juxtaposition des pièces.

Le robinet *i'* est gradué et semblable à celui *h'*.

r' (fig. 52), robinet semblable à celui *o'* (fig. 48 bis).

s' (fig. 52), robinet placé sur le fond de fer pour soutirer la colle évaporée.

Le baquet en bois *f'*, dont le plan se voit fig. 53, sert à recevoir la gélatine évaporée et à la laisser déposer avant de la soutirer dans les moules; son fond est le même que le fond *g'* du baquet *e'*.

Le robinet *k'* est semblable à celui *i'*.

t', robinet pareil à celui *r'* (fig. 52).

Fig. 53. — Plan du baquet *f'*.

u', robinet placé à 14 millimètres du fond du baquet, et par lequel on soutire la colle dans des moules de bois.

Préparation des os

Au fur et à mesure qu'on reçoit des os, on les étend sur le pavé pour en ôter ceux de cheval qui n'ont point été enterrés. L'état de ces os présente souvent un aspect dégoûtant : ils n'ont pas été bouillis comme la plus grande partie des autres os qui ont passé par nos ménages ; ils conservent encore les fibres charnues de l'animal auquel ils ont appartenu, et ils exhalent une odeur fétide qu'il est nécessaire de leur enlever en les jetant pendant quelques jours dans de l'eau de chaux. On les met ensuite sécher, et lorsqu'ils sont parfaitement secs, on les entasse avec les autres dans le grenier au-dessus de l'usine, pour s'en servir au besoin.

Réduction des os

On remplit, aux deux tiers d'eau, la chaudière cylindrique *a* hermétiquement fermée, on la chauffe jusqu'à ce que le manomètre indique 30° de pression. Dans l'intervalle, on aura rempli d'os parfaitement secs les sept huitièmes du tambour c, dans lequel on ne mettra pas d'eau ; on introduira la vapeur de la chaudière a dans le tambour, au moyen du robinet gradué y, et lorsque le thermomètre b', placé entre ce robinet et le tambour, marquera 250° F., on connaîtra que cette température est celle à laquelle les os sont soumis dans le tambour.

Pour empêcher que la vapeur ne reste dans un état de stagnation dans le tambour, on aura soin d'en laisser échapper continuellement, pendant l'opération, un filet par le robinet x ; par ce moyen la vapeur se trouvant constamment alimentée, l'intensité de la chaleur sera partout la même dans ce vase. Il faut avoir soin en ouvrant le robinet y, de ne lui donner pas plus d'ouverture qu'il n'est nécessaire pour tenir constamment le thermomètre à 250° F. Si on l'ouvrait trop, on dépasserait ce degré et on altérerait la matière animale contenue dans les os et de laquelle on tire la gélatine ; en restant au-dessous de ce degré, on ne réduirait pas convenablement les os ; ce dernier cas arriverait si l'on fermait trop le robinet y et si même, en l'ouvrant entièrement, on n'avait pas eu soin de ménager le feu au point que le manomètre marque constamment 30° de pression ; la quantité de vapeur engendrée par la chaleur qui correspond à ce degré de pression suffit pour faire face aux besoins de tous les vaisseaux de l'usine. Un quart d'heure après avoir introduit la vapeur dans le tambour, on ouvrira son robinet t ; la petite portion de vapeur condensée tombant sur le robinet u, on refermera le robinet *t*, on ouvrira à son tour le robinet *u*, et l'on recueillera la liqueur dans un baquet; on renouvellera cette besogne tous les quarts d'heure.

Pour que les os se déplacent dans l'intérieur du tambour, on lui fera faire, toutes les demi-heures, deux tours par le moyen de l'engrenage *q*; il est entendu que l'on fermera entièrement le robinet *x*, pendant tout le temps que l'on tournera, et qu'on lui redonnera sa petite ouverture après, comme il est dit plus haut.

En suivant à la lettre ce qui vient d'être dit, les os seront convenablement réduits en quatre heures. Ainsi, en supposant qu'on ait commencé à introduire la vapeur dans le tambour à cinq heures du matin, cette opération sera finie à neuf heures; alors on fermera le robinet *y*, et on laissera échapper la vapeur du tambour par le robinet *x*, en y adaptant un tuyau mobile, comme il a déjà été dit. La vapeur étant sortie du tambour, on ôtera son couvercle, on le tournera sens dessus dessous pour en faire tomber les os, on le remplira de nouveau d'os bien secs, et l'on continuera d'opérer comme il est dit ci-dessus, en ayant soin, pendant les intervalles, de tenir le manomètre au degré de pression requis. Cette opération et les suivantes sont continuées, et se font jour et nuit.

Extraction de la gélatine

Les os étant sortis du tambour, on les étendra sur un pavé couvert ou à l'air, s'il fait beau; lorsqu'ils seront refroidis, on les broiera dans un moulin à meules verticales en fonte, tournant sur un disque aussi en fonte; la farine que l'on obtiendra de ce travail, contenant la substance animale dont se forme la gélatine, sera portée dans le baquet *d'*, dans lequel on aura mis et fait bouillir, à l'aide du robinet *h'*, pendant les intervalles, assez d'eau pour que la farine en soit couverte de 65 centimètres; on laissera bouillir ce mélange pendant trois quarts d'heure, en ayant soin d'agiter constamment pour empêcher la farine de se former en une masse lourde et compacte qui retarderait l'extraction prompte de la gélatine; on cessera l'ébullition en fermant le robinet *h'*; on écumera la graisse et on laissera un peu déposer la liqueur, puis on la soutirera au moyen d'un robinet placé à la surface de la farine.

Cette liqueur est la gélatine, dont on mettra de suite trente seaux ordinaires dans un tonneau ouvert, ou cuve. On y mêlera la vapeur condensée obtenue par les robinets *t*, *u*, pendant la réduction des os dans le tambour, et, lorsque le mélange sera descendu à la température de 160 à 155° Fahrenheit, on y mettra, tout à la fois et avec toute la promptitude possible, 20 kilogrammes d'alun pulvérisé; on remuera très vite pour que l'alun agisse de suite sur toutes les parties de la liqueur. Celle-ci étant devenue transparente, on la soutirera dans le baquet *e'*, on jettera sur le dépôt formé au fond de la cuve quelques seaux d'eau chaude, pour lui enlever la gélatine qu'il contient encore, on remuera et on laissera déposer jusqu'à ce que l'eau soit claire. On peut ajouter cette eau à celle que l'on chauffe dans le baquet *d'*, avant d'y mettre de la farine d'os.

Evaporation de la gélatine

Après avoir disposé des trente-deux seaux de gélatine, comme on vient de l'expliquer, on destinera le restant à être évaporé. Pour cette opération, on se servira de la poêle e', dans laquelle on versera la gélatine, mais qu'on ne remplira que jusqu'à 8 centimètres de hauteur. Cette liqueur, qui, en ce moment, sera d'une consistance trop faible pour prendre en gelée capable d'être coupée en feuilles, devra être concentrée jusqu'à ce qu'elle ait acquis le degré de consistance requis; il faut donc avoir soin, en l'évaporant, de n'ouvrir le robinet i' qu'autant qu'il le faut pour tenir constamment la liqueur dans un état de légère ébullition, pour aider l'évaporation et tenir la liqueur homogène dans toutes ses parties; on la remuera souvent à l'aide d'une planchette unie, de 8 centimètres de largeur sur 65 centimètres de longueur, fixée au bout d'une perche, et représentant la forme d'un râteau.

Plus on approche du degré requis de concentration, plus il faut redoubler de soin pour empêcher que la liqueur ne cuise trop, précaution qui est de toute rigueur pour obtenir un beau produit, et dont il sera encore parlé dans la suite. On reconnaîtra que la gélatine est parvenue au degré de consistance convenable en en remplissant à moitié une soucoupe à café, qu'on exposera à l'air et hors du soleil; si au bout de quelques minutes elle est prise en gelée d'une consistance assez ferme et élastique pour repousser le doigt qui la touche, ce sera le moment de fermer le robinet i' et de la soutirer ensuite à l'aide d'une gouttière en bois, dans le baquet f', contenant les trente seaux de gélatine clarifiée mentionnée plus haut ; on aura soin d'amalgamer les deux liqueurs avec toute la promptitude possible, au fur et à mesure qu'il en tombe de la gouttière dans le baquet ; si l'on opérait lentement, la clarification de la gélatine qu'on ajoute n'aurait lieu qu'imparfaitement.

Toute la gélatine étant évaporée et mêlée de la sorte, on aura achevé la confection de la colle forte, qui, étant dans ce moment toute réunie dans le baquet f', sera chauffée à la température de 70° du thermomètre centigrade par le moyen du robinet k', qu'on n'oubliera pas de fermer quand on aura atteint ce degré ; on remuera la liqueur pour la dernière fois, et on la laissera reposer pendant trois heures. Au bout de ce temps, les sels calcaires, qui se trouvaient dans la gélatine évaporée, et que l'alun aura décomposés, seront précipités, et la liqueur sera transparente, d'un beau jaune foncé ; on la coulera par le moyen d'un robinet u', dans des moules de bois de 2 mètres à 2^{m}50 de long sur 20 centimètres de large et 16 centimètres de profondeur ; on jettera quelques seaux d'eau chaude sur le dépôt formé au fond du baquet ; on remuera et on laissera courir ce marc dans un baquet par un second robinet placé tout au fond du baquet ; l'eau étant devenue claire, on la décantera pour l'ajouter à celle que l'on chauffe dans le baquet d', avant d'y mettre de la farine d'os. Le lendemain, on coupera la colle par des moyens connus, en feuilles de 25 centimètres de longueur sur 12 millimètres d'épaisseur, qu'on mettra sécher sur des filets ; lorsqu'elle sera presque sèche, on la portera dans la chambre chaude chauffée à l'aide du tuyau *g*, pour y achever sa dessiccation.

Pressurage

La farine d'os, que l'on a laissée dans le baquet *d'*, contient encore beaucoup de gélatine, que l'on ne peut extraire qu'à l'aide d'un pressoir; on s'occupe de cette besogne aussitôt que l'on a soutiré la gélatine de dessus la farine d'os et l'on recueille les égouttures au travers du canevas par le robinet *p'* (fig. 51). On enveloppe alors le marc dans des sacs de grosse toile qu'on soumet à l'action d'une forte presse à vis en fer, pour en extraire toute la partie liquide, que l'on mêle avec la gélatine à évaporer, en ayant soin de laisser déposer les premiers seaux, qui sont toujours troubles, avant de les jeter dans la poêle *q'*; le marc ainsi pressé est un excellent engrais pour fumer les terres.

Comparaison entre cette nouvelle méthode et les procédés usuels

Nous commencerons cette comparaison par la préparation des os. Ces substances, que l'on faisait hacher en petits fragments, ce qui occasionnait de grands frais de main-d'œuvre, s'emploient aujourd'hui dans leur entier, telles qu'on les ramasse et qu'on les porte à l'usine; la raison en sera démontrée lorsqu'on parlera de leur réduction dans le tambour. Par les premiers procédés, les os, après avoir été brisés, étaient submergés d'eau et dégraissés avant d'être mis dans le tambour, opération préjudiciable, puisqu'elle enlève, par la forte ébullition à laquelle les os sont soumis dans une grande masse d'eau, toute la matière gélatineuse extérieure que la décoction, dans le ménage, n'a pu leur enlever, et dont les os crus, et principalement les os de cheval, sont abondamment pourvus. Par la nouvelle méthode, on ne dégraisse plus, par la raison toute simple que la graisse se présente d'elle-même à la surface de la gélatine dans le baquet *d'*, comme on l'a vu plus haut.

Réduction des os dans le tambour *e*

Par les anciens moyens, les os, après avoir été brisés et dégraissés, étaient portés dans le tambour; on y ajoutait de l'eau, en quantité suffisante pour les couvrir environ d'un quart; puis, on soumettait le tout pendant 1 heure 1/2 à 2 heures, à une pression de vapeur correspondant à une chaleur de 250° Fahrenheit; après ce temps on soutirait la liqueur, on ajoutait un peu de nouvelle eau aux os, et on les soumettait de nouveau, pendant une heure, à la même pression; on soutirait encore la liqueur, et on continuait ainsi l'extraction d'heure en heure jusqu'à ce que la liqueur n'offrant plus de corps, on vidât le tambour.

Dans cette opération, l'eau que l'on ajoutait aux os servait pour les arroser continuellement pendant la rotation du tambour. Par ce moyen, la dissolution de la gélatine s'opérait au fur et à mesure que la vapeur s'insinuait dans les parties de l'os; mais cette dissolution n'était jamais complète, comme on s'en est souvent assuré, en réduisant en poudre des os, qui avaient été soumis pendant sept ou huit heures à la température susdite du tambour; cette poudre traitée par l'eau bouillante, donnait encore de 5 à 6 0/0 de gélatine, et ce qui, par parenthèse, parut alors singulier, c'est que la gélatine obtenue de cette poudre était infiniment plus belle que celle qui provenait de l'os soumis dans l'état entier à la haute température du tambour. En dépassant le degré de pression prescrit, on pouvait bien réduire les os à l'état de pâte et extraire jusqu'à la dernière goutte de gélatine; mais alors on gâtait celle-ci au point qu'elle n'était bonne à rien.

Ce ne fut pas le seul défaut des anciens procédés; ils en offraient d'autres plus graves que voici : la gélatine, après sa dissolution lente et graduelle, étant obligée de rester exposée à une température élevée et soutenue, avant qu'on ait pu la soutirer du tambour, en acquérait un degré sensible d'altération, qui la rendait toujours de beaucoup inférieure à celle obtenue des rognures de peau par la simple ébullition, confectionnée en colle forte et séchée; sa couleur, d'un rouge brun trop foncé, sa facilité à se délayer dans l'eau froide, son degré inférieur de ténacité, étaient autant de défauts qu'il était impossible de corriger à moins de changer les procédés.

Comme toute gélatine s'altère en la laissant exposée à l'action de la chaleur, après que sa solution est opérée, on voulut s'assurer si la matière dont se forme la gélatine résistait mieux à cette action : des expériences faites avec soin et répétées souvent convainquirent que cette matière n'était pas aussi délicate que sa solution. Effectivement, elle subissait, sans s'altérer sensiblement, les épreuves à des températures élevées, auxquelles la gélaline en dissolution ne pouvait résister sans être complètement gâtée.

De là vint l'idée de ne plus chercher à s'emparer d'abord de la gélatine des os, mais de chercher le moyen, en portant ceux-ci à l'état friable, à l'aide de la chaleur, d'y conserver intacte, sans la dissoudre, la matière animale dont se forme la gélatine. Ce moyen fut trouvé en emplissant le tambour *e* (fig. 48 et 50) d'os bien secs, sans aucune addition d'eau, et avec quelques améliorations apportées à ce tambour. Elles consistaient dans les deux robinets *t*, *u*, et en une toile cuite dans une dissolution d'alun, dans laquelle on enveloppa le tambour, en bourrant l'espace entre les parois extérieures et la toile avec du poussier de charbon sec, pour empêcher la vapeur de se condenser. On soumit les os pendant quatre heures à une pression de vapeur équivalente à une température de 120° centigrades ; après quoi, on les mit sous la meule pour les réduire en farine. Celle-ci, soumise à l'action de l'eau bouillante, donna sur-le-champ une belle gélatine qui, à l'état de gelée, était transparente et d'une belle couleur blonde, indice infaillible qu'elle avait pu braver, dans son état brut, la température élevée du tambour.

Tel est aujourd'hui ce vase amélioré à l'aide duquel les procédés se trouvent perfectionnés ; il ne sert plus, comme autrefois, à extraire la gélatine, mais à amener les os à l'état voulu pour être broyés. Il devient donc inutile de les concasser comme cela était nécessaire auparavant pour mieux opérer leur décomposition. Autant on cherchait autrefois à opérer sur des os bien humectés, autant on redouble de soin aujourd'hui pour les tenir dans le plus grand état de siccité possible ; la vapeur n'ayant plus d'autre fonction à remplir que de communiquer aux os le degré de chaleur nécessaire pour les porter à l'état friable sans les décomposer, il faut empêcher, autant que possible, la formation de l'eau dans le tambour, qui, créant à son tour de la vapeur, y entretiendrait assez d'humidité pour dissoudre plus ou moins la matière animale à la superficie des os. On aura donc soin de retirer promptement, tous les quarts d'heure, par les robinets t, u, la vapeur condensée formée dans le tambour, et de ne jamais tourner celui-ci avant d'en avoir extrait cette liqueur.

Extraction de la gélatine dans le baquet d'

On a vu que, par l'ancien procédé, on ne pouvait dissoudre la gélatine dans l'eau qu'à l'aide d'une température élevée de 250 degrés Fahrenheit, température nuisible qui devait infailliblement altérer la gélatine, non seulement par la nécessité de l'y laisser exposée après sa solution, mais même à l'instant où celle-ci s'opère. Quel immense avantage le procédé actuel n'offre-t-il pas ? On plonge la farine d'os contenant la gélatine brute dans l'eau bouillante, sa solution totale s'opère immédiatement et donne un produit dont la beauté et la qualité ne laissent rien à désirer.

Clarification de la gélatine

Il existe plusieurs méthodes pour clarifier la gélatine d'os, mais toutes ne conviennent pas également bien à cette substance. Le lait, le blanc d'œuf, ou toute autre matière semblable qu'on peut facilement faire coaguler, le charbon animal, la potasse, l'ammoniaque, l'acide oxalique, etc., appliqués en doses et à des températures convenables, lui enlèvent ou font précipiter les substances hétérogènes et calcaires qui troublent sa transparence ; mais tous ces réactifs sont loin d'offrir les avantages que présente l'alun. Ce sel, employé à la dose et de la manière décrite plus haut, non seulement opère la clarification de la gélatine, mais, en faisant corps avec elle, lui donne de la consistance, en augmente la force et la ténacité, la préserve d'altération pendant son dessèchement, la rend moins propre à absorber l'humidité de l'air dans son état de siccité et possède même la vertu de restaurer une cuisson manquée. On peut dire que l'alun est à la gélatine ce que le ciment est à la brique ; il doit assurément avoir la préférence sur toute autre substance.

Evaporation de la gélatine dans la poêle c'

D'après l'ancien procédé, la gélatine sortant du tambour était portée dans un baquet à tuyau ou serpentin, pareil à celui que l'on voit en n' (fig. 48 bis et 51) ; l'épaisseur de ce tuyau, y compris sa distance du fond du baquet, était de 0^{m}09 et ne permettait pas de le couvrir de moins de 9 à 11 centimètres de liqueur. Il fallait donc évaporer une masse de liquide de 19 à 22 centimètres d'épaisseur, et, dans son état altéré par l'opération du tambour, l'exposer de nouveau à l'action de la vapeur pour la porter au degré de concentration convenable ; on l'y laissait pendant un temps très long, qu'on ne **pouvait abréger, car la construction de l'appareil** ne permettait pas d'évaporer moins de liqueur à la fois et il était, en outre, sujet à d'autres désagréments. La liqueur étant suffisamment concentrée, s'attachait aux parois des tuyaux au fur et à mesure qu'on la soutirait du baquet, et y formait une croûte difficile à détacher après l'opération. La disposition horizontale et sinueuse du tuyau empêchait encore de pouvoir arriver dessous pour laver et nettoyer convenablement le baquet; il fallait chercher sérieusement à supprimer ces défauts, parce que l'évaporation de la gélatine est une opération qui demande le plus grand soin et dont dépendent en partie la beauté et la qualité de la colle. L'appareil à fond de poêle e' remplit cet objet; sa surface unie permet qu'on évapore dedans la moindre quantité de gélatine, c'est-à-dire aussi peu de liqueur qu'on veut, avantage infini, puisqu'en n'évaporant à la fois que sur 8 centimètres de liqueur, au lieu de 19 à 22 centimètres, comme on était obligé de le faire auparavant, elle ne restera exposée à l'action de la chaleur, pour se concentrer convenablement, qu'un peu plus du tiers de temps que dans l'ancien appareil.

Mais, comme on l'a dit plus haut, ce n'est pas tout d'évaporer, on peut gâter la plus petite quantité de liqueur en donnant trop de chaleur, et quoiqu'on puisse commander celle-ci par le moyen du robinet i', il faut avoir soin que le bouillonnement soit régulier dans toutes les parties du liquide et qu'il se montre légèrement et uniformément sur toute sa surface, chose facile à observer quand on se sert convenablement des robinets i', r' (fig. 48 bis et 52), comme on l'a recommandé précédemment.

Observations

Les vaisseaux et tuyaux accessoires, ainsi que toutes les pièces à vapeur du nouvel appareil, doivent, avant qu'on s'en serve, avoir été essayés à une pression de 100" atmosphériques. Il faut que la chaudière à vapeur ait la forme d'un cylindre terminé par des hémisphères pour offrir le plus de résistance. Pour éviter que le dépôt séléniteux formé par l'eau n'adhère au fond de la chaudière, on y jette des pommes de terre découpées en morceaux pour empêcher le dépôt de se pétrifier.

Par suite du principe d'après lequel le premier appareil était établi, les robinets o', r', t' devraient être immédiatement précédés chacun d'une soupape de sûreté. On a supprimé, dans le dernier appareil, la multiplicité inutile de ces pièces par le placement d'une seule soupape m' sur le tuyau c', qui veille tant à la sûreté de ce tuyau qu'à celle de tous les vaisseaux qu'il alimente, et qui, à son tour, est commandée par le robinet q', que l'on n'ouvre qu'autant qu'il est nécessaire pour produire une pression équivalente au poids d'une atmosphère dont cette soupape est chargée, en supposant que la pression dans la chaudière a' soit au-dessus de ce degré.

Si l'on a supprimé le tuyau serpentin n' dans les baquets e', f', pour des motifs exprimés plus haut, on a cru devoir le conserver dans le baquet d' pour mieux laisser égoutter le marc au travers du canevas placé sur ce tuyau après l'extraction de la gélatine.

L'expérience a appris que, pendant la rotation

du tambour, les os ne se déplaçaient pas de la manière voulue et qu'ils obéissaient à l'impulsion comme une masse qui, ne faisant que glisser sur les parois du tambour, revenait se mettre à peu près dans la même position où elle se trouvait au commencement de la rotation. On a corrigé ce défaut par l'adaptation des lames angulaires a (fig. 50), aux parois intérieures du tambour et placées à des distances égales l'une de l'autre. Cette amélioration a rempli le but : les os se trouvaient arrêtés par ces lames ; ils ne glissaient plus, mais ils se roulaient pêle-mêle les uns sur les autres et se déplaçaient individuellement dans toutes les directions.

Quoiqu'on ait prescrit de tenir constamment la pression de la chaudière a à 30° du manomètre, il ne s'ensuit pas qu'on ne puisse cuire ou produire l'ébullition à un moindre degré. Si l'on n'avait qu'un vaisseau à cuire, 4 ou 5° suffiraient ; mais comme différents vaisseaux cuisent à la fois et qu'il faut une pression élevée pour réduire les os dans le tambour, il est nécessaire d'avoir constamment une ample provision de vapeur pour pouvoir en fournir à tous. Le degré indiqué a donc été calculé pour ne jamais manquer de vapeur.

Pour opérer avec précision, il convient que tous les robinets à vapeur soient gradués ; on peut, par leur moyen, régler les différentes températures dont on a besoin.

Quoique les figures décrites n'offrent qu'une seule poêle e', il est nécessaire d'en avoir trois et même plus pour que la gélatine soit évaporée leslement; il convient aussi d'avoir en double le baquet d'.

On n'est pas tenu de suivre exactement l'ordre dans lequel les ustensiles sont placés sur le plan ; on les placera comme les locaux le permettront.

VIII. PROCÉDÉ HAGEN ET SELTSTAM

Cette méthode consiste essentiellement :

1° Dans l'emploi d'os non lavés et en général soumis à aucune opération préalable, mais pulvérisés en morceaux de la grosseur d'une tête d'épingle et dans l'emploi de résidus possédant les mêmes propriétés physiques et provenant de la fabrication.

Par cette pulvérisation on produit, d'une part, pour le tissu à transformer en colle, une surface immense, facilement et rapidement transversable, tandis que, d'autre part, les parcelles d'os serrées latéralement et les unes sur les autres, dans le vaporisateur cylindrique de colle, forment un filtre d'une efficacité telle, que la solution de gélatine ou de colle la plus concentrée s'écoule claire et limpide du vaporisateur.

2° Dans l'arrosage de ces os pulvérisés ou de ces résidus de la fabrication des os égrugés avec une solution aqueuse de certains acides organiques, et dans la macération qui suit et qui est continuée jusqu'à ce qu'il se produise une légère augmentation de température.

Par cette opération on prépare d'une manière efficace la transformation rapide et complète de l'osséine, ou gélatine, ou colle au moyen de la vapeur.

3° Dans le traitement par la vapeur, dans le vaporisateur, de la substance renfermant la gélatine pulvérisée et préparée comme il a été dit plus haut, le trou d'homme supérieur du vaporisateur étant ouvert, opération pendant laquelle les composés ammoniacaux, si dangereux dans la gélatine, et qui se rencontrent toujours dans les os qui ont séjourné longtemps à l'air sont chassés, dans le cas où la macération ne les aurait pas déjà rendus inoffensifs.

4° Dans l'emploi de petites quantités d'eau sous pression, afin d'obtenir directement et en une seule fois la solution gélatineuse la plus concentrée au sortir du vaporisateur.

Le procédé pratique est le suivant :

Les os pulvérisés à la grosseur désignée ou les résidus de la fabrication des os égrugés, après avoir été arrosés la veille d'une façon convenable au moyen d'une solution aqueuse d'acides organiques d'un degré déterminé, de préférence au moyen d'acide oxalique, puis mis en tas et abandonnés au repos et à un échauffement spontané, sont chargés dans un vaporisateur de forme cylindrique muni d'une crépine pour l'eau et d'un fond formé d'un tamis très fin, ainsi que d'une crépine analogue pour la vapeur, puis, le trou d'homme supérieur étant ouvert, sont soumis à l'action de la vapeur au moyen de la crépine de vapeur, pendant un temps plus ou moins long, suivant la nature et la vieillesse de la matière première.

Lorsque les combinaisons ammoniacales encore existantes sont détruites et chassées de cette façon, on ferme le vaporisateur et l'on donne une pression de vapeur de 2 à 3 atmosphères. Au bout d'un certain temps, on supprime la pression en ouvrant le robinet à vapeur et l'on pompe à des intervalles déterminés autant d'eau bouillante à travers la crépine à eau qu'il en faut pour dissoudre complètement l'osséine transformée en gélatine par la vapeur et la macération.

Le vaporisateur reste alors en repos pendant une heure sous une pression d'air de 1 atmosphère ; après quoi la solution gélatineuse renfermant de 25 à 30 0/0 de substance sèche est chassée, sous une pression d'air élevée peu à peu, dans un bassin en bois muni d'un serpentin en cuivre, où elle peut être concentrée davantage et en très peu de temps et au degré voulu, ce qui est du reste inutile vu le degré de concentration obtenu.

Pour terminer l'opération, on rince le vaporisateur et son contenu au moyen de la crépine avec un peu d'eau bouillante, afin d'extraire le reste de colle qui pourrait être renfermé dans l'appareil.

La solution gélatineuse, d'un jaune foncé, mais d'une clarté étincelante, qui se gélatinifie rapidement et donne une gélatine d'une nature très saine et très consistante est, avant d'être coulée, décolorée par l'une des méthodes connues jusqu'à ce qu'elle ait la couleur pâle du vin.

Toute l'opération est terminée en cinq ou six heures. Dans cet espace de temps relativement restreint, et sans tenir compte de la saison, on obtient, suivant la qualité de la matière première, de 12 à 20 0/0 de gélatine.

15.

IX. PROCÉDÉ COIGNET

Dans le traitement des os en vase clos, il est indispensable de ne pas chauffer à plus de 105 à 106° car au delà de cette température, la matière organique se détruit, et au lieu d'un jus clair et limpide on n'obtient plus qu'une matière épaisse comme de la poix.

Or, d'un autre côté, M. *Coignet* a reconnu que la pression qui correspond à cette température de 106° était insuffisante pour une bonne extraction, et qu'il y aurait avantage à augmenter cette pression jusqu'à 2, 3, et même un plus grand nombre d'atmosphères, pour obtenir par une seule et même opération un rendement plus satisfaisant des matières premières employées.

Dans ce but, M. *Coignet* emploie un appareil autoclave en communication avec une pompe foulante qui permet de forcer dans ledit appareil la quantité de liquide nécessaire pour porter la pression au degré voulu. C'est donc une pression hydrostatique pouvant être infiniment grande qui est substituée à la pression physique forcément limitée par la température. Sauf l'addition d'une pompe, on ne change rien à l'installation ordinaire; mais la conduite de l'opération se trouve modifiée en ce qui concerne la pression.

Les os étant chargés dans l'appareil, on tamponne comme à l'ordinaire, et l'on envoie la vapeur dans la serpentine ou le barboteur. La température s'élève, et quand elle a atteint 106°, on ferme le robinet d'introduction de vapeur.

C'est alors qu'on établit la communication de

l'autoclave avec la pompe, et qu'on fait actionner celle-ci pour refouler dans l'appareil de l'eau ou une solution liquide semblable à celle qui y est déjà, ce liquide additionnel étant, si l'on veut, préalablement chauffé à 80 ou 100° pour ne pas refroidir les matières en traitement. Par un manomètre on sera averti de la pression, que l'on pourra régler au point désiré en arrêtant le mouvement de la pompe.

Ainsi, en combinant l'action de la vapeur avec le jeu de la pompe, on arrivera très exactement à maintenir une température moyenne, plutôt inférieure à 106°, et en même temps une pression plus élevée de plusieurs atmosphères, si cela est nécessaire, sans que la température et la pression soient dépendantes l'une de l'autre.

X. PROCÉDÉ DE LA SOCIÉTÉ COIGNET ET Cⁱᵉ

Depuis 1871, la *Société Coignet et Cie* avait apporté et appliqué dans ses usines un perfectionnement important à l'ancien mode de fabrication de la colle forte et de la gélatine. Ce perfectionnement était le suivant : une fois les os placés dans la chaudière et recouverts de la quantité d'eau nécessaire, on tamponnait, on montait à la pression voulue, et dès que l'eau était suffisamment saturée de gélatine, on tirait le bouillon obtenu, et en même temps on alimentait à l'eau chaude d'une manière continue jusqu'à complet épuisement de la matière première.

Ce système avait le grave inconvénient de donner des bouillons très étendus, et, par suite, d'augmenter considérablement les frais de concentration. On a dû y renoncer, et en 1881, la Société Coignet et Cie a pris un brevet pour un nouveau procédé supprimant cet inconvénient.

Le système qui fait l'objet de ce brevet, fondé sur le principe de l'épuisement rationnel, résout complètement le problème de l'extraction continue méthodique et continue de la gélatine et de la colle.

Parmi les dispositions d'appareils qui peuvent réaliser cette invention, nous décrirons celle qui est représentée aux fig. 54 et 55.

L'appareil consiste en une série d'autoclaves a, b, c, d, e, f, disposés sur une même ligne ou mieux circulairement, dans le même plan horizontal et communiquant de bas en haut au moyen d'un tuyau g. En outre, chaque autoclave est relié au réservoir h au moyen d'un tuyau i muni d'un robinet j. La communication d'un autoclave à l'autre, de même que la communication de chacun d'eux au réservoir commun peut être interrompue en fermant les robinets j, k, dont chaque tuyau de communication est muni. Il en résulte que chaque autoclave peut être, à un moment donné, complètement isolé du circuit.

Les autoclaves sont munis d'un double fond m, dans lequel circule la vapeur nécessaire au chauffage.

Tous les doubles fonds sont mis en communication au moyen d'un tuyau n qui porte un robinet o, et d'une rampe circulaire p, alimentée de vapeur par un conduit q. Il en résulte que l'on peut, à volonté, mettre en communication l'un quel-

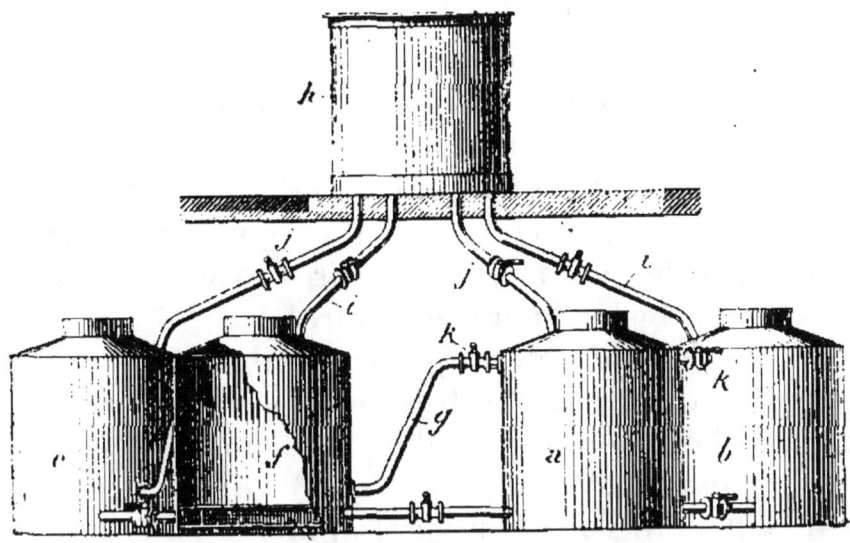

Fig. 54. — Élévation de l'appareil Coignet.

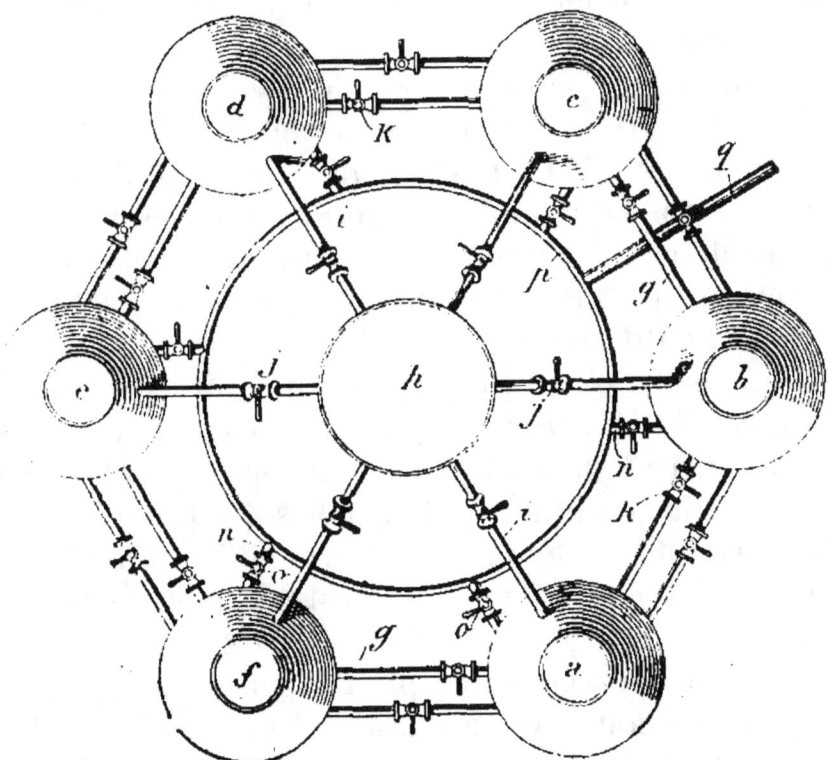

Fig. 55. — Plan de l'appareil Coignet.

conque des doubles fonds avec la chaudière à vapeur à l'exclusion des autres, tout en maintenant ouverte la communication d'un double fond à l'autre, ce qui permet de faire suivre à la vapeur la même marche qu'à l'eau, c'est-à-dire de commencer par l'autoclave le plus épuisé pour ressortir par le moins épuisé, après avoir passé par tous les autoclaves intermédiaires.

Enfin, le réservoir *h*, qui n'est autre qu'un autoclave semblable aux autres, est constamment alimenté d'eau au moyen d'un système quelconque d'alimentation.

Ceci établi, voici comment on opère :

Tous les autoclaves, sauf un, celui par exemple qui doit être en déchargement et rechargement, sont remplis d'os.

L'autoclave, celui qui, par le fait, est en déchargement, a été préalablement isolé du circuit.

L'autoclave *b*, premier pour le moment de la série, est mis en communication avec le réservoir *h*. L'eau de celui-ci passe dans l'autoclave *b* et successivement dans tous les autres pour ressortir par le bas de l'autoclave *f*.

A mesure que l'eau passe d'un autoclave dans l'autre, elle se sature de plus en plus de gélatine et passe successivement des parties les plus épuisées aux parties de plus en plus riches, ce qui constitue le véritable lavage dit épuisement méthodique. Quand l'eau arrive en *f*, elle est complètement saturée.

L'autoclave *b* étant rempli d'os, puis retamponné, est mis en communication avec son voisin et devient ainsi le dernier élément de la série, dont *c* est le premier. Quand *c* est entièrement épuisé, il est isolé à son tour pour être rechargé et devient le dernier, tandis que *d* devient le premier et ainsi de suite.

En somme, chaque élément est mis à son tour en communication avec le réservoir et devient ainsi le premier de la série, et cela sans solution de continuité.

On voit donc que l'alimentation d'eau est continue, que cette eau arrive d'abord sur les parties les plus épuisées et qu'à mesure qu'elle se sature elle passe sur des parties de plus en plus riches.

On voit aussi que, d'après le principe des vases communiquants le niveau du liquide est le même partout, puisque la pression au-dessus du liquide est la même partout, les dômes étant reliés entre eux; nous devons ajouter que le chauffage et la mise en pression des autoclaves se font à la manière ordinaire.

CHAPITRE X

Traitement des Os par l'acide chlorhydrique

Sommaire. — I. Procédé de d'Arcet. — II. Procédé Dupasquier. — III. Utilisation des vapeurs acides des fabriques de soude. — IV. Procédé Pascal. — V. Procédé Sian, Ganloffret et Boffe.

Quelques anciens chimistes, tels que *Fougeroux, Bayen, Charlard*, avaient remarqué que lorsqu'on faisait macérer les os dans un acide, ils ramollissaient, que la substance terreuse qu'ils renfermaient était dissoute et qu'il restait comme résidu une matière qui jouissait des propriétés de la gélatine.

Vers 1758, *Hérissant* avait démontré qu'en traitant ainsi les os par les acides, on pouvait en obtenir toute la substance animale qui conservait les formes des os dont elle était extraite et que des lavages convenables pouvaient la procurer à l'état de pureté. Cette observation avait été confirmée par un beau travail sur les os, fait en 1806 par *Hatchett*, chimiste anglais, mais elle était restée stérile, quoiqu'il semblât qu'il n'y eût qu'un pas à faire pour rendre vulgaire ce procédé d'extraction. Ce ne fut cependant qu'en 1810 que d'Arcet, en cherchant à étudier la question avec beaucoup plus de soin qu'on ne l'avait fait jusqu'alors, ne tarda pas à y voir les éléments d'une industrie entièrement nouvelle. A cet effet, il régla toutes les parties de l'opération manufacturière et décrivit, dans un brevet pris en 1814, les procédés qu'il avait imaginés pour extraire par les acides une gélatine propre à la nourriture de l'homme. Mais ce ne fut que plus tard que d'Arcet put mettre pour la première fois ses procédés en pratique sur une échelle suffisamment grande pour fonder définitivement cette branche d'industrie. Nous commencerons donc par la description des moyens employés par d'Arcet pour se procurer la gélatine et la colle forte, au moyen du traitement des os par les acides.

I. PROCÉDÉ DE D'ARCET

Matières premières

Le réseau fibreux de matière animale susceptible d'être en grande partie converti en gélatine peut s'extraire de tous les os au moyen d'un acide qui, assez étendu pour agir faiblement sur cette substance, conserve cependant une assez grande énergie sur les sels calcaires (phosphate et carbonate de chaux) qui entrent dans la composition des os. Cependant, tous les os ne sont pas convenables pour cet usage, ceux dont la contexture est très serrée et l'épaisseur forte, opposant une longue résistance à l'action de l'acide chlorhydrique, laissent attaquer les premières parties du tissu animal mises à nu et trop longtemps soumises à l'influence de cet acide.

On doit donc choisir les substances osseuses qui, à masses égales, offrent le plus de surfaces directement accessibles à l'acide; aussi, les fabricants de gélatine et de colle d'os emploient-ils presque exclusivement les matières premières désignées ci-dessous :

1° Les os des têtes de bœufs et de vaches, connues dans le commerce sous le nom de *canards*, et ceux des têtes de moutons, qui, les uns et les autres, sont plats et minces.

2° Les os de l'intérieur des cornes de bœufs et de vaches, dits *cornillons*, qui sont tout perforés de trous comme une éponge ;

3° Les os de jambes de moutons, qui sont minces et creux à l'intérieur, et dans lesquels l'acide pénètre après leur immersion ;

4° Les os plats des côtes de bœufs, perforés par les fabricants de moules à boutons et dits *dentelles de boutonniers* ou *escafillotes* ;

5° Les os minces de l'humérus des moutons, dits *omoplates*.

Les prix de ces diverses matières sont réglés généralement par leur plus ou moins grande abondance sur le marché et par la facilité variable qu'on trouve à les traiter et à en obtenir une plus ou moins grande partie de la substance animale qu'ils renferment.

Les matières indiquées ci-dessus ne sont pas toutefois les seules qu'on puisse employer à la fabrication de la gélatine ; on peut, quand elles s'élèvent à des prix trop hauts, y substituer tous les os pris dans les autres parties du squelette des animaux, après qu'ils ont déjà subi une façon pour en extraire la matière grasse ou suif d'os qu'ils renferment, et qu'ils ont été cassés pour faciliter l'écoulement de cette matière. Il faut cependant les réduire encore en plus petits fragments avant de les immerger dans l'acide ; on parvient, par cette division préalable, à les amollir assez promptement, mais la dureté des os rend coûteuse cette opération mécanique, et la substance animale, déjà exposée dans le liquide à la température de l'eau bouillante, laisse plus de chance de perte par sa dissolution dans l'acide et les eaux de lavage. D'ailleurs, en les faisant *débouillir* pour en extraire la matière grasse, on leur enlève quelques centièmes de gélatine ; enfin, la fabrication du noir animal, qui paie ces os fort cher, en interdit l'emploi aux fabricants de colle forte et de gélatine. Tous ces motifs font que les fabriques de ces substances donnent la préférence aux matières indiquées ci-dessus qui sont plus faciles à traiter, plus abondantes et à un prix plus modéré.

Dégraissage

Quels que soient les os que l'on destine à la fabrication de la gélatine, on commence par les laver à l'eau froide, afin d'enlever les matières étrangères qui pourraient absorber de l'acide en pure perte ; puis on les soumet à l'opération du *dégraissage*, qui s'effectue en faisant débouillir ces os dans une grande chaudière en cuivre. La matière grasse qu'ils renferment entre en fusion sous l'influence de l'eau portée à une température élevée et vient nager à la surface du bain, où on l'enlève avec des cuillers. Pour économiser le combustible, on retire ordinairement les os dégraissés du liquide bouillant et on les remplace par des os frais, jusqu'à ce que le bouillon se prenne en gelée. Cette gelée est employée à la nourriture des porcs ou bien on la mélange avec d'autres matières pour en composer des engrais. On a aussi mis à profit la propriété du sulfure de carbone de dissoudre les matières grasses. Ce produit, qui se trouve actuellement à bas prix dans le commerce, débarrasse en effet les os de toute la graisse qu'ils renferment ; ceux-ci, renfermés dans une capacité hermétiquement close, et la dissolution étant opérée, on chauffe le sulfure de carbone qui distille et se condense dans un appareil réfrigérant spécial où on le recueille pour le faire resservir.

Ramollissement des os

Après avoir dégraissé les os on les fait égoutter, puis on les met ensuite dans un baquet, on verse dessus un mélange d'un poids égal au leur, d'acide chlorhydrique du commerce à 22° Baumé (1), et d'environ quatre fois ce poids d'eau. Ce liquide acide doit marquer 6° à 7° Baumé. Il est indispensable de mettre les baquets où la dissolution s'opère à l'abri du soleil ; sans cette précaution, on s'exposerait à faire dissoudre même la matière animale. Il se pourrait que dans les pays chauds, la température élevée de l'atmosphère (même à l'ombre) fût capable de produire le même effet ; il faudrait, pour l'éviter, étendre l'acide jusqu'à 3 ou 4°.

Le ramollissement des os doit être soigneusement surveillé : non seulement une élévation de tempé-

---

(1) Cet acide ne marque communément que 18 à 19 degrés au même aréomètre dans les chaleurs de l'été, parce que l'élévation de la température en diminue la densité, et d'ailleurs qu'elle s'oppose dans la fabrication à la solution du gaz dans l'eau. Mais l'énergie de cet acide étant aussi augmentée par la chaleur de l'atmosphère, il n'en faut pas employer davantage.

rature, mais encore un excès d'acide peut déterminer la solution complète de la substance animale, et il n'y aurait plus aucun parti à en tirer. Si l'on ne mettait pas la dose nécessaire d'acide, il resterait du phosphate de chaux non dissous; dans ce cas, il suffirait de passer les os dans un ou plusieurs autres bains d'acide faible, et de les y laisser jusqu'à ce que leur ramollissement fût au point convenable.

Lorsque l'opération a été bien conduite et les proportions utiles employées, les os sont en général suffisamment attaqués au bout de dix jours; il est facile d'en juger à leur ramollissement. On soutire alors la solution acide contenant du chlorure et du phosphate de chaux, plus une petite quantité de matière animale dissoute, et quelques millièmes de chlorure de magnésie, de fer et de manganèse.

On remplace cette solution par un poids égal à celui des os employés, d'un mélange d'acide hydrochlorique et d'eau marquant un degré à l'aréomètre, qu'on laisse réagir pendant environ vingt-quatre heures. La première solution engagée dans les interstices de la matière animale, se trouvant d'une densité bien plus grande que l'acide faible que l'on ajoute, tend à gagner le fond du vase, et l'acide se substitue à sa place; il réagit sur le phosphate de chaux non attaqué et le dissout. On soutire encore cette solution, on laisse égoutter, et on la remplace par de l'eau claire, qui s'insinue à son tour dans les os ramollis, en étendant et déplaçant en partie la dernière solution acide.

Les deux premières solutions soutirées retiennent

un excès d'acide libre ; afin d'épuiser leur action **dissolvante** et de les charger de tout le phosphate de chaux qu'**elles** peuvent dissoudre, on les passe successivement sur **une** quantité d'os intacts, égale à la première. On traite ensuite ces os de la même manière que les premiers, mais en **employant** une quantité d'acide moindre d'environ un **vingtième** ; et, comme ce vingtième, dont on diminue la **dose**, suffit pour former le deuxième bain à un degré, il en résulte qu'un poids donné d'acide chlorhydrique à 22° suffit pour amollir un poids égal d'os.

En un mot, pour consommer le moins d'acide possible, les os doivent être lavés méthodiquement.

Pour effectuer ce traitement, on peut introduire les os dégraissés et égouttés, dans des corbeilles de vannerie, et celles-ci sont plongées dans de grandes cuves en bois assez profondes pour que les corbeilles ne s'y élèvent qu'à la moitié de leur hauteur. Ces corbeilles, ainsi suspendues à des traverses en bois, plongent dans les bains d'acide chlorhydrique jusqu'à ce que les os soient complètement ramollis, ce qui est facile à reconnaître à ce qu'ils ont acquis de la transparence, qu'ils cèdent sous la pression des doigts et qu'ils peuvent se courber en tous sens. On enlève alors les corbeilles du bain et on les laisse égoutter.

Lavage et neutralisation des os ramollis

Lorsque les os sont ramollis, on les immerge dans l'eau ; on les y laisse tremper pendant quelques heures, afin que l'eau puisse étendre et déplacer la **solution acide** ; on soutire alors le liquide acidulé et on le remplace par une nouvelle quantité d'eau ; celle-ci étend davantage encore la solution acide, et en entraîne une grande partie. On réitère les lavages six ou huit fois, et, lorsque l'on a intérêt à ménager l'eau, on repasse successivement la solution soutirée d'un baquet dans un autre baquet, d'où l'on vient d'extraire une solution plus forte. L'épuisement de l'acide est surtout difficile pour la partie des os fortement imprégnée de graisse : aussi réserve-t-on ces parties pour la fabrication de la colle. Pour neutraliser l'excès d'acide, on ajoute quelques petits fragments de marbre dans la chaudière où se fait la dissolution de la matière animale.

Lorsque l'on peut disposer d'un cours d'eau vive, on est plus assuré d'éliminer la totalité de la solution acide engagée dans la substance animale organisée ; on la plonge dans le courant, après l'avoir enfermée dans des paniers, des filets, des canevas ou des toiles claires. L'eau se renouvelle continuellement dans les interstices de la matière et l'on ne retire celle-ci qu'après s'être assuré qu'elle ne retient plus d'acide en excès. Pour cela, il faut qu'en coupant plusieurs morceaux transversalement, et en posant la tranche sur la langue, elle ne développe aucun goût acide, ou que, plaçant sur cette tranche humide un papier teint avec du bleu tournesol, la couleur de celui-ci ne soit pas virée à l'instant au rouge.

Enfin, si manquant d'eau vive, on n'était pas parvenu à désacidifier complètement les os ramollis, on pourrait les faire tremper dans une solution de carbonate de soude étendue ; on formerait ainsi du carbonate de chaux insoluble et du chlorure de soude (solution de sel marin). En supposant qu'après le lavage il pût rester une petite quantité de ce dernier sel, on sait que sa présence n'offre aucun inconvénient dans les substances alimentaires.

Mais le procédé le plus simple et le plus économique pour désacidifier les os après qu'ils ont été égouttés et lavés, consiste à les mettre en chaux. Cette chaux sature l'acide chlorhydrique et le phosphate acide de chaux restés dans les os; il est donc nécessaire de les y laisser macérer assez de temps et de renouveler le lait de chaux quand on juge que son action est épuisée. Seulement, il faut éviter que les matières soient, dans l'intervalle des macérations aux laits de chaux successifs, exposées à l'air, parce que la chaux se carbonaterait à la surface et y formerait une croûte qui s'opposerait à l'action des derniers bains.

Il arrive parfois qu'on ne passe pas en chaux et qu'on laisse aux matières une légère réaction acide. La colle qu'on prépare alors conserve plus de souplesse, parce qu'elle est hygrométrique; par cette raison, elle est recherchée pour certains apprêts ou l'encollage des tissus. Cette colle, légèrement acide, doit être cuite dans une chaudière en plomb et coulée dans des moules de bois, pour que l'acide libre qu'elle renferme n'attaque pas les vases en cuivre ou en zinc et ne forme pas un oxyde qui lui donnerait un aspect louche ou la colorerait.

La matière gélatineuse, préparée avec tous les soins convenables, conserve quelquefois une mauvaise odeur; cela peut tenir à la présence d'une huile nauséabonde et de l'hydrogène sulfuré dans l'acide chlorhydrique du commerce. Il importe donc beaucoup de se procurer cet acide aussi pur que possible. Celui que les fabricants de soude préparent au moyen des *bastringues* est préférable à l'acide chlorhydrique obtenu dans le procédé dit des cylindres. Une autre cause de mauvais goût de la substance organique extraite des os, c'est la présence de la graisse rancie. On pourrait détruire le goût désagréable dû aux premières causes, par une légère solution de chlorure de chaux, et entraîner l'acide gras, d'où vient la deuxième cause, par une solution de sous-carbonate de soude. Il est inutile de dire qu'après l'emploi de ces réactifs, il serait nécessaire de bien laver la substance animale.

Divers auteurs ont démontré que les proportions de sels terreux et de la matière animale organisée varient avec l'âge des animaux ; mais *d'Arcet* a prétendu, d'après ses expériences, que ces substances étaient généralement entre elles dans des proportions constantes et que la graisse seule variait dans les divers âges. Quoi qu'il en soit, il est certain que la quantité de gélatine qu'ils fournissent dépend de la nature des os, de la température à laquelle on agit, du degré de force de l'acide que l'on emploie, et surtout des soins que l'on apporte dans leur ramollissement, pour prévenir la dissolution de la substance organisée dans l'acide.

Dans les expériences faites avec les précautions convenables, on obtient de la plupart des os environ 0,29 de substance animale insoluble dans l'acide chlorhydrique faible, qui produisent environ 0,26 de gélatine.

Lorsque l'on opère en grand, il n'est possible d'obtenir, terme moyen, de 100 kilogrammes d'os, plus de 25 à 27 kilogrammes de substance organisée, et, en faisant dissoudre celle-ci, 0,22 à 0,24 de gélatine.

Lorsque l'on a obtenu ainsi la matière animale des os à l'état humide, on peut la convertir en gélatine en la traitant par l'eau bouillante, ou la dessécher telle qu'elle se trouve, afin de la conserver et d'en dissoudre, au moment de s'en servir, la quantité dont on en a besoin.

Dessiccation des os ramollis

Lorsqu'on veut préparer de la colle forte au moyen des os ramollis, il est nécessaire, après le chaulage, de les faire sécher complètement et de les emmagasiner jusqu'à l'époque la plus favorable à cette fabrication. Sans cette précaution, les produits obtenus seraient de moins bonne qualité ; ce qui tient probablement à la nécessité de laisser à la chaux le temps de se carbonater. M. *Schattenmann* a reconnu que la dessiccation préalable est même indispensable, la chaux pouvant toujours altérer la gélatine, au point de la rendre très inférieure.

Cuisson des os

A Bouxwiller, pour convertir en colle forte les matières desséchées, on les fait bouillir dans des chaudières en cuivre ou mieux en tôle et même en fonte, à l'air libre, à trois reprises différentes, pour que l'épuisement soit plus complet et que la dissolution soit plus concentrée. Cette dissolution, obnue avec une quantité d'eau juste suffisante pour réparer les effets de l'évaporation, est mise à déposer dans un cuvier entouré de corps mauvais conducteurs de la chaleur. Enfin on la soutire à clair dans des moules de bois garnis de plomb. Les pains, refroidis et extraits des moules, sont découpés en feuillets minces que l'on fait sécher sur des réseaux pareils à ceux qu'on emploie dans la fabrication ordinaire de la colle forte.

Si l'on veut préparer la gelée tremblante, ou colle au baquet, on fait dissoudre la matière animale des os (sèche ou son équivalent en gélatine humide) dans dix fois son volume d'eau à chaud; on ajoute environ 2 0/0 d'alun, afin qu'elle se détériore moins promptement, surtout pendant les chaleurs; on laisse déposer dans la chaudière; on tire au clair dans de petits baquets garnis d'anses en cordes et placés dans un endroit frais. Lorsque la colle est prise en gelée, on la transporte chez les marchands ou chez les consommateurs, qui la conservent à la cave jusqu'au moment de l'employer.

Rendement

La colle forte, obtenue des os par le procédé que nous venons de décrire, et avec tous les soins désirables, est d'excellente qualité et se montre supérieure même aux colles extraites des peaux d'animaux.

Dans une grande exploitation, on compte sur les rendements suivants : 1° pour 300 kilogrammes de cornillons ou d'os de la tête et du crâne, traités par 300 kilogrammes d'acide chlorhydrique, on a 100 kilogrammes de résidu, qui donnent en définitive 66 et même 70 kilogrammes d'excellente colle forte, soit 22 à 23 0/0 du poids des os; 2° pour 450 kilogrammes des autres os, traités par 450 kilogrammes d'acide, on a également 100 kilogrammes de résidu et 66 à 70 de colle, soit 14 à 15 0/0 du poids des os.

II. PROCÉDÉ DUPASQUIER

MM. *Dupasquier* et *Dupasquier* fils ont pris en 1818 un brevet d'invention pour préparer au moyen des os, une matière à laquelle les inventeurs ont donné le nom d'*ostéocolle* et qu'ils ont proposée comme étant propre à remplacer la colle de poisson. Ce brevet qui, assurent les inventeurs, présente des perfectionnements importants, ne paraît être toutefois que le développement de quelques idées suggérées primitivement par *d'Arcet*, malgré la critique qu'ils font des procédés de ce chimiste; quoi qu'il en soit, comme ce brevet renferme des renseignements utiles, nous en donnerons la substance, mais sans souscrire entièrement aux jugements qui y sont portés.

Choix et blanchissage des os

Un homme armé d'une hache enlève toutes les parties spongieuses ou altérées, et n'admet comme propres à être employées que celles qui sont compactes. Ce choix fait, on transporte les os qui sont reconnus bons dans une chaudière, où on les soumet à l'ébullition pendant une heure : cette ébullition leur enlève les parties charnues, ainsi que les corps étrangers solubles qui les salissaient; mais comme elle ne les dépouille pas entièrement de leur graisse, on ajoute, sur la fin, une lessive de potasse. Les proportions de cette lessive sont : pour 100 kilogrammes d'os, 1 kilogramme de sous-carbonate de potasse et 1 kilogramme de chaux. Après un séjour de deux heures dans cette lessive, on retire les os et on les porte dans des paniers à la rivière, afin d'entraîner les corps étrangers non solubles qui y sont restés attachés, ainsi qu'une portion de potasse que les os retiennent toujours.

Division des os

Pour que la division des os soit possible, il faut qu'ils soient exactement secs, ce qu'on obtient, soit par une *insolation* prolongée, soit par l'exposition dans un four pendant plusieurs heures. Les os, secs, sont soumis ensuite à l'action d'une très forte *meule à manchon* (celle employée par les inventeurs a 2 mètres de diamètre sur 60 centimètres d'épaisseur) : par ce moyen, un fort cheval peut, dans une heure, réduire 65 kilogrammes d'os à une division telle que les morceaux les plus gros n'égalent pas la grosseur d'une fève, et que les autres présentent déjà une grande division ; mais cependant ils ne sont pas encore assez petits pour être attaqués promptement par l'acide, ce qui est très important comme on va le voir. Cette plus grande division s'obtient par l'action des meules employées pour la mouture du blé, mues par un courant d'eau très puissant, parce que les os offrent une assez grande résistance. Il est bon de remarquer que les os ne dégradent pas les meules lorsqu'elles sont d'un bon grain.

Immersion dans l'acide muriatique ou chlorhydrique

L'avantage d'une grande division résulte, ainsi que nous l'avons observé, de ce que l'acide muriatique agit lentement sur un os non divisé, et qu'un contact longtemps prolongé de cet acide avec la gélatine l'altère et la colore.

La poussière d'os obtenue par la mouture est portée ensuite dans un tamis cylindrique mû au moyen d'une manivelle. Par là, on la divise en deux parties : l'une, sous la forme d'une poussière extrêmement ténue, l'autre ressemblant assez bien, par la division, à du tabac râpé. On opère cette séparation, parce que la poussière fine demande une moins grande quantité d'acide, pour deux raisons : 1° l'observation a montré qu'une particule d'os atteinte à sa surface peut être attaquée entièrement par l'eau bouillante, ce qui n'a pas lieu pour les morceaux les plus gros, qui doivent être décomposés entièrement par l'acide pour que la solution s'en opère ; 2° on a encore observé que lorsqu'on met autant d'acide pour la poussière fine que pour celle qui présente moins de division, l'action de cet acide est soudaine, et que, par suite, il se développe un très haut degré de chaleur qui dissout la gélatine, de manière qu'elle est enlevée par les lavages subséquents.

Voici les proportions :

Pour la poussière fine

Acide chlorhydrique	25
Eau.	75
Poussière fine	100

Pour les os moins divisés

Acide chlorhydrique.	50
Eau.	75
Os divisés.	100

On commence par mettre la poussière d'os dans de grands cuviers de bois blanc, on verse dessus l'eau dans les proportions indiquées, on remue le mélange avec des pelles de bois, afin que toutes les portions osseuses soient mouillées. Une heure après, on verse le tiers de l'acide indiqué; les deux autres tiers s'ajoutent ensuite, en mettant une heure d'intervalle pour chacun d'eux. On agit ainsi pour que l'action de l'acide ne soit pas trop précipitée, et qu'il ne se produise pas un très grand degré de chaleur. Cette opération est la même, soit qu'on emploie la grosse ou la fine poussière.

On laisse agir l'acide pendant douze heures, et, dans l'intervalle de chacune d'elles, on a soin de remuer avec des pelles de bois : alors l'action de l'acide étant terminée, on décante le liquide, qui contient du chlorure de chaux, de l'acide phosphorique libre, et une certaine quantité d'acide muriatique également à l'état de liberté. Les os qui restent sont mis dans des sacs de toile claire et portés à la rivière, où ils séjournent vingt-quatre heures. Au bout de ce temps, on les agite fortement dans l'eau courante, jusqu'à ce qu'en en mettant sur la langue on ne trouve plus aucune saveur : dans cet état ils sont prêts à être employés.

Ces os ainsi préparés sont portés dans une chaudière à bain-marie (fig. 56) fermant exactement. On y ajoute de l'eau dans les proportions suivantes :

Os pesés avant l'immersion . . . . 150 parties
Eau 200   —

On pousse à l'ébullition, qu'on prolonge jusqu'à l'entière solution de la gélatine, ce qu'on reconnaît

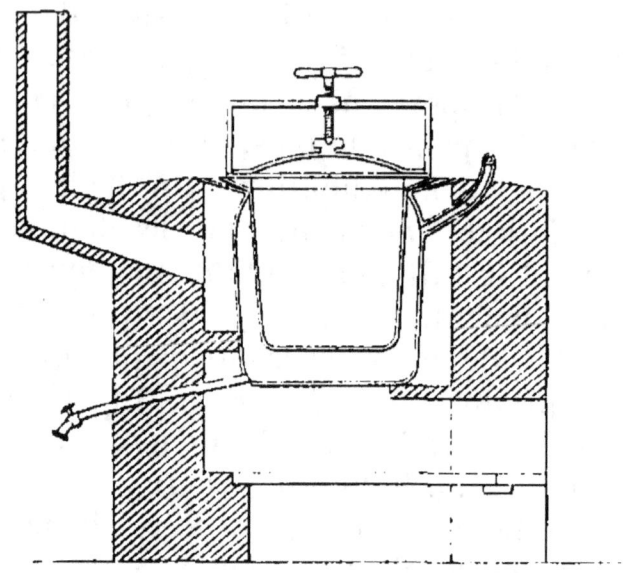

Fig. 56. — Chaudière pour la cuisson des os.

lorsque le marc est tout à fait pâteux et qu'il n'offre pas des parties qui résistent à la pression du doigt. On enlève le liquide qu'on passe dans une chausse de laine, et le marc est porté à la presse.

C'est ici le lieu de dire qu'en soumettant la fine poussière d'os non attaquée par l'acide à l'action de l'eau bouillante, comme on vient de le voir pour celle qui a été décomposée par l'acide, on obtient également de l'ostéocolle, mais en moins grande quantité; cependant, à cause de l'économie d'acide, on peut employer l'un et l'autre procédés.

Blanchiment

On réunit le liquide retiré de la chaudière avec celui obtenu par la pression du marc ; on le verse dans un tonneau de bois blanc très allongé, comme on le voit figure 57 ; ensuite on fait passer pendant

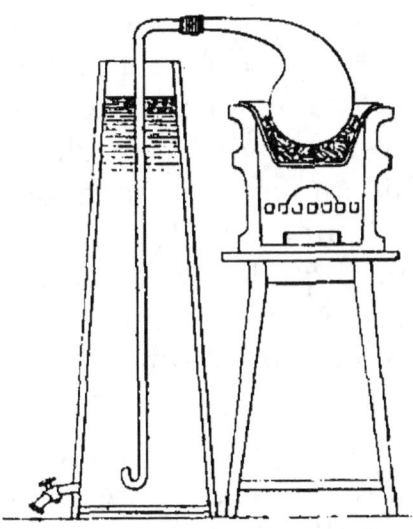

Fig. 57. — Appareil pour le blanchiment de la **colle**.

une heure un courant très vif de gaz acide sulfureux obtenu par la décomposition de l'acide sulfurique par le charbon. Cet acide change la teinte terne du liquide en une teinte blanche azurée, imitant la couleur d'une dissolution de belle colle de poisson. On laisse reposer pendant deux heures, après quoi on décante au moyen d'un robinet placé à 8 centimètres de la partie inférieure du tonneau ; on reçoit le liquide dans des vases de bois, et on le porte dans un autre local, où se trouve un autre appareil pour le coulage.

Coulage et étendage

Sur deux soliveaux placés horizontalement et soutenus par quatre chevalets, on pose, les uns à côté des autres, des couloirs faits en bois blanc, ayant 1m60 de longueur sur 54 centimètres de largeur ; il règne autour un bord élevé de 4 centimètres. Les couloirs sont revêtus d'une couche d'huile siccative et de céruse, afin de boucher les gerçures du bois et d'empêcher le liquide de le voiler. Ces couloirs assujettis et parfaitement de niveau, on procède au coulage : chaque couloir doit contenir, dans toute son étendue, l'épaisseur de 5 millimètres de liquide. Bientôt ce liquide forme une gelée d'une très forte consistance, qu'on enlève au moyen de couteaux de bois, et qu'on place sur des toiles claires, exposées dans un endroit abrité et ayant un vif courant d'air. Dans l'espace de six à dix jours, cette gelée se dessèche parfaitement et sans s'altérer. On obtient ainsi de l'ostéocolle.

Les inventeurs du procédé ci-dessus décrit l'ont ultérieurement modifié en supprimant le travail de la division des os, qu'ils considéraient auparavant comme des plus avantageux.

Après avoir préparé les os comme on vient de le voir, au lieu de les soumettre à la mouture, on leur fait subir un bain d'acide hydrochlorique dans des proportions analogues à celles qu'on employait auparavant ; on les y laisse séjourner pendant huit jours, temps qui suffit ordinairement pour leur enlever la plus grande partie de leur phosphate calcaire. On les retire ensuite et on en remplit des paniers, qu'on expose pendant six ou huit heures dans une eau courante ; alors on fait usage de deux procédés pour les dissoudre dans l'eau et en obtenir l'ostéocolle. 1°, suivant l'ancienne méthode, on les soumet à l'action de l'eau bouillante dans une chaudière à bain-marie ; 2°, on opère encore cette solution au moyen de la vapeur par exemple, en se servant du dispositif représenté à la figure 58, qui comprend une chaudière *e* et une

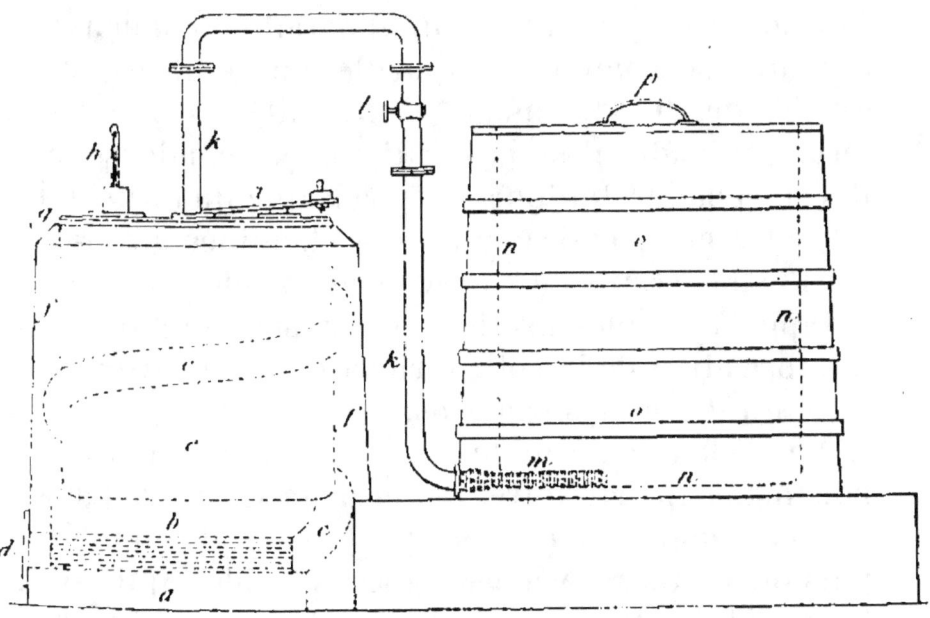

Fig. 58. — Appareil pour l'obtention de la colle d'os.

cuve en bois blanc *o* : les os sont placés dans un sac *n* à l'intérieur de la cuve et sont soumis à l'action de la vapeur que l'on fait arriver de la chaudière par le conduit *k*.

Ce dernier procédé a pour avantage de donner une ostéocolle plus blanche, parce que la solution s'opère au moyen de la vapeur d'eau dans une cuve de bois, et qu'il ne peut y avoir de carbonisation, comme cela a lieu sur les parois d'une chaudière chauffée à feu nu.

III. UTILISATION DES VAPEURS ACIDES DES FABRIQUES DE SOUDE

Dans les fabriques de soude, l'acide chlorhydrique qui est déplacé dans le sel marin par l'acide sulfurique se dégage sous forme gazeuse et est forcé de passer à travers un appareil de condensation qui se compose de tourilles au nombre quelquefois de 20 à 25 ; mais à l'extrémité de cette batterie, cet acide n'est pas entièrement condensé, et il s'en échappe toujours une certaine quantité qui est entraînée par tirage dans la cheminée générale de l'usine. Ce sont ces vapeurs acides, qui ont échappé à la condensation, qu'on peut employer à la fabrication de la colle forte et de la gélatine en les faisant réagir sur des os.

A cet effet, on monte une batterie de cuves en bois ou en pierre dure, qu'on dispose par rangées et qu'on charge avec des os concassés et mouillés, puis on y fait arriver les vapeurs acides qui s'échappent des tourilles de l'usine à soude ; ces vapeurs, qui trouvent dans ces cuves une immense surface humide, se condensent sur les os qu'elles attaquent, qu'elles ramollissent au point de permettre d'en chasser par des lavages le phosphate de chaux et d'obtenir de la colle forte ou de la gélatine par les moyens que nous avons indiqués en traitant de leur fabrication avec les os et les acides.

Ces vapeurs acides, après qu'elles ont atteint les dernières cuves, ne s'y condensent pas encore complètement ; alors, pour s'en débarrasser définitivement, on a adopté la disposition suivante :

La cheminée de l'usine est à double conduit : l'un de ces conduits est placé à l'intérieur de l'autre. Le conduit extérieur, qui peut par conséquent avoir une forme annulaire si le corps de cette cheminée est rond, reçoit les gaz et les produits de la combustion des foyers de l'usine, tandis que le conduit intérieur, qui est de deux tiers moins élevé que celui extérieur, est rempli de coke qu'on maintient constamment humide au moyen d'un filet d'eau froide qui condense les vapeurs acides échappées à la condensation dans la batterie des cuves.

Cette disposition, adoptée dans plusieurs fabriques pour la forme de la cheminée, a sans doute eu pour but de déterminer un tirage à l'extrémité de la cheminée intérieure, afin d'enlever les vapeurs qui pourraient ne pas encore être condensées par la cascade de coke humecté d'eau. Mais, sous un certain point de vue, elle est défectueuse, en ce que la cheminée extérieure chauffe celle intérieure qui, au contraire, devrait, comme un réfrigérant, être maintenue à la plus basse température possible pour effectuer une bonne et complète condensation, et, en outre, parce que les vapeurs acides qui s'échappent encore de la cascade, dans le cas où il n'y a pas condensation complète, dans les gros temps et dans les brouillards, peuvent être refoulées de haut en bas dans la cheminée extérieure, et venir se répandre dans l'usine, où elles doivent causer des accidents. D'ailleurs, on comprend qu'un corps de cheminée entretenu constamment frais par un écoulement d'eau, doit également entraver le tirage dans la cheminée extérieure et arrêter l'activité du foyer. Rien n'empêche de séparer ces cheminées, qui doivent être maintenues dans un état physique de température tout à fait différent, si l'on veut qu'elles opèrent convenablement, et de les placer en outre dans les points où elles peuvent le plus avantageusement remplir leur office.

IV. PROCÉDÉ PASCAL

Afin d'économiser l'acide chlorhydrique dont le prix était bien plus élevé que celui de l'acide sulfurique, on a proposé à plusieurs reprises d'employer ce dernier acide pour la fabrication de la colle, en utilisant la propriété qu'il présente vis-à-vis du chlorure de calcium. On sait que si l'on ajoute de l'acide sulfurique à une solution de chlorure de calcium, ce sel est transformé en sulfate de calcium insoluble, qui se précipite, tandis que de l'acide chlorhydrique, prenant naissance, remplace dans la solution l'acide sulfurique décomposé.

En 1822, *N. Pascal*, de Marseille, a préconisé un procédé basé sur cette réaction et dont voici la description :

Nous nous sommes longtemps servi, dit-il, pour ramollir les os, seulement d'acide chlorhydrique, mais ayant remarqué que, par ce moyen, la gélatine nous revenait extrêmement cher, nous avons cherché une autre méthode qui fût plus économique.

Nous commençâmes à faire ramollir les os dans l'acide chlorhydrique à 10°, pendant trois fois vingt-quatre heures, ensuite nous transvasâmes cette lessive, nous y incorporâmes de l'acide sulfurique, qui nous produisit un précipité ou sulfate de chaux auquel nous donnâmes la force nécessaire pour opérer le ramollissement, ce qui nous procura un avantage plus grand que notre premier procédé.

Mais comme la macération des os et le sulfate de chaux que nous faisions après avoir transvasé la lessive qui avait servi au ramollissement, consommaient une grande partie de cette lessive devenue acide chlorhydrique et que nous étions obligés à en ajouter à toutes nos opérations pour former le contingent qui devait servir de seconde lessive, nous avons alors cherché le moyen de remédier à cet inconvénient.

A cet effet, nous mettons nos os dans une baille que nous remplissons d'acide chlorhydrique à 6°, et après y avoir laissé macérer les os pendant trois fois vingt-quatre heures, nous transvasons cette lessive dans un autre baquet, dans lequel nous formons, en y incorporant l'acide sulfurique de 50°, un précipité ou sulfate de chaux, pour mettre cette lessive à 15° et pour lui donner la force nécessaire de ramollir de nouveau les os; ensuite nous la filtrons et la transvasons encore dans le baquet des os qui ont déjà passé à une lessive, et nous les laissons encore macérer pendant trois fois vingt-quatre heures, après quoi ils sont ramollis. Cependant, il arrive quelquefois que nous sommes obligés d'en donner une troisième comme, par exemple, pour les os des pieds de bœufs et autres qui sont plus difficiles à ramollir.

Mais comme la macération des os et le sulfate de chaux ou précipité que nous composons, après avoir transvasé, nous consomment, comme nous l'avons dit, une grande partie de cette lessive, et pour éviter d'ajouter, comme dans notre second procédé, de l'acide chlorhydrique, nous remplaçons ce qui manque par de l'eau naturelle; ensuite nous faisons notre précipité ou sulfate de chaux et nous en obtenons de même la force nécessaire pour ramollir les os. Nous procédons de cette manière jusqu'à ce que la lessive soit trop altérée par l'acide sulfurique; alors nous sommes obligé à y ajouter de l'acide chlorhydrique.

Nous trouvons, par ce moyen, une économie de 25 0/0 d'acide chlorhydrique.

Les os étant ramollis, nous les pressons pour leur faire rendre l'acide dont ils se sont emparés, ensuite nous les mettons dans l'eau pour les purger de celui qu'ils peuvent encore contenir. Après les avoir fait sécher, nous les transportons dans les chaudières pour en extraire, par l'ébullition, une gélatine plus belle que celle que nous avons fabriquée dans nos deux premiers procédés.

Clarification

Nous étions obligé, dans notre second procédé, à mettre en terre des tonneaux de la contenance de nos chaudières, dans lesquels nous versions la gélatine que nous retirions ensuite pour la placer dans les mises; mais comme nous avions souvent éprouvé des inconvénients par les grandes rigueurs de l'hiver qui faisaient congeler la gélatine avant qu'elle ait pu déposer tous les corps qui lui étaient étrangers, ce qui nous occasionnait un déchet, nous avons cherché à vaincre cette difficulté. Nous y avons parfaitement réussi en plaçant nos mises dans une étuve de 26° à 30° de chaleur du thermomètre de Réaumur, où nous versons la gélatine à sa sortie des chaudières, sans avoir recours aux tonneaux, et nous lui donnons le temps nécessaire pour qu'elle se clarifie; ensuite nous ouvrons les fenêtres pour la laisser coaguler.

Nous la coupons en tablettes que nous plaçons sur des claies en filets que nous exposons à l'air; quand elles sont aux trois quarts sèches, nous en formons des liasses que nous laissons totalement sécher.

Nous avons trouvé le moyen de lustrer la colle gélatine en la lavant dans de l'eau naturelle, que nous entretenons en plaçant un cylindre au milieu de la baille de 40° à 45° de chaleur, et nous en obtenons, en y trempant nos liasses, un lustre mieux soigné et plus économique qu'autrefois, puisque nous étions obligé à faire fondre de cette colle gélatine pour y laver nos tablettes, ce qui couvrait la poussière qui se trouvait dessus et les rendait moins transparentes.

V. PROCÉDÉ SIAN, GANLOFFRET ET BOFFE

Les sieurs *B. Sian*, *Ganloffret* et *Boffe*, de Marseille, ont pris en 1827 un brevet d'invention pour un procédé de fabrication de la colle forte au moyen du chlorure de calcium qu'on recueille dans les appareils de condensation des fabriques de soude factice, où l'on emploie, pour absorber l'acide chlorhydrique qui se dégage, la craie ou autre carbonate calcaire.

Cette méthode de fabriquer la colle forte repose sur deux points principaux : le premier consiste dans l'emploi de l'*huile de chaux* qui découle des appareils condensateurs des fabriques de soude factice; le second a pour objet le rétablissement, par l'acide sulfurique, de l'énergie des lessives qui se sont chargées de la partie calcaire des os, afin de faire toujours servir les mêmes lessives.

On se procure donc du chlorure de calcium neutre, résidu découlant des condensateurs des fabriques de soude factice, et vulgairement connu sous la dénomination d'*huile de chaux*, ou bien des eaux-mères des salines ou résidus qui restent après le saunage et qui produisent le même effet; on en remplit des cuviers en bois, et on en opère la réduction avec de l'eau à 12 degrés de l'aréomètre de Baumé; ensuite on verse, sur le liquide ainsi affaibli, de l'acide sulfurique marquant de 40 à 50° à l'aréomètre, et tel qu'il sort des chambres de plomb où on le fabrique. Après avoir remué le mélange avec des spatules en bois, on le laisse reposer pendant une heure, pour que la combinaison s'accomplisse.

On verse le magma ou pâte liquide produite dans des cuviers disposés en filtres, munis au fond de quelques javelles ou de fragments de vieux cercles de bois, et recouverts intérieurement d'une toile à filtrer formée avec des emballages en crin des cotons du Levant.

Le liquide, s'échappant par une chantepleure placée au fond des cuviers à filtrer, est reçu dans des baquets, et, comme la pâte qui reste sur le filtre est très foisonnante et embrasse beaucoup de liquide en se retirant, cette pâte est soumise à l'action d'une forte presse, dans des caisses de bois bien ferrées et munies intérieurement de toiles en crin de même nature que celles des filtres et d'une claire-voie pour donner issue au liquide pendant la pression.

Le sulfate calcaire ou résidu solide de la presse est ensuite rejeté comme inutile.

On remplit d'os des cuviers de bois disposés sur des supports et on les recouvre des liquides réunis provenant de la presse et des filtres ; au bout de trois jours, on retire des cuviers ce liquide au moyen d'un siphon et on le remplace par un nouveau liquide résultant également de la presse et des filtres par suite d'une semblable opération. Ce liquide est pareillement retiré au bout de trois jours, et ainsi de suite, jusqu'à ce que les os soient parfaitement ramollis ; mais comme les liquides retirés de dessous les os, tous les trois jours, se sont chargés de leur partie calcaire et ont ainsi perdu leur propriété dissolvante, pour la leur rendre, on les soumet de nouveau à l'action de l'acide sulfurique comme la première fois, puis, passés par les filtres et par la presse, et ainsi revivifiés, on peut les faire servir aux opérations subséquentes. Ces liquides, placés sur de nouveaux os, leur enlèvent la partie calcaire et sont encore rétablis de nouveau par l'acide sulfurique, et ainsi de suite.

Les os restent donc en tout neuf jours dans les liquides, qui sont renouvelés trois fois de trois jours en trois jours, et à chaque fois rétablis dans leur état primitif par l'acide sulfurique. Par ce moyen, l'acide sulfurique est seul consommé, et lorsque, par l'évaporation ou par la partie liquide retenue dans le résidu solide rejeté de la presse, la quantité des lessives diminue graduellement, on y ajoute de temps en temps un peu d'eau, en été, et un peu d'huile de chaux réduite à 12°, en hiver.

Après neuf jours de digestion, les os, ramollis, sont retirés des cuviers et soumis à la presse pour en expulser le liquide qui les pénètre; ils sont ensuite lavés dans l'eau pure, et après les avoir fait dessécher sur des terrasses, on les entasse en approvisionnement pour la saison de la fonte.

La fonte s'opère, comme pour la colle ordinaire, dans une chaudière de cuivre. Lorsque la matière est fondue, on verse le bouillon dans de grands cuviers ou reposoirs, qu'on a soin de bien recouvrir pour maintenir la chaleur; on l'y laisse vingt-quatre heures en repos, pendant ce temps la matière se clarifie d'elle-même; on la verse alors dans des moules de bois, où elle se solidifie en gelée par le refroidissement, pour être ensuite coupée, puis divisée en tranches et exposée sur des filets dans un lieu aéré, où elle se dessèche complètement. Le dépôt vaseux resté au fond des reposoirs est délayé dans de l'eau bouillante; il forme un liquide légèrement chargé de colle, qui est employé à la fonte suivante en place d'eau pure. Afin d'obvier à la **putréfaction de ces eaux de colle pendant les interruptions forcées dans les opérations**, on y délaie une proportion convenable de charbon animal en poudre.

Ces dernières opérations sont communes aux diverses fabriques de colle forte; on remarquera seulement que, pour assainir parfaitement la substance animale déjà assainie par la propriété antiseptique des acides, on y joint, pendant qu'elle est en fonte dans la chaudière, 3 0/0 de charbon animal non tamisé qui, réduit en poudre grossière, se précipite plus facilement pendant le repos du bouillon; et enfin que, pour éviter tout levain de putréfaction, lorsque la colle languit dans les séchoirs par des temps humides, on a soin d'entretenir dans leur étendage du chlorure de chaux en magma, dans des baquets qu'on remue de temps en temps.

Au moyen de ces manipulations, on obtient des produits parfaitement inodores.

CHAPITRE XI

Traitement des Os par l'acide sulfureux

Sommaire. — I. Procédé W. Gerland. — II. Procédé Thiollier. — III. Procédé Flodquist. — IV. Procédé Serve.

Les acides sulfurique et chlorhydrique ne sont pas les seuls qui aient été appliqués à la fabrication de la gélatine, et si on les emploie de préférence, c'est surtout en raison de leur bas prix et de leur action rapide et satisfaisante ; mais bien d'autres acides peuvent être employés avec succès pour remplir le même objet. L'acide sulfureux, en particulier, est susceptible d'être employé avec avantage, d'une part, en raison de son prix peu élevé, d'autre part, à cause de ses propriétés décolorantes qui permettent d'obtenir des colles claires et transparentes.

Nous allons décrire ici plusieurs procédés brevetés successivement pour l'application de cet agent à l'industrie qui nous occupe.

I. PROCÉDÉ W. GERLAND

Ce procédé, breveté en 1872, consiste dans le traitement des os par l'acide sulfureux en dissolution dans l'eau.

On concasse les os, dont on extrait les matières grasses, soit avant l'action de l'acide, soit pendant la préparation de la gélatine. Ils sont alors introduits dans une citerne remplie d'eau et fermée. Au-dessus de la surface du liquide se trouve un espace vide pour la circulation du gaz produit par la combustion du soufre ou des pyrites. L'acide sulfureux refroidi se rend dans l'espace vide de la citerne, se dissout partiellement dans l'eau et passe dans des tours de condensation analogues à celles employées pour recueillir l'acide chlorhydrique. On alimente ces tours avec l'eau de la citerne, qui y reflue chargée de gaz sulfureux.

Par l'action de l'acide sulfureux et de l'eau, les **phosphates entrent en dissolution et augmentent la densité du liquide. La température doit être main-**

tenue basse. Lorsque la liqueur a atteint le degré convenable de saturation, on la fait passer dans un vase clos où elle est soumise à l'ébullition ou à l'action de la vapeur d'eau.

L'acide sulfureux se dégage et peut servir à une nouvelle opération, tandis que les phosphates se précipitent.

On peut aussi recouvrer l'acide sulfureux en faisant bouillir les liquides à une pression inférieure à celle de l'atmosphère. Les os, lavés après ce traitement, servent à la préparation de la gélatine par les méthodes ordinaires ; on peut en même temps en retirer les matières grasses qui surnagent la dissolution bouillie.

En traitant la dissolution sulfureuse par de l'acide ou du chlorure ferrique, on précipite l'acide phosphorique à l'état de phosphate ferrique. La dissolution acide séparée des phosphates peut servir au traitement d'une nouvelle quantité d'os.

Ce procédé permet d'extraire, à un état de pureté suffisante, les phosphates contenus dans les os fossiles, coprolithes, etc., ou dans le phosphate de chaux naturel.

II. PROCÉDÉ THIOLLIER

M. *Thiollier* a apporté en 1883 divers perfectionnements au traitement des os, dans le but d'en retirer la gélatine, le suif et le phosphate de chaux.

Le procédé de traitement des os, qu'il a employé, repose sur les trois opérations principales suivantes :

1° Attaque des os au moyen d'une dissolution

d'acide sulfureux, ou mieux d'un courant d'acide sulfureux gazeux, afin de dissoudre le phosphate de chaux et d'isoler l'osséine ;

2° Précipitation du phosphate neutre et du sulfite de chaux formés par la neutralisation des liqueurs au moyen de la chaux et d'un autre alcali ;

3° Dessiccation et calcination du précipité obtenu pour transformer le sulfite de chaux en sulfate de chaux.

Voici comment sont exécutées industriellement ces trois opérations.

L'attaque des os par l'acide sulfureux est tellement facile et rapide que tous les moyens sont praticables.

La méthode la plus simple consiste à mettre les os dans une grande cuve ou bassin en matières inattaquables à l'acide sulfureux, telles que le bois, le plomb, la tôle, la fonte émaillée, etc...

Cette cuve est garnie d'un double fond percé de trous distants du fond de quelques centimètres.

C'est sur ce double fond qu'on place les os simplement lavés à l'eau froide pour les débarrasser de la terre qui peut adhérer à leur surface.

C'est entre le fond et le double fond qu'arrive le gaz sulfureux, par compression. Les trous du double fond servent à mieux répartir le gaz, mais la présence du double fond n'est pas indispensable.

Le gaz sulfureux s'obtient par la combustion ou le grillage des sulfures métalliques, pyrites de fer, de cuivre, blendes, etc.

Le gaz est refoulé au moyen d'une pompe inattaquable à l'acide.

La cuve est remplie d'eau, de manière que les os

baignent complètement ; il suffit que le niveau de l'eau dépasse celui des os de 1 à 2 centimètres.

Si la cuve est ouverte, la pompe devra être aspirante et foulante.

Le gaz doit être lavé dans de l'eau avant d'arriver à la pompe, afin qu'il n'entraîne pas d'acide sulfurique.

Dès que la pompe est mise en mouvement et que le gaz pénètre sous les os, on voit l'attaque se produire. Le carbonate et le phosphate basique de chaux qui, avec l'osséine, composent les os, se dissolvent rapidement. La liqueur se charge de sulfite et de phosphate neutre de chaux.

Son degré aréométrique monte rapidement. Lorsque la densité est montée à 16 ou 18° de l'aréomètre Baumé, il faut arrêter l'opération, parce que la liqueur est saturée et que les sels qu'elle contient cristalliseraient.

On vide alors ce liquide, qui sera traité comme il est dit plus loin, et, si les os ne sont pas encore attaqués complètement, on remplit de nouveau la cuve avec de l'eau jusqu'un peu au-dessus du niveau des os et l'on continue l'opération.

Cette manière d'opérer offre des inconvénients ; pour que l'attaque soit complète, il faut employer un excès d'acide sulfureux : c'est une dépense que l'on peut éviter et une gêne pour les ouvriers chargés de ce travail.

On évite ces deux inconvénients en employant un appareil fondé sur le principe suivant :

La figure 59 est une coupe et élévation partielle de l'appareil.

La figure 60 est un plan.

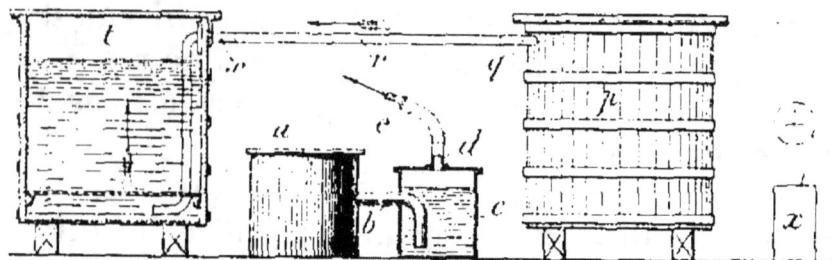

Fig. 59. — Coupe verticale montrant l'ensemble de l'appareil Thiollier.

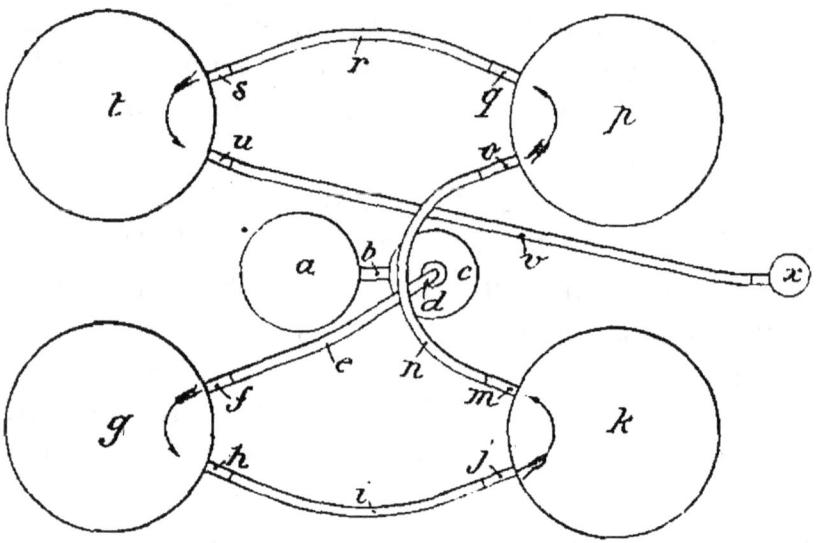

Fig. 60. — Plan de l'appareil Thiollier.

a désigne un fourneau où l'on brûle du soufre ou des pyrites. Le gaz sulfureux sort par le tube *b* et se rend dans un récipient quelconque *c* où il barbote pour se laver; il ressort par le tube *d*.

Un tuyau de caoutchouc *e* peut faire communiquer successivement le tube *d* avec un des tubes *f*, *m*, *o*, *u*, quel que soit le nombre des cuves employées.

Ces tubes *f*, *m*, *o*, *u* sont en plomb; ils sont disposés comme l'indique la figure 60 ; leur extrémité supérieure sort de la cuve pour y raccorder un tuyau en caoutchouc, et l'extrémité inférieure plonge jusqu'au fond de la cuve à laquelle ils sont adaptés.

Chaque cuve est munie d'un couvercle soigneusement luté ; elle est aussi munie à la partie inférieure d'un robinet de vidange.

Enfin x désigne une pompe aspirante.

Supposons les cuves garnies d'os et d'eau et les couvercles placés.

On fait communiquer les tubes d et f au moyen du tube en caoutchouc e.

Par le même moyen, on met en communication les tubes h et j, m et o, q et s, au moyen de tubes i, n, r. Enfin on fait communiquer le tube u avec la pompe aspirante x par un conduit v.

La pompe x fonctionnant fait passer l'air sur le soufre contenu dans le fourneau a, préalablement allumé, et entretient sa combustion. Le gaz traverse le flacon laveur c et pénètre au fond de la cuve g par le tube f.

L'excès d'acide sulfureux sort par le tube h, entre dans la cuve k par le tube j et ainsi de suite.

Le gaz qui sort en u est complètement privé d'acide sulfureux ; il n'est composé que d'azote et d'un peu d'oxygène. Cette manière d'opérer diminue beaucoup le travail de la pompe, et le gaz sulfureux est complètement utilisé.

On mesure de temps à autre la densité des liquides ; lorsqu'ils sont arrivés à 16 ou 18° de l'aréomètre, on les fait écouler et on remplit d'eau de nouveau la cuve dont le liquide est arrivé à ce degré de saturation.

Lorsque le degré aréométrique du liquide d'une cuve ne s'élève plus, c'est que les os sont complètement attaqués.

Dans la disposition représentée c'est dans la cuve *g* que cela a lieu d'abord.

On se contente alors d'enlever les tubes en caoutchoucs *e* et *i*, on fait communiquer les tubes *e* et *j*, et l'opération continue sur les trois cuves *k*, *p* et *t* seulement.

On enlève alors le couvercle de la cuve *g* et on la charge de nouveaux os.

On fait alors communiquer la cuve *g* avec la cuve *t*, on place le tube en caoutchouc *v* sur le tube *h* et on fait l'aspiration par ce tube.

On voit ainsi que le gaz entre d'abord dans la cuve *k*, où l'attaque des os est la plus avancée, et sort par la cuve *g* chargée d'os neufs.

Lorsque l'attaque est finie dans la cuve *k*, on la charge de nouveau en continuant l'opération dans les trois autres cuves, puis par un simple changement des tubes en caoutchouc, on fait entrer le gaz par la cuve *p* et l'on aspire par le tube *m* de la cuve *k*.

Et ainsi de suite, quel que soit le nombre de cuves.

Pour éviter les tuyaux de caoutchouc qui vont d'une cuve à l'autre et pour mieux utiliser la place, on peut faire ces cuves carrées, doublées de plomb et accolées les unes les autres. Le principe de l'opération est absolument le même.

Dans la pratique, deux cuves suffiraient parfaitement si l'on pouvait les faire assez grandes ; on peut les remplacer par deux grands bassins en maçonnerie doublés de plomb,

Pour décrire la suite de l'opération, nous allons suivre successivement les os attaqués et les liquides provenant de l'attaque.

Les os attaqués ont gardé exactement leur forme primitive.

Vu l'action décolorante de l'acide sulfureux, l'osséine qui est ainsi isolée est presque blanche, à moitié transparente et élastique.

On en remplit de grands paniers en tôle percés de trous et on les plonge pendant quelques minutes dans de l'eau chauffée à 50 ou 60°.

Tout le suif vient surnager et on l'enlève par écumages.

On retire les paniers et on soumet l'osséine à des lavages à l'eau pure ou légèrement acidulée avec de l'acide sulfureux ou de l'acide phosphorique.

Le dernier lavage doit être à l'eau pure. On peut aussi comprimer ces matières pour en exprimer tous les liquides nuisibles.

Nous n'avons pas à dire comment on transforme cette osséine en gélatine ; on opère exactement comme dans l'ancien procédé, où l'attaque des os se faisait au moyen de l'acide chlorhydrique.

III. PROCÉDÉ FLODQUIST

Les figures 61, 62, 63 et 64 représentent un appareil imaginé par M. *Flodquist* pour la fabrication de la colle et de la solution de chaux phosphatée acide et du sulfite de chaux acide.

La figure 61 représente l'appareil vu d'en haut.

La figure 62 est une section verticale et transversale d'après la ligne B B,

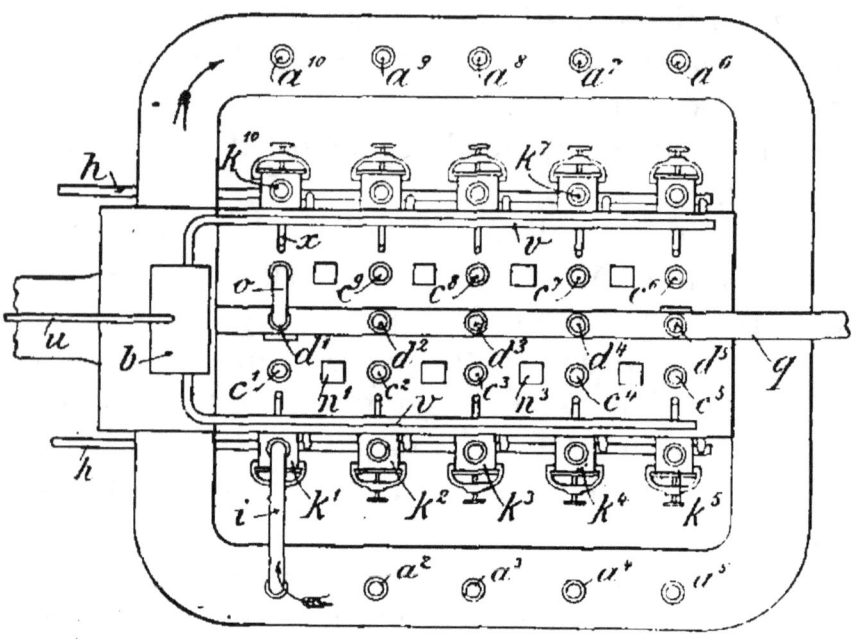

Fig. 61. — Plan.

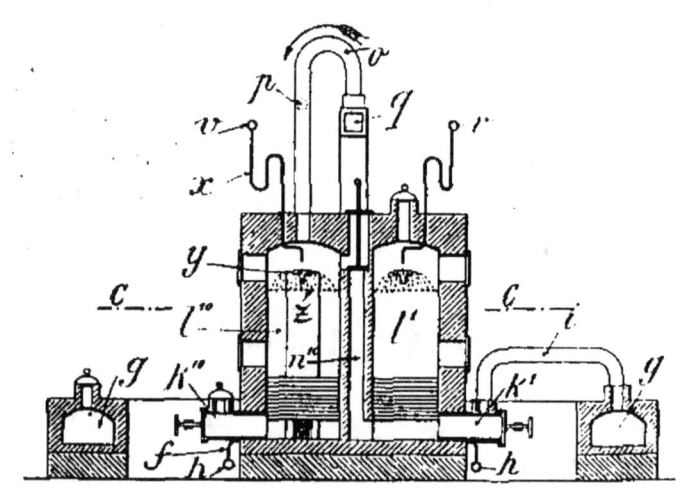

Fig. 62. — Coupe faite suivant la ligne B B de la figure 64.

La figure 63 représente en partie une section verticale et longitudinale suivant la ligne A A et en partie l'appareil vu de côté.

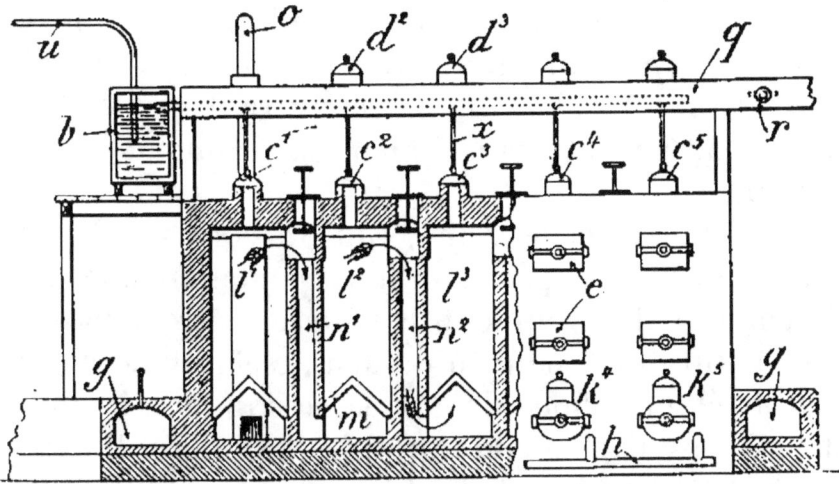

Fig. 63. — Coupe faite partiellement suivant la ligne A A de la fig. 64.

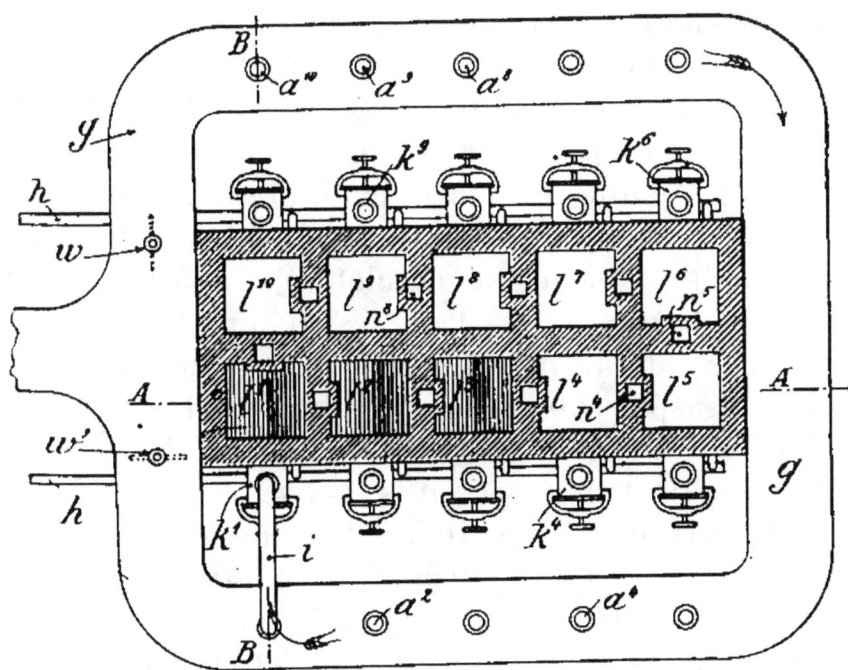

Fig. 64. — Plan au niveau de la ligne C C de la figure 62.

La figure 64 est une section horizontale d'après la ligne C C.

Dans un fourneau on brûle soit du soufre soit

de la pyrite, de préférence simultanément, mais dans des étages différents du fourneau. L'acide sulfureux est refroidi dans un réfrigérant convenable et se rend ensuite dans l'appareil lui-même par le conduit g.

Le fourneau et le réfrigérant ne sont pas représentés au dessin, parce qu'il est évidemment facile de comprendre comment ils pourront être disposés. Le conduit g est pourvu de deux clefs w et w'. La clef w' étant fermée, le gaz passe dans la direction des flèches par le conduit g, le tuyau i et l'entrée k^1 dans la chambre l^1, dont les parois, pour résister à l'influence de l'acide sulfureux, sont enduites d'un mélange d'asphalte et de résine.

Dans la chambre l^1, le gaz ayant passé par la grille de bois m et les os ou le carbonate de chaux qui y sont empilés, arrive par le conduit n^1 en l^2 et ainsi de suite jusqu'à la chambre l^{10}. Les chambres l^{10} l^2 sont toutes comme la chambre l^1 enduites d'asphalte et de résine. La clef du conduit l^{10} étant fermée, le gaz passe dans les tuyaux o (fig. 61 et 62) et le conduit g est pourvu d'une cheminée servant à aspirer le gaz par l'appareil. Pour le réglage du tirage, le tuyau o et le conduit g sont pourvus de clefs respectives p et r.

Des dix chambres indiquées par les lettres l, deux chambres sont, jusqu'à 1^m50 environ de haut au-dessus de la grille m, remplies d'os d'animaux dont la graisse a été extraite par l'ébullition comme à l'ordinaire. Les huit autres chambres sont remplies de chaux carbonatée.

Les chambres l^{10} l^1 ayant été ainsi remplies respectivement d'os et de carbonate de chaux et deux réservoirs non représentés au dessin ayant été remplis d'eau, une pompe est mise en fonction qui, par le tuyau u, amène l'eau dans le réservoir b, d'où elle s'écoule dans les chambres $l^1\,l^{10}$, après avoir passé par les canaux v et les tuyaux x (fig. 61 et 62), courbés en S pour empêcher le gaz de s'échapper en raison du liquide qu'ils renferment.

En rencontrant les tôles y, l'eau se répand sur les fonds z qui sont percés de trous afin que l'eau puisse se répandre également sur les os et la chaux carbonatée dans les chambres $l^1\,l^{10}$.

L'eau, en s'écoulant par les chambres $l^1\,l^{10}$ est rencontrée par l'acide sulfureux montant, de sorte que l'eau arrivant au fond des chambres $l^1\,l^{10}$ on obtient une solution de chaux phosphatée acide et de sulfite de chaux acide.

Par les tuyaux a^{10} ces solutions s'écoulent dans les canaux a^{11} où elles se mélangent et de là dans un des réservoirs d'où le fluide vient faire la même circulation jusqu'à ce que le fluide contenu dans le réservoir ait obtenu la force voulue d'environ 5° Baumé; lorsqu'il est écoulé, l'autre réservoir, rempli d'eau, est alors mis en fonction pour y obtenir la même solution.

L'appareil ayant fonctionné de la manière que nous venons de dire, et toute la chaux phosphatée contenue dans les os ayant été dissoute, de sorte qu'il ne reste plus que le cartilage, celui-ci est enlevé pour en faire de la colle par les moyens ordinaires.

Pour vider, par exemple, la chambre l^3 dans laquelle les os ont été empilés, le tuyau i est déplacé de sorte qu'il relie les ouvertures k et a des soupapes k^4 et a^4 (fig. 64) qui sont fermés par des couvercles entrant dans l'espace intermédiaire réservé autour de ces ouvertures (fig. 62) ; les clefs respectives des conduits n^3 et n^2 sont fermées, la clef de l^9 est ouverte, le tuyau o (fig. 61 et 62) est déplacé pour relier les ouvertures des soupapes c^2 et d^2 ; les ouvertures des soupapes c^9 et d sont fermées par des couvercles.

A ce moment, les portes de la chambre l^3 ou c^3 (fig. 63) sont ouvertes pour enlever le cartilage, puis pour nettoyer la partie inférieure de la chambre l^3 au-dessous de la grille m, le couvercle du trou d'homme de k^3 est ouvert, enfin la chambre l^3 ayant été vidée est de nouveau remplie d'os, et l'appareil est mis en fonction dans sa position nouvelle.

D'une manière analogue, on peut vider et remplir de nouveau une chambre quelconque, sans interrompre le fonctionnement de l'appareil.

En employant de l'eau abondante, en présentant une grande superficie au gaz et en empilant les os et le carbonate de chaux en couches assez minces, dans la chambre l, on obtient l'avantage que l'acide sulfureux sera absorbé dans l'appareil ; de cette façon, d'une part, l'air qui environne l'appareil ne sera pas rendu impur et n'aura pas de conséquences nuisibles à la santé des ouvriers ni à la végétation, et, d'autre part, les frais d'exploitation seront minimes.

Lorsque la fabrication de la colle constitue le but essentiel que l'on se propose, toutes les chambres l sont remplies d'os d'animaux, dont la graisse a été extraite, et, pour les arroser, on se sert d'abord d'eau pure, puis de la solution obtenue. Le produit obtenu est une colle molle et très belle et une solution de chaux phosphatée acide.

IV. PROCÉDÉ SERVE

Les produits colles et gélatines obtenus par les procédés ordinaires (acides chlorhydrique et sulfureux) ne donnent pas toujours du premier choix, c'est-à-dire des produits exempts de chaux ; cela tient à ce que les acides que l'on fait intervenir ne l'éliminent pas à fond et en laissent une certaine quantité interposée dans les molécules.

Pour obtenir une plus grande perfection, M. *Serve* a imaginé, en 1877, de faire passer l'osséine après qu'elle a été lavée dans un bain acidulé par de l'acide phosphorique. Après un séjour d'environ vingt-quatre heures dans ce bain (la durée est variable), où la matière a été remuée et tassée de temps en temps, il lui fait subir plusieurs lavages à l'eau froide et après qu'elle a été fortement pressée pour en exprimer l'eau autant que possible, elle est bonne à fondre, puis à mettre en plaques.

Les eaux distillées ou de pluies sont celles qui conviennent le mieux pour les lavages.

Pour la fabrication de la gélatine au moyen des résidus de peaux, de cartilages, etc., après qu'elles ont été bien lavées et bien nettoyées, on fait passer ces matières premières dans un bain acidulé par de l'acide phosphorique ; on traite ces matières dans ce bain comme il est ci-dessus indiqué pour l'osséine.

Les bains à l'acide phosphorique peuvent être plus ou moins concentrés ; il est préférable de les employer faibles. L'opération est meilleure si le bain est toujours acide.

CHAPITRE XII

Clarification des Colles

Sommaire. — I. Clarification par l'alun. — II. Clarification par l'albumine. — III. Procédé Hewitt. — IV. Procédé Muzzarelli. — V. Utilisation des résidus.

Lorsque les colles sont encore dans la chaudière à dépôt où se fait le départ des matières qu'elles tiennent en suspension, on en prend une cuillerée que l'on verse entre deux lames de verre distantes de un centimètre et demi environ (épaisseur de colle fluide qui correspond à peu près à celle d'une feuille de colle desséchée) et encadrées de trois côtés par une monture en fer-blanc. Lorsqu'elle est dans cette *éprouvette*, on la place entre l'œil et la lumière et on apprécie sa couleur, sa transparence et sa limpidité, et si elle est louche il faut la clarifier.

La clarification s'opère ordinairement par deux moyens différents : 1° avec l'alun ; 2° avec l'albumine d'œuf.

I. CLARIFICATION PAR L'ALUN

La colle ne se clarifie bien avec l'alun, qui est un sel acide, que lorsqu'elle est elle-même alcaline. Pour reconnaître cette alcalinité, on s'assure de l'état de la liqueur au moyen du papier de tournesol bleu et rouge. Si on reconnaît, en effet, que la colle est alcaline, on la clarifie à l'alun. Pour cela on concasse et on pulvérise ce sel double, et l'on en pèse 40 à 50 grammes par hectolitre de colle, on dissout rapidement dans de la colle bouillante et on ajoute à la solution gélatineuse, en agitant avec un mouveron pour la répartir plus exactement. On couvre la chaudière et l'on attend cinq ou six heures avant de décanter.

Voici à peu près quelle est l'action de l'alun. La chaux que renferme encore la colle et qui la rend louche, décompose l'alumine, il se forme du sulfate de chaux qui se précipite, et l'alumine, mise en liberté à l'état de gelée, se précipite avec lenteur, entraînant avec elle toutes les matières en suspension dans le bain.

II. CLARIFICATION PAR L'ALBUMINE

Quand la dissolution gélatineuse est neutre, on emploie l'albumine. Pour cela, on délaie rapidement quelques blancs d'œufs dans de l'eau et on les ajoute à la colle pendant que sa température est encore assez élevée ; on agite, et les matières impures sont amenées à la surface du liquide par l'albumine qui, moins dense que celui-ci, remonte à la surface en les entraînant avec elle.

La clarification, par ce moyen, est parfois incomplète et elle ne se fait convenablement que lorsque la colle est bien fluide. Or, pour que cette colle soit bien fluide, il faut qu'elle ne soit pas trop épaisse et qu'on la maintienne à une température assez élevée, condition qui peut faire craindre de détériorer la solution, surtout quand on chauffe à feu nu.

On pourrait aussi, pour le même objet, se servir de serum du sang, mais en général les colles, qui ont presque toujours une réaction alcaline ou acide plus ou moins prononcée, se clarifient mal par l'albumine.

Dans la plupart des fabriques, on ne laisse guère les bouillons se clarifier en chaudière, mais bien dans une cuve à décantation dans laquelle on fait arriver la solution à travers un filtre composé d'une corbeille recouverte de paille.

Les cuves à décantation sont ordinairement en bois, revêtues intérieurement de plomb et entourées à l'extérieur de sciure de bois, de paille ou autres corps mauvais conducteurs de la chaleur.

« Dans quelques fabriques, dit M. *R. Wagner*, on se sert pour la décantation d'une cuve profonde et étroite munie d'un appareil de chauffage disposé de telle sorte que la partie supérieure seule des parois est chauffée, tandis que la partie inférieure et le fond ne le sont pas. Ces cuves sont chauffées avant qu'on y fasse couler la solution de colle ».

Quant à l'addition de l'alun à la solution pour la clarifier, elle préserve certainement la colle de la **putréfaction pendant la dessiccation**; mais d'un autre côté, elle a l'inconvénient d'en diminuer la force adhésive. Le même chimiste que nous venons de citer croit qu'on pourrait remplacer l'alun par d'autres substances moins nuisibles. « Peut-être, dit-il, serait-il possible d'éliminer la chaux par l'acide oxalique, dont le prix actuel permet l'emploi dans l'industrie et parviendrait-on à éliminer les substances organiques qui doivent être séparées de la colle avec les écumes, en ajoutant au liquide de petites quantités de substances astringentes, tels qu'une décoction d'écorce de chêne, ou mieux de houblon qui a fourni dans des expériences de laboratoire d'excellents résultats ».

III. PROCÉDÉ HEWITT

Un fabricant anglais, M. *Hewitt*, a imaginé d'employer la caséine pour épurer la colle forte; suivant son opinion, ce procédé aurait l'avantage d'être simple, efficace, peu coûteux et permettrait d'éliminer facilement l'agent d'épuration en même temps que les impuretés que peut contenir la colle tout en enlevant son odeur et sa couleur.

Voici comment cet inventeur décrit son procédé :

« En mettant l'invention en pratique, je préfère employer de la caséine provenant de lait écrémé, telle qu'elle arrive des laiteries.

Dans la fabrication du beurre, dès que les corps gras sont enlevés du lait, la caséine du lait écrémé fait un fromage de qualité inférieure que je préfère employer; il n'est pas essentiel qu'il soit dégagé d'huile.

La caséine se sépare du lait en faisant chauffer ce dernier puis en le touchant avec de la présure,

On laisse reposer le lait ainsi coagulé jusqu'à ce que le petit lait en soit séparé et qu'on puisse le faire écouler.

La caséine, après le lavage, est dissoute dans de l'eau rendue alcaline par une addition de chaux dans une proportion d'environ 10 0/0 du poids sec de caséine.

Cette proportion varie suivant l'ancienneté de la caséine et le mode de fabrication, mais elle est généralement moindre.

Cette solution de caséine, soit sans modification, soit modifiée comme il est dit plus loin, étant ajoutée à la solution de colle, s'unit aux impuretés qu'elle peut contenir; elle les sépare de la colle et clarifie cette dernière par l'enlèvement de la graisse et autres impuretés, en lui donnant une grande limpidité exempte de toute écume.

Les modifications de la caséine qui, dans certains cas, peuvent être utiles, sont les suivantes :

Pour le traitement de certaines solutions de colle, il faut ajouter à la solution de caséine de l'albumine de sang dans une proportion variant de 5 à 50 0/0 du poids sec de la caséine.

On peut déterminer facilement la quantité nécessaire de caséine, par un essai préliminaire où l'on introduit la caséine et la colle dans la proportion de 50 0/0 de caséine. Si l'effet voulu n'est pas assuré, l'albumine diluée peut alors être mise dans le mélange par additions successives jusqu'à ce que l'on arrive à un résultat parfait.

Cette quantité, une fois déterminée, sert à guider toutes les opérations dans lesquelles les proportions restent toujours les mêmes.

Pour certains usages, il convient que la caséine ne soit pas alcaline, mais soit neutre ou même acide; dans ce cas la solution de caséine peut être neutralisée ou acidulée, de préférence, avec de l'acide phosphorique.

L'agent de clarification peut être évaporé, mis en paquets, et conservé pour un usage ultérieur; à cet effet, on évapore la première solution de caséine à laquelle on ajoute de l'albumine.

Lorsque l'on veut employer l'agent de clarification ainsi conservé, on y ajoute la quantité d'eau nécessaire pour le ramener à la consistance voulue.

Dans la fabrication ordinaire de la colle, on emploie généralement comme agents épurateurs l'albumine et l'alun.

Ces matières présentent des inconvénients bien connus des fabricants; l'albumine est coûteuse et laisse la colle dans un état écumeux, qui ne lui permet de se filtrer que très lentement à travers le coagulum; l'alun est incertain, il laisse de l'acide ou des sels dans la colle et il en altère la qualité; de plus, les filtres se trouvent encrassés par le précipité.

Pour appliquer la solution de caséine à la clarification, je la mélange à cette dernière telle qu'elle arrive de la chaudière dans une proportion d'environ 1 gramme par kilogramme de colle en solution.

Je mélange complètement les deux solutions, et la caséine en s'unissant aux impuretés se coagule; la coagulation peut être activée et facilitée par la chaleur, par l'acidité ou par l'emploi de présure.

Le coagulum se sépare une fois formé, et se

trouve naturellement durci par la chaleur. Il est facile d'enlever ce coagulum soit par décantation, soit par filtrage, ou encore par la force centrifuge.

La caséine fournit un précipité ferme qui offre peu d'obstacles à la filtration.

Après avoir clarifié la colle comme il a été dit, on peut la blanchir par les procédés ordinaires.

Le sous-produit fourni par le coagulum, et les impuretés de la colle s'emploient comme engrais ».

IV. PROCÉDÉ MUZZARELLI

Un autre agent de clarification et surtout de décoloration, a été proposé par M. *Muzzarelli*, en 1873.

Lorsque la colle est cuite et transvasée dans les baquets, on verse dans les moules une dissolution de sulfate de soude; on mélange bien uniformément, puis on ajoute une dissolution d'acétate de plomb, qui donne un beau précipité de sulfate de plomb. Après refroidissement, on obtient une gelée d'autant plus blanche qu'on a mis plus de sulfate et plus d'acétate.

V. UTILISATION DES RÉSIDUS

Les résidus des fabriques de colle, provenant de la cuisson des colle-matières et des os, consistent en chaux, acides gras, poils et autres matières animales et terreuses.

Pour les utiliser d'une manière économique, *Mac Dougall* a indiqué le procédé suivant : Il introduit ces résidus dans un vase, avec de l'eau, et agite jusqu'à ce que le liquide prenne un aspect laiteux, après quoi il le décante. Il répète ces lavages jusqu'à ce que les eaux sortent incolores. On prend le reste, qui consiste en poils, os, sable, et on le remplace par des résidus frais et on recommence les lavages avec les eaux faibles. On laisse enfin reposer les divers liquides de lavage jusqu'à ce qu'ils déposent les matières suspendues, on décante et on traite le dépôt par l'acide chlorhydrique étendu, qu'on ajoute tant qu'il y a réaction alcaline, afin de séparer les acides gras de la chaux. Enfin, le sel de chaux et les matières grasses sont séparées comme à l'ordinaire.

Les produits utiles qui proviennent de ce mode de traitement des résidus sont de la bourre, des matières grasses et des sels calcaires, ces derniers sous une forme propre à servir à l'engrais des terres.

Les résidus de l'amollissement des os sont restés longtemps sans emploi; ils se composent de chlorure de calcium, de phosphate de chaux, dissous dans l'acide chlorhydrique, de substance animale également en solution, et d'un dépôt de matière grasse qui paraît unie à la chaux (savon de chaux). Si l'on décante le liquide clair et ou sature l'acide par la chaux, on obtient un précipité de phosphate de chaux et une solution de chlorure de calcium, retenant la matière animale primitivement dissoute par l'acide. Ce liquide peut être employé utilement dans l'agriculture; et pour rendre son transport moins coûteux, il est facile de le rapprocher même à siccité, par la chaleur perdue d'un fourneau à double effet. Il est fâcheux que l'emploi du chlorure de calcium, reconnu utile par beaucoup d'agronomes instruits, ne se soit pas encore répandu dans la pratique.

Si l'on veut préparer du chlorure de calcium pour l'industrie, il faut calciner au rouge le produit de l'évaporation à siccité. Si l'on fait cette opération en vases clos, la matière animale abandonne un charbon facile à séparer par des lavages, puisqu'il est insoluble. En évaporant les solutions, on obtient le chlorure de calcium à l'état blanc.

Le charbon lavé est propre à divers usages; il peut, entre autres, servir à la peinture, entrer dans la composition du cirage des chaussures, etc.

Le phosphate de chaux, précipité pendant la saturation par le carbonate de chaux, n'est pas non plus sans valeur et il est utile de le recueillir. On conçoit, au reste, que rien n'est plus facile, et que, desséché et calciné, il est très propre à la confection des coupelles, à la fabrication du phosphore, à l'amendement des terres, etc.

On pourrait encore tirer parti de l'acide chlorhydrique qui tient le phosphate de chaux en solution, soit en le combinant avec quelque base, soit en faisant rapprocher la liqueur, et en recueillant par une distillation ménagée une partie de cet acide.

La graisse qui s'obtient dans les divers traitements des os, soit avant le traitement par les acides, soit pendant, soit après ce traitement, est vendue comme suif d'os aux savonniers, aux fabricants de lampions, etc.

La liqueur acide saturée par la craie donne un **phosphate de chaux impur qui est d'un excellent** emploi comme engrais. La solution surnageante renferme du chlorure de calcium qu'on utilise soit pour l'usage des glaciers, soit dans la fabrication des sels ammoniacaux.

Du reste, mieux vaut se servir de la liqueur acide elle-même, pour saturer les eaux ammoniacales provenant de la distillation des matières animales; le phosphate de chaux, qui se dépose, est toujours utilisé comme engrais, ou pour l'extraction du phosphore.

CHAPITRE XIII

Mise en feuilles

Sommaire. — I. Entonnage des colles. — II. Démoulage des pains de colle. — III. Découpage des pains. — IV. Fabrication de feuilles de colle continues (a Procédé Tucker; (b Procédé Wolff; (c Procédé Hewitt. — V. Fabrication mécanique des feuilles de colle.

I. ENTONNAGE DES COLLES

L'entonnage est l'opération qui consiste à couler les colles dans des moules.

Les moules ou boîtes (fig. 65 et 66) dans lesquels on entonne la solution gélatineuse sont communément en bois de sapin ou de pin et bien joints, ils sont un peu plus larges à leur partie supérieure que sur leur fond, afin de présenter une certaine dépouille, c'est-à-dire pour que le pain de gélatine puisse en sortir aisément lorsqu'il aura pris la consistance nécessaire. Quelques fabricants tracent

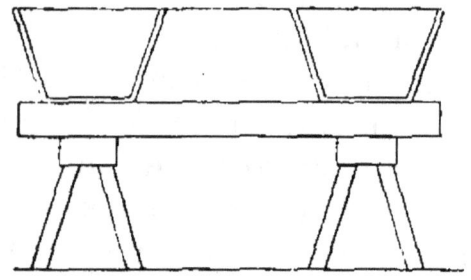

Fig. 65. — Moules pour l'entonnage des colles (profil).

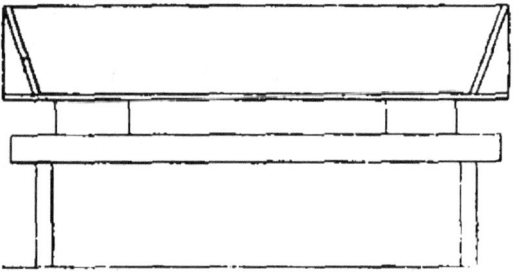

Fig. 66. — Élévation.

en creux ou en relief sur le fond de ces moules des raies ou traits qui servent ensuite de repères pour couper les pains en feuilles d'épaisseurs bien uniformes et régulières. Ces raies sont espacées entre elles de 4 à 6 millimètres, suivant l'épaisseur qu'on désire conserver à ces feuilles après la dessiccation.

Une condition de la plus haute importance pour le succès des opérations d'une fabrique de colle forte, c'est que les moules soient toujours tenus dans un état de propreté la plus complète et la plus rigoureuse. On conçoit en effet que la colle forte est une matière excessivement fermentescible et qui peut, dans les grandes chaleurs et sous l'influence d'un germe putride qui serait contenu dans ces moules, contracter elle-même avec une grande rapidité un état putride qui compromettrait toute une opération. D'ailleurs, cette propreté est également indispensable pour obtenir des produits irréprochables, car pour peu que les parois de ces boîtes se couvrent de quelques moisissures, celles-ci ne tardent pas aussi à envahir la matière et à piquer les colles. Ainsi nous insistons sur ce point, propreté rigoureuse des moules, et cette recommandation peut très bien s'étendre à tout l'ensemble des opérations, car dans une fabrication de ce genre on ne saurait prendre trop de précautions, soit pour éviter l'infection qu'elle n'est que trop disposée à répandre au loin, soit une détérioration prompte ou même une perte rapide et totale des produits.

Quelques fabricants ont conseillé de remplacer les moules en bois par les moules en métal, et ont recommandé le zinc pour cet usage. Il est bien certain qu'un métal s'imprègne moins promptement des germes putrides des matières animales que le bois, qu'il est plus facile à écurer et à nettoyer à blanc, que la dépouille y est aussi plus facile; mais un moule en zinc coûte plus cher qu'un moule en bois, et en outre, dans les opérations, les moules sont très fréquemment exposés à recevoir des chocs, des coups qui les déforment et les rendent hors de service, ce qui est cause sans doute qu'on a continué à se servir du sapin de choix pour faire les moules des fabricants de colle forte.

M. *Laisney* (1879) a pensé à utiliser l'émaillage

pour la fabrication des moules et a trouvé dans cette application certains avantages dont les principaux seraient les suivants : activité considérable de la solidification de la colle, facilité de la faire sortir du moule, régularité complète dans la forme du pain, réduction des déchets, facilité de nettoyage.

Ces moules ou boîtes sont établis en tôle de 2 millimètres d'épaisseur et émaillée. La fonte serait plus lourde et moins solide.

On peut émailler seulement l'intérieur des moules, tandis que l'extérieur est peint et verni. On leur donne les formes et dimensions ordinairement usitées.

L'entonnage est une opération des plus simples et des plus expéditives. Pour y procéder, on range les moules bien lavés, bien propres, encore humides, ou bien secs et enduits d'huile ou de suif, sur des chantiers immobiles et parfaitement horizontaux, puis on pose au-dessus du premier moule un entonnoir à fond plat (fig. 67). Le fond est plus

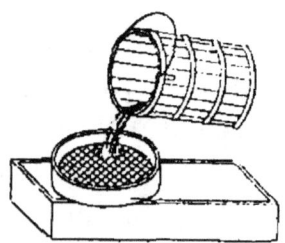 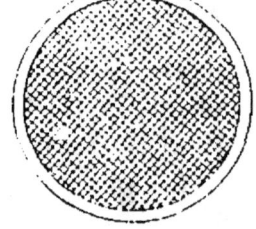

Fig. 67. — Entonnage de la colle.   Fig. 68. — Tamis en crin.

grand que l'ouverture du moule, de manière que l'entonnoir porte d'aplomb sur les bords de celui-ci et que la main de l'ouvrier n'ait pas à en soutenir le poids. Sur le fond de cet entonnoir, on pose un petit tamis en crin (fig. 68) qui sert à arrêter les impuretés que peut renfermer la dissolution gélatineuse, puis on soutire avec un seau dans la chaudière à précipitation, on enlève le seau rempli de cette dissolution, et on transporte au-dessus de l'entonnoir dans lequel on verse la colle jusqu'à ce que le moule en soit rempli jusqu'au bord. Cette opération exige une certaine adresse pour être faite avec propreté et épargner ensuite du travail pour le nettoyage des ateliers, des chantiers, des appareils, etc.

Quand le premier moule est rempli, on enlève l'entonnoir qu'on place sur le moule voisin, qui est rempli à son tour de la même manière, et ainsi de suite successivement jusqu'à ce que le contenu de la chaudière soit épuisé et qu'on ait chargé tous les moules des chantiers.

Quelque soin qu'on apporte à ne pas laisser égoutter de la colle dans le transport de l'eau de la chaudière aux moules et pour verser celle-ci dans les boîtes, il en tombe toujours une certaine quantité sur le plancher et les chantiers, et c'est pour pouvoir recueillir la gélatine qui tombe ainsi, sans qu'elle ait été souillée par des malpropretés, qu'on dalle en pierres le local où s'opère l'entonnage. Et comme cette gélatine reste encore longtemps fluide et qu'elle s'étalerait sur ce dallage, on donne à celui-ci une légère inclinaison vers une gargouille placée dans l'un des coins de l'atelier où elle coule et se réunit pour être reprise et rentrer dans la fabrication.

L'atelier où se fait l'entonnage n'est pas placé dans le même local que la chaudière qui en élèverait trop la température; il faut, au contraire, que cet atelier soit maintenu à la plus basse température possible, afin que la gélatine se prenne plus complètement en masse et plus vite. C'est par cette raison même que cette atelier a reçu le nom de *rafraîchissoir*.

Pour le maintenir à cette basse température, le fabricant doit d'abord faire choix dans ses bâtiments d'un local qui ne soit pas exposé aux influences du soleil et de la chaleur, et en outre y entretenir cette fraîcheur nécessaire au moyen de l'eau qu'on verse en abondance sur le dallage et sur les chantiers et autres appareils. Cette eau, non seulement contribue à y abaisser la température, mais sert aussi à entretenir les chantiers et le plancher dans un état de propreté, à hâter la prise de la colle, et enfin à faciliter l'écoulement dans la gargouille de la colle qui dégoutte du seau, qui filtre à travers les gerçures ou les fissures des moules après qu'ils sont remplis.

Il n'est pas de fabricant qui ne soit en mesure d'imaginer un appareil bien simple qui se rendrait à travers les cloisons de la chaudière au rafraîchissoir, et dans lequel on verserait la gélatine enlevée immédiatement, et qui la ferait couler dans les moules sans transport aucun de seaux chargés. Tel serait, par exemple, un baquet au-dessus du fond duquel on placerait le tamis. Entre celui-ci et ce fond partirait un tuyau en pente douce qui se rendrait au-dessus des chantiers, et dans lequel s'écoulerait cette gélatine tamisée. Enfin ce tuyau, à son extrémité, serait pourvu d'un ajutage flexible et à robinet qui servirait à entonner la colle dans **chaque moule au-dessus duquel on l'amènerait** successivement. On pourrait encore adapter à l'extrémité de ce tuyau un certain nombre de branchements à robinets qui verseraient la colle dans chaque moule, mais cette disposition plus dispendieuse aurait aussi l'inconvénient, en cas de refroidissement partiel, de produire des engorgements et d'être d'ailleurs d'un nettoyage plus difficile, et de donner lieu à des réparations plus fréquentes et plus dispendieuses.

II. DÉMOULAGE DES PAINS DE COLLE

La gélatine qui a été versée dans les moules est généralement prise au bout de douze à dix-huit heures de séjour dans le rafraîchissoir, suivant la saison et l'état de fraîcheur dans lequel on a maintenu cet atelier. Rien, du reste, ne serait plus facile que de hâter cette prise et de se rendre ainsi indépendant de la température extérieure en disposant les moules dans de grands bacs plats remplis d'une eau fraîche qui se renouvellerait sans cesse, et qui, en dépouillant promptement la colle de l'excès de chaleur qu'elle apporte de la chaudière, la disposerait à se prendre plus promptement en masse. Pour cela, il vaudrait mieux se servir de moules en métal qui auraient d'abord l'avantage d'être meilleurs conducteurs de chaleur et d'opérer ainsi plus promptement le refroidissement, et ensuite de s'opposer à ce que la colle soit noyée par l'eau du bain qui pourrait suinter par les joints et les fissures.

Lorsqu'on juge que la colle est suffisamment raffermie, on enlève les moules et on les porte au *séchoir* disposé dans les étages supérieurs. Ce travail, assez pénible à bras ou à dos d'homme, peut s'exécuter rapidement et avec une légère dépense de force, au moyen de chapelets ou de chaînes sans fin circulant du rafraîchissoir au séchoir à travers les planchers.

Le séchoir est une vaste pièce, un hangar ou une halle recouverte d'un toit et à claire-voie sur ses quatre faces où elle est simplement fermée par des persiennes. Cette disposition a pour but de l'ouvrir à tous les vents, d'y faciliter le mouvement de l'air et des courants qui doivent accélérer la dessiccation. Ce séchoir est garni dans toute son étendue de châssis en bois sur lesquels sont tendus des filets, et on y remarque aussi une table pourvue des ustensiles nécessaires pour diviser et couper en feuilles les pains de gélatine.

Ces pains sont déposés sur la table à mesure qu'ils arrivent. Lorsque les moules sont en métal et bien écurés, il suffit souvent de les renverser et de les frapper sur la table, qu'on a mouillée préalablement avec une éponge, pour les détacher. Mais, lorsqu'il sont en bois, on est obligé de passer une grande lame de couteau mouillée (fig. 69) en-

Fig. 69. — Couteau pour détacher la gélatine du moule.

tre les parois et les pains pour détruire l'adhérence. Alors on les renverse, et, en enlevant ensuite les moules, les pains **restent sur la table où on peut les découper.**

III. DÉCOUPAGE DES PAINS

Pour le découpage on se sert d'une lame de cuivre tendue par un gros fil de cuivre et un écrou dans une monture de scie qu'on traîne sur les pains et sur les raies que portait le fond des moules et qui se sont imprimées sur la gélatine; ou bien on emploie, pour donner aux feuilles une épaisseur déterminée et constante, une planche à entailles placées aux distances voulues et qui servent à guider la scie.

Il arrive souvent que la colle, quoiqu'on ait passé le couteau mouillé le long des parois, ne se détache pas encore du moule quand on renverse celui-ci. Pour vaincre cette adhérence, après que les parois sont détachées, on la coupe, avec le même couteau et transversalement, en cinq parallélipipèdes égaux de 20 centimètres de longueur environ sur 24 à 25 de largeur et d'épaisseur. Pour couper plus régulièrement on pose sur la colle un petit châssis ou calibre (fig. 70) qui présente ces pro-

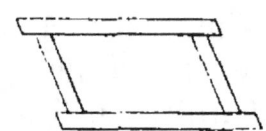

Fig. 70. — Châssis ou calibre.

portions et sur les côtés duquel on conduit le couteau, puis on enlève adroitement ces parallélipipèdes de colle avec une palette mouillée, on les fait glisser sur une planche de 25 millimètres d'épaisseur à l'un des bouts de laquelle appuie une des faces du parallélipipède. C'est alors que l'ouvrier, saisissant *la scie à colle* (fig. 71), divise le bloc en feuilles ayant l'épaisseur requise, travail dans le-

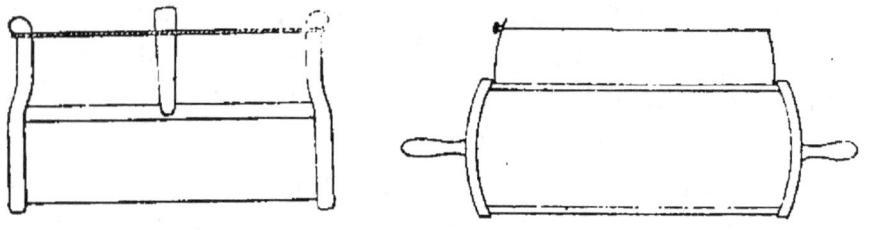

Fig. 71. — Scies à colle.

quel il est guidé comme nous l'avons dit par la *cage* ou *dentier* à couper la colle (fig. 72) ou par

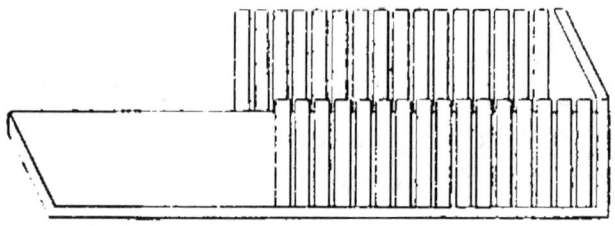

Fig. 72. — Cage ou dentier à couper la colle.

les traces imprimées sur le pain par les raies du moule.

Il existe plusieurs machines à découper mécaniquement la gélatine en feuilles et qui en débitent 120 à 130,000 feuilles en 5 à 6 heures de travail; nous décrirons plus loin une machine de ce genre.

Malgré les soins apportés à la fabrication, les pains présentent encore quelques impuretés, non pas répandues dans la masse quand on a bien opéré, mais réunies aux extrémités. En conséquence, dans le découpage des pains, on retranche d'abord dessus une feuille mince qui renferme parfois quelques gouttes de graisse qui donneraient à la colle un aspect désagréable, et une autre dessous qui contient quelques saletés qui ne sont pas précipitées dans la chaudière par le repos. Les feuilles ainsi levées dessus et dessous rentrent dans la chaudière dans une opération suivante.

Machines à couper la colle

M. *Devoulx*, fabricant de colle forte à Marseille, a pris en 1823 un brevet d'invention pour une machine à couper la colle dont nous nous allons donner la description :

« La manière ordinaire de couper la colle forte, dit l'inventeur, consiste à la diviser au moyen d'un couteau, ou à l'aide de fils de métal en diverses tranches ou tablettes que l'on enlève successivement.

On opérant de la sorte, on emploie beaucoup de temps et les feuilles n'ont pas la régularité que l'on obtient avec la machine que nous allons décrire, qui en coupe simultanément un grand nombre avec beaucoup de promptitude.

Elle est établie sur une planche ou table, au-dessus de laquelle sont fixés deux montants suffisamment écartés pour laisser passer entre eux un chariot où se trouve la colle destinée à être coupée en feuilles ou tablettes par des lames ou des fils de métal tendus entre ces montants.

Fig. 73. Élévation en perspective de cette machine avec son chariot, dont le dessus est relevé pour recevoir la colle à couper ; les côtés sont supprimés dans cette figure pour mieux en laisser voir les détails.

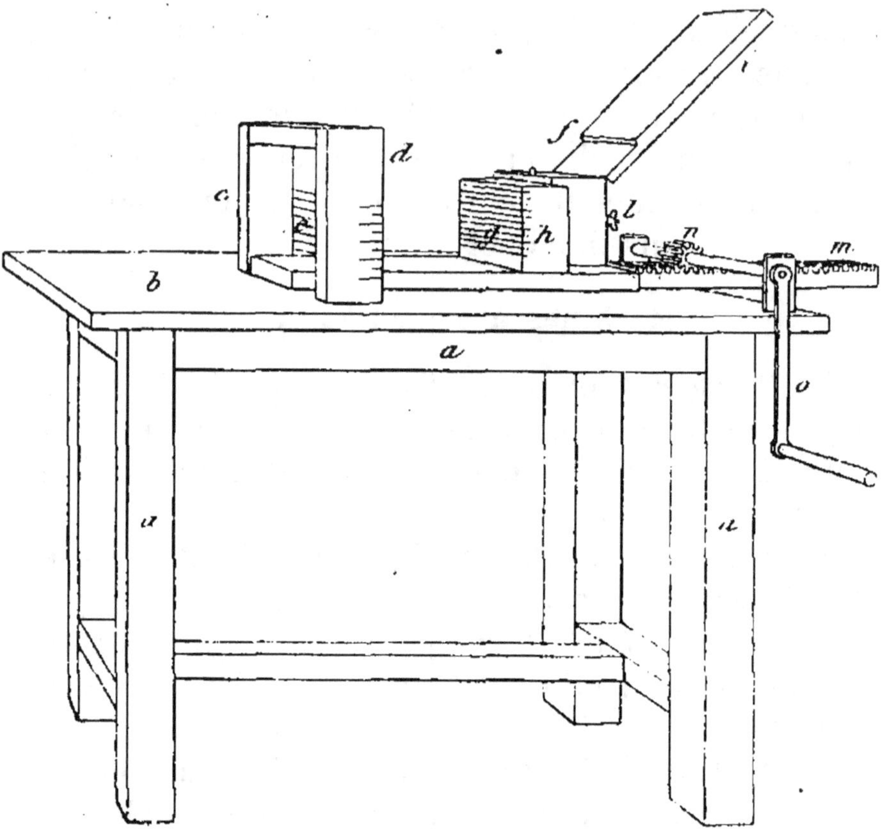

Fig. 73. — Machine à couper la colle. (Le couvercle est levé.)

Fig. 76. Même vue que la précédente, mais dans laquelle le chariot, dont le dessus est fermé, est

Fig. 74. — Chariot à fentes horizontales.

placé entre les côtés fixes; ce chariot contient déjà la colle qui doit être divisée et qui repose sur la palette.

Fig. 77. Même vue que les précédentes, représentant le moment où les fils ont passé à travers la colle qu'ils ont coupée.

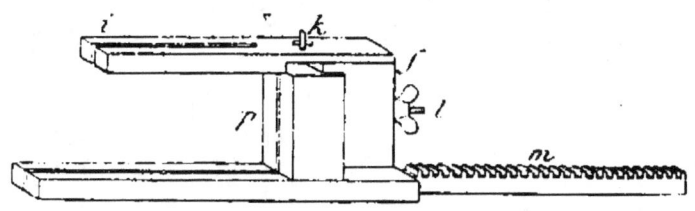

Fig. 75. — Chariot à fentes verticales.

Le morceau de colle fraîche que l'on veut diviser a la forme d'un parallélipipède au sortir des boîtes, où la colle a déjà acquis la consistance de gelée.

a, bâti en bois qui supporte la machine.

b, table fixée sur le bâti a.

c, d, deux montants assemblés sur la table b, et entre lesquels sont fixés les fils de métal e, qui servent à couper la colle.

f, chariot dans lequel se place la colle que l'on veut diviser en tablettes; les figures 74 et 75 le montrent en particulier.

g, fond du chariot.

h, derrière de ce même chariot, légèrement entaillé, dans les fentes duquel les lames en fils s'introduisent après leur passage à travers la colle, afin de pouvoir être assuré qu'elle est entièrement coupée.

i, dessus du chariot, s'ouvrant à charnière et se fixant par une clavette k, lorsqu'il est fermé; ce dessus est adapté au derrière du chariot, et y est assujetti par une vis l, qui permet de le faire mon-

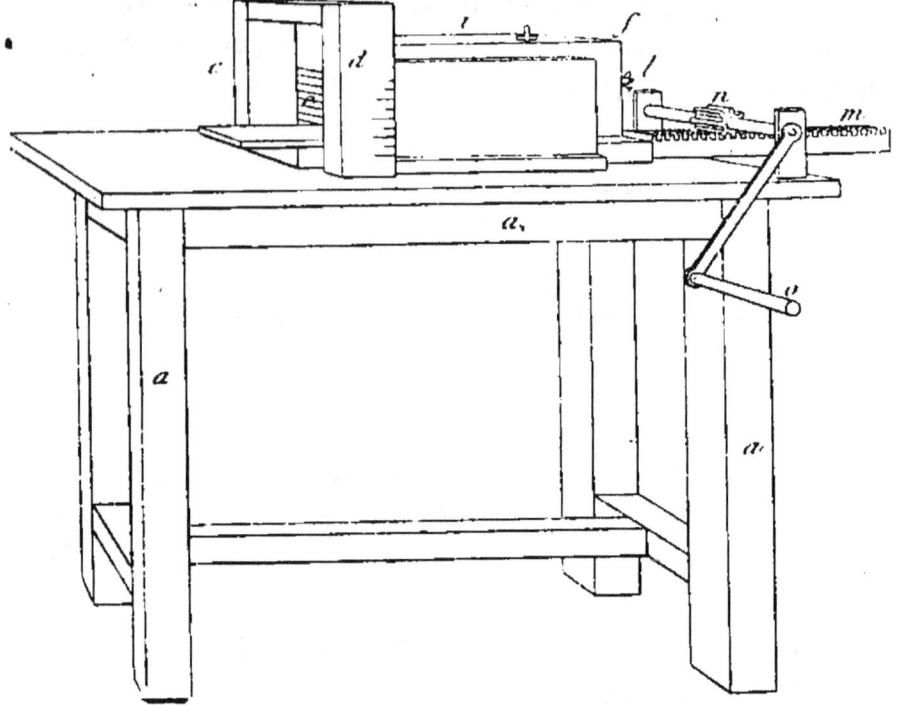

Fig. 76. — Machine à couper la colle. (Le couvercle est abaissé.)

ter et descendre suivant la hauteur de la colle que l'on doit couper.

m, crémaillère fixée au chariot pour le faire marcher ; elle reçoit le mouvement d'un pignon *n*, dont l'axe porte une manivelle *o*.

Deux planches, dont une est placée de chaque côté du chariot, servent à contenir la colle et à diriger le chariot dans sa marche.

Le chariot porte un fond mobile qui sert à retirer la colle après qu'elle a été coupée.

Le morceau de colle en forme de parallélipipède étant placé, on imprime le mouvement à la manivelle ; alors, le chariot glisse sur la table ; dans sa marche, la colle, en parvenant aux lames ou fils

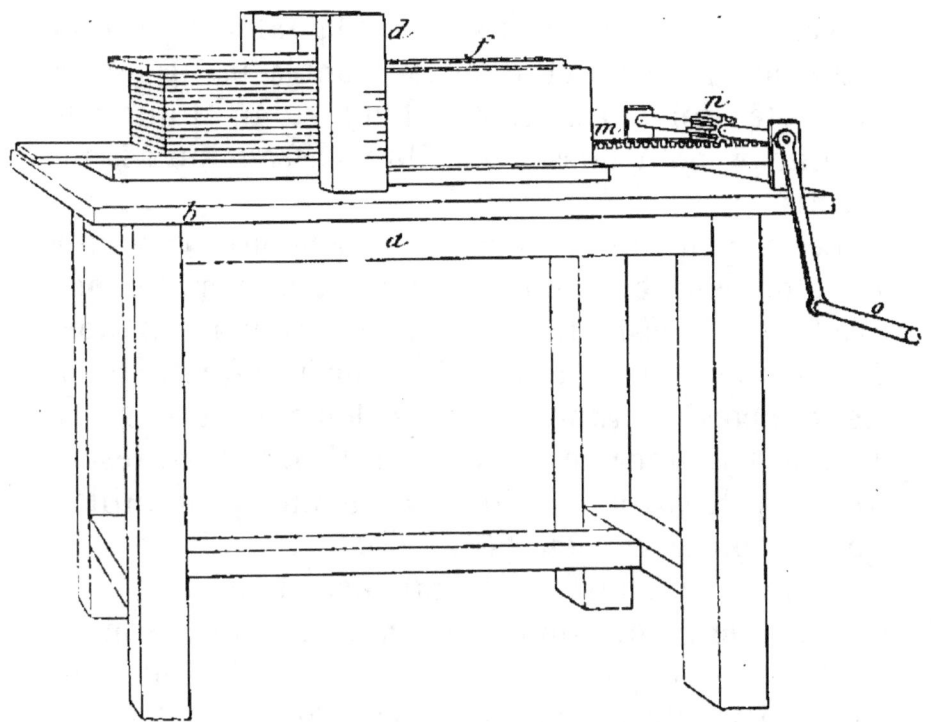

Fig. 77. — Machine à couper la colle. (Le bloc de colle est divisé.)

métalliques par le seul côté où elle est à découvert, éprouve une forte résistance occasionnée par leur rencontre; cette colle, contre laquelle tous les fils ou lames agissent à la fois, cherche alors, à cause de son élasticité, à se raccourcir, à s'élargir et à se relever; mais, comme elle est contenue de tous les autres côtés, elle ne perd pas sa forme en avançant progressivement avec le chariot qui la contient, elle se trouve tranchée par les fils ou lames qui la divisent en feuilles ou tablettes. Lorsque le chariot a terminé sa course, on élève son fond mobile sur lequel se trouvent toutes les tablettes de colle.

On peut aussi faire mouvoir les côtés, qui, dans

ce cas, au lieu d'être fixés sur la table sont assujettis au chariot, comme le montre la figure 74. Ces côtés doivent alors être fendus dans toute leur longueur, pour laisser un libre passage aux lames ou fils.

Les dimensions du chariot dépendent du volume du morceau de colle que l'on veut couper. Ce morceau peut aussi être divisé, non seulement horizontalement, comme on vient de le voir, mais on peut encore le trancher verticalement, et en même temps, par une lame ou fil vertical; alors, les diverses pièces du chariot sont fendues au milieu, comme on le voit en *p* (fig. 75).

Le fond du chariot est également fendu.

Les pièces qui composent cette machine sont en bois de noyer; cependant, il en est plusieurs qui pourraient être en cuivre sans inconvénient ».

Nous allons encore décrire une machine à débiter la gélatine, construite à une époque beaucoup plus récente que la précédente par M. *Chenaillier*.

Cette machine, représentée aux figures 78 et 79, permet de débiter avec rapidité et une parfaite régularité les pains de gélatine en feuilles ou plateaux de 5 à 6 millimètres d'épaisseur, suivant des plans parallèles aux grandes faces du parallélipipède. Chaque pain donne de 12 à 15 plateaux.

La figure 78 est une coupe verticale de la machine, le couvercle de la boîte qui reçoit la gélatine étant ouvert.

La figure 79 est un plan.

a, désigne une boîte dans laquelle on place le bloc de gélatine.

DÉCOUPAGE DES PAINS 337

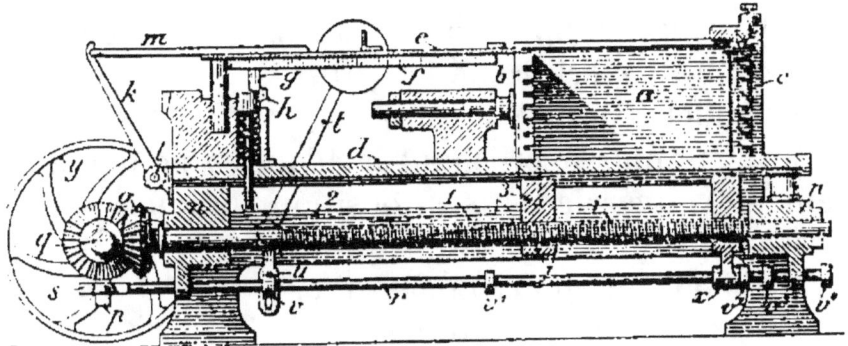

Fig. 78.
Coupe verticale de la machine à couper la colle, de Chenaillier

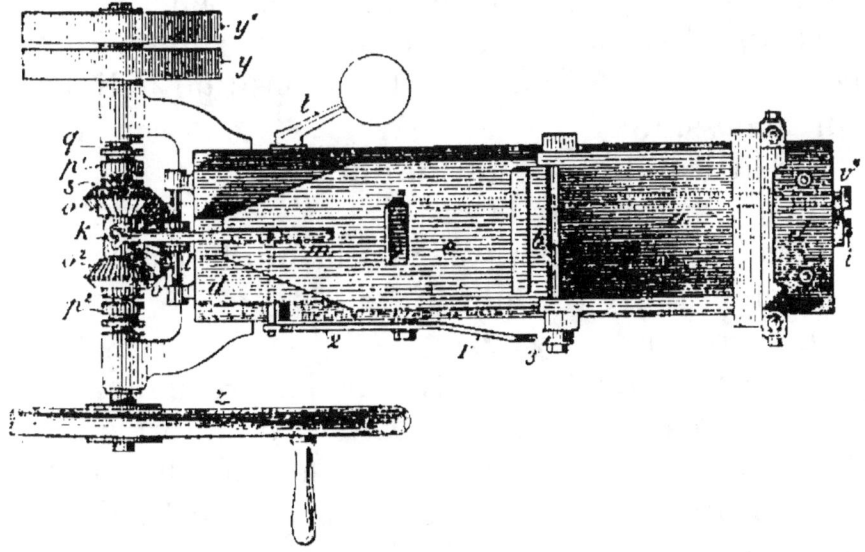

Fig. 79. — Plan.

b, est une plaque fixe formant un des fonds de la boîte.

c, cadre portant un certain nombre de lames coupantes qui forment le fond opposé de la boîte.

d, plateau formant la partie supérieure du bâti.

e, couvercle de la boîte; ce couvercle coulisse dans des rainures pratiquées de chaque côté de la boîte *a*.

f, baguette supportant le couvercle lorsqu'il est tiré pour l'ouverture de la boîte.

g, taquet fixé au couvercle.

h, mentonnet accrochant le taquet *g* pour maintenir le couvercle dans la position indiquée sur le dessin.

i, vis faisant mouvoir la boîte.

j, écrous fixés à la boîte *a*.

k, tige du cylindre *l* formant barillet et dans lequel est enfermé un ressort quelconque dont la tension peut être réglée au moyen d'un rochet.

m, tige fixée au couvercle et venant appuyer sur la tige *k* en lui faisant prendre la position indiquée sur le dessin.

n, bâti supportant tous les organes.

o, pignon fixé sur la vis *i*.

o', o^2, pignons fous portant chacun la partie fixe d'un embrayage à dents.

p, barre d'embrayage.

p', p^2 manchons clavetés sur l'arbre moteur et portant chacun la partie mobile d'un embrayage à dents; ces manchons sont mus le long de l'arbre moteur au moyen de deux fourchettes fixées sur la barre *p*.

q, arbre moteur.

r, tige d'embrayage et de désembrayage automatique.

s, parallélogramme terminant la tige *r* et communiquant à la barre *p* au moyen de deux boutons un mouvement perpendiculaire à celui de la tige *r*.

t, levier d'embrayage à contrepoids (grand bras).

u, petit bras du levier d'embrayage.

v, manchon fixé à la tringle r et portant un doigt qui pénètre dans l'œil du bras du levier u.

v^1 et v^2, manchons servant à régler la course des écrous j et, par suite, de la boîte a, au moyen de l'œil x.

v^3, v^4, manchons servant à limiter la course de la tringle r.

y, y^1, poulies folle et fixe portant la courroie motrice.

z, volant pour la manœuvre à main.

1, 2, leviers de déclenchement automatique du couvercle.

3, taquet faisant osciller le levier 1 en passant sur son extrémité en forme de mentonnet.

La légende qui précède suffit pour bien faire comprendre les dispositions principales de la machine; nous allons maintenant décrire le fonctionnement consécutif de chaque pièce.

La machine étant disposée comme l'indique le dessin, le couvercle est maintenu par le mentonnet h, le ressort du barillet l est tendu, la boîte est ouverte et les embrayages à dents n'étant pas en contact, l'arbre q tourne librement ainsi que les manchons p^1, p^2.

On place un pain de gélatine dans la boîte a, puis on agit sur le levier à contrepoids t de manière à faire embrayer o^2 avec p^2; le pignon o et la vis se mettent en rotation et la boîte a commence à glisser vers la gauche sur le plateau d en comprimant la gélatine entre le fond fixe b et les lames c qui suivent le mouvement de la boîte; mais presque aussitôt le taquet 3 rencontre le levier 1, le fait osciller, communique cette oscillation au levier 2 qui tire le mentonnet h par en bas; le taquet g n'étant plus maintenu, le ressort l se détend subitement et la tige k lance le couvercle à droite dans sa rainure; la gélatine continuant à être comprimée sort en feuilles entre les lames c et, à la fin de la course, ces lames viennent se loger dans des rainures pratiquées sur la face interne de la plaque b, de telle sorte que la gélatine sort entièrement de la boîte. Mais au fur et à mesure de la compression le couvercle c, en suivant la boîte, vient de nouveau appuyer sur la tige k, la faire reculer, tendre le ressort l et enfin s'accrocher de nouveau en h; l'œil x est alors arrivé contre le manchon v', le fait reculer et avec l'aide du contrepoids du levier t, lequel se rapproche de l'horizontale, pousse le parallélogramme s, désembraye automatiquement o^2, p^2, et embraye o', p'; l'arbre q continue de tourner dans le même sens, mais le pignon o et la vis i changent de mouvement, la boîte a retourne en arrière en abandonnant le couvercle comme le représente le dessin et le taquet 3 passe en oscillant sur l'extrémité du levier t sans produire d'effet. Puis l'œil x venant pousser le manchon v^2, désembraye automatiquement o', p'; mais le levier t étant alors obligé de se relever pour embrayer o^2, p^2, ne peut le faire automatiquement et permet à l'ouvrier de placer un nouveau pain de gélatine dans la boîte a et l'opération recommence.

IV. FABRICATION DE FEUILLES DE COLLE CONTINUES

Procédé Tucker

M. *Tucker* a cherché à obtenir directement des feuilles de colle forte, afin d'éviter l'obligation de produire d'abord des pains de grande épaisseur, lents à se prendre en masse consistante, et de supprimer l'opération du découpage de ces pains.

Son appareil, qui est assez ingénieux, et dont le principe a servi de base à la construction d'appareils perfectionnés plus récents, consiste en un cylindre creux disposé horizontalement et mobile autour de son axe. Ce cylindre est traversé par un courant de vapeur et on le dispose sur la partie supérieure d'une chaudière qu'on alimente bien régulièrement avec une dissolution limpide de gélatine ; le cylindre ne plonge qu'en partie dans cette dissolution de colle, et quand il tourne autour de son axe, il entraîne une certaine quantité de la dissolution, qui se dessèche sous l'influence de la vapeur avec assez de rapidité pour qu'on puisse la détacher, l'enlever et l'étendre avant que le cylindre ait accompli une révolution entière. Dans tous les cas, cette dessiccation n'est pas entière et elle a besoin d'être complétée par d'autres moyens.

Procédé Wolff

Un autre procédé, imaginé par M. *Wolff* (1892), consiste à faire couler de la gélatine liquide d'une façon continue dans un canal formé d'une toile sans fin, animée d'un mouvement de translation lent, horizontal dans sa partie supérieure ; la gélatine s'étend uniformément dans ce canal et forme une bande continue qui, peu à peu, passe de l'état liquide à un état plus consistant.

Cette transformation est accélérée par le refroidissement au moyen d'un aspirateur ou d'un autre appareil convenable aspirant ou refoulant l'air frais à travers des conduits entourant la toile sans fin ; la gélatine située sur la bande sans fin, toujours entourée d'air froid, est rafraîchie et amenée bientôt à l'état consistant.

Parvenue à cet état, on enlève la gélatine au moyen d'un racloir appliqué sur la toile sans fin, et on la fait passer ensuite à travers un appareil coupeur, où elle est sectionnée en bandes.

La même toile sans fin dépose enfin les bandes sur des claies que l'on transporte dans le séchoir. Après avoir été séchées complètement, les bandes de gélatine sont découpées en petites tablettes, et on les emballe pour les expédier.

La gélatine, depuis son état liquide jusqu'à sa solidification et son transport dans le séchoir, n'est donc pas touchée avec les mains. On n'a besoin de toucher les bandes de gélatine que lorsqu'elles sont complètement sèches et enlevées des claies de séchage pour être découpées en tablettes, c'est-à-dire lorsque tout danger de rendre la gélatine impure ou de détériorer les tablettes consistantes est évité.

On peut fixer l'épaisseur des plaques de gélatine en réglant le débit de la gélatine liquide dans le canal sans fin, ou en faisant marcher ce dernier à une certaine vitesse, de telle façon que l'on peut sans difficulté faire les plaques les plus fines.

Suivant cette épaisseur et le degré de la température de l'air aspiré pour le rafraîchissement, il suffit de dix à vingt minutes pour faire passer la gélatine liquide à un état assez consistant, permettant de la transporter en bandes minces dans le séchoir.

Dans ce procédé, tout danger de formation de champignons ou de putréfaction est écarté.

Un appareil permettant de mettre en pratique le procédé ci-dessus décrit est représenté aux figures 80 à 83.

La figure 80 est une coupe longitudinale.

La figure 81 est un plan.

La figure 82 est une coupe transversale.

La figure 83 est une coupe transversale montrant les conduits d'air qui entourent la toile sans fin.

La gélatine liquide coule du réservoir a par le tuyau b et le robinet c sur le canal horizontal mobile d, lequel est fait avantageusement en toile cirée, à cause de son poli et de son peu d'adhérence. cette toile étant elle-même placée sur une toile sans fin mobile e, qui est disposée sur deux poulies f et g ; à de petites distances les uns des autres, on installe des rouleaux guides h qui servent de soutien à la toile dans ses parcours rectilignes.

La toile cirée d glisse avec ses deux bords sur des tôles inclinées i, ce qui fait un peu relever ces bords et forme un canal continu qui ne laisse la gélatine liquide se répandre que dans le sens longitudinal.

On règle le débit de la gélatine liquide de façon

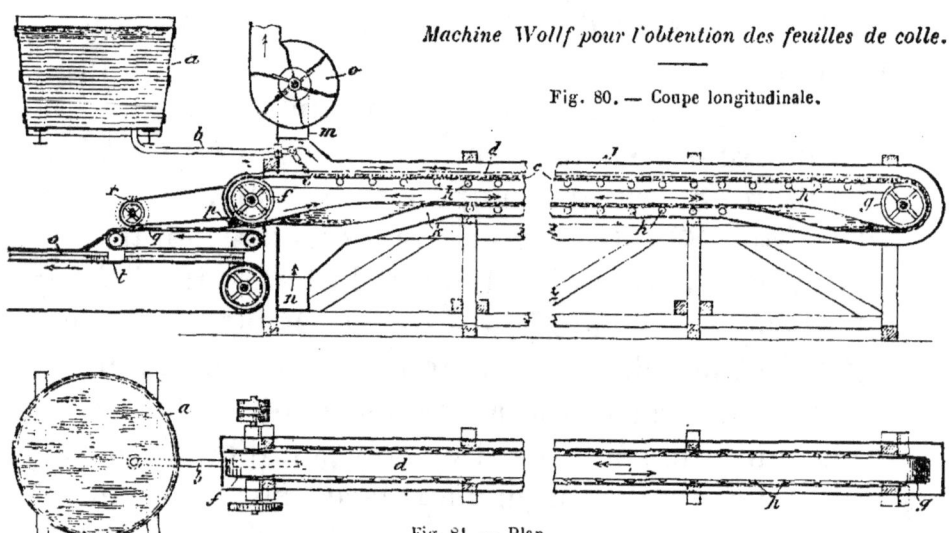

Machine Wolff pour l'obtention des feuilles de colle.

Fig. 80. — Coupe longitudinale.

Fig. 81. — Plan.

qu'elle n'occupe qu'une épaisseur d'environ deux millimètres.

Du côté inférieur, on tourne deux fois la bande sans fin e et le canal d comme une courroie tordue

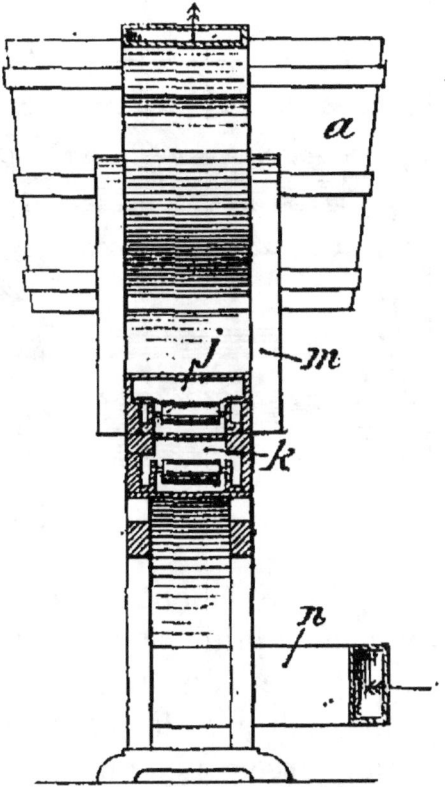

Fig. 82. — Coupe transversale de la machine Wolff.

de telle façon que la gélatine, devenue consistante, se trouve de nouveau sur la face supérieure entre les points de torsion et que la toile e peut de nouveau être soutenue par les rouleaux h.

Les deux canaux de rafraîchissement j et k entourant la partie supérieure et celle inférieure de $d\,e$ sont en communication avec l'aspirateur et la source d'air froid par les conduits m et n, de telle façon que par le fonctionnement du ventilateur o, de l'air froid est aspiré suivant la direction opposée au mouvement de la gélatine. Il en résulte un refroidissement excessivement rapide de la mince bande de gélatine en mouvement.

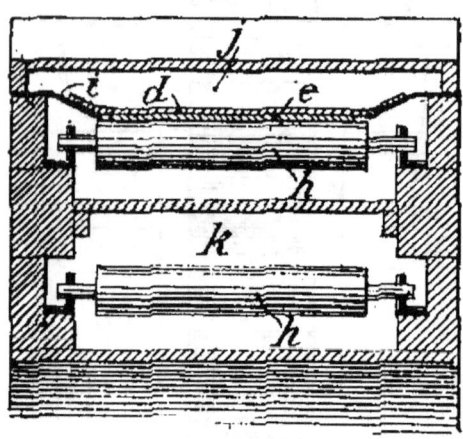

Fig. 83. — Coupe transversale de la machine Wolff.

Les vapeurs qui se forment à l'écoulement de la gélatine chaude et liquide sont directement aspirées par l'aspirateur et conduites à l'air libre.

Au moyen du racloir p, la bande consistante de gélatine est transférée du canal d sur la toile sans fin q, où elle est coupée en morceaux au moyen d'un couteau tournant r. Ces morceaux, à leur tour, sont transportés sur les claies de séchage s, qui sont aussi entraînées au moyen de courroies t.

Dans tous ces mouvements, il faut que la vitesse de d, q et r soit la même, afin que la gélatine ne soit pas arrachée par force.

Lorsqu'on ne veut pas tordre deux fois le canal sans fin d et la bande e sur leur retour, on peut allonger l'appareil en conséquence et disposer l'appareil d'enlevage *p q r s t* du côté de la poulie *g* au lieu de celle *f*.

On peut aussi placer deux ou plusieurs de ces appareils à côté les uns des autres, alimentés de gélatine liquide par une cuve commune *a*.

Pour chasser l'air à travers les conduits entourant le canal sans fin *d*, on peut utiliser des ventilateurs, des souffleurs et d'autres dispositifs connus.

En raison de la forme en ⊔ de la section transversale du canal *d*, les bandes de gélatine sont plus minces à leurs bords, et comme le coupage en plus petites tablettes ne se fait que lorsqu'elles sont tout à fait sèches, les bords coupés ne deviennent pas plus gros que les tablettes elles-mêmes, ce qui fait que ces bords ne sont pas gondolés, comme il arrive fréquemment.

Procédé Hewitt

Dans son principe, l'appareil de M. *Hewitt* (1894) se compose de deux ou un plus grand nombre de cylindres creux, refroidis à l'eau et actionnés de manière à tourner à peu près à la même vitesse tangentielle dans le même sens ; ces cylindres sont disposés pour tourner très près l'un de l'autre, mais sans faire réellement contact, afin d'empêcher la liqueur de passer entre eux et les disposer de manière qu'ils puissent se nettoyer automatiquement ; il comprend en outre une courroie sans fin en cordes, ou des tissus à mailles étendus sur des châssis et entraînés par des vis sans fin, pour enlever les feuilles au fur et à mesure qu'elles sont formées sur les cylindres ; enfin deux séries, ou plus, de cylindres refroidisseurs, disposés pour doubler ou multiplier les feuilles de colle, et un tuyau à vapeur interposé entre les feuilles qu'on doit réunir, près de leur ligne de contact, afin de faire prendre deux feuilles ensemble.

La figure 84 est un plan du refroidisseur pour la colle.

La figure 85 est une coupe verticale longitudinale.

La figure 86 est une élévation par bout des cylindres refroidisseurs.

La figure 87 est un plan partiel, à une plus grande échelle, des cylindres refroidisseurs.

La figure 88 est une vue diagrammatique de la première paire de cylindres, montrant l'action de ces derniers sur la colle liquide.

Les figures 89 et 90 sont des vues diagrammatiques montrant d'autres formes de l'appareil dans lesquelles deux feuilles sont réunies pour former une feuille de colle plus épaisse.

Les cylindres A, A', A^2, A^3, A^4, A^5 sont pourvus de tourillons tubulaires qui tournent dans des boîtes munies d'ouvertures pour la circulation de l'eau. Les tourillons du cylindre A tournent dans les boîtes a et a', dont celle a' communique avec un tuyau d'alimentation d'eau b, tandis que la boîte a communique par le passage c avec la boîte à tourillon d du cylindre A'. A l'extrémité opposée, le tourillon creux de ce cylindre est muni d'une boîte e qui communique avec la boîte f du cylindre A^2 par le passage g.

L'autre tourillon creux du cylindre A^2 commu-

FEUILLES DE COLLE CONTINUES   349

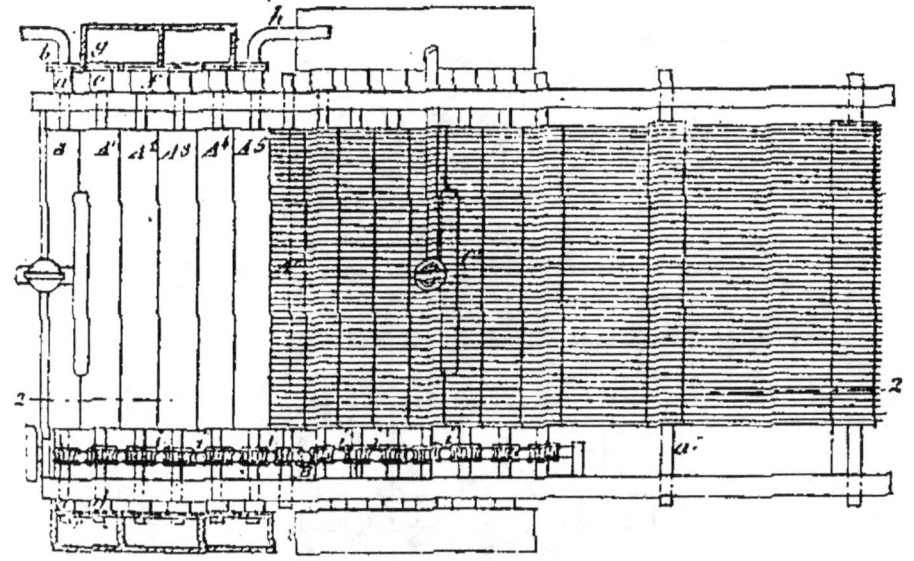

Fig. 84. — Plan du refroidisseur.

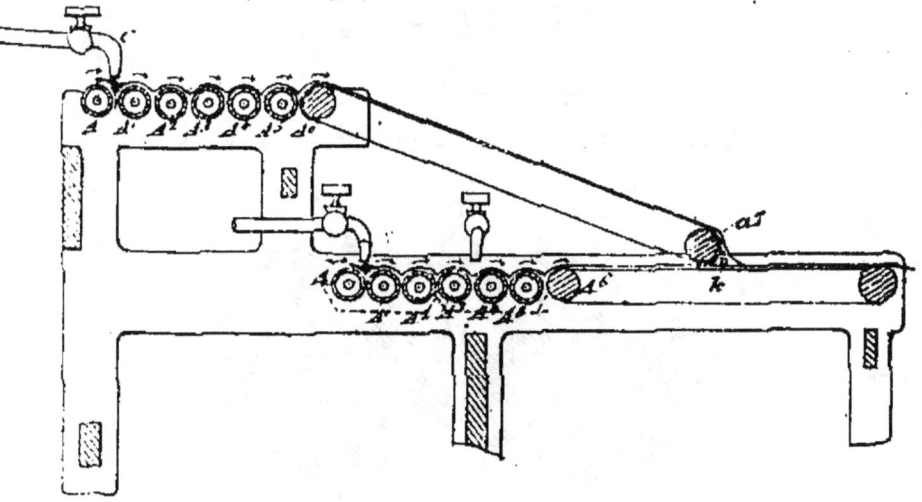

Fig. 85. — Coupe verticale du refroidisseur.

nique d'une manière analogue avec le tourillon creux du cylindre A^3 et ainsi de suite dans toute la série de cylindres dont le dernier A^5 communique avec le tuyau de décharge h de l'eau.

Sur le devant du cylindre A^5 tourillonne un cy-

Colles. 20

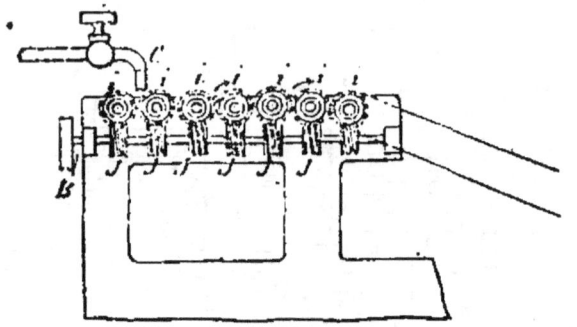

Fig. 86. — Commande des cylindres refroidisseurs.

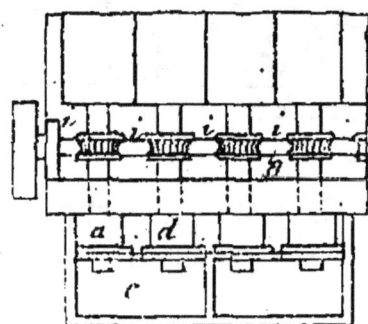

Fig. 87. — Détail des cylindres refroidisseurs.

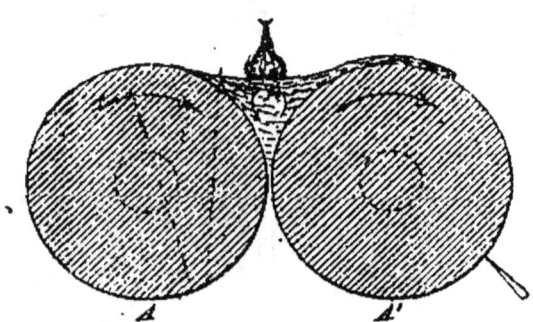

Fig. 88. — Coupe de la première paire de cylindres refroidisseurs.

cylindre A^7 qui est pourvu de cordes sans fin passant sur le cylindre a^7.

A l'une des extrémités de la machine, tous les tourillons creux et celui du cylindre A^6 sont pourvus de roues hélicoïdales i, commandées par l'ar-

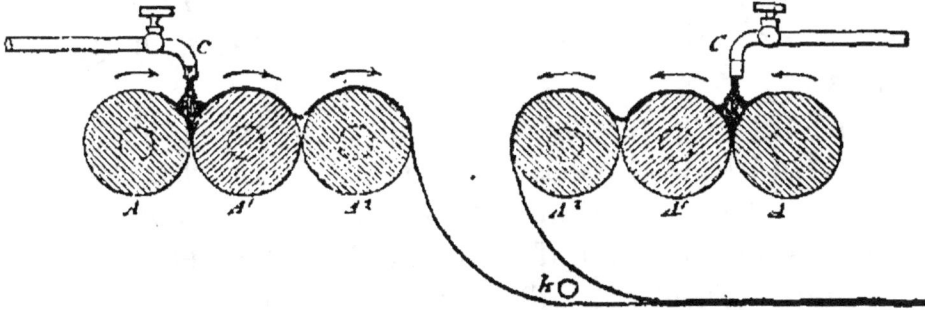

Fig. 89. — Diagramme des cylindres pour l'obtention d'une feuille de colle d'épaisseur double.

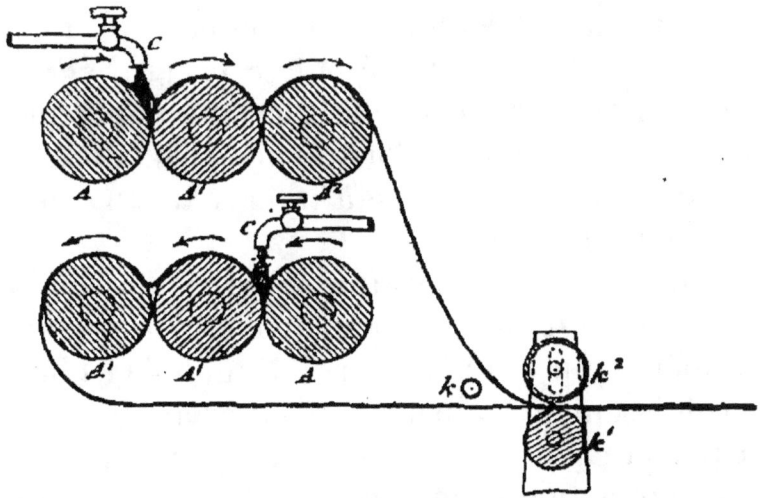

Fig. 90. — Autre diagramme des cylindres pour l'obtention d'une feuille de colle d'épaisseur double.

bre B qui porte les vis j. Au moyen de ces engrenages à vis, tous les cylindres se trouvent tournés dans le même sens, ainsi que l'indiquent les flèches (fig. 86).

Au-dessus de la ligne de contact entre les cylindres A, A' est disposée une rampe d'alimentation C, servant à envoyer à la première paire de cylindres la colle fondue que l'on doit refroidir. Comme cette colle s'étend latéralement sur les cylindres A et A', la rampe C est plus courte que les cylindres.

Au fur et à mesure que la colle est entraînée par le cylindre A' elle est refroidie par l'eau traversant ce cylindre; le cylindre A^2 reçoit ainsi la colle refroidie par le cylindre A', la fait avancer sur le cylindre A^3, et ainsi de suite pour toute la série.

La première phase du refroidissement s'effectue par le contact de la colle liquide avec les cylindres A et A'.

Le mouvement résultant du contact de la colle avec ces cylindres est représenté à la figure 88. Ce contact oblige la colle à effectuer un mouvement rotatif sur elle-même, en forçant ainsi les différentes parties de la masse de colle à intervenir en contact avec les cylindres A, A'.

Ce point est très important, en ce que la conductibilité de la colle liquide pour la chaleur est faible et, de même que dans d'autres liquides visqueux, le refroidissement ne peut s'effectuer aussi rapidement par la conduction que par la convection.

La même action a lieu entre les autres cylindres de la série tant que la colle n'est pas prise. Lorsqu'elle atteint le dernier cylindre de la série, c'est-à-dire dans le cas actuel, le cylindre A^5, elle est refroidie et solidifiée, de sorte qu'on peut l'enlever au moyen des cordes sans fin que portent les cylindres A^6 et A^7. L'alimentation de la colle et la vitesse de rotation des cylindres refroidisseurs se règlent suivant le temps nécessaire à refroidir et à solidifier la colle.

Lorsque cette colle doit être séchée en une simple

épaisseur, on la fait avancer et on la dépose sur des filets, où elle se sèche comme à l'ordinaire. Quand on veut produire des feuilles plus épaisses que celles que l'on peut faire convenablement de cette manière, une seconde série de cylindres A et A', est disposée sous la première comme il est représenté à la figure 85, et la feuille de colle formée par la première série de cylindres est amenée en contact avec la feuille de colle formée par la seconde série ; les deux feuilles peuvent être réunies, quand il est nécessaire, par l'action de la vapeur arrivant du tuyau à vapeur k, lequel est placé sur le devant du cylindre a^7 de la série supérieure et du tablier en cordes ou filet sans fin de la série inférieure, de façon que la feuille formée par la série inférieure des cylindres passe sous le tuyau à vapeur. De cette manière, les deux feuilles sont réunies, transportées en avant et ensuite séchées.

Lorsqu'on emploie deux séries de cylindres, le tablier sans fin de la série supérieure est disposé dans une position inclinée, comme l'indique la figure 85, tandis que le tablier sans fin de la série inférieure est disposé, de préférence, horizontalement.

Lorsque la feuille délivrée par la série de cylindres supérieure est résistante et tenace, on peut l'envoyer directement à la série inférieure sans employer le tablier incliné sans fin.

En faisant des feuilles de colle épaisses, on a l'avantage d'utiliser la température basse des feuilles refroidies entièrement ou en partie, pour refroidir une couche supplémentaire de colle répandue sur une feuille simple ou introduite entre les feuilles supérieure et inférieure, pendant qu'elles se forment ou se dégagent de la machine.

On obtient ce résultat en coulant de la colle liquide sur la feuille inférieure dès qu'elle est suffisamment solidifiée et refroidie.

La colle liquide qu'on envoie par la rampe C' (fig. 85) s'étale sur la feuille inférieure, puis arrive en contact avec la feuille supérieure, qui facilite également le refroidissement.

Quand on veut réunir les deux feuilles de colle en amenant leurs faces supérieures ou naturelles en contact, on dispose deux séries de cylindres, comme le montre la figure 89, les derniers cylindres de ces séries étant situés l'un près de l'autre, et ces mêmes séries étant disposées pour tourner en sens contraire ; lorsque les feuilles sont réunies, la face naturelle de la feuille ainsi délivrée par la série de droite vient en contact avec celle délivrée par la série de gauche ; dans ce cas comme dans l'autre, le tuyau à vapeur k peut servir à chauffer partiellement les feuilles et faciliter leur réunion, au fur et à mesure qu'elles arrivent en contact, quand il est nécessaire.

Dans le cas représenté à la figure 90, les séries de cylindres sont disposées l'une au-dessus de l'autre et peuvent encore tourner en sens contraire, mais la surface interne de la feuille délivrée par la série inférieure des cylindres est disposée pour venir en contact avec la surface inférieure de la feuille délivrée par la série supérieure de cylindres, de sorte que les surfaces naturelles des feuilles se trouvent situées en dehors ; les surfaces des deux feuilles formées au contact des cylindres sont au contraire amenées en contact l'une avec l'autre, puis réunies pour former une feuille plus épaisse.

Afin de mieux réunir les feuilles de colle et d'en exclure les bulles d'air, la double feuille peut être amenée sur un rouleau k' et passer sous un léger rouleau k^2 à son départ de la machine.

Lorsque des feuilles sont délivrées de la manière indiquée à la figure 89, tout chiffre, impression, marque de fabrique ou nom du fabricant, peut s'imprimer sur la surface de la colle et y demeurer lorsque la colle est sèche ; dans le cas de la fig. 90, la feuille de colle possède, des deux côtés, le lustre dû à la conservation de la surface naturelle.

Lorsqu'on désire combiner différentes qualités de colle dans la même feuille, ces différentes qualités sont délivrées sous forme liquide aux différentes séries de cylindres.

Ce procédé est avantageux lorsqu'on désire, par exemple, couvrir des feuilles de colle foncée avec une colle plus claire, ou faciliter le séchage en séchant lentement des qualités inférieures de colles ; on produit ainsi une couche de colle tenace sur les côtés opposés de la colle de qualité inférieure, de façon à maintenir cette dernière sous une forme convenable pendant le séchage.

On peut employer pour la circulation dans les cylindres A et A', etc., un courant d'eau ou de saumure, maintenue froide par sa circulation dans un appareil réfrigérant ; ou bien, au lieu d'envoyer l'eau froide à l'intérieur des cylindres, on peut refroidir ces derniers en les faisant tremper dans un liquide réfrigérant pendant qu'ils tournent, ce liquide étant contenu dans les récipients supportés sous les cylindres, comme il est indiqué par les lignes ponctuées à la figure 85. Lorsque la circulation de l'eau à travers les cylindres A et A' est rapide, l'extrémité de la série par laquelle l'eau s'introduisit est de peu d'importance ; mais lorsque cette circulation est lente, il est préférable de l'introduire dans le dernier cylindre de la série.

V. FABRICATION MÉCANIQUE DES FEUILLES DE COLLE

D'après ce qu'on a vu dans les chapitres précédents, il est d'usage, dans la fabrication de la colle forte, de placer la solution de colle dans des moules, d'en former des pains, puis de couper ces pains en plaques ou feuilles et placer ces dernières à la main sur les filets, de placer ensuite, également à la main, ces filets par piles et de les faire passer à la chambre de séchage pour les y laisser jusqu'à ce que la colle soit sèche ; après cette opération, on enlève la colle, les filets sont mis par piles de hauteur convenable et renvoyés dans la pièce où se fabrique la colle, pour y être désempilés, remplis et empilés de nouveau toujours à la main, puis ramenés à la chambre de séchage.

Dans le but de supprimer une grande partie du travail manuel nécessité par les opérations précédentes, M. *Hewitt* a construit, en 1894, une machine à fabriquer la colle forte, dans laquelle la fabrication peut être pratiquée d'une manière continue, les filets étant mécaniquement désempilés, **chargés de feuilles de colle, puis empilés de nou-**

veau par la machine qui les apprête pour leur transport à la chambre de séchage.

Cette machine comprend un dispositif pour mettre la colle en plaques ou feuilles, subdiviser ces dernières, puis les couper en dimensions voulues et les faire passer aux filets de séchage ; un mécanisme servant à enlever les filets de la pile et les faire avancer successivement pour qu'ils reçoivent les feuilles de colle subdivisées ; et un mécanisme servant à empiler les filets remplis et à enlever les piles hors de la machine.

La figure 91 est une élévation latérale diagrammatique de cette machine perfectionnée.

La figure 92 est un plan du dispositif de séparation et de subdivision des feuilles.

La figure 93 est une coupe verticale longitudinale.

La figure 94 est une vue analogue montrant la table de transport en position voulue pour prendre contact avec la feuille de colle.

La figure 95 est une coupe longitudinale de l'extrémité de réception du dispositif subdiviseur des feuilles.

La figure 96 est une coupe verticale transversale partielle du dispositif séparateur.

La figure 97 est une coupe longitudinale de l'extrémité de décharge.

La figure 98 est une autre coupe verticale transversale partielle du dispositif séparateur.

La figure 99 est une élévation latérale, partie en coupe, du mécanisme servant à empiler, refroidir et transporter la colle.

La figure 100 est un plan de l'un des filets ou

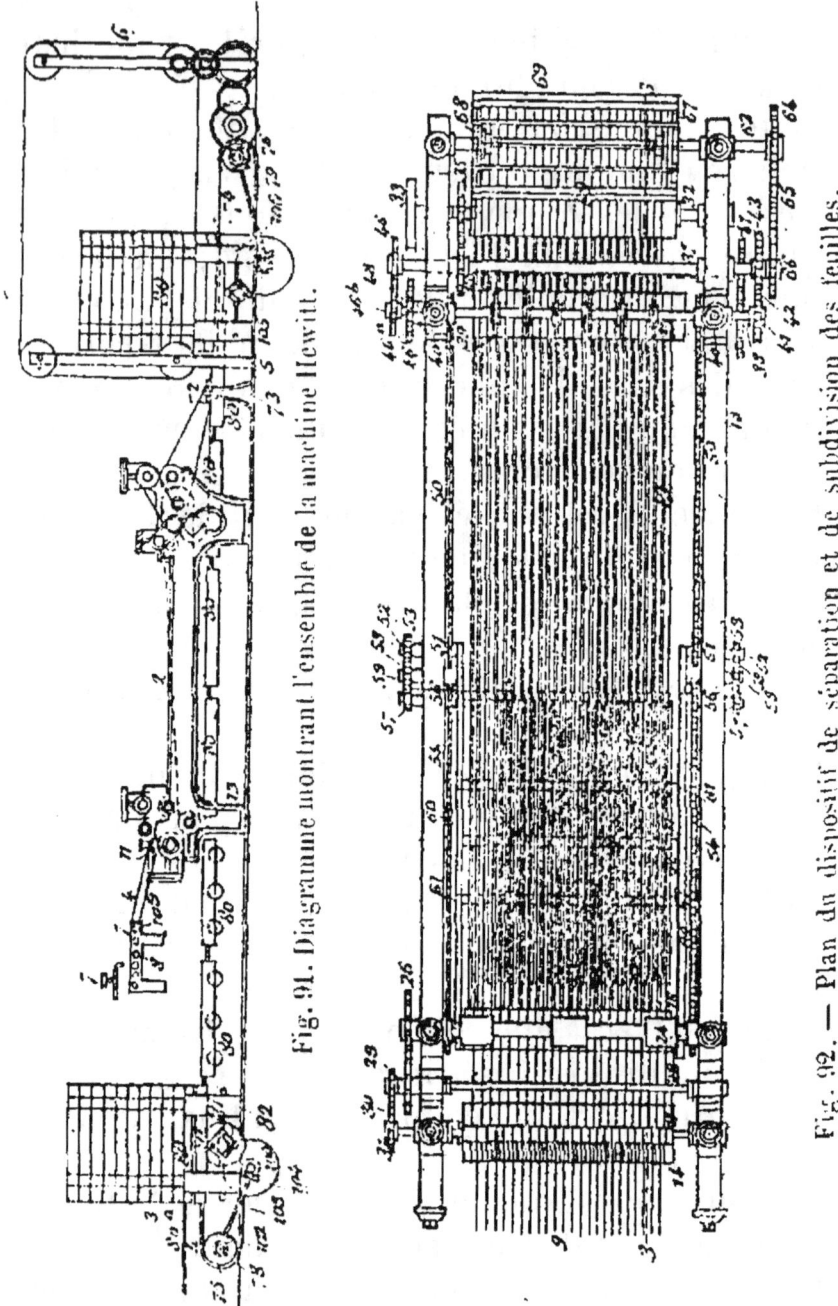

Fig. 91. Diagramme montrant l'ensemble de la machine Hewitt.

Fig. 92. — Plan du dispositif de séparation et de subdivision des feuilles.

châssis supportant une feuille de colle subdivisée et dont une partie est enlevée pour montrer le filet.

FABRICATION MÉCANIQUE DES FEUILLES DE COLLE 359

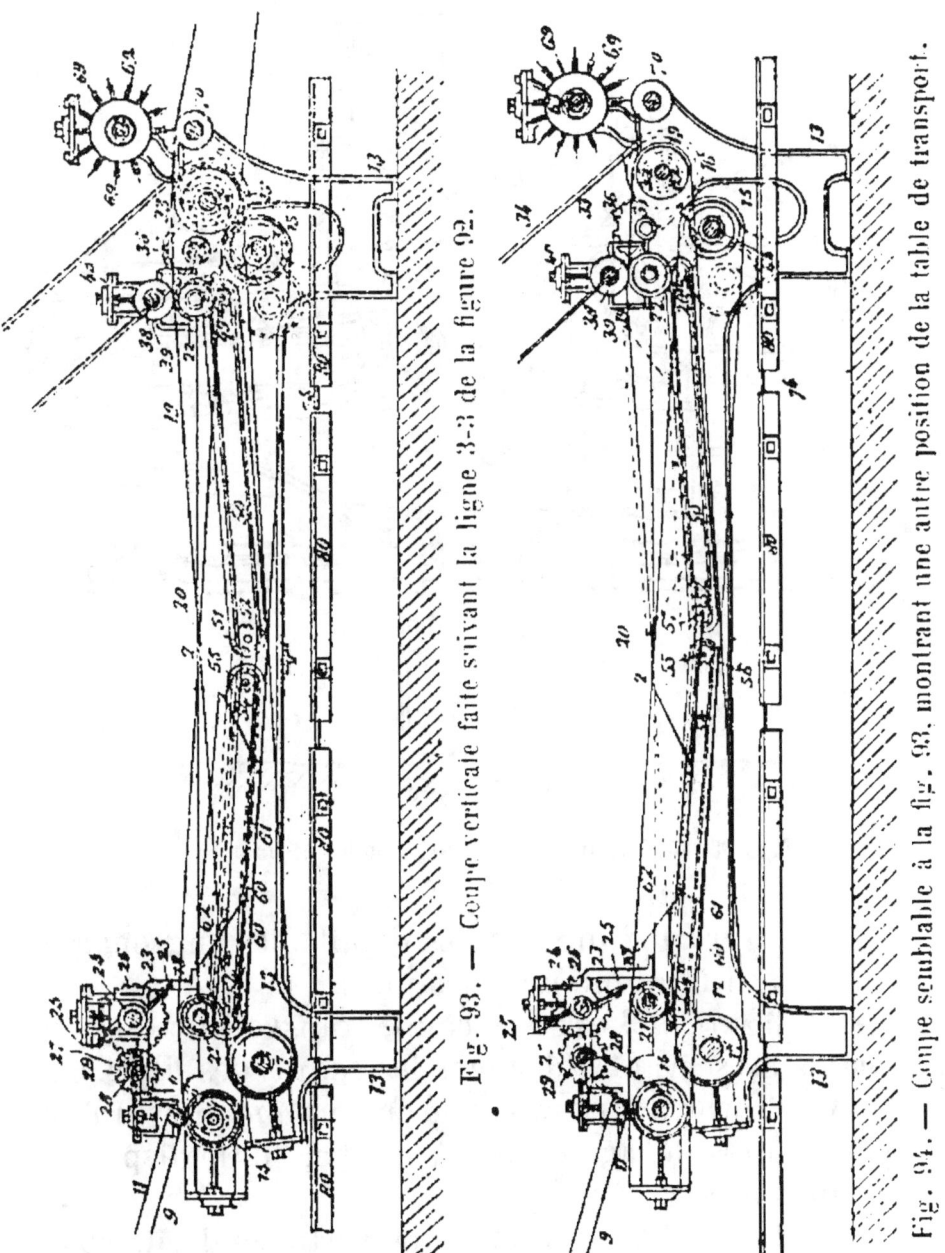

Fig. 93. — Coupe verticale faite suivant la ligne 3-3 de la figure 92.

Fig. 94. — Coupe semblable à la fig. 93, montrant une autre position de la table de transport.

La figure 101 est une élévation latérale, partie en coupe, du dispositif servant à empiler les filets.

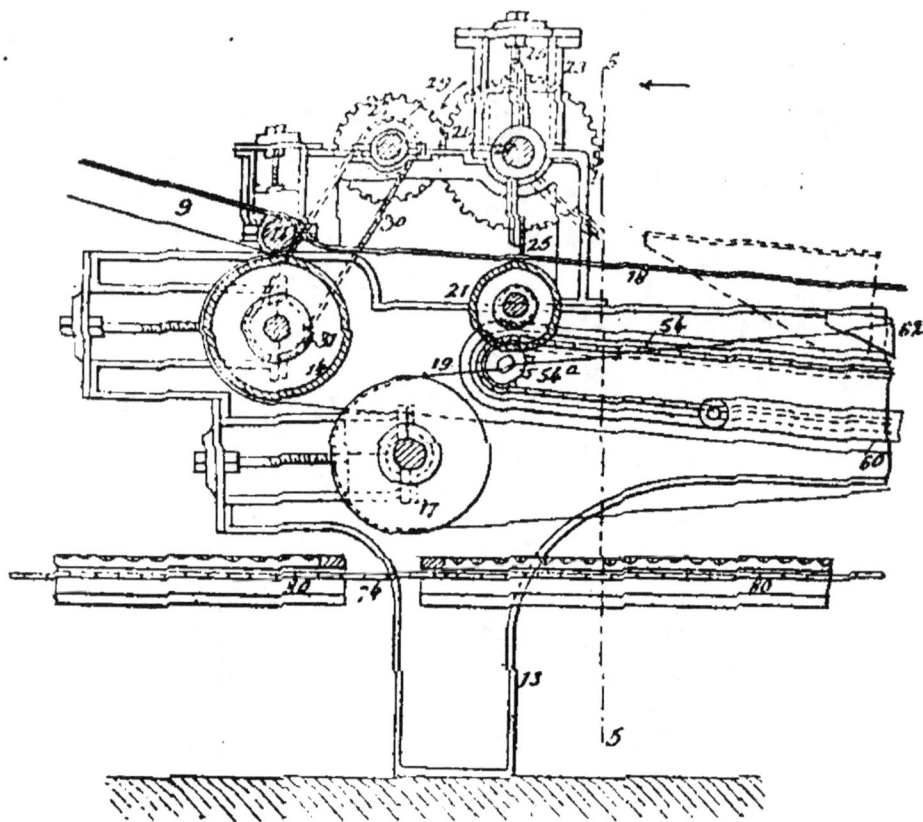

Fig. 95. — Détail de la partie gauche de la figure 93.

La figure 102 montre des détails des engrenages servant à faire mouvoir les piles.

La figure 103 est une coupe transversale du mécanisme servant à dégager les cadres des filets.

La figure 104 est une vue de détail montrant l'un des cadres dégagé et prêt à tomber sur le dispositif transporteur.

La figure 105 est une coupe verticale du dispositif servant à empiler les filets.

La figure 106 est une élévation, partie en coupe, du même dispositif.

FABRICATION MÉCANIQUE DES FEUILLES DE COLLE

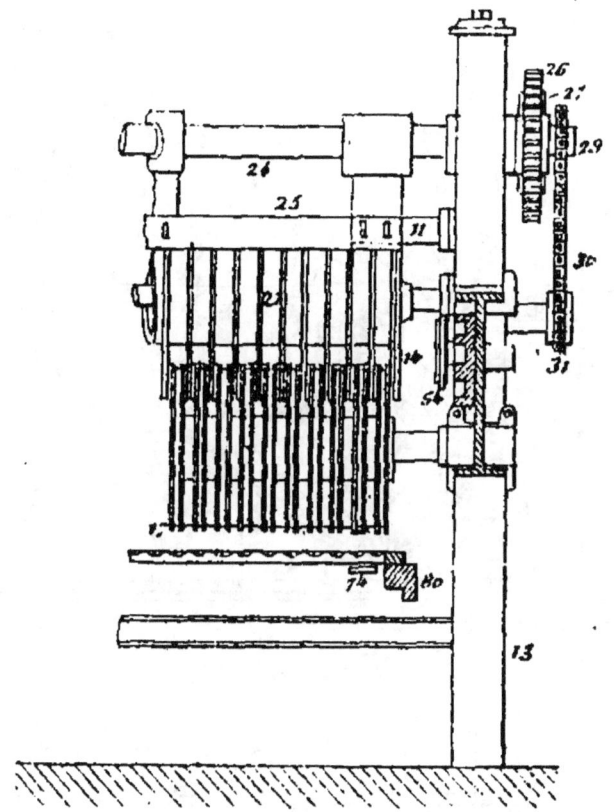

Fig. 96. — Coupe verticale faite suivant la ligne 5-5 de la fig. 95, vue dans la direction de la flèche.

La figure 91 montre l'appareil servant à refroidir la colle et à la mettre en feuilles, disposé en relation avec le séparateur-subdiviseur 2; elle montre également la position relative du désempileur 3, des filets, de leur dispositif d'entraînement 4, de l'empileur 5 et du dispositif 6 qui sert à enlever ces filets.

L'appareil 1 qui sert à refroidir la colle et la former en feuilles est déjà décrit à la page 347.

La colle liquide est envoyée par un conduit 7 à un refroidisseur composé d'une série de cylindres 8

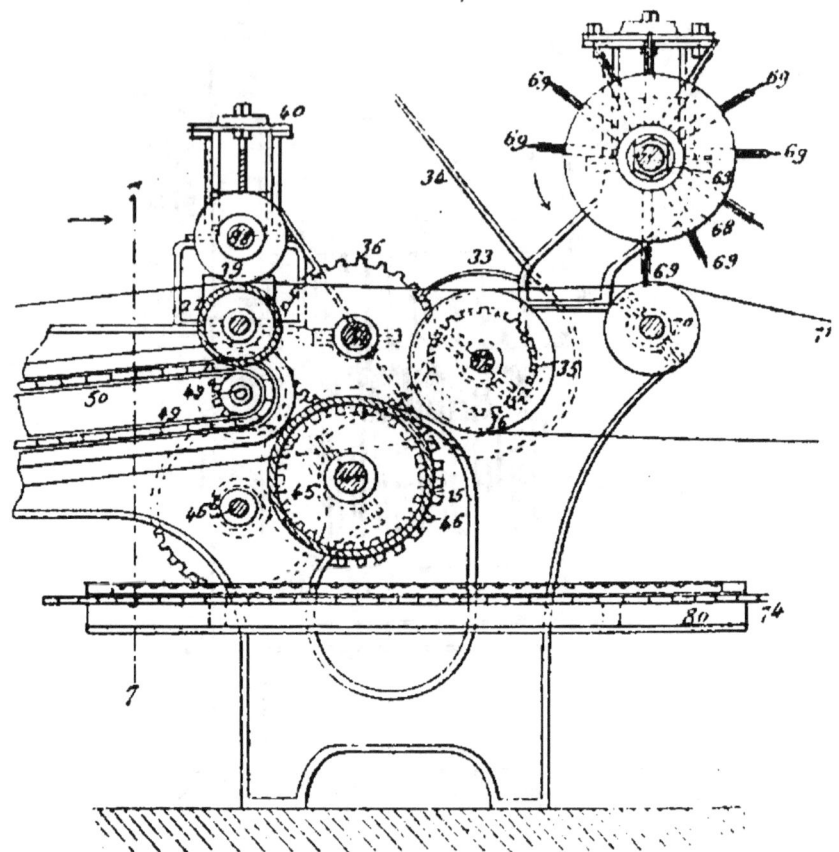

Fig. 97. — Détail de la partie droite de la figure 93.

sur lesquels la colle s'étend, se refroidit et passe sous forme d'une feuille continue à l'entraîneur sans fin 9; celui-ci est constitué par une série de cordes passant sur un rouleau 10 dans l'appareil 1 et sur un rouleau 11 dans le séparateur-diviseur 2.

Dans les flasques latérales 12 du bâti 13 du séparateur-diviseur 2, tourillonnent des tambours 14, 15, 16, 17, qui reçoivent les cordes sans fin 18, 19. Les tambours 14 et 16 tourillonnent sur le bâti 13 dans un plan situé au-dessus des tambours 17 et 15.

FABRICATION MÉCANIQUE DES FEUILLES DE COLLE 363

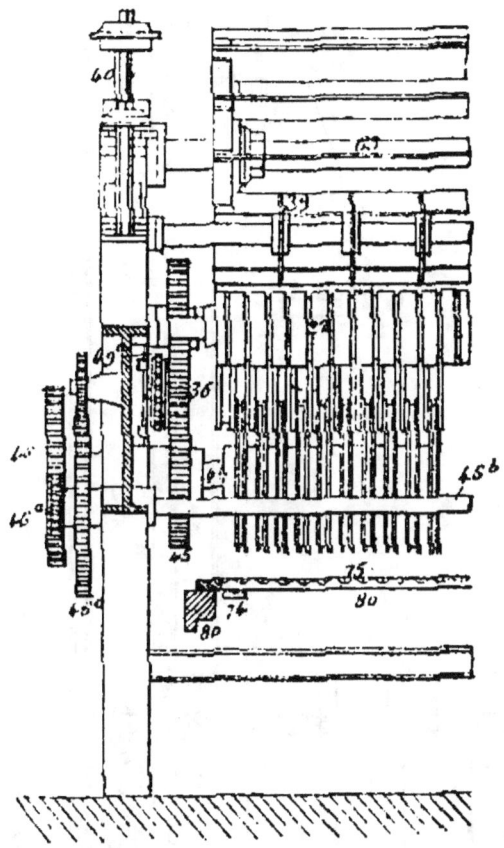

Fig. 98. — Coupe verticale faite suivant la ligne 7-7 de la fig. 97, vue dans la direction de la flèche.

Les tambours 14 et 15 reçoivent les cordes 18 et les tambours 16 et 17, les cordes 19, les chemins de ces deux séries de cordes sans fin se croisant l'un l'autre en 20, au centre de la machine ou à peu près.

Les cordes 18 passent dans les gorges d'un tambour 21, et les cordes 19 dans celles d'un tambour 22.

Les boîtes à tourillons des tambours 14 et 17 sont placées dans les rainures de l'extrémité du bâti 13, puis sont ajustées par des vis et des écrous, de

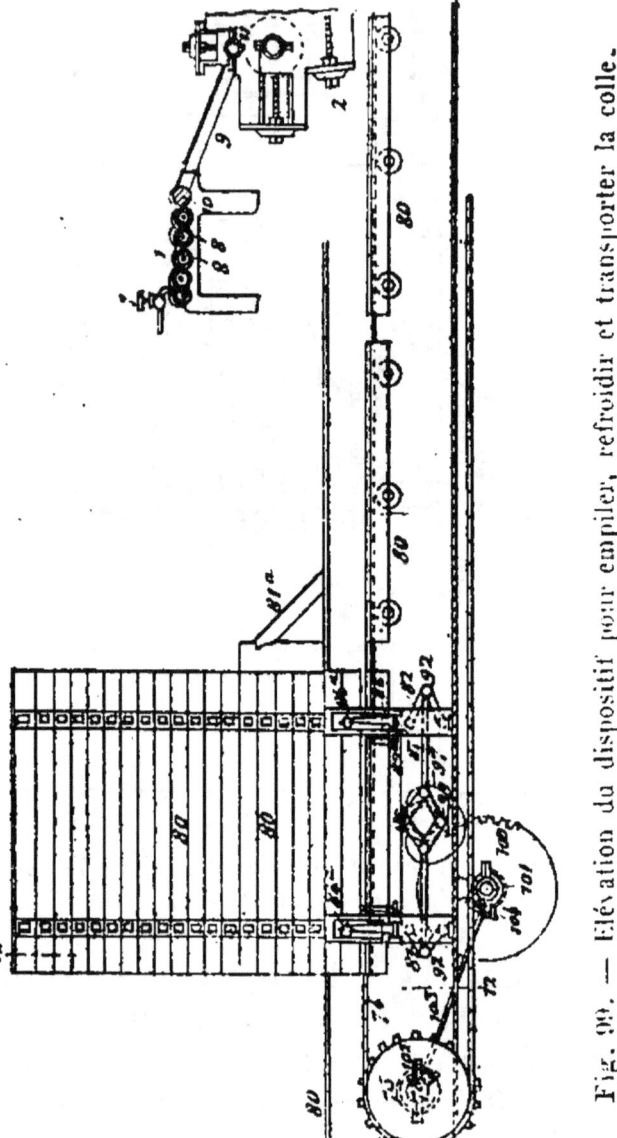

Fig. 99. — Élévation du dispositif pour empiler, refroidir et transporter la colle.

façon que la tension des cordes sans fin puisse se régler.

Le rouleau 11 tourillonne dans le bâti 13 en regard du tambour 14 et des cordes 18, de façon que l'entraîneur sans fin 9 puisse délivrer les feuilles

FABRICATION MÉCANIQUE DES FEUILLES DE COLLE

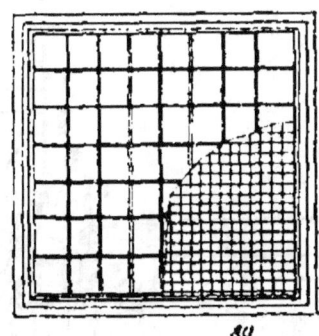

Fig. 100. — Plan d'un filet ou châssis supportant les feuilles de colle.

de colle formées dans l'appareil 1, à la série de cordes sans fin 18.

Dans un prolongement supérieur 23 du bâti 13, tourillonne un arbre 24 portant des bras pourvus de couteaux 25, lesquels peuvent venir en contact avec la périphérie du tambour 21 lorsqu'ils tournent, de façon à couper la feuille de colle continue, délivrée par l'entraîneur sans fin 9 aux cordes 18, en longueurs convenables pour emplir les filets.

Sur l'extrémité de l'arbre 24 est montée une roue cylindrique dentée 26 qui s'engrène avec un pignon 27 monté sur un arbre 28 tourillonnant dans le prolongement 23. Cet arbre est pourvu d'une roue dentée 29 qui reçoit une chaîne sans fin 30, passant autour d'une autre roue dentée 31 placée sur l'arbre du tambour 14.

L'arbre 32 du tambour 16 est pourvu d'une poulie 33 qui reçoit la courroie 34, au moyen de laquelle la force motrice est communiquée à la machine.

Sur l'arbre 32 est monté un pignon 35 qui engrène avec une roue cylindrique 36 montée sur l'arbre 37 tourillonnant dans le bâti 13.

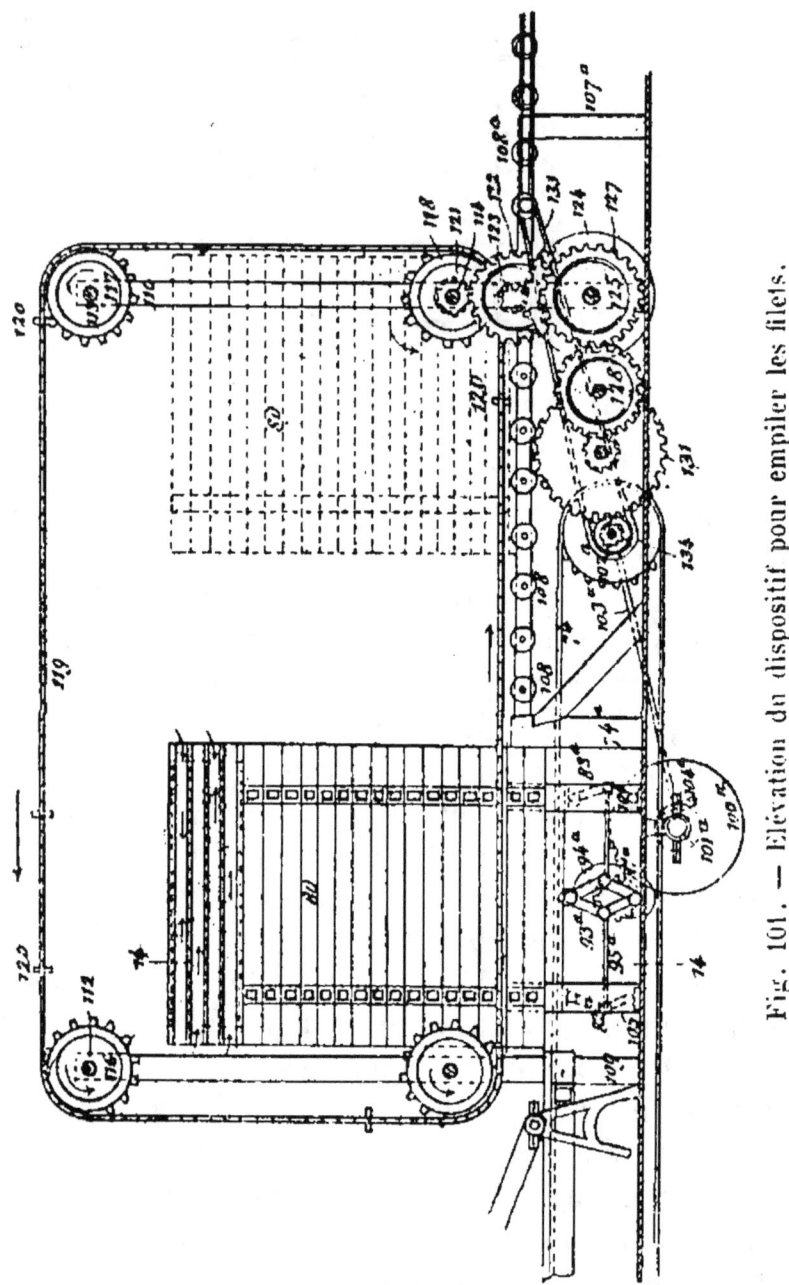

Fig. 101. — Élévation du dispositif pour empiler les filets.

Au-dessus du tambour 22, tourillonne un arbre 38 qui porte une série de couteaux rotatifs 39

FABRICATION MÉCANIQUE DES FEUILLES DE COLLE 367

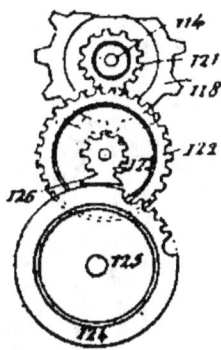

Fig. 102. — Détails des engrenages situés à droite de la figure 101.

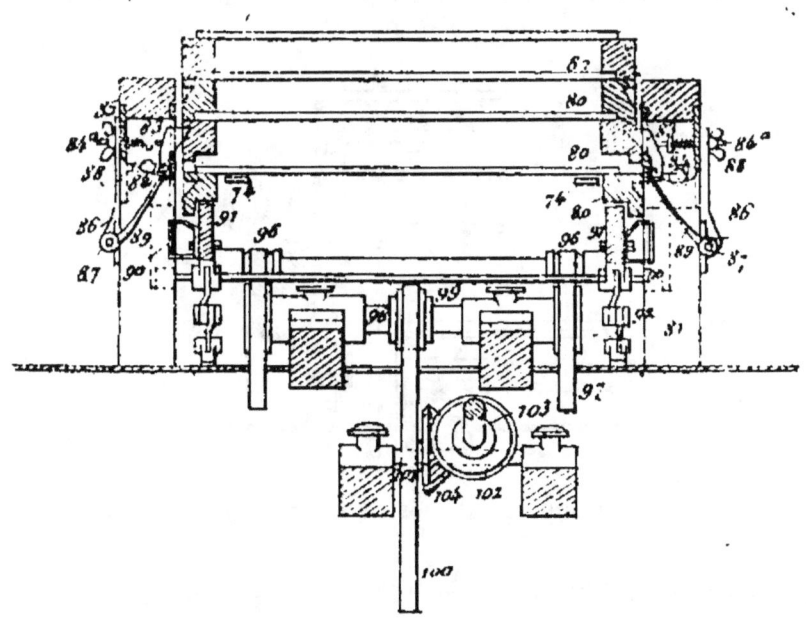

Fig. 103. — Coupe du dispositif pour dégager les cadres des filets.

dont les arêtes peuvent venir en contact avec la surface supérieure du tambour 22.

L'arbre 38 tourillonne dans les boîtes réglables des paliers 40 assujettis au sommet du bâti 13; cet arbre est pourvu d'une roue dentée 41 qui reçoit

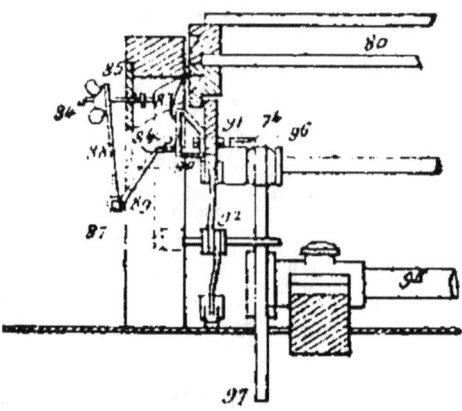

Fig. 104. — Coupe partielle analogue à la figure 103, montrant une autre position.

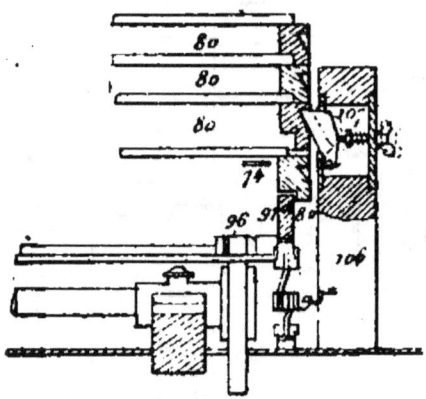

Fig. 105. — Coupe du dispositif pour empiler les filets.

son mouvement d'une chaîne 42 passant sur une roue dentée 43 montée sur l'arbre 37.

L'arbre 44 du tambour 15 est muni d'une roue dentée 45 actionnée par la roue 36 de l'arbre 37, et sur les extrémités de cet arbre 44 sont disposées des roues cylindriques 46 et 47 qui engrènent avec les pignons 46^a montés sur les extrémités d'un arbre 46^b, lequel tourillonne dans le bâti 13.

Cet arbre porte également, auprès de ces pignons,

FABRICATION MÉCANIQUE DES FEUILLES DE COLLE 369

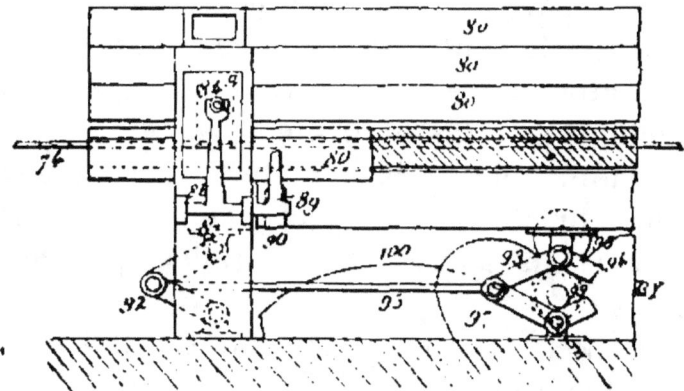

Fig. 106. — Élévation latérale du dispositif pour empiler les filets.

des roues d'engrenage 46°, lesquelles engrènent avec des pignons 48 disposés sur des axes 49, faisant saillie en dedans des flasques 13 et portant sur leurs extrémités intérieures des roues dentées 49ᵃ; sur ces dernières, passent des chaînes sans fin 50 se déplaçant parallèlement aux cordes 19.

Les extrémités inférieures des chaînes 50 passent sur des roues dentées 51, fixées à des arbres 52 faisant saillie sur les côtés du bâti 13 et pourvus, à leurs extrémités extérieures, de roues cylindriques 53.

Sur le côté opposé du bâti est disposée une paire semblable de chaînes 54 qui se déplacent parallèlement aux cordes 18.

Les arbres 55, qui portent les roues dentées supportant et commandant les chaînes 54, sont munis, en dehors du bâti 13, de roues cylindriques 57, et les roues 53 et 57 sont reliées par des roues cylindriques intermédiaires 58 tourillonnant sur des axes 59, en saillie sur le bâti.

Les extrémités supérieures des chaînes 54 sont

21.

supportées par des roues dentées 54ª qui tournent sur des axes faisant saillie en dedans du bâti 13.

Les chaînes 50 et 54 peuvent ainsi se déplacer simultanément dans le même sens.

De chaque côté de la machine, une barre 60 est articulée sur un maillon de chacune des chaînes 50 et 54, et ces barres 60 sont reliées par des traverses 61.

Ces dernières portent des plaques longitudinales 61 faisant saillie vers le haut et forment une table de transport servant à amener une feuille de colle des cordes 18 aux cordes 19, dès que cette feuille arrive à se placer sur les cordes 18. Les cordes 19 sont disposées pour se déplacer plus rapidement que les cordes 18, le tambour 16 qui commande les cordes 19 étant d'un diamètre un peu plus grand que le tambour 14 qui commande les cordes 18.

La différence qui existe entre la vitesse des cordes 18 et 19 a pour but de laisser un espace d'environ 15 à 20 centimètres entre les feuilles une fois qu'elles sont déposées sur les cordes 19 par la table de transport, c'est-à-dire un espace correspondant à celui qui existe entre les filets sur l'entraîneur, comme il est dit plus loin.

Le mécanisme au moyen duquel les feuilles sont ainsi espacées est dénommé ci-dessous espaceur.

La table 62 est avancée à l'extrémité de réception de la machine, au moyen des chaînes 50 et 54; par suite de l'inclinaison de ces chaînes, ladite table est inclinée, de telle manière que lorsque les maillons supportant les barres 60 passent autour des roues 49ª, 51, 54ª et 56, ces barres montent avec un mouvement parallèle; elles sont alors guidées par les prolongements de leurs extrémités, au delà de leur articulation avec les chaînes ; les barres de la table, parallèles aux cordes 18, prennent ainsi toute la feuille de colle que portent ces cordes et l'enlèvent.

La table 62 est élevée et déplacée simultanément par les chaînes en mouvement.

Au moment où cette table arrive en contact avec la feuille de colle que portent les cordes, sa vitesse en avant est la même que celle desdites cordes 18 et de la feuille de colle.

Un autre mouvement des chaînes fait avancer la table et la colle vers l'extrémité de décharge de la machine en inclinant en même temps cette table, de manière à amener la feuille de colle parallèlement aux cordes 19 ; les barres 60 et la table tombent alors au-dessous du niveau desdites cordes, en raison du mouvement des roues 49^a et 56, c'est-à-dire aux extrémités de dégagement des chaînes.

Au moment où la table descend, sa vitesse, qui résulte des mouvements en avant et de haut en bas, se ralentit, de sorte que, lorsqu'elle délivre la feuille de colle aux cordes 19, elle se meut avec la même vitesse que ces dernières ; cette vitesse, bien que plus lente que celle du mouvement en avant de ladite table, en passant des cordes 18 aux cordes 19, est plus rapide que celle des cordes 18. La feuille avance ensuite au moyen des cordes 19, sous les couteaux 39 qui la séparent en bandes.

Au delà de ces couteaux est disposé un arbre 63, pourvu d'une roue dentée 64 actionnée au moyen d'une chaîne 65, passant sur une roue analogue 66 placée sur l'arbre 37.

Cet arbre 63 porte deux disques 67 et 68, dans lesquels sont assujettis des couteaux 69 parallèles à l'arbre 63. Ces couteaux sont disposés par rapport aux bandes de colle que portent les cordes 19, de manière à couper lesdites bandes en courtes longueurs ou carrés, en venant au contact d'un rouleau 70 qui tourillonne dans le bâti 13.

La colle, après son passage entre les couteaux 69 et le rouleau 70, est transportée des cordes 19 aux cordes 71 qui passent sur ce rouleau et sur un autre rouleau 72, lequel tourillonne dans des paliers 73 à une faible distance de l'extrémité de décharge de la machine.

Des chaînes sans fin 74 agissent sur des roues dentées 75 et 76 que portent des arbres 78 et 79.

Ces chaînes 74 sont parallèles entre elles et distancées d'une manière convenable pour recevoir des châssis à filets 80 ; elles forment un transporteur sans fin pour amener ces châssis sous le séparateur-subdiviseur et sous le rouleau 72.

Sur les côtés opposés du transporteur sans fin et à l'extrémité de réception de la machine sont disposés des montants 81 et 82 dont deux sont situés de chaque côté du transporteur.

La distance comprise entre ces montants 81 et 82 d'un côté et ceux du côté opposé est suffisante pour recevoir les châssis 80.

Ces derniers sont pourvus de deux encoches, de chaque côté, pour recevoir des cliquets d'arrêt 83 pouvant faire saillie au delà des faces intérieures des montants 81 et 82, puis retomber dans un évidement du montant dès qu'ils sont dégagés ; chacun de ces cliquets est à cet effet pourvu d'un contrepoids pour l'obliger à retomber une fois dégagé, comme il est dit plus loin.

A travers une plaque disposée sur l'évidement contenant le cliquet 83, passe une tige 84ᵃ qui est poussée contre ce cliquet par l'action d'un ressort à boudin 85 butant contre la plaque.

L'extrémité extérieure de la tige 84ᵃ traverse un bras 86 assujetti à un arbre oscillant 87, lequel tourillonne dans des oreilles en saillie du montant 82.

Sur la tige 84ᵃ et en dehors du bras 86, est placé un écrou à oreilles 88, et sur l'arbre 87 est fixé un bras 89 situé sur le chemin d'un butoir 90 solidaire d'une barre 91.

Les cliquets 83 et les organes qui s'y rattachent sont semblables sur les côtés opposés de la machine, mais disposés en sens contraire les uns par rapport aux autres, de sorte que les cliquets d'un côté s'engagent dans des encoches correspondantes du châssis à filet et les autres dans celles de l'autre côté du châssis.

Les barres 91 sont reliées par leurs extrémités opposées à des leviers articulés 92 qui sont contrairement disposés l'un par rapport à l'autre ; deux autres paires de leviers articulés 93 et 94, qui sont également disposées en sens contraire, sont reliées au milieu de chaque barre 91, ainsi qu'au sol ou plancher ; les pivots intermédiaires de ces leviers sont reliés par des tiges 95 au pivot central des leviers 92.

Cette disposition de leviers et de tiges forme une sorte de parallélogramme, au moyen duquel les barres 91 sont maintenues en position horizontale en s'élevant ou en s'abaissant, comme il est dit plus loin.

Chaque barre 91 porte un galet 96 qui peut être actionné par une came 97 assujettie à l'arbre 98, lequel est pourvu d'une came de ce genre à chaque extrémité ; cet arbre reçoit un mouvement de rotation au moyen d'un secteur denté 99, engrenant avec un autre secteur 100 disposé sur l'arbre 101 qui reçoit son mouvement de l'arbre 78, au moyen de l'engrenage conique 102, de l'arbre 103 et de l'engrenage également conique 104.

La pile de châssis 80 est envoyée au dispositif de désempilage, à partir de la plate-forme 80^a.

Des montants 81^a montés sur cette plate-forme servent de guides lorsque l'on place les châssis en position voulue pour être envoyés à ce dispositif.

A l'extrémité opposée de la machine, au delà du rouleau 72 et sur les côtés opposés du transporteur sans fin sont disposés des montants 105 et 106, sur lesquels sont articulés des cliquets à ressort 107 pouvant s'engager dans les encoches du châssis à filet ; au-dessous du niveau des chaînes sans fin 74 est disposé un mécanisme semblable à celui déjà décrit, c'est-à-dire comprenant des barres 91^a, des leviers articulés 82^a, 83^a, 93^a, 94^a, des tiges 95^a et une came 97^a, un secteur denté 99^a, un autre secteur denté 100^a, qui tourillonne sur l'arbre 101^a, lequel est actionné au moyen de l'engrenage conique 104^a, de l'arbre 103^a et l'engrenage conique 102^a fixé sur l'arbre 79.

Au-dessus de la chaîne 74 et à l'extrémité de décharge de la machine sont disposés un bâti 107^a

dans lequel tourillonnent des rouleaux 108 pour recevoir et supporter la pile de châssis, lorsque ces derniers sont chargés et prêts à être délivrés, ainsi que des montants 109 et 110 et des axes 111, 112, 113 et 114, sur lesquels tournent les roues à chaînes 115, 116, 117 et 118; quatre de ces roues sont disposées de chaque côté de la machine et supportent une chaîne sans fin 119 qui porte des barres 120.

Chaque roue 118 est munie d'un pignon 121 qui reçoit son mouvement d'une roue cylindrique 122, à laquelle est fixé un secteur denté 123 qui engrène avec un autre secteur denté 124 de l'arbre 125; une partie de la périphérie de ce secteur est pleine afin de buter contre une came du pignon en secteur 123.

L'arbre 125 est pourvu d'une roue cylindrique 127 reliée par une roue intermédiaire 128 à un pignon 129 monté sur l'arbre 130, lequel porte une roue cylindrique actionnée par un pignon 132 fixé sur l'arbre 79.

Les rouleaux 108^a qui forment la continuation de la série de rouleaux 108 sont mis en mouvement par une chaîne 133 qui passe sur une roue 134 de l'arbre 79.

Le premier rouleau de la série 108^a est pourvu d'une roue dentée pour recevoir cette chaîne, et est en outre relié aux autres rouleaux de la série par une commande à chaîne.

Le fonctionnement de cette machine perfectionnée a lieu de la manière suivante :

La colle fondue étant délivrée par le robinet 7 aux cylindres 8 est étendue et mise en feuille mince, puis refroidie au fur et à mesure que les cylindres la font avancer; ces cylindres sont refroidis par de l'eau froide qu'on y fait passer ainsi qu'il est décrit précédemment.

La feuille de colle refroidie est envoyée au transporteur sans fin 9 qui, à son tour, l'emmène à la série de cordes 18 ; celles-ci la font avancer sur le tambour 21 où elle est coupée en longueurs déterminées par les couteaux 25.

Dès que cette feuille de colle arrive au-dessus de la table 62, ladite table est élevée au moyen des chaînes 50 et 54 et enlève la feuille de colle des cordes 18 ; le mouvement en avant de ces chaînes fait avancer rapidement la table en l'inclinant en même temps, de façon à la contraindre à prendre une position parallèle aux cordes 19.

Lorsque la table redescend, elle laisse la feuille de colle sur ces cordes qui avancent avec plus de rapidité que les cordes 18, de sorte qu'un espace d'environ 15 à 20 centimètres est produit entre chaque feuille déposée et celle qui la suit.

La table 62, une fois descendue, retourne rapidement en position voulue à l'extrémité de réception de la machine, pendant qu'une autre feuille de colle arrive en même temps dans la position convenable pour être enlevée par la table et amenée aux cordes 19, comme ci-dessus.

En faisant passer la feuille des cordes 18 aux cordes 19, l'augmentation de vitesse de son déplacement sur ces dernières produit un espacement entre les feuilles suffisant pour les châssis ; cet espacement est réglé suivant l'épaisseur des châssis, et la distance qui doit exister entre les filets, pour que l'empileur puisse agir.

La feuille de colle est amenée, au moyen des

cordes 19, sous les couteaux rotatifs 39, qui la divisent en bandes de largeur convenable, puis ces bandes avancent et sont délivrées aux cordes 71.

Ces bandes, en passant sur le rouleau 70, sont coupées en longueur convenable par les couteaux 69, et la feuille de colle ainsi subdivisée est amenée par les cordes 71 au rouleau 72 d'où elle passe au filet 80.

Pendant que cette feuille est ainsi formée, coupée en longueur, puis espacée, coupée en bandes et subdivisée en petits carrés, les châssis placés en pile au-dessus du mécanisme de désempilage 3, sont envoyés un à un à la chaîne sans fin 74, par ce mécanisme, de la manière suivante :

La pile de châssis étant maintenue par les cliquets 83, les barres 91 sont élevées par l'action des cames 97.

Au moment où ces barres arrivent en contact avec la surface de dessous du châssis inférieur, les butoirs 90 actionnent les bras 89, et font ainsi tourner l'arbre oscillant 87 ; par le recul des bras 86 et par l'action de contrepoids 84, les cliquets oscillent et se dégagent des châssis 80, ces filets étant d'ailleurs soulevés par les barres 91.

Le mouvement des cames 97, se continuant, permet aux barres 91 de descendre en abaissant ainsi toute la pile de châssis et en dégageant en même temps les bras 89 et 86 ; les tiges à ressorts 84[a] peuvent alors pousser les cliquets 83, de sorte que le deuxième châssis de la pile vient reposer par ses encoches sur ces cliquets, qui supportent ainsi toute la pile.

Le premier châssis inférieur dégagé par les barres 91 continue de descendre jusqu'à ce qu'il repose sur les chaînes sans fin 74 ; ces dernières le font avancer et sortir de dessous la pile, afin que les barres 91 puissent agir de nouveau.

Les chaînes 74 et le mécanisme de désempilage intermittent sont réglés entre eux par rapport au fonctionnement du séparateur-subdiviseur, de manière que les cordes 71 puissent envoyer une feuille subdivisée à un filet 80 au moment où il passe sous le filet 72, le mouvement intermittent du mécanisme de désempilage étant produit par les secteurs dentés 99 et 100, en corrélation avec les autres parties de la machine.

Les châssis, après avoir été remplis de feuilles de colle, avancent encore jusqu'à ce qu'ils soient arrêtés par les montants 74ª, puis ils sont reçus par les barres du mécanisme d'empilage, lesquelles sont alors dans leur position la plus basse ; ces barres sont élevées par la came 97ª de la manière décrite, en enlevant le châssis 80 de la chaîne 74, et en faisant monter avec ce châssis les châssis superposés, jusqu'à ce qu'il arrive à s'engager sur les cliquets 107 ; les châssis sont ainsi ajoutés l'un après l'autre au bas de la pile jusqu'à ce que celle-ci ait une hauteur convenable.

La hauteur de la pile est déterminée par l'engrenage actionnant la chaîne sans fin 119.

La chaîne 119 est mue d'une manière intermittente par les secteurs dentés 124 et 123, la roue cylindrique 122, le pignon 121 et la roue dentée 118. Les barres 120 attachées aux chaînes 119 sur les côtés opposés de la machine supportent la pile

80 et la font avancer sur les rouleaux 108 jusqu'à ce qu'elle soit engagée sur les roues commandées 108ᵃ qui l'entraînent hors de l'extrémité de décharge de la machine pour la transporter jusqu'à la chambre de séchage.

CHAPITRE XIV

Dessiccation des Colles

Sommaire. — I. Dessiccation à l'air libre. — II. Dessiccation à l'air chaud. — III. Dessiccation à l'air sec. — IV. Procédé Fleck. — V. Procédé Picard et Cie. — VI. Lustrage de la colle.

La dessiccation des colles fortes est un sujet qui exigerait de nouvelles études pour être faite rapidement et convenablement sans courir les risques qui rendent ce genre d'industrie chanceux et compromettent parfois les établissements. Il faudrait reprendre la question du séchage à l'étuve en grand et chercher à disposer les appareils chauffeurs de telle façon qu'il y ait une température uniforme et constante dans tous les points de l'atelier, que la vapeur d'eau aussitôt formée, soit entraînée au dehors, que l'élévation de la température soit graduée, que la dessiccation soit complète et simultanée dans les produits d'une opération. Enfin, il y a là le sujet de plusieurs questions de physique qu'il nous suffira d'indiquer dans ce Manuel pour engager les fabricants à chercher à les résoudre.

I. DESSICCATION A L'AIR LIBRE

Le séchoir est, a-t-on dit, garni de distance en distance de poteaux armés de tasseaux ou de longues chevilles sur lesquelles on pose des châssis de menuiserie placés entre eux à une distance de 7 à 8 centimètres (fig. 107). Sur ces châssis sont cloués

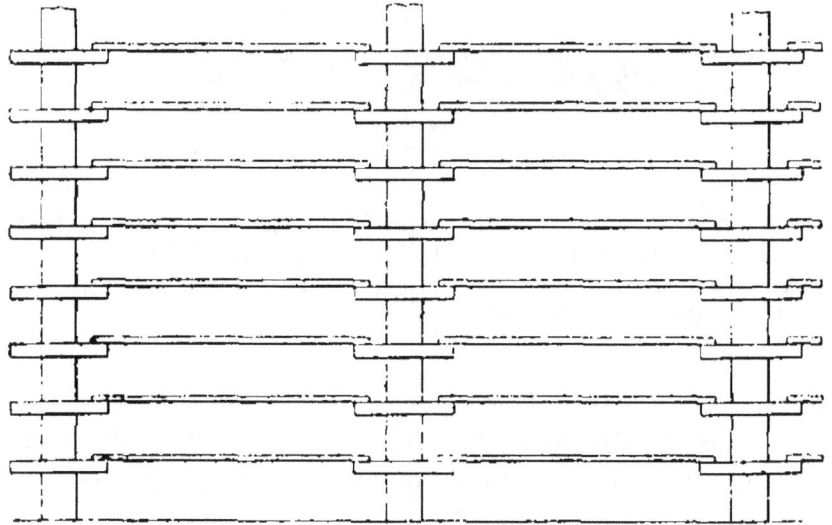

Fig. 107. — Châssis à filets d'un séchoir.

des filets semblables à ceux des pêcheurs (fig. 108 et 109). C'est sur ces filets qu'on pose la colle pour la faire sécher.

A mesure qu'on découpe les feuilles de colle, on les enlève avec dextérité et on les place les unes à côté des autres, mais sans se toucher, sur le filet de l'un des châssis qu'on a rapproché de la table où s'opère le découpage, et quand ce châssis en est entièrement chargé sur toute sa surface, on le remet en place sur les tasseaux des montants, et on procède au chargement du châssis suivant, et ainsi de suite jusqu'à l'épuisement des pains.

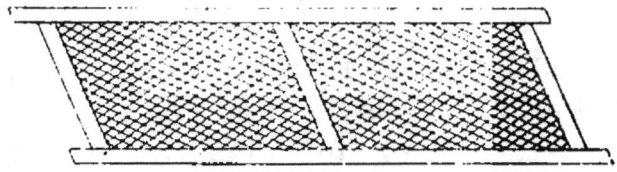

Fig. 108. — Filet pour sécher les feuilles de colle.

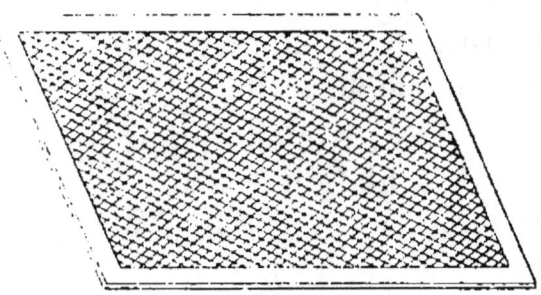

Fig. 109. — Autre filet.

Ainsi placée sur les filets, la colle se trouve baignée de toute part par l'air ambiant, mais cela ne suffirait pas pour la dessécher bien uniformément, et il faut avoir soin, pour que cette dessiccation soit bien régulière, de retourner deux ou trois fois par jour les feuilles sur les filets. Cette opération est fort simple et très facile ; il suffit, pour cela, de tirer le châssis à soi en le faisant glisser sur les tasseaux, de retourner la colle à la main et de repousser le châssis à sa place.

Quand on place la colle sur les filets, elle a déjà assez de consistance pour ne pas passer à travers leurs mailles, mais encore assez de mollesse pour que les fils s'impriment à sa superficie, et c'est ce qui forme les losanges qu'on observe à la surface des feuilles.

Le retournement de ces feuilles a, comme on voit, aussi un autre but : c'est que, le fil pénétrant dans la substance de la colle, il pourrait arriver, si on laissait celle-ci se durcir complètement sans la retourner, qu'il ne fût plus possible de la détacher du filet sans effort et sans rompre les mailles de celui-ci ; ce qui produirait de graves avaries, qu'on ne répare qu'avec des frais considérables.

Les dispositions à adopter pour les bâtiments destinés à ce mode de séchage consistent :

1° A placer ces bâtiments dans un lieu où rien n'empêche la circulation de l'air.

2° A leur donner une grande élévation afin que les matières à sécher se trouvent dans un air plus sec et plus agité.

3° A laisser une libre circulation à l'air sur toutes les faces du bâtiment.

Pour les séchoirs à colle, comme il serait dangereux d'y laisser pénétrer l'air chargé de vapeur, on garnit les ouvertures du bâtiment de jalousies, que l'on ferme pendant les temps humides.

On n'est pas toujours maître de donner telle ou telle orientation aux séchoirs, mais la plus convenable, assure-t-on, est celle dans la direction du sud au nord.

Ce mode de séchage est, naturellement, irrégulier, puisqu'il dépend de l'état de l'atmosphère. L'humidité relative de l'atmosphère varie entre 0,50 et 0,90 ; le minimum a lieu généralement entre midi et trois heures ; c'est le moment préférable pour sécher. Mais il est moins aléatoire de recourir à des procédés artificiels.

« La dessiccation de la colle forte, dit M. *Dumas*, est une des parties les plus chanceuses de la fabrication. La température extérieure, l'état de l'atmosphère, influent singulièrement sur le produit, surtout pendant les premiers jours. Une température trop élevée ramollit la colle qui passe à travers les mailles et adhère si fortement aux cordes qu'on est obligé de tremper les filets dans l'eau bouillante pour la retirer. La gelée, en congelant l'eau interposée, fait fendiller les feuilles, et, dans ce cas, on est presque toujours obligé de refondre la colle. Un orage, l'état électrique de l'atmosphère, suffisent pour faire tourner toute une partie de la colle, même celle qui se trouve depuis deux ou trois jours sur les filets, cas auquel on éprouve des pertes énormes.

« Un brouillard, très léger même, si on le laisse s'introduire dans le séchoir, pique la colle, lui ôte sa valeur, et oblige souvent même à la refondre en totalité ou en partie.

« Un vent sec et chaud a l'inconvénient de dessécher trop rapidement la colle, et le retrait qu'elle éprouve la fait fendiller partout. Le seul remède qu'on puisse opposer à tous ces inconvénients consiste à éviter de travailler par les grandes chaleurs et pendant les grands froids; les saisons les plus favorables sont donc le printemps et l'automne. D'ailleurs, la fermeture plus ou moins complète des persiennes du séchoir est le seul moyen qu'on puisse employer contre les accidents du temps pendant les saisons du travail. »

II. DESSICCATION A L'AIR CHAUD

L'idée qui se présente naturellement pour se mettre à l'abri des variations ou des excès de la température, des brouillards ou de l'humidité atmosphérique, est d'opérer la dessiccation des colles fortes dans des séchoirs clos et chauffés à l'air chaud.

Les matières à sécher sont disposées dans une chambre close munie de deux ouvertures, l'une pour l'entrée de l'air chaud, et l'autre pour la sortie de cet air, lorsque, amené en contact avec les matières à dessécher, il s'est saturé de vapeur. Quelle que soit la position de la première ouverture, l'air chaud gagne rapidement la partie supérieure du séchoir, d'où il doit descendre, en traversant uniformément chaque section horizontale jusqu'au niveau du plancher dans lequel ou près duquel se trouve pratiquée l'ouverture d'évacuation de l'air saturé. En plaçant l'orifice d'arrivée de l'air chaud près du plafond du séchoir, on conçoit que cet air ne monte pas à travers une partie des matières, et que le séchage est aussi régulier que possible. Les orifices de dégagement communiquent avec une cheminée d'appel, dont on peut augmenter le tirage au moyen d'un foyer spécial, ou bien comme on le fait habituellement, en plaçant dans son intérieur la cheminée en tôle du calorifère.

Plusieurs fabricants ont déjà essayé ce moyen, mais il n'est pas encore parfaitement démontré qu'il soit aussi efficace qu'on serait tenté de le croire. Le séchoir ordinaire a le grand avantage qu'aussitôt qu'il se dégage une molécule d'eau en vapeur de la colle sur les filets, cette vapeur est aussitôt enlevée par les courants d'air très vifs qui existent dans cet atelier et portée au dehors. Dans un séchoir à l'air chaud, pour produire ce courant d'air, il faut déjà une assez forte élévation de la température; or, cette haute température a l'inconvénient de rendre la colle trop vitreuse et trop cassante et de lui enlever beaucoup de son poids. D'un autre côté, on éprouve de sérieuses difficultés pour rendre la température bien uniforme dans une capacité aussi vaste que le séchoir; or, il résulte de cette inégalité de la température que la buée qui s'élève des feuilles les plus chauffées, au lieu d'être entraînée au dehors, se dépose sur les feuilles plus froides et peut, comme un brouillard, les piquer ou les détériorer de qualité. Enfin, le séchage à l'air chaud est une opération dispendieuse, qui exige des appareils coûteux et une dépense assez considérable en combustible.

Les colles séchées à l'air libre ont une certaine souplesse et se conserveraient difficilement en magasin, où elles pourraient se piquer. On est toujours obligé d'en achever la dessiccation dans une étuve modérément chauffée.

Cette opération, qui paraît indispensable, ne contredit nullement notre opinion sur la dessiccation des colles par le moyen de l'air chaud. En effet, quand on transporte la colle à l'étuve, elle a déjà un degré très prononcé de dessiccation, et comme elle n'abandonne qu'avec difficulté les dernières portions d'eau qu'elle renferme, il s'ensuit que

Colles.

cette dessiccation ne s'opère qu'avec une lenteur convenable pour ne pas dégager à la fois une grande partie d'eau et la déposer sur certaines parties plus froides des masses. D'ailleurs, une étuve présente une capacité intérieure infiniment moindre qu'un séchoir, et il est toujours possible d'y entretenir à peu de frais une température égale et un courant d'air régulier et constant.

Actuellement dans les grandes fabriques de colles de France et d'Allemagne où la dessiccation exige impérieusement des moyens rapides et sûrs, on établit des séchoirs dont voici à peu près la disposition :

Ces séchoirs se composent de grandes salles dont le sol est revêtu de planches. Ce parquet est percé de trous recouverts de tirettes qu'on peut ouvrir ou fermer à volonté pour établir des courants d'air, le plafond est également percé d'ouvertures qu'on peut aussi ouvrir ou fermer et par lesquelles s'échappe l'air chargé d'humidité. Sur les parois de ce séchoir, règnent des tuyaux dans lesquels circule la vapeur d'un générateur, ou bien on établit en un point convenable un thermo-siphon à circulation et retour d'eau qui chauffe tout l'intérieur. Le séchoir est garni de claies mobiles et rangées en étages sur des châssis, et c'est sur ces claies qu'on dépose les feuilles de colle qu'on veut faire sécher. Les colles sur les claies inférieures sèchent les premières et à mesure qu'elles ont acquis le degré de dessiccation convenable, on les **enlève et on descend d'étage en étage celles supérieures.**

Le chauffage se règle d'après la température extérieure. En hiver, on ne sèche la colle que par la chaleur artificielle. Dans les temps moins rigoureux, on modère le feu, et enfin, lorsque la température extérieure est 15 ou 20° C., on supprime le chauffage. La dessiccation complète s'achève dans des étuves fortement chauffées.

III. DESSICCATION A L'AIR SEC

Pour obvier à toutes les difficultés que présente le séchage de la colle forte, *Peclet*, dans son *Traité de la chaleur*, avait proposé d'opérer la dessiccation au moyen d'un courant d'air desséché par la chaux.

Supposons qu'il s'agisse d'obtenir 500 kilogrammes de colle sèche, l'air desséché étant à 10° C. La colle en gelée contenant des 2/3 aux 5/6 de son poids d'eau, il faudra donc, en adoptant la proportion 2/3, qui est celle des colles communes, pour obtenir les 500 kilogrammes de colle sèche, évaporer 1.000 kilogrammes d'eau ; or, un mètre cube d'air saturé à 10° contenant 0 kil. 0094, il faudra donc, pour évaporer les 1,000 kilogrammes d'eau, faire passer sur la colle :

$$\frac{1000}{0.0094} = 106.383 \text{ mètres cubes d'air sec.}$$

Pour faire l'appel de ces 106,383 mètres cubes d'air, il faudrait brûler environ 100 kilogrammes de houille, qui coûteraient 5 fr. à Paris ; au moyen d'un ventilateur, cet appel pourrait coûter 4 fr.

La perte sur la chaux employée à dessécher l'air ne peut qu'être faible, si l'on a soin de ne lui faire absorber que la moitié de son poids d'eau, car, à cet état elle est encore propre aux constructions. Cependant, ce procédé n'a pas été adopté dans la pratique, parce que la grande quantité de chaux qu'il exige ne trouve pas aisément un écoulement.

M. *Mac Dougall* a proposé, en 1847, de faire sécher la colle forte au moyen de courants d'air sec qu'on a fait passer sur de l'acide sulfurique concentré ou sur du chlorure de calcium. Les chambres à dessiccation où l'on introduit la colle sont pourvues, par une extrémité, d'un canal pour produire un tirage, l'air sec arrive par l'autre extrémité et frappe en passant la surface de la colle.

IV. PROCÉDÉ FLECK

M. *H. Fleck* a proposé en 1874 un procédé qui pourrait bien avoir plus de succès et est basé sur l'action absorbante pour l'eau que, suivant les chimistes, plusieurs sels exercent sur la colle encore humide.

Si, à une solution de gélatine, on ajoute, par exemple, du sulfate d'ammoniaque, du sulfate de magnésie, de l'hyposulfite de soude ou du sel de Glauber, la gélatine se contracte en une masse élastique qui n'est plus susceptible d'entrer en fermentation et ne renferme plus qu'environ 18 0/0 d'eau. Si on la fait fondre avec de la colle forte récente et en gelée, à 80 ou 90 0/0 d'eau, on a une sorte de colle moyenne qui pourrit difficilement, se **dissout avec facilité et renferme 53,4 0/0 d'eau semblable à celle qu'on fabrique pour les fabricants de drap.**

La colle forte en gelée contient depuis 72 jusqu'à 93 0/0 d'eau, celle qui a été séchée à l'air en renferme encore 12 à 15 0/0 qu'elle n'abandonne qu'à la température de 100°. Si on couvre le fond d'un vase plat d'une couche de 1 centimètre à peu près d'épaisseur avec les sels ci-dessus et qu'on étale sur cette couche une toile légèrement humectée, puis sur celle-ci les feuilles de gélatine et qu'on recouvre le tout d'une toile humide, on remarque au bout de quelques heures que les sels tombent en déliquescence. Après douze à dix-huit heures, cet effet cesse et les feuilles ne contiennent plus alors que 25 0/0 d'eau, fondent entre 80 et 100° C., éprouvent une bonne dessiccation pendant les chaleurs de l'été, sans couler, se fondre ou fermenter et sèchent également en hiver sur un plancher aéré.

Ainsi traitée, la colle n'a rien perdu de sa force adhésive et a même plutôt gagné sous ce rapport, parce que le sucre de gélatine formé dans la cuisson libre à feu nu, sucre qui compromet la force adhésive de la colle, est passé dans l'eau et chargé de sels.

Cette colle conserve néanmoins de 3 à 6 0/0 des sels employés, mais qui ne nuisent nullement à sa force, quoique lui donnant un aspect un peu trouble. Il y a du reste dans le commerce des colles troubles, par exemple, celles de Russie qui ne sont pas translucides et que les consommateurs ne font nulle difficulté d'employer.

Il serait toutefois possible que ces 3 à 6 0/0 de sels déliquescents qui restent dans la colle finissent par lui faire attirer l'humidité de l'air, mais dans tous les cas, ils peuvent contribuer à rendre les colles moins cassantes et plus élastiques.

La solution saline étant évaporée, on recueille la plus grande partie des sels qu'on a employés et on les fait resservir de nouveau.

V. PROCÉDÉ PICARD ET Cⁱᵉ

Le séchage de la colle peut être obtenu en moins de quarante-huit heures dans un appareil très simple proposé par la *Société Picard et Cie*, en 1867, dont le principe consiste à faire avancer la colle en sens inverse du courant d'air chaud ou froid destiné à produire l'évaporation de l'eau qu'elle contient.

L'appareil se compose d'un couloir en planches ou maçonnerie d'une section convenable qui contient un petit chemin de fer avec de légers chariots, sur lesquels on pose les cadres ou châssis à colle. Tous ces chariots sont reliés les uns aux autres, et marchent en sens inverse du courant d'air dans le couloir. On introduit les chariots chargés de colle fraîche à un bout du couloir et on les retire graduellement avec la colle sèche à l'autre bout du couloir.

Si l'on opère pendant l'été, le courant d'air n'a pas besoin d'être chauffé, et peut être produit soit par un ventilateur aspirant placé à une extrémité du couloir, soit par un ventilateur soufflant.

On peut ajouter à l'action du ventilateur celle d'une cheminée qui évacue l'air saturé au lieu du départ, par conséquent près de l'entrée de la colle fraîche.

Au lieu d'employer des chariots, on peut étendre la colle directement sur des filets tendus sur des chaînes Vaucanson se mouvant dans le couloir.

VI. LUSTRAGE DE LA COLLE

La colle, au sortir de l'étuve, a un aspect terne et elle se couvre souvent au séchoir d'une poussière blanchâtre qui adhère à sa surface et pourrait la faire repousser par les consommateurs. Pour lui procurer une plus belle apparence, on lui fait éprouver une dernière façon qu'on appelle *lustrage*. Pour lustrer la colle, on verse dans un petit baquet de l'eau chaude et on y trempe une à une les feuilles, et au sortir de l'eau on les frotte vivement avec une brosse qu'on trempe elle-même dans l'eau tiède. Au fur et à mesure que ces feuilles sont nettoyées et lustrées, on les range sur une claie, puis on les porte à l'étuve si le temps n'est pas très sec ; en une journée, la colle a perdu toute l'eau dont elle était restée mouillée ; et on peut alors l'emballer dans des tonneaux pour l'expédier.

Au lieu d'une brosse, on peut aussi donner le poli à la colle avec un linge propre et mouillé ; ce moyen, qu'on employait exclusivement jadis, donne même un lustre plus brillant, mais il est plus dispendieux que celui de la brosse qui est expéditive et pénètre mieux partout.

Le lustrage termine les travaux de la fabrication de la colle. Si ce produit n'est pas livré de suite au consommateur, il faut le conserver dans des magasins bien secs et le visiter souvent. Si les colles doivent être expédiées de suite, il faut faire attention qu'avant d'entrer dans les tonneaux elles soient dans un état complet de dessiccation. En outre, les tonneaux doivent être bien joints et garnis de papier à l'intérieur pour que la colle ne contracte pas d'humidité en route. Toutes ces précautions sont faciles à observer, et on peut laisser à l'intelligence du fabricant le soin de les compléter par d'autres détails que la pratique suggère aisément.

CHAPITRE XV

Essai des Colles

Sommaire. — I. Caractères et classification des colles animales. — II. Propriétés des colles fortes. — III. Caractères extérieurs des bonnes colles. — IV. Procédé Karmarsch. — V. Procédé Weidenbusch. — VI. Procédé Bauschinger. — VII. Procédé Schattenmann. — VIII. Procédé Lipowitz. — IX. Procédé Graeger. — X. Procédé Risler-Beunat. — XI. Dosage de la gélatine dans les gommes et substances alimentaires. — XII. Moyen d'empêcher les gélatines et les colles de se fendiller. — XIII. Moyen d'empêcher les colles de se putréfier.

I. CARACTÈRES ET CLASSIFICATION DES COLLES ANIMALES

Il serait assez difficile d'établir, industriellement parlant, des caractères généraux propres aux colles animales de bonne qualité, parce que chaque industrie qui fait usage de ce produit y recherche des qualités qui ne sont pas toujours les mêmes. Ainsi, beaucoup d'arts exigent que les colles fortes présentent le plus haut degré possible de ténacité ; d'autres préfèrent une force, une raideur moins grande, et que la colle jouisse d'une certaine souplesse qui la fasse résister aux mouvements auxquels on la soumet ; d'autres demandent une dissolution prompte et complète. Il en est quelques-uns qui donnent la préférence à une colle qui prend de suite ; d'autres à une colle qui, en prenant avec plus de lenteur, permet d'ajuster, de rectifier et assembler les pièces. Quelques-uns aiment les colles très cuites, qui peuvent parfois se dissoudre à froid ; d'autres, comme les fabricants d'écaille factice, des colles qui, au contraire, peuvent être plongées pendant très longtemps dans l'eau froide sans s'y dissoudre, etc.

Quoi qu'il en soit, les meilleures et les plus belles colles sont celles qui sont peu ou point colorées, assez claires, à cassure plutôt conchoïde, dont les feuilles ont les bords un peu ondulés. Ces colles, plongées dans l'eau froide, se gonflent beaucoup, mais sans se dissoudre ; elles sont tenaces et inaltérables à l'humidité. Ce sont celles qu'on obtient par la méthode des produits fractionnés et par les soins les plus attentifs. Les colles obtenues par les autres procédés sont plus ou moins tenaces et hygrométriques, suivant le choix des matières, le procédé de fabrication et les soins qu'on a donnés à cette fabrication.

Nous allons, du reste, passer en revue les diverses qualités de colles animales qu'on rencontre dans le commerce.

1° *Colle blanche diaphane, dite grenetine.* — Les plus belles qualités de colle forte qu'on trouve dans le commerce sont celles que feu *Grenet*, de Rouen, a mises en circulation sous le nom de *grenetine*, et à la fabrication desquelles il employait, pour matières premières, les peaux de jeunes animaux et les cartilages des os de veau, en ayant soin de ne pas élever trop haut la température de la solution gélatineuse et surtout d'activer l'extraction. Ces colles sont blanches, transparentes, mais n'ont pas toute la ténacité nécessaire. Elles le cèdent sous ce rapport aux gélatines extraites des os par les acides et qu'on fabrique à Paris, à Bouxwiller, etc., et dont on prépare parfois quatre numéros qui se vendent de 400 fr. (le n° 1) à 100 fr. (le n° 4) les 100 kilogrammes.

La grenetine se trouve dans le commerce en feuilles extrêmement minces, flexibles, brillantes et portant les marques des filets sur lesquels on les a exposées pendant leur dessiccation. Elle sert à la préparation des gelées alimentaires et aux apprêts des tissus blancs. On l'emploie aussi, à cause de sa qualité supérieure, pour le collage des vins qu'elle clarifie aussi bien que les blancs d'œufs ou la colle de poisson.

2° *Colle claire ou colle de duché.* — Elle est peu colorée, très résistante et à cassure nerveuse. C'est une colle de *première cuite* plus forte que toutes les autres colles du commerce. Elle convient surtout aux menuisiers, aux emballeurs, aux peintres, aux ébénistes, et en général pour tous les ouvrages qui doivent présenter une grande solidité.

3° *Colle forte des os ou gélatine d'os* obtenue par

l'acide chlorhydrique. — On la met au même rang que les meilleures colles de parchemins et de peaux minces, et elle sert aux mêmes usages, gelées alimentaires, menuiserie, ébénisterie, peinture, apprêts des étoffes, collage du papier, etc. On l'emploie aussi en assez grande quantité, depuis quelque temps, pour la préparation de l'écaille factice, du carton-pierre et du stuc qui, comme on sait, n'est que du plâtre gâché avec une dissolution de gélatine.

4° *Colle de Flandre*, blonde, très mince et assez transparente. Elle est en feuilles minces, offrant des festons ou dentelures latérales qui proviennent de son adhérence aux filets. On l'emploie principalement pour les apprêts ordinaires des étoffes et pour les peintures en détrempe.

5° *Colle de Hollande*, mêmes caractères et mêmes usages que la précédente, mais présentant de plus une teinte d'un assez beau jaune que l'on recherche dans le commerce.

6° *Colle anglaise*, plus colorée que les précédentes. On la vend en feuilles assez épaisses, carrées et un peu voilées.

7° *Colle de Givet*, transparente, rougeâtre, fragile, à cassure nette. C'est une des variétés dont il se fait le plus de consommation, à cause de son bas prix. On l'emploie pour le collage des bois, les peintures communes, etc. Une ébullition prolongée dans l'eau l'altère et lui fait perdre une partie de sa solidité. Elle est presque entièrement soluble dans l'eau froide.

On fabrique principalement la colle de Givet avec les rognures de Buenos-Ayres, quelques fabricants admettent aussi l'emploi des brochettes; mais ce qui constitue la bonne qualité de ce produit, c'est le soin apporté dans sa préparation.

Les colles de Châteaurenault et de Lille sont fabriquées à l'instar de celle de Givet, mais sont moins estimées. On fabrique aussi par le même procédé les colles de Cologne, de Lyon, de Strasbourg, de Metz, etc.

8° *Colle de Paris ou colle des chapeliers.* — C'est la plus mauvaise de toutes. Elle est très brune, sans transparence, presque toujours molle et humide; sa dissolution répand une odeur très désagréable. On ne l'emploie que dans la chapellerie, où elle est même l'objet d'une certaine préférence, parce qu'étant très hygrométrique, elle conserve au feutre une souplesse convenable.

9° *Colle d'os ou ostéocolle.* — On l'extrait des os par le procédé de la marmite de Papin.

10° *Colle au baquet.* — C'est une colle forte prise en gelée dans les baquets et qu'on expédie ainsi aux peintres et aux marchands de couleurs. Cette colle s'altère vite en été : on y ajoute un peu d'alun pour prévenir sa décomposition.

Cette colle devant être employée immédiatement, il est inutile de la sécher. On la prépare surtout avec les rognures provenant des coupes de poils, avec les vieux gants; dans certains pays, avec les queues, les têtes, les ouïes des marsouins, des requins, des baleines, etc. Le premier bouillon est généralement employé par les doreurs; le second par les fabricants de papiers peints et les peintres en détrempe. On y ajoute souvent aussi un peu de sulfate de zinc pour en retarder la putréfaction et l'empêcher de tourner.

11° *Colle forte liquide*. — C'est une colle obtenue en faisant fondre une des plus belles variétés précédentes au bain-marie avec un égal volume de vinaigre, un quart d'alcool et une petite quantité d'alun. Sous l'influence de l'acide, cette colle conserve sa fluidité à froid. Elle est très commode pour une multitude de petites opérations qui n'exigent pas l'emploi d'une matière très tenace, car elle est toujours prête à servir et se conserve très longtemps. Les fabricants de perles fausses, par exemple, en font une assez grande consommation.

12° *Colle à bouche*. — C'est une préparation faite avec la gélatine d'os aromatisée de quelques gouttes d'essence de citron, et additionnée d'un peu de sucre pour rendre sa saveur plus agréable. Elle se vend sous forme de petites tablettes rectangulaires avec les autres fournitures de bureau.

13° *Colle de parchemin*. — Elle se prépare avec les rognures de parchemin et de vélin, et est employée spécialement par les fabricants de fleurs artificielles et pour certains genres d'apprêts.

On donne souvent le nom de *collettes* aux colles faites exclusivement avec les déchets de tannerie employés à l'état vert. Ces colles sont coupées minces comme la gélatine. Celles de veau sont les meilleures, puis viennent celles de mouton, enfin celles de cheval.

On fabrique, principalement à Annonay, une collette faite avec les rognures de peaux de chevreau, à laquelle on donne l'apparence de la colle d'os.

Colles.

On obtient encore avec les pieds de bœufs dont on a extrait l'huile, une collette d'un aspect peu flatteur.

Enfin, il y a encore une collette commune fabriquée avec un mélange de basses matières, bouillon de viande de cheval, pannes de lard, pattes et becs de volailles, déchets triés de chiffonniers, têtes et pieds de mouton, brochettes de sorte inférieure et d'os gélatinisés pour relever un peu la qualité du mélange.

La *colle de poisson* ou *ichthyocolle*, doit la préférence dont elle est l'objet dans certaines industries, à sa parfaite transparence. Ce produit n'est autre chose que la vésicule aérienne d'une espèce d'esturgeon, l'*acipenser huso* de Linné, que l'on pêche en abondance dans le Volga et les autres fleuves qui se jettent dans la mer Caspienne, la mer Noire ou la mer d'Azof. C'est donc pour nous un objet d'importation pour lequel nous sommes depuis longtemps tributaires de la Russie. On prépare aussi d'autres colles du même genre avec d'autres matières extraites des poissons. Nous reviendrons plus loin sur ce sujet.

A côté des produits de première qualité pour la pureté et la ténacité, il faut ranger ce qu'on appelle parfois la *colle-gélatine* qui est une sorte aussi forte, mais un peu moins pure, de colle d'os, et dont le prix peut s'élever à 200 fr.

Viennent ensuite les matières appelées proprement *colles fortes*, qu'on fabrique dans les bonnes sortes par la méthode des produits fractionnés, et dont les prix varient depuis 90 jusqu'à 150 fr. La colle médicale, sans odeur et sans saveur, dite aussi gélatine, pour les applications thérapeutiques, est du prix moyen de 140 fr.

Enfin, les colles de plus basses qualités valant de 80 à 90 fr., pour chapeliers.

Nous ne mentionnerons ici que pour mémoire le papier-gélatine, le papier-glace, les gélatines en gelées blanches et colorées, les gélatines filées de toutes couleurs, les gélatines laines pour clarifier les liquides et les gélatines alimentaires de qualités fort diverses, dont les prix varient à l'infini, selon leurs qualités, leurs couleurs, leurs dimensions, leur arome, etc.

Nous donnerons toutefois à titre documentaire un tableau comparatif des prix des différentes sortes de colles et gélatines, en décembre 1900 :

Colle factice	par 25 k.,	le kilo	6.25
Colle de Flandre (Collette)	par 100 k.,	—	0.98
Colle forte Jacquand (méd. d'or)		—	1.00
Colle forte Coignet (méd. d'or)		—	1.05
Colle forte Coignet n° 1		—	0.95
Colle forte C. P. F.		—	0.95
Colle forte médaille au coq			0.90
Colle forte médaille tête de bœuf		—	0.90
Colle forte sans marque, blonde		—	0.85
Colle forte sans acide (médaille), brune		—	0.85
Colle forte Givet L. A. P., (méd.)			1.55
Colle forte Givet-Croissant		—	1.50
Colle forte façon Givet-Lyre			1.32
Colle forte de Cologne		—	1.45
Colle forte de nerfs, n° 1		—	1.05
Colle forte de Vienne en feuilles		—	0.93
Colle forte de Vienne en poudre		—	0.95
Colle gélatine n° 1, médaille Jacquand-Coignet		—	2.10

Colle gélatine n° 2, médaille Jacquand Coignet	par 100 k., le kilo	1.70
Colle gélatine en tablettes pour la clarification des vins	— —	de 1.65 à 1.25
Colle d'os en poudre	—	1.15
Colle de poisson du Brésil en feuilles minces		16.00
Colle de poisson du Brésil en fils		18.00
Colle de poisson du Brésil rabotée		12.50
Colle de poisson de Chine en galettes	par 200 k.,	6.75
Colle de poisson Penang (oreillons), qualité extra	par 100 k.,	5.30
Colle de poisson de Cayenne extra		11.00
Colle de poisson de Cayenne extra en copeaux		12.50
Colle de poisson de Chine vermicellée		8.00
Colle de poisson Crochets (lyre ou fer à cheval)		12.00
Colle de poisson de Russie Saliansky naturelle	par 50 k.,	25.00
Colle de poisson de Russie Saliansky en poudre	par 10 k.,	17.00
Colle de poisson de Saïgon (petites pochettes)	par 50 k.,	2.00
Colle végétale du Japon (agar-agar)	par 100 k.,	4.90
Caoutchouc en dissolution à la benzine		8.00
Caoutchouc en dissolution au sulfure de carbone		14.00
Caoutchouc en dissolution à l'éther		17.00
Dextrine blonde citron	par 100 k.,	0.42
Dextrine blanche	—	0.44
Fucose (extrait de lichen), pâte blanche pour apprêt, impression, imperméabilisation	par 150 k.,	0.55

Fucose liquide blanche	par 250 k., le kilo	0.30
Gélatine blanche extra-fine . . .	par 25 k., —	4.50
Gélatine blanche surfine.	—	3.75
Gélatine blanche fine	—	3.25
Gélatine blanche demi-fine . . .	—	2.75
Gélatine concassée pour bains. .	—	1.35
Gélatine Lainé pour la clarification des vins.	par 50 k., —	6.30
Gélatine Jacquand-Coignet en tablettes pour la clarification des vins.	—	1.75
Gélatine liquide purifiée et stérilisée, pour vins et alcools	le litre	2.50
Gélose (voir Colle végétale du Japon).		
Glu marine liquide noire pour fer, fonte, zinc, bois, etc..	par 50 k., le kilo	0.60
Glu marine liquide blonde. . . .	—	0.75
Glu marine solide	par 10 k., —	4.50
Gomme adragante de Smyrne blanche.	par 100 k., —	4.45
Gomme adragante de Smyrne blanche en poudre	par 25 k., —	5.70
Gomme adragante de Smyrne extra blanche.	par 100 k., —	5.45
Gomme adragante de Smyrne extra blanche, en poudre . . .	par 10 k., —	6.60
Gomme adragante de Smyrne rousse triée	par 100 k., —	3.30
Gomme adragante de Syrie extra blanche.	—	7.25
Gomme adragante de Syrie extra blanche en poudre	par 10 k., —	8.75
Gomme arabique liquide blanche.	par 200 k., —	0.60
Gomme arabique liquide blanche épaisse.	—	0.55
Gomme arabique liquide blonde .	—	0.57
Gomme arabique liquide blonde épaisse.	—	0.52

Gomme artificielle en poudre	par 100 k., le kilo	0.42
Gomme Damar Batavia	par 10 k., —	1.80
Gomme Dentelles	par 5 k., —	5.50
Gomme du Sénégal	par 100 k., —	de 2.40 à 1.10
Gomme du Sénégal blanche en poudre pure	par 50 k., —	3.15
Gommeline	par 100 k., —	0.42
Gutta-percha en galettes, 1re qualité		12.50
Gutta-percha en galettes, 2e qualité		10.00
Gutta-percha laminée en feuilles		28.00
Leigomme par cartonnages	par 100 k., —	0.42
Mousse de Chine (voir Colle végétale du Japon).		
Ostéocolle Coignet	par 100 k., le kilo	1.90
Silicate de potasse 31-33° industriel	par 200 k., —	0.20

II. PROPRIÉTÉS DES COLLES FORTES

M. *Cadet*, pharmacien, a publié dans les *Annales des Arts et Manufactures*, un mémoire sur les colles fortes dont nous reproduisons ici une partie à cause de l'intérêt qu'il présente.

« La gélatine est une substance si importante par ses applications, qu'il m'a paru très utile de l'examiner comparativement prise chez différents animaux. M. *Levaillant*, manufacturier de colle forte, homme très intelligent et très zélé pour les progrès de son art, a bien voulu seconder mes vues en me préparant avec soin des colles pures et quelques autres mélangées dans des proportions déterminées. Leurs propriétés comparées m'ont fourni les résultats suivants :

Colle de veau pur. — Très transparente, couleur d'écaille blonde.

Colle de bœuf. — Très transparente, d'un jaune rougeâtre assez semblable à du sucre d'orge.

Colle de mouton. — Translucide, couleur fausse tirant sur le rouge un peu terne.

Colle de cheval. — Presque opaque, d'un brun rouge assez foncé.

Colle de poisson en tablettes. — D'une teinte pareille à celle de bœuf, mais plus transparente.

Colle de volailles. — Translucide, couleur de bistre terne.

La couleur des colles mélangées varie suivant les espèces employées et les proportions. Ainsi le bœuf et le veau donnent une colle rougeâtre, le mouton et le cheval une colle très brune, ainsi des autres.

Dans les expériences suivantes, j'ai mis en comparaison avec les colles françaises, une colle anglaise qui passe pour supérieure à celles de nos fabriques.

La pesanteur spécifique indiquant assez bien les rapports de densité des matières, j'ai pesé les différentes colles à la balance hydrostatique, et j'ai eu par le calcul les quantités suivantes :

Pesanteur spécifique des colles pures :

L'eau étant prise pour 1000

Colle de poisson du commerce. . . .	1209
Bœuf	1229
Colle de poisson en tablettes (1) . . .	1231
— de volailles	1221
— de cheval.	1342
— de mouton	1344
— de veau.	1352

(1) La colle de poisson du commerce contient une partie membraneuse peu soluble qui n'est point de la gélatine. J'ai pensé que, pour l'avoir homogène, il fallait évaporer la décoction et la mettre en tablettes. Elle est alors transparente comme les autres colles.

Pesanteur spécifique des colles mélangées :

Bœuf et rognures de bourrellerie. . .	1315
Colle anglaise	1347
Bœuf et veau.	1350
Patins de bœuf et nerfs	1351

Hygrométrie des colles

Toutes les colles mises au même degré de sécheresse, attirent plus ou moins l'humidité de l'atmosphère. Comme cette propriété peut influer essentiellement sur la ténacité des colles et sur les qualités qu'on désire dans les arts, j'ai évalué cette attraction sur des quantités égales. J'ai pris 305 gr. de chaque espèce de colles préalablement séchées dans une étuve. Je les ai mises dans une cave fraîche. Leur poids, 24 heures après, était augmenté dans cette proportion :

Colles pures :

	Poids avant l'expérience	Poids après l'expérience	Eau absorbée
Colle de volailles	305 gram.	375g 00	70g 00
— de poisson.	—	338 00	33 00
— de veau.	—	317 35	12 35
— de cheval	—	314 45	9 45
— de mouton.	—	314 30	9 30
— de bœuf.	—	313 70	8 70

Colles mélangées :

	Poids avant l'expérience	Poids après l'expérience	Eau absorbée
Bœuf et rognures de bourrellerie	305 gram.	318g 70	13g 70
Bœuf et veau, parties égales	—	314 30	9 30
Colle anglaise.	—	312 90	7 90
Patins de bœufs et nerfs, .	—	311 85	6 85

Solubilité

Les colles mises dans l'eau ne sont pas également solubles au même degré de température. Cela tient sans doute à la manière dont elles ont été cuites, car la solubilité n'est pas le rapport de leur attraction pour l'eau. J'ai mis un poids égal de chaque colle dans une quantité pareille d'eau bouillante et j'ai remarqué qu'elles se dissolvaient dans l'ordre suivant :

Bœuf pur,
Bœuf et veau,
Cheval,
Patins de bœuf et nerfs,
Colle d'Angleterre,
Bœuf et rognures de bourrellerie,
Mouton,
Veau.

Les dissolutions de colle d'Angleterre, de mouton et de veau avaient plus de viscosité que les autres, surtout les deux premières. Elles se prenaient en gelée par le refroidissement.

J'ai essayé sur ces dissolutions l'effet des différents réactifs. Les phénomènes que j'ai observés n'étant pas susceptibles d'éclairer directement la fabrication, je me bornerai à faire connaître ici l'action plus ou moins forte du tanin.

Colles et tanin

Un des caractères essentiels de la gélatine étant de former avec une matière tannante un précipité abondant et peu soluble, j'ai pensé qu'on pouvait déterminer par ce moyen la quantité exacte de matière gélatineuse contenue dans telle ou telle colle forte, en opérant sur des poids égaux. En conséquence, j'ai versé dans 15 grammes de chaque dissolution une quantité suffisante d'infusion de noix de galle, c'est-à-dire jusqu'à saturation. Les précipités ont varié dans l'ordre suivant :

Colle de poisson	37^g	39
— anglaise	33	78
— de bœuf	30	80
— de mouton	29	43
— de veau	26	71
— de cheval	25	06
— de volailles	24	85

Ces précipités variaient de couleur et de forme. Les uns étaient d'abord pulvérulents, les autres en filaments, d'autres en magma ; ils brunissaient plus ou moins vite à l'air.

Ces changements et ces propriétés sont l'objet d'un autre travail.

Ténacité des colles

Pour déterminer le degré de ténacité que chaque colle pouvait avoir, j'ai fait dresser et polir plusieurs tablettes de bois de sapin présentant la même surface. Cette surface était de 29 centimètres carrés 31. Je les ai encollées avec soin en les appliquant sur une planche également dressée. Je les ai liées très fortement et mises dans une étuve. Vingt-quatre heures après elles étaient toutes parfaitement sèches. Je leur ai appliqué des poids pour les séparer ; voici ce que j'ai obtenu :

La colle de veau a exigé pour rompre son affinité d'agrégation. . . 54^{kil}03
La colle de mouton. 49 14
La colle de volailles. 48 64
La colle de bœuf. 48 15
La colle de cheval. 32 49
La colle de poisson 40 80

Les colles composées m'ont présenté des forces si différentes de celles des colles simples, qu'on ne peut pas prévoir le résultat de leurs mélanges. Ainsi il a fallu pour séparer :

La colle anglaise . . . . 59^{kil}66
Bœuf et veau, parties égales. . . . 38 84
Bœuf et mouton 38 35
Bœuf et rognures de bourrellerie. . 44 72

Je dois dire qu'ayant répété plusieurs fois ces expériences, j'ai eu des variations à chaque essai : aussi je donne ici la moyenne proportionnelle. J'ai remarqué que le plus ou moins de liquidité de la colle, au moment où on l'appliquait, sa température, le sens des fibres du bois, influent beaucoup sur la ténacité. On ne peut donc avoir sur cette propriété que des rapports approximatifs.

Résumé

De toutes les expériences qui précèdent, on peut, je pense, conclure que la gélatine n'est pas la même prise chez les différents animaux, qu'elle varie de couleur, de pesanteur, de solubilité, de ténacité ; que, parmi les colles mélangées, la colle anglaise est encore supérieure aux colles de nos meilleures fabriques (1), et que, pour parvenir à surpasser nos rivaux, il faut s'appliquer, dans nos ateliers, à mélanger, dans différentes proportions, les colles pures qui réunissent le plus de propriétés. C'est dans le but d'établir ces rapports de propriétés qu'a été fait ce travail, dont on peut tirer les conséquences suivantes :

Les colles de *poisson* (2) et *de volaille* ne présentent pas assez d'avantages et sont d'un prix trop élevé pour être employées dans nos fabriques. Elles attirent, d'ailleurs, l'humidité de l'air avec excès.

Le *veau* donne la plus belle gélatine. La pesanteur spécifique de sa colle est supérieure à celle des autres, mais elle attire l'humidité plus puissamment. Elle a moins de solubilité que le bœuf, le cheval et le mouton. La viscosité de sa dissolution lui donne quelque avantage. Cependant elle contient intrinsèquement moins de matière gélatineuse que le mouton et le bœuf ; ce qui prouve que ses molécules intégrantes sont plus élastiques que celles des autres, et ont une force d'attraction supérieure ; aussi est-elle la plus tenace de toutes.

Le veau me paraît devoir former la base des colles fortes, comme réunissant le plus de proprié-

---

(1) Depuis cette époque, les colles françaises ont acquis un tel degré de perfection, qu'il n'y a pas de colle exotique qui puisse mériter la préférence sous le rapport de la ténacité et des autres qualités.

(2) Il n'y a pas en France de fabrique de colle de poisson, quoique nous ayons de nombreuses pêcheries, qu'un grand nombre de poissons puissent en fournir les matériaux, et que la préparation en soit très facile ; nous aimons mieux envoyer notre or à l'étranger.

tés. Si la médecine croit devoir appliquer la gélatine à l'intérieur, celle de veau me semble **préférable**, parce qu'elle a moins de saveur. Elle est également très favorable aux clarifications.

Le *bœuf* fournit une colle plus colorée, plus soluble que celle de veau, et qui attire moins l'humidité de l'atmosphère ; elle contient 2/8 de plus de matière gélatineuse proprement dite, mais sa force d'agrégation est de 15 0/0 plus faible.

Le *mouton* se rapproche beaucoup du veau, auquel il est cependant inférieur. Sa pesanteur spécifique est moindre, mais la viscosité de sa dissolution est plus forte, quoiqu'il soit un peu moins soluble. Il attire moins l'humidité que le veau, mais plus que le bœuf. Il contient un peu plus de matière gélatineuse que le veau, et sa force d'agrégation est à peu près égale à ce dernier.

Le *cheval*. — Si la force de la gélatine dépendait de la force des animaux, de leur taille, de leur âge, il paraîtrait naturel de chercher dans le bœuf et dans le cheval une colle plus forte que dans le mouton et le veau. Cependant, la colle de cheval est inférieure à toutes les autres ; sa pesanteur spécifique est plus faible que celle du mouton et du veau. Elle attire plus puissamment l'humidité de l'atmosphère ; elle est plus soluble, mais elle contient moins de matière gélatineuse combinable avec le tanin. Sa ténacité relative n'est que de 66, quand celle de veau est de 100.

Il est une observation importante qui ne doit point échapper aux fabricants, c'est que la gélatine varie non seulement dans les différents animaux, mais encore dans les différentes parties d'un même animal. Par exemple, de la colle faite avec des nerfs de bœuf ne ressemble pas à celle préparée avec des patins de bœuf, comme on peut le voir dans les tableaux précédents. Une autre considération, non moins intéressante, c'est que les propriétés des colles pures varient par leur mélange, de même que dans l'alliage des métaux ; la pesanteur spécifique, la couleur, la densité, la ténacité, changent, non en raison des proportions, mais par des affinités nouvelles qu'il faut étudier. Les *rognures des bourreliers* me paraissent plus nuisibles qu'utiles dans la fabrication.

Quoique l'art du fabricant de colles fortes soit un des plus simples et des plus faciles, le manufacturier qui voudra opérer d'une manière toujours sûre, toujours uniforme, doit examiner avec soin toutes les parties de la manipulation, et mettre la réforme dans celles qui en exigent. La fraîcheur des matières premières, leur choix, leur distribution (1), demandent de grands soins. Leur lavage et leur chauffage méritent une attention éclairée, et peut-être connaîtra-t-on que l'action de la chaux sur les matières premières influe moins qu'on ne pense sur la qualité des colles.

La bonne construction des fourneaux est très importante pour avoir un feu égal, économique et réglé à volonté. J'ai visité beaucoup de fabriques de colle et je n'ai vu nulle part des fourneaux bien construits ; je n'ai vu aucun atelier où l'on se ser-

---

(1) On assure que les Anglais ne devaient jadis la supériorité de leur colle qu'au soin qu'ils mettaient de n'employer dans la même cuite que des parties de même nature, solubles à la même température, et fournissant également de la gélatine.

vit de l'aréomètre pour apprécier le degré de cuisson des matières.

Quand le fabricant ne donnera rien au hasard ; quand il suivra l'ordre le plus exact dans ses opérations ; qu'il reconnaîtra le degré de cuisson que, dans chaque saison, demande chaque espèce de matière et la quantité d'eau nécessaire pour la dissoudre dans les différentes variations de l'atmosphère, il pourra, j'espère, tirer quelque profit des expériences précédentes. »

III. CARACTÈRES EXTÉRIEURS DES BONNES COLLES

Le moyen le plus sûr pour se rendre compte de la qualité d'une colle forte est certainement de l'employer à titre d'essai ou comparativement avec une colle de bonne espèce. Il existe toutefois certains caractères extérieurs qui peuvent approximativement donner une idée de la valeur de cette substance.

La couleur des gélatines et des colles fortes est déjà un indice d'une bonne ou d'une mauvaise fabrication. En général, celles qui sont le mieux fabriquées sont peu colorées ou du moins le sont fort peu.

Une bonne colle forte est également peu hygrométrique, et une colle qui absorbe aisément la vapeur d'eau répandue dans l'atmosphère, se ramollit et fermente, ne peut être que de qualité inférieure.

Une bonne colle plongée dans l'eau froide se gonfle beaucoup, mais sans s'y dissoudre. Dans l'eau bouillante, au contraire, elle se dissout entièrement sans laisser de résidu.

Un autre caractère général par lequel on a prétendu reconnaître la bonne qualité de la colle est la transparence des feuilles, mais ce caractère est insuffisant, car s'il est exact de dire que les gélatines alimentaires doivent être limpides et transparentes, il est certain qu'il y a de bonnes colles très propres aux besoins de l'industrie qui manquent de transparence.

Suivant M. *Weidenbusch*, il n'existe aucun rapport entre la force adhésive de la colle et son poids spécifique, tant à l'état solide qu'en dissolution, et on est ainsi privé d'un moyen bien simple d'appréciation de la valeur des colles.

Quoi qu'il en soit, voici les caractères que M. *R. Wagner* assigne à une colle de bonne qualité :

« On exige d'une bonne colle qu'elle soit d'un brun clair ou d'une jaune brunâtre uniforme, qu'elle n'ait pas de taches, qu'elle soit brillante si on n'y a pas ajouté de substances minérales, claire, transparente, cassante et dure, qu'elle demeure sèche à l'air, qu'elle se brise court lorsqu'on la courbe, qu'elle ait une cassure vitreuse brillante, qu'elle ne fasse que se gonfler, mais qu'elle ne se liquéfie pas dans l'eau froide, même après une digestion de vingt-quatre heures. Une cassure esquilleuse indique qu'elle renferme des parties tendineuses incomplètement dissoutes. On cherche du reste souvent à augmenter la force adhésive et la ténacité de la colle en y ajoutant des matières terreuses, des oxydes ou des sels ; c'est ce qui a lieu par exemple pour la colle russe qui doit sa couleur opaque à du blanc de céruse, ou du blanc de zinc ou à la craie qu'on y mélange dans la proportion de 4 à 8 0/0. Depuis quelque temps on ajoute à la colle du blanc de baryte. On rencontre aussi dans le commerce de la colle jaune mélangée à du chromate de plomb. Enfin on trouve fréquemment des colles qui avec des extérieurs qui paraissent satisfaisants, présentent au contraire, lorsqu'on s'en sert, une force adhésive qui laisse beaucoup à désirer ».

Les caractères généraux qu'on vient d'énumérer paraissent insuffisants pour juger sainement de la qualité des colles et de leur force adhésive. On a proposé à diverses époques, pour en faire l'essai, des méthodes tant chimiques que mécaniques que nous allons passer en revue.

IV. PROCÉDÉ KARMARSCH

Ce mode d'essai proposé il y a déjà longtemps par M. *Karmarsch* a été modifié depuis par M. *Weidenbusch*.

Le procédé de M. *Karmarsch* consistait à réunir avec la colle à l'essai deux morceaux de bois et à essayer le poids qu'il sera nécessaire d'employer pour les séparer. Mais ici se présentaient plusieurs inconvénients : d'abord il est bien difficile de trouver deux morceaux de bois parfaitement identiques sous le rapport de l'étendue de la surface, du grain, du poli, de la densité, de la sécheresse, etc. D'un autre côté, en supposant même qu'on réunisse les mêmes conditions physiques dans les deux bois, on a reconnu qu'une bonne colle offre une résistance plus grande que celle même du bois, de façon que c'est le bois qui cède et qu'on n'a pas ainsi la mesure absolue de la ténacité de la colle.

V. PROCÉDÉ WEIDENBUSCH

M. *Weidenbusch* a modifié ainsi qu'il suit ce procédé : il emploie pour cela la craie ou le plâtre qui, selon lui, sont des substances offrant constamment la même qualité et absorbant avidement la colle. Il réduit cette craie en poudre fine, la chauffe à 120° C., la tamise et avec de l'eau en fait une pâte dont il confectionne des prismes ou crayons de mêmes dimensions au moyen d'une filière. Ces crayons sont d'abord séchés à une douce chaleur, puis au-dessus d'un vase renfermant du chlorure de calcium jusqu'à ce que leur poids reste le même dans deux pesées successives. Ainsi desséchés, ces crayons sont plongés dans la solution de colle dont on veut faire l'essai, séchés à l'étuve et en cet état propres aux expériences.

On commence par faire l'essai d'un crayon non pénétré de colle pour s'assurer de la part de résistance due à la craie seule, puis on met en expérience les crayons enduits et l'augmentation du poids nécessaire pour briser ceux-ci est attribuée à la colle. Dans ce but, l'auteur a imaginé un appareil à l'aide duquel on détermine, au moyen d'une charge graduelle, la résistance de la craie seule, puis celle des crayons imbibés de colle. Il a constaté que le poids nécessaire pour produire la rupture d'un crayon de colle forte desséchée à 100° était en moyenne de 219 grammes.

En conséquence, pour faire un essai, on pèse de la colle desséchée à 100° C., on la place dans l'eau froide pendant la nuit pour la faire gonfler et le lendemain on la dissout dans l'eau bouillante de manière à ce que la solution contienne 1/10° de colle. Ce liquide est coloré avec un peu de solution d'indigo neutre afin de rendre apparente la couche de colle avec laquelle la craie va être recouverte, et on plonge les crayons pendant une à deux minutes dans cette solution ; on fait sécher ces crayons jusqu'à ce que leur poids reste invariable et on les brise ensuite avec l'appareil en versant peu à peu du mercure dans un godet.

Ce procédé mécanique nous paraît plus propre à mesurer la force adhésive relative des différentes colles entre elles que la force absolue de l'une d'elles en particulier.

VI. PROCÉDÉ BAUSCHINGER

Pour juger de la force adhésive de la colle, M. *Bauschinger* colla l'un sur l'autre deux morceaux

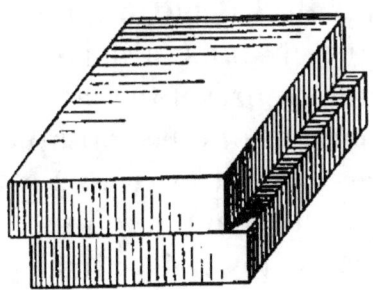

Fig. 110. — Pièces de bois collées pour l'essai des colles.

de bois de hêtre (fig. 110), de telle sorte que leurs fibres étant parallèles, ils se débordaient l'un l'autre de un centimètre et que la surface était égale à 10 × 10 = 100 centimètres carrés.

Après dessiccation convenable, les morceaux de bois furent poussés en sens inverse, comme le montre la figure 111, jusqu'à ce qu'ils fussent séparés ; on employa pour cela une force graduellement croissante et mesurée.

Fig. 111. — Essai mécanique des colles par le procédé Banschinger.

La force agglutinative de la colle ainsi éprouvée peut être exprimée en kilogrammes par centimètre carré en divisant par 100 l'effort total nécessaire pour rompre l'assemblage.

Pour éprouver la résistance à la rupture, on prit des planches de bon bois de hêtre sec, de 12 centimètres de largeur sur 45 millimètres d'épaisseur et 3 mètres environ de longueur, et après les avoir bien rabotées sur toutes les faces, on les coupa en morceaux longs de 45 centimètres.

Aux morceaux de bois ainsi obtenus on donna ensuite la forme représentée à la figure 112. Au milieu de la partie bombée, on aplanit bien un espace circulaire, qui fut ensuite frotté avec du papier de verre de finesse moyenne.

Deux morceaux de bois ainsi préparés furent collés l'un à l'autre par leurs surfaces circulaires, qui étaient égales à 36 centimètres carrés environ ; après dessiccation de la colle, ils furent disposés, comme le montre la figure 113, dans un appareil au moyen duquel, à l'aide d'une traction graduellement croissante, on finissait par les disjoindre. Dans presque tous les cas, la colle se séparait nettement de la colle, et il ne restait que rarement quelques fibres de bois adhérentes à la colle.

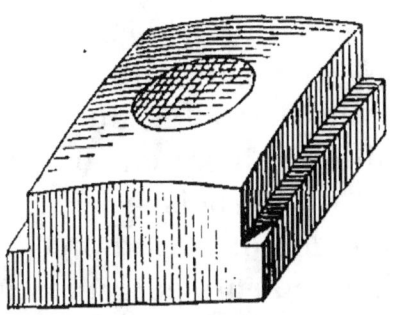

Fig. 112. — Pièce de bois préparée pour l'essai à la traction.

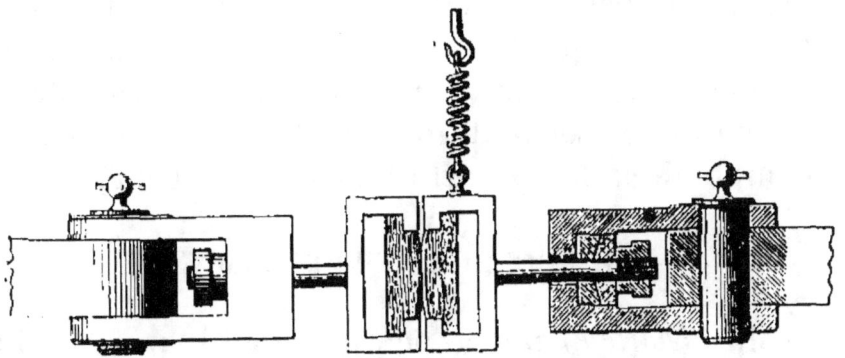

Fig. 113. — Dispositif pour l'essai des colles à la traction.

La colle ramollie dans l'eau était chauffée au bain-marie jusqu'à dissolution complète; les pièces collées étaient séchées pendant cinq jours et ensuite soumises à l'expérience.

La force agglutinative de quelques échantillons de colle s'est élevée à 38 kilogrammes par centimètre carré, dans la première méthode d'essai, et à

14 kilogrammes par centimètre carré dans la seconde méthode.

On remarqua que, dans les expériences effectuées comme il vient d'être dit, la colle était généralement séparée de la colle, que parfois aussi des particules de bois étaient arrachées, mais que la colle ne fut jamais séparée du bois.

Si l'on songe que dans un collage bien fait la colle pénètre dans les pores du bois, il est évident qu'après son durcissement elle doit y adhérer assez fortement pour que le bois se sépare du bois, ou la colle de la colle, lorsque les morceaux de bois réunis sont séparés violemment, mais que la colle ne doit pas se détacher du bois. C'est ce qui a toujours lieu dans la pratique et, pour cette raison, des expériences comme celles dont il vient d'être question, dans lesquelles on ne mesure jamais à proprement parler que la résistance à la poussée de la colle durcie, peuvent toujours servir à se rendre compte de la force agglutinative de la colle.

VII. PROCÉDÉ SCHATTENMANN

M. *Schattenmann* a pensé d'abord que la colle fraîche qu'on obtient par la solution des matières gélatineuses, ou la gélatine, renferme de l'eau qui s'y trouve combinée chimiquement, tandis que dans la colle forte sèche qu'on fait dissoudre dans l'eau, l'eau n'est entièrement combinée à la matière que mécaniquement. En second lieu, qu'une première dessiccation ne chasse pas complètement l'eau combinée chimiquement, mais que la colle sèche est d'autant plus hygrométrique, qu'il y reste plus d'eau ; qu'il faut bien se garder d'acheter les colles en feuilles épaisses qui, en raison de cette épaisseur, conservent plus d'eau combinée chimiquement, et, par conséquent, vendre et acheter la colle forte en feuilles minces, qui sont les seules susceptibles d'éprouver une dessiccation complète.

Voici le procédé pratique que propose M. *Schattenmann* pour s'assurer de la qualité de la colle forte.

On plonge la colle pendant vingt-quatre heures dans l'eau froide dont la température ne doit pas s'élever au delà de 15° C. La colle sèche absorbe une quantité d'eau qui est égale à la quantité de matière glutineuse qu'elle renferme, et fournit une matière gélatineuse qui est d'autant plus blanche et ferme que la colle est de bonne qualité. On juge ainsi de la bonté de la colle par la nature de la masse gélatineuse qu'on obtient, et de sa richesse en colle réelle par la quantité de celle-ci qu'elle fournit.

La fabrique de Bouxwiller fournit deux espèces de colle d'os, la gélatine blanche et la jaune, toutes deux en feuilles très minces.

Par une macération de vingt-quatre heures dans l'eau froide, 100 kilogrammes de gélatine blanche et sèche donnent 1,300 kilogrammes de gelée blanche et ferme ; 100 kilogrammes de gélatine jaune et sèche, 1,000 kilogrammes d'une gelée également ferme mais moins blanche.

Les colles fortes ordinaires d'Allemagne, fabriquées avec les déchets de peaux et autres matières animales de basse qualité et qui sont cependant très employées dans les arts, absorbent bien moins d'eau que la gélatine.

100 kilogrammes de colle forte allemande ne donnent que 500 kilogrammes de gelée molle et sans consistance.

Les colles, quand elles sont de la meilleure qualité, c'est-à-dire quand elles fournissent 600 kilogrammes de gelée par 100 kilogrammes de colle, s'achètent en France au prix de 130 francs, c'est-à-dire que 100 kilogrammes de gelée coûtent 21 fr. 66, tandis que 100 kilogrammes de gelée blanche, préparée avec la gélatine jaune ci-dessus, ne coûtent que 19 francs ; de façon qu'il y a économie de 2 fr. 66, ou de 14 0/0 en faveur de la seconde, sans compter les avantages dans l'application que présente la gelée préparée avec la gélatine jaune, qui est d'une qualité bien supérieure.

La gélatine blanche, dont 100 kilogrammes donnent 1,300 kilogrammes de gelée blanche d'une beauté et d'une fermeté remarquables, coûte 300 francs ; de façon que le quintal métrique de gelée ne revient qu'à 23 francs et qu'elle est bien préférable à la colle allemande quand on fait entrer en ligne de compte sa basse qualité et sa faible quantité.

M. *Grenet*, de Rouen, dont la gélatine de luxe jouit d'une grande réputation, obtenait probablement ce produit par l'emploi de peaux fraîches et des cartilages de veau les plus fins. Ces gélatines **ne laissent rien à désirer, mais elles ont moins de capacité ou de richesse que les gélatines fabriquées à Bouxwiller avec les os et l'acide chlorhydrique,** car, plongées dans l'eau, 100 kilogrammes ne fournissent que 1,000 kilogrammes de gelée, tandis que la gélatine de Bouxwiller en donne 1,300.

L'article appelé *greneline*, qui comme objet de luxe ne laisse rien à désirer et dont le prix de 1,000 francs les 100 kilogrammes, ne paraît pas trop élevé, est trop dispendieux pour les besoins des industries qui emploient la gélatine.

Il y a avantage à ramollir la gélatine et à la faire sécher de nouveau, parce qu'après le ramollissement elle renferme un quart de plus en gelée, à l'état sec, qu'une colle qui n'a été préparée que sur matières fondues une seule fois. La gélatine de seconde fusion renferme moins d'eau, et est par conséquent moins hygrométrique que celle de la première fusion, de façon qu'on peut obtenir ainsi une gélatine qui résiste à l'influence de l'atmosphère. Une longue pratique chez les ouvriers en bois, et surtout les luthiers, confirme cette assertion.

On fait dissoudre la colle et on la fait sécher en boules, qu'on pulvérise, afin de la débarrasser autant que possible de l'eau.

Rien n'est plus irrationnel et dangereux que de se servir de colles vertes ou plutôt de la substance aqueuse qu'on recueille des colle-matières dissoutes, car cette gelée verte sèche très mal et est énormément hygrométrique.

Employée à l'apprêt des tissus, elle pique et détériore les tissus aussitôt qu'on les soumet à une haute température ou à l'humidité; cependant, malgré ces défauts, cette colle a été prônée depuis quelque temps et recherchée, surtout à Rouen et

Colles.

dans quelques autres villes du Nord. Des personnes âgées qui se rappellent encore le temps où le papier était collé par les anciens procédés, c'est-à-dire avec des colles vertes, se souviennent aussi de l'odeur nauséabonde que répandaient ces papiers et qui provenaient de la putréfaction de la colle.

M. *Weidenbusch*, qui a soumis à des épreuves comparatives la méthode de M. *Schattenmann*, a trouvé qu'elle ne s'appliquait qu'à la colle d'os et à la gélatine dont la gelée saturée même avec un excès d'eau possède encore une certaine consistance, propriété que ne présente aucune colle de peau, de façon que par ce caractère seul, on reconnaît immédiatement l'origine de cette colle. En effet, tandis qu'il est possible de faire sécher la gelée et de la peser sans perte, la gelée de toutes les colles de peau se délite à tel point au bout de 24 heures qu'il n'est plus possible de faire sécher et de peser exactement, d'où naissent de grandes différences dans les résultats. D'ailleurs, il est constaté actuellement que la faculté d'absorption ne marche point d'un pas égal avec la propriété adhésive, et que des colles de qualité inférieure absorbent souvent plus d'eau que les meilleures sortes.

VIII. PROCÉDÉ LIPOWITZ

On doit à un chimiste allemand, M. *Lipowitz*, un procédé physique pour faire l'essai des colles qui paraît assez pratique et que voici :

Pour entreprendre un essai, on fait dissoudre 5 parties de la colle qu'on veut éprouver dans la quantité d'eau bouillante nécessaire pour que le poids de la solution soit égal à 50 parties. On abandonne le liquide pendant 12 heures à la température de 18° C., afin qu'il se prenne en gelée dans un gobelet en verre (fig. 114), qui est toujours le

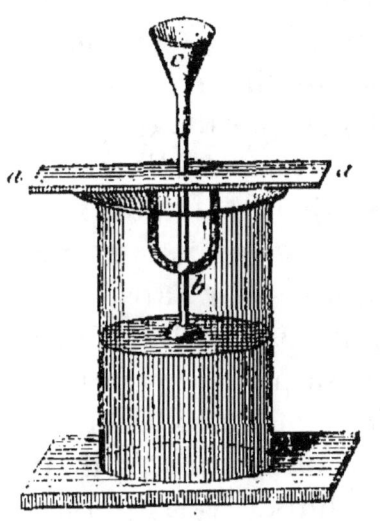

Fig. 114. — Dispositif pour l'essai des colles par le procédé Lipowitz

même dans toutes les expériences, et qu'on remplit à peu près à moitié avec de la solution de colle. On pose alors sur les bords de ce verre une petite traverse ou lame de fer-blanc a, a dont le milieu est traversé par un fil de fer b surmonté d'un entonnoir c et à l'extrémité inférieure duquel est soudée une petite plaque ou une capsule de fer-blanc bombée dont la face convexe est tournée vers le bas. Le fil de fer avec la capsule pèsent 5 grammes, et le fil se meut très librement dans le trou percé dans la lame a, a. L'entonnoir c pèse également 5 grammes, et on peut y introduire jusqu'à 50 gr. de grenaille de plomb.

Douze heures après qu'on a versé la dissolution dans le verre et que celle-ci est prise en gelée, on fait descendre la capsule sur cette gelée et on charge l'entonnoir de grains de plomb. Plus cette gelée a de consistance, plus l'appareil doit être chargé pour s'enfoncer dans la gelée, et on juge d'après le poids de la force adhésive de la colle.

Quoique cette méthode puisse donner lieu à quelques objections, il paraît, d'après des expériences publiées en 1864 par M. *Heinze*, qu'elle donne de très bons résultats sous le point de vue pratique.

On va voir dans un instant que toutes les méthodes chimiques pour faire l'essai des colles ne fournissent que des résultats incertains et exigent en outre des manipulations assez compliquées. On devra donc s'attacher à l'avenir à perfectionner les méthodes mécaniques qui d'ailleurs se rapprochent davantage des buts divers qu'on se propose dans la pratique.

Il serait facile de construire un petit appareil en forme de romaine ou de balance dont on se servirait pour mesurer la ténacité avec laquelle une colle relient deux morceaux de bois d'une faible surface, qu'on aurait enduits de cette colle sur les faces de contact et soumis à une dessiccation naturelle ou artificielle dans une étuve. Quelques essais avec une colle de première qualité fourniraient un point de repère pour la mesure de la force de la colle essayée par centimètre carré.

On pourrait aussi enduire deux surfaces avec la colle dont on veut constater la force, faire sécher et fixer fermement l'une d'elles sur la couronne d'une turbine ou d'une roue quelconque tournant à grande vitesse, qu'on ferait mouvoir successivement avec plus de rapidité jusqu'à ce que la pièce libre se détache. Un compteur ferait connaître le nombre de tours de la roue et la colle qui ne céderait qu'à la plus grande vitesse serait celle réputée la meilleure.

IX. PROCÉDÉ GRAEGER

On serait peut-être tenté de considérer comme une chose assez hasardeuse et même superflue de rechercher par voie chimique la qualité d'une colle forte, mais comme une semblable recherche peut cependant avoir son utilité. M. *Graeger* a proposé en 1852 pour cet objet une méthode que nous devons faire connaître.

Partant de ce point de vue que la bonté d'une colle forte doit dépendre de la quantité de glutine pure qu'elle renferme et de l'absence des matières étrangères propres à affaiblir sa force, il a cherché à doser le premier principe et évaluer la quantité des autres. Il a remarqué aussi que l'eau, suivant la force avec laquelle la colle la retenait, pouvait servir de point de départ pour juger de la nature des matières avec lesquelles elle a été fabriquée, puisqu'on sait que la gélatine se combine avec d'autant plus d'eau et la retient avec d'autant plus de force qu'elle est exempte d'autres matières étrangères, telles que corps gras, sels, etc. Par conséquent les proportions dans lesquelles l'eau, la glutine (colle d'os) et les corps étrangers entrent dans la composition d'une colle forte doivent servir à apprécier sa qualité. Les résultats de l'analyse chimique, quand même on ne leur accorderait pas la confiance qu'on met aujourd'hui dans les expressions numériques, n'en auraient pas moins le mérite de servir de contrôle aux essais techniques.

L'essai de la colle forte ne présente en lui-même aucune difficulté, il n'exige qu'un peu de patience.

On prend un poids donné de la colle dont on veut faire l'examen et qu'on fait sécher à une température de 120° C., jusqu'à ce qu'à cette température elle ne perde plus rien de son poids. En général, il faut pour cela cinq à six heures. La perte en poids indique l'eau renfermée dans la colle.

Pour doser la glutine, on prend un second échantillon renfermant une quantité d'eau connue qu'on dissout dans vingt fois son poids d'eau bouillante; après refroidissement complet on ajoute une solution de tanin préparée avec 1 partie de tanin et 20 parties d'eau. Il se forme un précipité de tannate de glutine, qui est floconneux au sein d'une liqueur jaune vineux parfaitement limpide.

Si on voulait mélanger les deux liqueurs bouillantes ou seulement encore chaudes, on aurait un précipité d'apparence résineuse et compacte et une liqueur laiteuse qui passe à travers le filtre, et on n'obtiendrait ainsi aucun résultat utile.

Le tannate de glutine est recueilli sur un filtre, lavé et desséché à l'air. Dès qu'on peut le pulvériser, on l'enlève du filtre, on le porte à l'étuve et on le fait sécher complètement à 120° C. Il faut bien se garder d'élever de prime abord à cette température, parce qu'autrement le précipité fondrait et serait très difficile à dessécher. Cette dessiccation, même en observant cette règle, est encore fort longue, et il faut souvent plus de huit à dix heures avant que la balance n'indique plus une diminution de poids. C'est d'après le poids de ce précipité sec, dont la composition, suivant *Davy* et *Mulder*, est 42,74 0/0 de glutine et 57,26 0/0 de tanin, qu'on calcule la proportion de glutine que la colle renferme.

Pour doser les sels de plomb contenus dans quelques colles fortes (1), on fait bouillir la solution de ces colles avec de l'acide nitrique jusqu'à destruction de la gélatine. Il se dépose du sulfate ou chromate de plomb insolubles qu'on recueille sur un filtre et qu'on pèse. Le carbonate de plomb transformé en nitrate est précipité par l'acide oxalique, lavé, séché et transformé par la calcination en oxyde pur qui sert à calculer la proportion du carbonate de plomb qui entre dans la colle.

Donnons un exemple de ces sortes d'essais. Une colle translucide couleur de succin foncé, cassante, s'est dissoute facilement dans l'eau. 2 gr. 600 de cette colle ont perdu à la dessiccation 0,190 = 7,31 pour cent. 2 gr. 600 dissous dans l'eau et précipités par le tanin, ont fourni 4 gr. 410 de tannate de glutine = 1,885 de glutine = 72,50 0/0 de glutine. 100 parties de colle renfermaient donc :

Eau.	7,31
Glutine.	72,50
Matières étrangères	20,19
	100,00

(1) Beaucoup de fabricants allemands ajoutent, on ne sait pourquoi, à leurs produits un peu de carbonate, du sulfate ou même du chromate de plomb, qui n'augmentent en rien leur force, mais leur donnent probablement un aspect plus flatteur.

M. *Graeger* a fait un grand nombre d'autres analyses de colles fortes provenant de diverses fabriques et de prix très différents, et il y a rencontré depuis 5.02 jusqu'à 13.92 0/0 d'eau, depuis 68.07 jusqu'à 81 0/0 de glutine et depuis 6.75 jusqu'à 24.26 0/0 de matières étrangères y compris les sels de plomb.

Nous ne pouvons pas rapporter ici dans leur entier les analyses de M. *Graeger* qui ont porté sur dix qualités de colles fortes de provenances diverses et de prix différents, mais nous présenterons dans un tableau le résumé de ces analyses :

N^{os} d'ordre	PRIX de 50 kilogr.	QUANTITÉ de glutine sur 100 parties	QUANTITÉ d'eau sur 100 parties	MATIÈRES étrangères
1	46 fr 70	72.50	7.31	20.19
2	35 75	70.72	5.02	24.26
3	48 10	73.18	10.10	16.72
4	66 60	81 »	12.25	6.75
5	66 60	73.41	11.35	15.24
6	66 60	68.88	10.34	20.78
7	66 60	68.07	10.45	21.48
8	37 »	70.26	7.20	22.54
9	37 »	71.65	6.27	22.08
10	59 20	70.40	13.92	15.68

La première chose qui frappe dans ce tableau c'est que la quantité de glutine renfermée dans les colles analysées de M. *Graeger* est bien loin d'être proportionnelle au prix : ainsi dans les n°s 9 et 10 par exemple, les quantités sont presque égales 71,65 et 70,40, et cependant les prix sont énormément différents (37 fr. et 59 fr. les 50 kilog.). Il y a aussi moins d'eau dans les sortes à plus bas prix (7,20, 6,27 et 13,92), mais par contre on y rencontre plus de matières étrangères (22,54, 22,08 et 15,68).

Quelques qualités les plus chères (n°s 4 et 5) ont présenté une richesse en glutine (81 et 73,41) supérieure aux autres, et une quantité plus faible de matières étrangères (6,75 et 15,24); mais cette règle n'est pas générale, témoin les n°s 6 et 7 qui ne renferment qu'une quantité très faible de glutine (68,88 et 68,07) et beaucoup de matières étrangères (20,78 et 21,48).

Quoi qu'il en soit de ces différences, on peut admettre qu'une colle forte offre une qualité d'autant meilleure qu'elle renferme plus de glutine, moins d'eau et de matières étrangères, et que les prix du commerce devraient être basés sur la proportion centésimale de cette glutine et non pas sur l'aspect ou quelques autres propriétés physiques tout à fait trompeuses.

M. *Weidenbusch* qui a essayé le procédé de dosage de colles par la méthode de M. *Graeger*, assure qu'il n'a jamais réussi à précipiter une solution de colle forte par l'acide tannique au point que la liqueur filtrée ne présente plus, lorsqu'on la chauffait, l'odeur caractéristique de la colle, et il croit que quand même il y aurait possibilité de produire une précipitation complète, cette méthode n'offrirait pas encore la garantie que le corps combiné à l'acide tannique serait en proportion de la **force adhésive de la colle et sa mesure.**

X. PROCÉDÉ RISLER-BEUNAT

M. *Risler-Beunat* a publié dans le *Bulletin de la Société industrielle de Mulhouse*, tome 30, page 263, une note dans laquelle il a cherché à déduire la richesse en glutine des colles fortes du commerce par une modification apportée au principe de *Graeger*.

Dans la méthode proposée par M. *Risler-Beunat*, on prépare deux solutions normales dont l'une contient par litre 10 grammes d'acide tannique pur, tandis que l'autre se compose de 10 grammes de colle de poisson et de 20 grammes d'alun. Comme ces deux liquides ne se saturent pas entre eux à volumes égaux on détermine le titre de l'un par rapport à l'autre, et on étend ensuite la solution d'acide tannique qui est trop concentrée avec la quantité d'eau nécessaire pour que les deux liquides pris à volumes égaux se saturent réciproquement.

Pour faire l'essai d'une colle, on dissout 10 grammes de celle-ci avec 20 grammes d'alun dans un litre d'eau et on chauffe le mélange jusqu'à l'ébullition si on juge que cela est nécessaire. On prend ensuite 10 centimètres cubes seulement de la solution de colle à essayer, car on peut être certain que les colles du commerce ne renferment jamais une aussi forte proportion de glutine que la colle de poisson et on agite fortement le mélange. Au bout de quelques minutes où il s'est formé un précipité, on ajoute encore 1 centimètre cube de la solution de colle et on filtre sur un filtre de calicot humide. Si une goutte de la solution de colle produit encore un léger trouble, on ajoute de nouveau 1 centimètre cube de colle au liquide et on filtre par le même filtre, après quoi on essaye de rechef avec une goutte de la solution de colle et ainsi de suite jusqu'à saturation complète, c'est-à-dire jusqu'à ce que le liquide filtré ne soit plus troublé par une goutte de la solution de colle.

On a fait remarquer, à l'occasion des procédés *Graeger* et *Risler-Beunat*, que la colle de poisson est un corps différent de la colle de gélatine et que cette dernière a une force adhésive qui diffère notablement de celle de la première ; que la colle forte est une substance mixte dont on ne connaît pas encore suffisamment la composition ; et qu'une dissolution de colle n'est pas précipitée assez complètement par l'acide tannique pour que le liquide filtré et évaporé n'offre pas encore, quand on le chauffe, l'odeur particulière de la colle. Enfin qu'en supposant que la précipitation de la colle par l'acide tannique soit complète, on n'est nullement certain que la substance qui est combinée avec cet acide soit directement proportionnelle à la quantité de la glutine et surtout à sa force adhésive.

M. *Schneider*, professeur de chimie à Mulhouse, a fait l'essai de cette méthode, il croit qu'elle peut rendre service à l'industrie toutes les fois qu'on se contentera d'une approximation de 2 à 3 0/0, mais qu'elle est fastidieuse par le nombre des opérations qui d'ailleurs entraînent à des pertes et provoquent la transformation de l'acide tannique en acide gallique, qui n'est pas précipitable par la gélatine.

M. *Noffat* croit que le procédé le plus certain

pour reconnaître la qualité des colles serait d'y doser l'azote ; mais ce procédé ne paraît guère à la portée de l'industrie.

Nous n'insisterons pas davantage sur la description des moyens variés qui ont été proposés à diverses époques pour constater la qualité des colles et des gélatines, et nous nous bornerons à faire remarquer que par plusieurs de ces moyens, on dose bien la quantité de la glutine ou de son azote, mais que cette quantité n'est pas du tout la mesure de la ténacité et des bonnes qualités des colles. Une colle peut renfermer beaucoup de glutine ou d'azote sans pour cela posséder une force adhésive supérieure. Cette colle peut avoir été légèrement altérée par une cuisson trop prolongée, par un commencement de putréfaction ou par un mouvement intestin inconnu, et cependant accuser à l'analyse une forte proportion de glutine sans pour cela qu'elle jouisse des propriétés d'une colle de bonne qualité. La richesse en azote n'est pas davantage un indice de cette qualité.

XI. DOSAGE DE LA GÉLATINE DANS LES GOMMES ET SUBSTANCES ALIMENTAIRES

La remarquable propriété de la formaldéhyde d'insolubiliser les matières albuminoïdes non coagulables par la chaleur, a été utilisée à la recherche et au dosage de la gélatine, par M. *A. Trillat*.

La gélatine est, en effet, employée par fraude dans un grand nombre de cas.

C'est ainsi que les gelées de fruits contiennent souvent une proportion importante de gélatine quand elles ne sont pas uniquement composées de ce produit.

La gomme du commerce en renferme souvent : les bonbons contiennent quelquefois 5 à 50 0/0 de gélatine.

On a signalé dernièrement l'emploi de la gélatine dans le but de donner plus de consistance à la crème.

Il arrive fréquemment, et principalement en été, que la crème est additionnée de gélatine pour lui donner de la fermeté et une apparence de richesse.

Enfin, d'après M. *Onfroy*, le chocolat n'échapperait pas à la fraude. Une petite quantité de gélatine permet d'ajouter une grande quantité d'eau. On peut, en effet, s'assurer qu'avec 5 0/0 de gélatine il est facile d'introduire 50 0/0 d'eau sans en changer aucunement l'aspect.

Les procédés employés jusqu'à ce jour pour le dosage de la gélatine sont empiriques et ne donnent qu'une approximation grossière de la quantité de gélatine introduite dans certains produits. En particulier, la détermination de la gélatine dans un mélange par le simple dosage de l'azote conduit à des résultats erronés.

L'insolubilisation de la gélatine par la formaldéhyde peut certainement être appliquée à tous ces cas en changeant, bien entendu, le mode opératoire selon les circonstances.

M. *Trillat* s'est borné à appliquer sa méthode à la recherche de la gélatine dans les gommes.

Pour rechercher et doser la gélatine dans la gomme arabique on peut procéder de la manière suivante :

Colles. 25

On dissout quelques grammes de la substance dans de l'eau et on sépare, s'il y a lieu, soit par filtration soit par décantation les parties insolubles.

Le liquide est évaporé et, une fois qu'il est à consistance sirupeuse, on y ajoute environ 1 centimètre cube d'aldéhyde formique du commerce; on continue à évaporer jusqu'à consistance pâteuse. Le résidu est repris par l'eau bouillante, qui dissout la gomme restée inattaquée ainsi que les autres produits solubles. La présence de la gélatine se manifeste par un abondant dépôt de matière d'aspect corné qui est formé par de la gélatine insolubilisée. Pour en évaluer le poids, il faut enlever la gomme et les matières solubles retenues mécaniquement par le dépôt gélatiniforme.

La filtration étant très longue, il est préférable de laisser décanter le liquide dans une éprouvette allongée. Au bout de 24 heures, le dépôt est complet; le liquide, clair ou d'aspect légèrement opalescent, est décanté, et on lave à l'eau bouillante la gélatine insolubilisée et préalablement broyée, jusqu'à ce que les réactifs appropriés indiquent qu'elle ne renferme plus ni gomme ni aucun des produits qui l'accompagnaient. Le précipité est finalement séché au bain-marie et pesé.

Comme exemple on a appliqué la méthode à deux mélanges de gomme, de sucre et de gélatine. Le premier contenait 25 gr. de gélatine, 20 gr. de gomme, 10 gr. de sucre; le mélange était dissous dans 500 centimètres cubes d'eau, et on a opéré sur 50 centimètres cubes de cette dissolution.

La gélatine a pu être isolée avec une approximation de 1 0/0.

Dans un autre cas, le mélange contenait 2 gr. de gomme, 5 gr. de gélatine et la même quantité de sucre. La gélatine a été isolée avec une erreur de 5 0/0.

La méthode comme on le voit est suffisamment exacte pour les cas signalés, et la présence du sucre ne modifie pas les résultats. Il n'y a pas lieu de tenir compte de l'augmentation du poids de la gélatine par la fixation de la formaldéhyde, celle-ci passant presque intégralement dans les eaux, ce que j'ai vérifié par l'analyse.

Comme je l'ai fait remarquer, ce fait est la conséquence de la différence considérable des poids moléculaires entre les matières albuminoïdes et la formaldéhyde.

Pour reconnaître la gélatine dans les gelées du commerce, on suit une marche analogue; le procédé permet de différencier facilement les gelées artificielles des gelées naturelles.

Pour doser la gélatine en présence de l'albumine ou des mélanges qui peuvent en contenir, on commence par séparer l'albumine par la coagulation à la chaleur.

Les matières insolubilisées ne sont attaquées ni par les alcools, ni par les acides étendus; leur insolubilité dans tous les liquides neutres est complète.

La séparation des matières albuminoïdes par la formaldéhyde semble pouvoir être applicable à un grand nombre de cas.

XII. MOYEN D'EMPÊCHER LES GÉLATINES ET LES COLLES DE SE FENDILLER

Les gélatines et les colles qui ne sont pas cuites suffisamment sont hygrométriques et cette propriété contribue à diminuer leur ténacité ou à la destruction des objets sur lesquels on les applique.

D'un autre côté, les gélatines et les colles fortes qui sont trop cuites présentent un autre défaut qui tend également à leur destruction ou à celle des pièces sur lesquelles elles sont superposées. On sait en effet que les colles appliquées sur les diverses substances, principalement sur le verre, les métaux, les bois, se fendillent en se desséchant et laissent la surface couverte d'un grand nombre de fissures par lesquelles l'air et l'humidité pénètrent sans obstacle. On peut même dire que ce défaut est commun à presque tous les produits inférieurs du commerce.

Ce défaut devient surtout grave quand les pièces qui sont enduites ou collées sont exposées, pour être terminées, à la chaleur des étuves, car alors une dessiccation trop prompte produit presque constamment des fissures et les pièces perdent de leur apparence ou sont même mises au rebut.

On a cherché souvent à empêcher les gélatines et les colles de se fendiller, même quand elles sont exposées à une dessiccation trop rapide ou bien lorsqu'elles vieillissent, et quelques praticiens ont essayé, ainsi que nous l'avons dit plus haut, d'ajouter aux colles pendant leur cuisson une petite quantité de glycérine. Cette substance empêche bien le fendillage de ces colles, mais alors leur dessiccation devient plus difficile, leur force d'adhérence est moindre et on compromet ainsi la solidité des assemblages.

Un agent bien plus propre à prévenir le fendillage des colles, tout en conservant toute leur solidité, mais en leur communiquant une souplesse permanente, est le chlorure de calcium qu'on ajoute en très petite quantité au bouillon dans la fabrication des colles, ou mieux lorsqu'on les fait dissoudre de nouveau avant d'en faire des applications.

Tout le monde sait, en effet, que le chlorure de calcium est un sel éminemment hygrométrique, et qu'en le mélangeant à la colle on doit empêcher celle-ci d'éprouver une dessiccation trop prompte ou excessive et par conséquent qu'on doit en prévenir ainsi le fendillage. Une colle additionnée de chlorure de calcium se maintient très bien même sur verre et sur les métaux et peut servir à coller des étiquettes sans qu'elle éclate.

La quantité de chlorure de calcium qu'il faut ajouter à la colle doit en général être peu considérable ; elle dépend de la cuisson plus ou moins prolongée de cette colle, de son degré de dilution à la refonte, des matières sur lesquelles elle est appliquée, etc. Ce n'est donc que par voie expérimentale qu'on peut s'assurer de la dose de chlorure à introduire dans les colles, suivant leur nature ou l'usage qu'on veut en faire.

Quels que soient les moyens qui ont été proposés pour empêcher les gélatines et les colles fortes de se fendiller et de lâcher prise, nous pensons que les additions contribuent notablement à leur faire perdre de leur force adhésive, et qu'il serait bien plus prudent de choisir une colle de bonne qualité et de la mettre en œuvre suivant les principes de la science, si l'on veut assurer la solidité des assemblages des pièces qu'on rapproche entre elles.

XIII. MOYENS D'EMPÊCHER LES COLLES DE SE PUTRÉFIER

Les solutions de gélatine entrent aisément, comme on sait, en putréfaction, et à la température de 25° C. il suffit de 48 heures pour qu'elle se couvrent de moisissures, se fluidifient et se décomposent. Suivant M. *Lausorrois*, si à une solution de gélatine on ajoute 1 0/0 de fuchsine, on peut la conserver aussi longtemps qu'on le désire. Il y a plus, c'est que de la chair musculaire et des matières animales enduites de gélatine additionnée de 1 0/0 de fuchsine, n'éprouvent plus, pendant des mois entiers, d'altération spontanée et peuvent se conserver presque indéfiniment.

Suivant M. *R. Wagner* on peut, dans la fabrication de la colle forte, faire usage de l'acide salicylique dans la macération des colles matières, pour les garantir contre la putréfaction, ou bien l'ajouter au bouillon pendant qu'il est en ébullition.

Ce chimiste assure que la gelée qui a été additionnée d'acide salicylique se transforme plus aisément en colle forte sèche, que celle qui n'a pas reçu d'acide.

Une addition de cet acide rend non seulement la

colle moins exposée à des altérations, mais de plus, elle ne nuit en rien à ses propriétés adhésives.

CHAPITRE XVI

Hygiène des fabriques de Colle forte

Divers décrets émanés de l'autorité ont, comme on sait, partagé tous les établissements industriels qui peuvent être dangereux pour la sécurité ou la salubrité publique en trois classes. La première de ces classes comprend les établissements qui doivent être éloignés des habitations particulières. La seconde, les manufactures et ateliers dont l'éloignement des habitations n'est pas entièrement nécessaire, mais dont il importe néanmoins de ne permettre la formation qu'après avoir acquis la certitude que les opérations qu'on y pratique sont exécutées de manière à ne pas incommoder les propriétaires ou habitants du voisinage, et à ne pas leur occasionner de dommages. Dans la troisième classe sont placés les établissements qui peuvent être construits sans inconvénient auprès des habitations, mais qui doivent rester soumis à la surveillance de la police.

Le décret du 15 octobre 1810 a rangé les fabriques de colle forte dans la première classe à raison de la mauvaise odeur et des émanations insalubres qu'elles répandent. Le même décret n'a pas vu les mêmes inconvénients dans la fabrication des colles de parchemin et d'amidon, qui sont rangées dans la troisième classe; enfin, le décret du 9 février 1825 range les fabriques de colle de peau de lapin dans la deuxième classe, parce qu'elles exhalent toujours un peu de mauvaise odeur.

Quant aux autres fabriques de diverses colles particulières, elles n'ont pas été classées, parce qu'elles sont généralement établies sur une petite échelle ou n'emploient pas des matières premières insalubres par elles-mêmes.

Le décret du 9 février 1825 a, d'autre part, classé parmi les établissements de première classe, en raison des odeurs très désagréables qui s'en dégagent, les dépôts, ateliers et fabriques où les chairs et débris d'animaux sont préparés par la macération ou desséchés pour être employés à la fabrication de la colle.

Enfin le transport des résidus de ces établissements et fabriques est réglementé à Paris, par les ordonnances de police du 5 novembre 1846 et du 24 mai 1849.

Les règlements de police sanitaire obligent les industriels à employer tous les procédés propres à atténuer les causes d'insalubrité de leur industrie. Ainsi pour les fumées en abondance, ils sont tenus d'avoir des cheminées d'évacuation souvent très hautes; pour les vapeurs nuisibles, acides ou autres, ils doivent les condenser et les absorber d'une façon presque parfaite et n'en laisser s'échapper à l'air libre qu'une portion infime et déterminée à l'avance par les règlements. Plus importante encore est la contamination des eaux de rivières par les déchets et résidus d'industrie. Dans ce cas, on ne saurait trop demander aux autorités d'être strictes et d'obliger les industriels à employer tous les procédés connus pour rendre ces eaux résiduelles aussi inoffensives que possible.

C'est surtout dans l'observation des règlements intérieurs que l'on doit être sévère, et c'est une grande responsabilité pour un chef de fabrique ou d'atelier que de négliger l'emploi de ces prescriptions. Malheureusement, et surtout dans les grandes industries où le nombre des ouvriers est considérable, il est souvent difficile, pour ne pas dire impossible, de surveiller constamment les ouvriers et de les rappeler à l'ordre dès qu'ils s'écartent des règles prescrites. Il est en effet avéré que d'une façon générale les ouvriers sont d'une négligence telle en cette matière qu'ils exécutent les travaux les plus dangereux ou les plus insalubres sans seulement soupçonner la gravité des conséquences qui peuvent en résulter.

D'autres fois, et même souvent, les ouvriers sont systématiquement opposés à toute mesure pouvant les préserver des causes d'insalubrité de leur métier et cela par le simple fait de mauvaises habitudes de travail prises dès le début, ou même par la raison plus simple encore de voir dans l'observation de ces règlements un ordre dont leur amour-propre mal placé se blesse.

Aussi c'est le devoir de tout industriel d'être impitoyable à cet égard et il doit essayer tous les moyens pour arriver au résultat désirable.

Ce résultat une fois acquis, il devra en trouver une large compensation dans une fabrication plus continue et dans un travail plus régulier lui procurant, outre le renom d'une bonne maison, la satisfaction personnelle d'avoir rendu la vie et le bien-être de ses ouvriers le plus conformes à la vérité.

En principe général, un atelier bien ventilé est un atelier naturellement protégé de la plus grande partie des causes d'insalubrité qu'il renferme.

Les fabriques de colles et gélatines présentent un grand nombre de causes contraires à l'hygiène des ouvriers : émanations putrides provenant de débris animaux en macération ou en fermentation ; buées se dégageant des appareils de cuisson et d'évaporation, vapeurs acides, fumées, dangers d'incendies.

En ce qui concerne les émanations, on peut dire d'une façon générale que ces odeurs ne sont point inhérentes à la nature de l'industrie, mais qu'elles sont dues à l'une des causes suivantes :

1° A ce que les matières ne sont pas employées dans un état suffisant de fraîcheur ;

2° A ce que les appareils sont mal entretenus et retiennent souvent des débris en décomposition ;

3° A la mauvaise aération des locaux qui favorise les fermentations ;

4° A la mauvaise cuisson.

Si l'on supprime ces inconvénients, l'odeur devient tout à fait tolérable. C'est ce qu'ont fait MM. *Coignet*, dont l'usine peut être considérée comme usine modèle. Les amas de matières premières sont aussi peu considérables que possible, tout au moins dans l'usine elle-même. Dans le travail de réception et de triage de ces matériaux, on doit surtout veiller à la propreté des ouvriers, leur faire prendre, ce qui n'est pas toujours commode, des soins de désinfection pour empêcher la contagion des maladies infectieuses.

La cuisson de cette matière devra, autant que possible, se faire dans des appareils clos et chauffés à la vapeur pour écarter les dangers d'incendie, et les ateliers où se fait cette opération seront ventilés énergiquement. La concentration des liquides se fait dans des cuves chauffées par la vapeur et sous des hottes de tirage ; dans ce travail, les ouvriers sont soumis à une humidité constante, aussi doit-on prendre des précautions spéciales, telles que murs imperméabilisés, sol dallé recouvert de sciure de bois, rigoles en pente pour l'évacuation des eaux, usage de sabots et de guêtres, ventilation énergique.

Enfin les eaux résiduaires seront utilisées avec profit comme engrais en mélangeant les dépôts boueux qu'elles laissent par le repos avec de la chaux ; les dernières eaux résultant de ce travail sont ainsi assez clarifiées et peuvent être jetées à la rivière ou à l'égout.

CHAPITRE XVII

Gélatine alimentaire

Sommaire. — I. Traitement des os par la vapeur. — II. Traitement des os par les acides. — III. Propriétés nutritives de la gélatine.

I. TRAITEMENT DES OS PAR LA VAPEUR

Lorsque la gélatine d'os est destinée à servir d'aliment, il est indispensable que sa préparation soit faite avec beaucoup plus de soin et de propreté que lorsqu'elle est destinée à servir simplement de moyen agglutinatif.

La première condition à remplir est donc que les os soient aussi frais et aussi propres qu'il est possible, qu'ils n'aient éprouvé aucun mouvement de fermentation, que la matière grasse n'ait pas contracté d'odeur et de saveur rance, et enfin qu'aucun corps étranger ne les souille et ne les déprécie.

Quant à la matière elle-même, on donne généralement la préférence aux os de bœuf qui sont la seule matière première qu'on emploie à cette préparation.

On prétend que les os de veau mélangés aux précédents donnent à la gélatine un aspect laiteux qui la détériore, que ceux de porc déterminent la production d'une écume noirâtre, difficile à séparer, et enfin que les os de mouton communiquent au bouillon de gélatine une odeur de suif très prononcée. Ces assertions peuvent être exactes, mais elles conduisent tout simplement à cette conclusion : que la gélatine de tous les os des animaux domestiques est identique, et qu'il faut seulement appliquer à chacune de ces catégories un traitement particulier, et ne pas confondre ensemble les divers os dans une seule et même opération.

Les os frais ainsi classés sont traités ensuite différemment, suivant qu'ils sont destinés à faire des tablettes de bouillon et à animaliser les légumes, ou suivant qu'on veut en fabriquer de la gélatine pure.

Dans le premier cas, il n'est pas nécessaire de les débarrasser des cartilages, des débris, des tendons et de la chair qui y adhère encore, attendu que ces matières communiquent alors aux tablettes une saveur qui les rapproche davantage du bouillon ordinaire et que la chair qui reste encore abandonne à la solution gélatineuse une petite quantité d'osmazone, de créatine et autres éléments nutritifs et sapides du bouillon.

Quand les os sont destinés à préparer de la gélatine pure, ils subissent, au contraire, une première opération qui consiste en un nettoyage complet, c'est-à-dire à les débarrasser des cartilages et de toutes les matières adhérentes qui pourraient donner un aspect louche à la solution gélatineuse et la rendre plus ou moins laiteuse. Ce travail doit être fait avec soin et propreté et les débris peuvent être utilisés de diverses manières.

Quoiqu'on ait prétendu que les os entiers fournissaient une plus grande quantité de gélatine et de graisse que les os concassés, la pratique ne paraît pas avoir fait cas de cette assertion, et on est dans l'usage aujourd'hui de les réduire en fragments plus ou moins volumineux avant de les introduire dans les cylindres.

L'idée qui s'est présentée la première pour opérer cette atténuation des os a été de les broyer entre des cylindres cannelés en fer qui les réduisent en une sorte de farine grossière, mais on n'a pas tardé à se convaincre que ce moyen échauffait les os, que leur matière animale en était un peu altérée, et que la gélatine qu'ils produisaient après ce traitement était plus colorée et moins pure. On y a donc renoncé.

Aujourd'hui, on concasse les os par l'emploi d'une masse, ou plus généralement en se servant d'une hachette. Pour procéder à ce travail, l'ouvrier saisit un os de la main gauche, qui est garnie d'un gant épais pour éviter les blessures et les chocs, et le pose sur un bloc en racine de charme, puis avec la hachette, qu'il tient de la main droite, il frappe un coup sec, qu'il renouvelle au besoin pour faire éclater l'os en plusieurs morceaux qui tombent autour du billot.

Dans une grande fabrication courante, il arrive souvent que les os nettoyés ou concassés ne passent pas de suite dans les cylindres et qu'on est obligé de les conserver un jour ou deux avant de les traiter. Dans ce cas, surtout dans les temps chauds, on est obligé de les exposer à un courant d'eau fraîche, ou du moins de les immerger dans une eau que l'on renouvelle plusieurs fois par jour.

Pour les conserver plus longtemps, on a conseillé de les saler ou de les sécher dans une étuve ou dans

un four. Ces moyens ne nous paraissent pas parfaitement convenables ni avantageux pour le fabricant. La salaison entraînerait à des frais considérables pour acheter du sel, le répandre uniformément sur les os, puis lessiver ensuite ces os salés avant de les introduire dans les cylindres. Le passage à l'étuve et au four sert, il est vrai, à faire ressuer les os et à les débarrasser d'un excès de graisse, mais il exige des appareils, de la main-d'œuvre et du combustible, et il est à craindre qu'il ne fournisse ensuite que des gélatines colorées. Le mieux, pour une bonne fabrication, est de régler l'acquisition de ses os frais et leur cassage, rigoureusement sur le travail des cylindres.

L'appareil que d'Arcet a imaginé et dont on fait encore usage aujourd'hui, se compose d'une batterie de quatre cylindres indépendants les uns des autres et semblables. Ces cylindres sont en fonte et doivent pouvoir résister à une pression de plusieurs atmosphères. Ils sont placés verticalement à 50 ou 60 centimètres du sol. Chaque cylindre est chauffé par un tube de vapeur adapté à la partie inférieure; un autre tube amène à la partie supérieure l'eau nécessaire à l'extraction de la gélatine, et, en adaptant à ce tube une allonge qui se prolonge jusqu'au centre du cylindre, on peut, à un certain moment de l'opération, injecter sur les os un jet d'eau froide. Les os qui doivent être soumis dans ce cylindre à l'action de la vapeur sont placés dans un panier ou réseau métallique entrant avec un peu de jeu dans le cylindre extracteur. La manœuvre de ce panier est rendue plus facile à l'aide d'un moufle suspendu immédiatement au-dessus de chaque cylindre. Au moyen d'une disposition facile à comprendre, le même moufle peut desservir les quatre cylindres. La partie supérieure de ceux-ci est ouverte; on la ferme à volonté au moyen d'un couvercle solide, maintenu par une vis de pression. Une tubulure ménagée dans ce couvercle sert à passer la tige d'un thermomètre. Enfin, un robinet placé à la partie inférieure sert à retirer la solution gélatineuse. Nous avons donné la description de cet appareil, avec figures, p. 211.

Une chaudière à vapeur, munie de tous les appareils de sûreté ordinaires, est placée à proximité des cylindres extracteurs. Voici, du reste, d'après M. Dumas, comment on opère pour obtenir les solutions gélatineuses :

Le cylindre qui doit servir à l'extraction étant bien nettoyé des résidus d'une précédente opération, on descend le panier rempli d'os concassés et, sans placer l'obturateur, on introduit la vapeur pendant au moins une demi-heure, ou plus longtemps si les os ne sont pas très frais; on parvient ainsi à enlever à ces derniers une odeur fade et désagréable que la solution gélatineuse conserverait sans cette précaution.

Le cylindre est alors fermé hermétiquement et l'on ouvre le robinet inférieur de vidange, assez pour que la solution s'écoule, mais pas trop de peur que la vapeur s'échappe.

Pendant les deux premières heures, la graisse des os s'écoule avec l'eau de condensation; on la recueille à part. Vient ensuite la dissolution gélatineuse, qui est recueillie dans des vases et qui, au fur et à mesure que ces derniers se remplissent, doit être portée promptement dans un lieu frais. Si la quantité d'eau fournie par la vapeur condensée n'est pas assez grande pour amener la dissolution au degré voulu, on complète cette quantité par une injection d'eau froide. L'expérience a prouvé que la dissolution était dans le meilleur état possible lorsqu'on en obtenait 900 litres par 60 kilogrammes d'os. Plus concentrée, elle rougirait la viande qu'on y ferait cuire plus tard.

Pour épuiser complètement les os, ils doivent être exposés quatre jours entiers à l'action de la vapeur. Par conséquent, les cylindres doivent, pour obtenir des produits à heure fixe tous les jours, renfermer des os à quatre époques différentes d'épuisement.

On brûle 80 kilogrammes de houille pour 500 litres de dissolution gélatineuse.

Le résidu osseux enlevé dans le réseau est refroidi et étendu, pour qu'il sèche promptement et qu'il n'entre pas en putréfaction, avant de le livrer au fabricant de noir animal.

La solution gélatineuse doit être sans odeur ni saveur. On la reçoit dans des vases très propres en fer-blanc ou en grès. On facilite sa conservation en l'acidulant légèrement avec de l'acide citrique ou tartrique, ou du vinaigre de bois concentré; on lui donne ainsi plus de facilité pour se prendre en gelée.

Si, au lieu d'une solution gélatineuse, on veut préparer de la gelée, la marche de l'appareil d'extraction est un peu différente. On recouvre le cylindre chargé d'os neufs avec une couverture de laine; on ferme le robinet d'injection d'eau froide et on n'ouvre le robinet de vidange que toutes les heures, sans laisser sortir de la vapeur. La dissolution est assez concentrée pour se prendre en gelée ; on la clarifie avec des blancs d'œufs battus, et on l'acidifie légèrement avec de l'acide citrique.

Onze années de travail à l'hôpital Saint-Louis ont démontré que 100 kilogrammes d'os donnent en moyenne :

Gélatine	$28^{kil}204$
Graisse	7 216
Résidu osseux pour la fabrication du noir animal	64 58
Total	$100^{kil}00$

M. *Roper* procède de la façon suivante pour fabriquer de la gélatine alimentaire :

On charge le cylindre d'un digesteur avec des os, de préférence ceux du mouton, qu'on a brisés en morceaux ou mieux réduits en poudre, et, par 100 kilogrammes d'os, on ajoute 60 litres d'eau ; le digesteur est fermé hermétiquement et l'on y fait arriver de la vapeur d'une petite chaudière à une atmosphère et demie de pression. Au bout d'une heure, la pression est portée peu à peu à 2 1/2 atmosphères et soutenue à cette valeur pendant trois à quatre heures. Au bout de ce temps, on soutire la gélatine. Si l'on a employé des os en poudre, il faut filtrer cette gélatine, tandis que si l'on s'est servi d'os entiers enveloppés dans une grande toile de laine, la chose n'est pas nécessaire. On coule alors cette gélatine dans des formes plates en fer-blanc et on la fait sécher comme à l'ordinaire sur des filets. On la lave ensuite, on la dissout à la vapeur et on y mélange du sucre, de l'essence de citron, de l'huile d'amandes, etc. Pour 3 kilogrammes de gélatine, on prend 16 grammes d'essence de citron, on mélange le sucre après l'avoir fait fondre dans du jus de citron. L'huile d'amandes est mélangée dans la même proportion que l'essence de citron, mais, au lieu de jus de citron, on emploie de l'eau pour faire fondre le sucre.

Cette gélatine est conservée dans des pots; avec de l'eau bouillante, dans laquelle on délaie un blanc d'œuf et quelques gouttes de vin, on en prépare instantanément des gelées; pour les blancs-mangers, on fait bouillir dans du lait.

II. TRAITEMENT DES OS PAR LES ACIDES

Les os destinés à la fabrication de la gélatine alimentaire sont soumis aux mêmes opérations que ceux employés à la fabrication de la colle forte (voir p. 174); il suffit d'apporter à ces opérations, ainsi qu'au choix des os, des soins convenables pour éviter toutes causes susceptibles de communiquer un mauvais goût ou un aspect désagréable aux produits.

Les os, aussi frais que possible, sont par conséquent lavés, dégraissés, puis, après égouttage, mis en solution acide, jusqu'à ce qu'ils soient suffisamment ramollis, ainsi qu'il a été décrit précédemment.

La substance des os étant ainsi obtenue à l'état humide, parfaitement lavée et pure, peut être convertie en gélatine en la dissolvant dans l'eau bouillante, ou être desséchée telle qu'elle se trouve, afin de la conserver et d'en dissoudre, au moment de s'en servir, la quantité dont on a besoin.

On garde plus particulièrement sous cette dernière forme la substance extraite des os de pieds de moutons. Voici comment on la prépare : dès que ces os ramollis ont été suffisamment lavés, on tranche les deux bouts, de manière à séparer de chaque extrémité la partie spongieuse, qui est imprégnée de la matière grasse, et qui a contracté par cette cause un goût désagréable ; elle ne peut donner qu'une solution trouble. Ces parties éliminées servent à fabriquer la colle forte.

Le tube qui reste est coupé en deux, longitudinalement : les lanières ainsi obtenues sont plongées dans l'eau bouillante pendant quelques minutes, puis on les étend sur des filets dans un séchoir, d'où on ne les retire que quand ils sont complètement secs. Si le temps était un peu humide, on achèverait la dessiccation dans une étuve.

On obtient des produits de meilleure qualité en essuyant avec du linge sec les lanières au sortir de l'eau bouillante, ou les roulant dans un grand sac de toile. Par ce moyen, on élimine encore une petite quantité de matière grasse adhérente. Il s'en détache par les frottements une pellicule intérieure, qui paraît être l'une des couches concentriques dont sont formés les cylindres de ces os ; on s'en sert dans la fabrication de la gélatine dissoute ou de la colle forte. Quelquefois, afin de mieux déguiser la forme des os, qui pourrait dégoûter certains consommateurs, on coupe les cylindres gélatineux des tubes amollis transversalement, en tranches peu épaisses, qui présentent des anneaux cylindriques, ou l'on divise les lanières en fragments rectangulaires.

Enfin, pour que l'apparence soit encore plus agréable et la conservation plus complète, on trempe le tissu des os, sous l'une des formes ci-dessus, dans une dissolution chaude de gélatine; celle-ci, en se desséchant, constitue une sorte de vernis qui s'oppose efficacement aux influences atmosphériques.

Lorsque l'on a extrait les tissus celluleux alimentaires des os plats, tels que les bouts des côtes, les omoplates, etc., il faut les fendre avant de les tremper dans l'eau bouillante, afin de dégager la matière grasse qu'ils renferment et de l'ôter, comme on l'a dit, plus complètement à l'aide du linge sec.

Quand la substance animale des os doit être convertie directement en gélatine alimentaire, il ne faut pas la faire dessécher; on la porte toute humide dans une chaudière, on ajoute moitié de son poids d'eau; on recouvre le tout d'un couvercle, puis on fait chauffer graduellement jusqu'à l'ébullition, que l'on soutient pendant plusieurs heures. On peut accélérer beaucoup l'opération, en portant la pression au double de l'atmosphère et obtenant ainsi dans la chaudière une température plus élevée, correspondant à cette pression.

Lorsque la dissolution est opérée, on soutire dans un filtre garni d'un faux fond en toile métallique; le liquide filtré tombe dans un cuvier doublé en cuivre intérieurement, et garni à l'extérieur de corps mauvais conducteurs du calorique, tels que des morceaux de drap, ou tapis de laine. On couvre le cuvier, afin d'éviter les déperditions de chaleur. On laisse ainsi déposer à chaud pendant cinq ou six heures; au bout de ce temps on soutire à clair, on coule dans des caisses oblongues; on laisse la gélatine se prendre en masse dans un endroit frais, on la coupe en plaques, on pose celles-ci sur les filets, etc. Toute cette partie de l'opération se fait de la même manière que pour la colle forte.

La totalité de la substance animale ne se dissout pas dans l'eau bouillante sous la pression atmosphérique, ni même sous une pression plus élevée. Le résidu insoluble se compose de matière albumineuse, des enveloppes des vaisseaux sanguins et surtout d'une combinaison de graisse et de chaux. Ce sont ces substances qui, restées insolubles après un grand nombre de traitements dans la marmite de Papin, et des lavages réitérés, avaient fait penser que ce dernier procédé était capable d'enlever toute la matière gélatineuse des os.

Afin d'éviter que cette gélatine ressemble à la colle forte par la marque des filets sur lesquels elle repose, on peut la placer sur un canevas de fil; mais, le plus ordinairement, on modifie de la façon suivante la fin du procédé : la solution de gélatine obtenue est coulée dans des moules plats en fer-blanc; on porte ceux-ci à l'étuve, où ils restent jusqu'à ce que la gélatine soit assez ferme pour ne plus recevoir d'impression; alors on achève de la faire sécher sur des toiles claires. On ajoute quelquefois à la gelée des sucs de carottes, d'oignons, de jus de viande, afin d'imiter la saveur du bouillon; on la nomme alors *tablettes de bouillon*.

III. PROPRIÉTÉS NUTRITIVES DE LA GÉLATINE

D'Arcet, en perfectionnant les divers procédés d'extraction de la gélatine des os que nous avons fait connaître, n'avait eu d'autre but que de faire servir cette substance à l'alimentation des classes pauvres de la société ; ses vues à cet égard avaient même été consignées par lui dans un travail fort étendu qu'il avait livré à l'impression en 1829 sous le titre de *Mémoire sur les substances alimentaires extraites des os*, dans lequel il entrait dans les détails les plus étendus sur la composition des os et leur emploi comme substance alimentaire, la comparaison de la viande et des os pour la préparation économique des bouillons, le broiement des os, leur conservation, l'examen des travaux sur ce sujet de *Papin*, *Grenet*, *d'Arcet père*, *Proust*, *Cadet de Vaux*, etc., la description de l'appareil qu'il avait fait établir à la Charité, les précautions à prendre pour le succès de son procédé, les usages de la dissolution de la gélatine et les moyens de rendre cette substance agréable au goût et à l'odorat, la manière de dégraisser les os, la production de la vapeur et l'application des procédés aux établissements où il existe une chaudière de machine à vapeur, etc.

On lit dans ce mémoire que la cuisson des os se fait en 96 heures dans un bain de vapeur de 100 à 107°, et la pression de 76 à 96 centimètres de mercure ; que pour produire 1,000 rations gélatineuses par jour, il faut disposer quatre cylindres et mettre dans chacun d'eux 40 kilogrammes d'os ; qu'en mettant en communication ces cylindres avec un réservoir de vapeur, la vapeur condensée dans chaque cylindre est de 1,500 grammes, ce qui porte à 6 kilogrammes le poids de la vapeur condensée par heure dans les quatre cylindres; que la consommation de la houille en une heure est de moins d'un kilogramme.

En poursuivant la voie ouverte par ce chimiste philanthrope, M. *de Puymaurin*, alors directeur de la Monnaie, avait fait construire dans cet établissement l'appareil qu'il avait inventé pour extraire par la vapeur la gélatine des os, et tenté de faire l'application des produits à l'alimentation des ouvriers. M. *de Puymaurin* a rendu compte de ses tentatives à cet égard dans son *Mémoire sur les applications dans l'économie domestique de la gélatine extraite des os au moyen de la vapeur*, qui a été inséré dans le *Bulletin de la Société d'encouragement*, 28ᵉ année, pages 97 et 158, mémoire auquel nous avons emprunté la description ci-dessus de l'appareil construit à la Monnaie. D'un autre côté, la Faculté de médecine avait approuvé, le 13 décembre 1814, un rapport fait par MM. *Leroux, Dubois, Pelletan, Duméril, Vauquelin*, dans lequel la commission s'était rangée à l'opinion de d'*Arcet* et conseillait avec lui l'emploi de la gélatine comme aliment. Mais la question était loin d'être épuisée, et, portée devant l'Académie des sciences, elle y a été enfin résolue après de nombreuses expériences consignées dans un rapport célèbre auquel *Magendie* a attaché son nom.

Il résulte de ce rapport que le pouvoir nutritif de la gélatine est faible, et que, comme beaucoup d'autres substances d'une composition simple, elle ne peut suffire seule, pendant un certain temps, à l'alimentation de l'homme et des animaux, mais qu'associée à d'autres substances elle contribue pour sa part à la nutrition et qu'elle joue alors le rôle des matières simples associées, dont la combinaison paraît la plus favorable à l'alimentation.

D'ailleurs, il faut considérer que toutes les matières qui entrent dans l'alimentation ne sont pas destinées à la nutrition proprement dite, que les unes ont bien directement cette propriété, mais que d'autres sont destinées à l'entretien de certains tissus, d'autres à fournir aux dépenses de la respiration, etc., et que, sous ce rapport, notre nourriture doit se composer de ces différentes substances. En général, il importe beaucoup de faire entrer des matières fortement azotées dans l'alimentation de l'homme; en effet, sous ce point de vue, l'association de la gélatine, qui renferme au delà de 19 0/0 d'azote, présente une bonne matière pour opérer cette animalisation des substances végétales alimentaires. Tout concourt donc à démontrer qu'on peut faire entrer la gélatine dans l'alimentation, et que toute la question consiste à suivre les indications fournies par l'expérience, c'est-à-dire à l'associer habilement avec d'autres matières alimentaires et à faire varier ce genre d'association dans les composés qu'on présente comme aliment.

D'Arcet avait donné la formule suivante pour l'emploi de la **gélatine alimentaire et 192 rations de bouillon** :

Viande	6 kilog.
Gélatine brute sèche	2^{kil}25
Eau	100 litres
Sel marin	2 kilog.
Légumes et assaisonnement	8 à 10 kilog.

et il estimait que 40 grammes de gélatine remplaçaient 1 kilogramme de viande et correspondaient à 1 litre d'eau pour bouillons ordinaires.

De Puymaurin, qui avait négligé, dans ses essais faits à la Monnaie, d'allier la viande fraîche à la gélatine, et qui avait cru, comme du reste on l'avait pensé dans les premiers moments où l'on a proposé cette substance comme aliment, qu'elle suffirait seule avec des matières végétales pour donner une bonne alimentation, a été complètement déçu de ses espérances au bout de deux mois d'essais sur les ouvriers de cet établissement.

Dans des expériences faites à Reims avec la gélatine fabriquée suivant le procédé *d'Arcet*, on a préparé 400 litres de bouillon d'après la formule suivante :

Dissolution gélatineuse	400 litres
Viande avec ses os	20 kilog.
Carottes épluchées	10 —
Poireaux épluchés	5 —
Navets	2.5
Céleri	0.5
Sel	8.0
Quatre clous de girofle.	
Quelques oignons brûlés.	

On a fait chauffer le tout pendant quatre heures et on a obtenu un bouillon de bonne qualité. En augmentant la quantité de la viande fraîche, on peut préparer un bouillon plus corsé encore.

Avec la graisse extraite des os, on a ensuite préparé des légumes au gras.

Au reste, on peut faire varier à l'infini ces sortes de formules et les préparations alimentaires qu'on fait avec la gélatine; seulement, il ne faut pas perdre de vue les propriétés de cette matière et les principes physiologiques qui servent de base au phénomène de la nutrition chez l'homme et chez les animaux pour les appliquer plus sûrement.

CHAPITRE XVIII

Colle à bouche

La colle à bouche est une matière **gélatineuse**, sèche, que l'on emploie à froid pour coller le papier sur les planches à dessiner, ou pour attacher plusieurs feuilles de papier les unes à la suite des autres. On la prépare en faisant macérer, dans une petite quantité d'eau, de la colle de Flandre de belle qualité. Quand la colle est bien ramollie, on la chauffe dans l'eau qui la couvre et elle s'y dissout facilement. On y ajoute alors environ un dixième de son poids de sucre blanc, et l'on continue de chauffer jusqu'à ce que la masse soit transparente et homogène; à ce moment, on la retire du feu, et lorsque par le refroidissement elle est sur le point de se figer, on l'aromatise avec de l'huile volatile de citron. On la coule ensuite dans un moule parallélipipédique, et qui doit avoir en longueur et en largeur des dimensions telles, qu'elles correspondent à un certain nombre de tablettes de colle à bouche prise à l'état frais.

Lorsque la colle est entièrement figée et qu'elle est sous forme d'une gelée très consistante, on la détache du moule en la renversant sur un plan bien dressé; alors on la coupe par bandes parallèles et horizontales de 6 millimètres d'épaisseur au moins en commençant par la partie supérieure. Cela s'exécute avec un fil de cuivre très mince, tendu à la partie inférieure d'un assemblage de trois pièces de bois réunies à angles droits et formant un rectangle dont le fil métallique est le quatrième côté. Ce cadre se meut à coulisse dans un autre cadre n'ayant aussi que trois côtés assemblés d'une manière très solide. Le fil de cuivre glisse en dehors du deuxième cadre, et peut être amené à toutes les hauteurs désirables en levant ou baissant le cadre qui le porte dans la coulisse du second cadre qui doit être appuyé par le plan horizontal; il suffit alors de l'y promener de manière que le fil rencontre la colle, pour que celle-ci soit coupée régulièrement, si l'on a soin de tenir le cadre toujours vertical ou de l'incliner d'une quantité toujours égale.

Lorsque la colle est coupée en lames horizontales, on la divise verticalement en long et en travers, pour lui donner toutes les dimensions convenables. Ensuite elle est placée sur des plaques de fer-blanc, dont la surface est amalgamée avec du mercure, pour qu'elle ne s'y attache point, et on la fait sécher dans un courant d'air, à l'ombre, ou dans une étuve dont la température est peu élevée d'abord, afin de ne pas la liquéfier.

Pour employer la colle à bouche, il faut la ramollir dans la bouche en l'imprégnant d'une petite quantité de salive, puis la poser entre les parties que l'on veut faire adhérer, et l'y comprimer en lui donnant un mouvement de va et de vient. Il ne faut plus ensuite que frotter rudement ces parties avec un corps dur et lisse, pour qu'elles adhèrent fortement. Entre le frottoir et le papier que l'on veut coller, il faut placer une bande **de papier commun** pour empêcher que le premier ne soit ridé ou déchiré.

CHAPITRE XIX

Colle forte liquide

Lorsque l'on fait chauffer et refroidir à plusieurs reprises, au contact de l'air, une dissolution de colle (gélatine), elle perd la propriété de se prendre en gelée. M. *Gmelin* démontra qu'une dissolution de colle de poisson, renfermée dans un tube de verre soudé, tenue en ébullition au bain-marie pendant plusieurs jours, présentait le même phénomène, c'est-à-dire que la colle restait liquide et ne se prenait point en gelée.

Il est probable que dans l'altération subie par la colle, l'oxygène de l'air ou de l'eau joue un principal rôle; ce qui porterait à le supposer, c'est l'action produite sur la colle forte par une petite quantité d'acide azotique. On sait qu'en traitant la gélatine avec un excès de cet acide, au moyen de la chaleur, on la convertit en acides malique, oxalique, en graisse, en tanin, etc. Mais il n'en est point ainsi quand on traite cette colle avec son poids d'eau et une petite quantité d'acide azotique: on obtient seulement une colle forte qui a conservé à peu près toutes ses qualités primitives, et qui n'a plus la propriété de se prendre en gelée. C'est sur ce procédé, du reste, qu'est fondée la fabrication de la colle vendue sous le nom de *colle liquide et inaltérable*.

Cette colle est très commode pour les ébénistes, les menuisiers, les cartonniers, les tabletiers, etc., attendu qu'elle s'applique à froid et qu'elle n'a pas besoin d'être chauffée.

Le procédé de fabrication de la colle liquide a été décrit pour la première fois par *Sc. Dumoulin*.

Il consiste à prendre 1 kilogramme de colle forte dite de Givet, ou mieux de Cologne, la faire dissoudre dans 1 litre d'eau et dans un pot vernissé avec un feu doux, ou mieux, au bain-marie : on a soin de remuer de temps à autre. Quand toute la colle est fondue, on y verse peu à peu et par fraction, jusqu'à concurrence de 200 grammes d'acide azotique à 36°. Cette addition produit une effervescence due au dégagement de l'acide hypoazotique.

Quand tout l'acide est versé, on ôte le vase de dessus le feu et on laisse refroidir. On peut conserver de la colle, ainsi préparée, pendant plus de deux ans dans un flacon débouché sans qu'elle subisse aucune altération. Cette colle liquide est très commode dans les opérations de chimie; on s'en sert avec avantage dans les laboratoires pour la préparation de divers gaz, comme lut, *en enduisant de cette colle des bandelettes de linge.*

La colle forte liquide se trouve aujourd'hui communément dans le commerce. Il en existe plusieurs qualités qui ne paraissent différer entre elles que *par la proportion plus ou moins grande d'acide azotique qui entre dans leur composition.* Les premières qualités en renferment le moins et les qualités basses et les plus fluides en renferment davantage.

M. R. *Huber* a fait une analyse de trois qualités de cette colle, qu'on débite à Leipzig sous le nom de colle à la vapeur et a trouvé les résultats suivants :

A. *Colle liquide dite de Russie*, blanche, non *translucide, assez ferme à la température ordinaire,* renfermant sur 100 parties :

Gélatine sèche (abandonnant 41 parties de cendres renfermant principalement du sulfate de plomb). . . 39.5
Acide azotique hydraté 1.4
Eau 59.1

B. *Colle liquide claire.* — Renfermant sur 100 parties :

Gélatine sèche (laissant 1.9 de cendres) 28.9
Acide azotique hydraté 2.5
Eau 68.6

C. *Colle liquide brune.* — Contenant sur 100 parties :

Gélatine sèche (laissant 2.6 de cendres) 35.5
Acide azotique hydraté 3.4
Eau 61.1

On peut très bien imiter ces colles, dites à la vapeur, avec de la bonne colle de Cologne, qu'on chauffe avec la quantité d'eau nécessaire et à laquelle on ajoute de l'acide azotique du poids spécifique 1.32, ou marquant 36° Baumé, dans les proportions ci-dessous, indiquées par M. le docteur *Fehling*.

La colle forte ordinaire, renfermant à peu près 20 0/0 d'eau et 1 partie d'acide azotique hydraté, étant égale, à fort peu près, à 2 parties d'acide du poids de 1.32, on peut prendre les mélanges suivants :

Pour la colle A

Bonne colle de Cologne . . . . 100 parties

qu'on ramollit dans :

Eau chaude . . . . 100 à 110 parties

et mélange ensuite avec :

Acide azotique de 1.32 . . . . 3.5 à 6

Pour donner à cette colle la couleur blanche de

celle dite de Russie, on peut y ajouter 6 parties de sulfate de plomb broyé fin.

Pour la colle B

Colle forte de Cologne	100 parties
Eau	200
Acide azotique	12

Pour la colle C

Colle forte	100 parties
Eau	140
Acide azotique	16

On fait chauffer la colle, sur laquelle on a versé de l'eau chaude, à un feu très doux, et mieux au bain-marie, jusqu'à ce qu'elle soit complètement dissoute et on ajoute peu à peu l'acide azotique en agitant toujours.

Ces colles liquides ont plus d'adhérence que celle de M. *Dumoulin* qui prescrit 20 parties d'acide azotique pour 100 parties de colle forte dissoute, quantité évidemment trop forte et qu'il convient de réduire terme moyen à 12 parties.

On peut encore obtenir une bonne colle liquide, neutre et incolore, en employant la formule suivante composée par M. *Bazin*.

On liquéfie 135 parties en poids de colle de peau double et on y verse 9 parties d'acide azotique à 35° B. Deux ou trois heures après, on ajoute le mélange suivant :

Carbonate de chaux	6 parties
Hypochlorite de chaux	2

Lorsque l'effervescence a cessé, on filtre pour séparer le liquide des boues précipitées.

L'acide azotique n'est pas le seul qu'on puisse employer. Toutes les fois qu'on met en contact, à chaud et à froid, une dissolution de colle forte ou gélatine dans une partie à peu près égale d'eau, avec la plupart des acides minéraux ou végétaux, ou un mélange quelconque qui, sous l'influence de l'air et de la chaleur, peut passer à l'état acide, cette dissolution, loin de se prendre en masse dure, compacte ou gélatineuse, revêt l'aspect d'un sirop plus ou moins épais, suivant les qualités de la colle, l'époque de l'année où elle a été préparée, le degré de concentration de l'acide, la quantité qu'on en ajoute et l'état hygrométrique ou thermométrique de l'atmosphère.

Cette propriété des acides permet de préparer une colle forte constamment liquide à la température ordinaire de l'atmosphère, très tenace, imputrescible et pouvant être employée à froid.

Quelques sels acides et même neutres jouissent aussi de la propriété de tenir la solution de colle forte ou gélatine liquide, et de l'empêcher de se coaguler ; mais cette action est limitée, et n'agit réellement que dans des circonstances extraordinaires et dans des temps donnés, par exemple sous l'influence d'une température atmosphérique assez élevée.

Il en est de même de l'alcool et de quelques autres corps.

On peut aussi se servir, avec la colle forte ou la gélatine d'une dissolution de gomme arabique ou indigène, mais dans certains cas seulement.

On conçoit pourtant que, parmi les acides rem-

plissant presque tous le même but, il en est de préférables.

MM. *Foucques* et *Mercier* ont breveté un procédé basé sur l'emploi de l'acide chlorhydrique. Ce procédé consiste à dissoudre au bain-marie de la colle forte ou gélatine de belle qualité (préparée en hiver, autant que possible), dans partie égale d'eau de rivière, puis à ajouter à la dissolution, soit un acide minéral affaibli, soit un oxyde végétal, à 12° de concentration, suivant le choix qu'on a fait.

Cette quantité doit varier suivant une foule de circonstances, dont quelques-unes varient elles-mêmes d'un jour à l'autre, indépendamment de la volonté de l'opérateur, telles que la température de l'atmosphère, par exemple, et le lieu dans lequel se fait l'opération.

Nous devons dire pourtant que, lorsqu'on emploie les acides de 18 à 20° de concentration, on n'en ajoute jamais plus du quart du poids de la colle, quelquefois seulement le sixième ou le huitième.

Si ce sont des acides plus faibles, de 10 à 12° de concentration, la proportion s'élève à la moitié du poids de la colle et suivant l'emploi auquel on la destine.

Dans quelques cas et pour certains usages, lorsque l'effet de l'acide est produit, on neutralise l'excédent en faisant traverser le liquide par un courant de gaz ammoniac, ou bien par l'addition d'une dissolution de potasse ou de soude caustique, juste en suffisante quantité pour que la liqueur n'influence plus le papier de tournesol.

L'emploi d'un acide concentré rend aussi nécessaire dans les temps chauds et humides, l'addition d'une certaine quantité d'alcool pour donner à la colle plus de corps.

L'application de cette colle ou gélatine liquide à l'apprêt des étoffes, ainsi qu'à la fabrication des papiers, peut encore rendre des services à plusieurs industries connues.

On peut encore employer la colle en gelée ou en tranches encore molles, et y ajouter en plus, pour la conservation, de la créosote et une certaine quantité de sublimé corrosif.

Pour préparer une colle forte liquide propre à la fabrication des perles fausses, on ajoute aussi à une solution gélatineuse un peu d'alcool et 5 0/0 d'acide chlorhydrique qui rend cette colle imputrescible.

Un chimiste allemand, M. *Knaffl*, prépare une colle liquide excellente par le procédé que voici : Il fait chauffer pendant dix à douze heures, à la température de 80 à 85° C. une solution de 3 parties de bonne colle dans 8 parties d'eau auxquelles il a ajouté une demi partie d'acide chlorhydrique et trois quarts de partie de sulfate de zinc. Cette colle se conserve indéfiniment et est toujours prête au moment où on veut s'en servir, ce qui est fort commode dans un grand nombre de légers travaux et de petites industries.

On obtient encore une colle liquide, meilleure, dit-on, que celle à l'acide azotique, en dissolvant de la gélatine bien claire et transparente ou bien de la colle de Cologne de bonne qualité dans son poids de vinaigre fort ou d'acide acétique étendu auquel on a ajouté un quart d'alcool et un peu d'alun.

M. *Balland* de Toul réalise, de la manière suivante, **la transformation de la gélatine en colle** liquide. Il concasse la colle forte, 35 parties, et la met à macérer dans l'acide acétique du commerce, 100 parties : la dissolution se fait spontanément ; la colle liquide ainsi obtenue est très cohérente et ne se putréfie pas. L'acide acétique est sans action sur le plus grand nombre des substances que l'on a à coller.

CHAPITRE XX

Colle de poisson

Sommaire. — I. Matières premières. — II. Variétés de colles de poisson. — III. Préparation de la colle de poisson. — IV. Purification de la colle de poisson. Colle Nelson. — V. Usages de la colle de poisson. — VI. Caractères de la bonne colle de poisson. — VII. Imitation de la colle de poisson.

I. MATIÈRES PREMIÈRES

La colle de poisson est la membrane interne, pulpeuse et vasculaire de la vessie natatoire des poissons de l'ordre des ganoïdes au nombre desquels on compte le grand esturgeon (*acipenser huso*), l'esturgeon commun (*acipenser sturio*), le wardick (*acipenser guldenstaedt*), et le sterlet (*acipenser stellatus*). Les vessies natatoires de l'esturgeon commun et des espèces voisines, qui vivent dans la mer Caspienne et dans les fleuves qui se déversent dans cette mer, sur les bords de la mer Noire et dans les fleuves de la Sibérie, sont extraites, coupées, lavées, étendues et exposées au soleil. Lorsque la dessiccation est arrivée à un certain degré, on enlève la membrane musculaire externe qui ne fournit pas de gélatine, et l'on donne à la membrane interne les formes diverses sous lesquelles on trouve la colle de poisson dans le commerce.

On prépare aussi des colles de poisson dans différents pays, mais inférieures peut-être aux colles russes. La première qualité de celles-ci est celle dite de *Belourga*, puis vient la *colle d'Astrakan*, dont on connaît plusieurs sortes.

Les pêcheurs de l'Islande et de l'Amérique du Nord désignent sous le nom de vessie natatoire salée de la morue, une colle de poisson qui arrive depuis un certain temps en Europe et qui est d'une excellente qualité, malgré que ces pêcheurs ignorent entièrement la méthode employée en Russie pour la préparation de l'ichthyocolle.

D'un autre côté, on importe de New-York une colle de poisson sous forme de cordons, qu'on prépare avec la vessie natatoire de la morue ordinaire (*merluccius vulgaris*) ou, ce qui est plus exact, du poisson connu sous ce nom sur les côtes d'Amérique, et qui est le *phycis americanus*. Ces vessies sont ramollies dans l'eau, pressées entre deux cylindres en fer, où elles s'allongent jusqu'à un demi-mètre, puis séchées soigneusement, empaquetées et expédiées. C'est en 1851 que M. le professeur *Owen* a attiré l'attention des autorités du Canada sur ce produit intéressant, qui a paru la première fois en Europe en 1853, et qu'on prépare actuellement, comme en Russie, avec la vessie natatoire et la membrane extérieure du canal alimentaire du poisson.

Les Indes-Orientales nous envoient des vessies natatoires sous formes de feuilles ou de bourses qui proviennent du *polynemus plebejus*. Le Brésil extrait cette substance des espèces du genre *silurus* et *pimaladus*; on la rencontre sous forme de tubes, de boules, de disques. La baie d'Hudson et Hambourg jettent aussi dans le commerce des colles de poisson de qualités variables, extraites des esturgeons communs. On trouve enfin des sortes inférieures dites *cylindrées* et en copeaux ou *cayenne*, dont la provenance est peu connue.

II. VARIÉTÉS DE COLLES DE POISSON

On trouve la colle de poisson dans le commerce sous différentes formes :

1° *En petits cordons, première sorte*, dite patriarche. — C'est une membrane roulée sur elle-même en forme de fuseau allongé, n'ayant tout au plus que 1 centimètre de diamètre vers le milieu de sa longueur, qui est de 5 à 8 centimètres. Cette espèce de cordon est plié circulairement, et chacune de ses extrémités est recourbée en sens contraire de la grande courbure, et dans le même plan; disposition qui lui donne la forme d'une lyre. Cette colle de poisson est la plus recherchée du commerce; elle est incolore, translucide quand on la voit en masse, et ne renferme aucune substance étrangère dans son centre.

2° *En petits cordons, deuxième sorte*. — **Elle** ressemble à la première ; mais elle est colorée, opaque et renferme souvent des matières étrangères dans son intérieur.

3° *En gros cordons.* — Cette troisième espèce ressemble à la première ; mais les cordons en sont beaucoup plus gros et plus longs, ils ont 2 à 3 centimètres de diamètre et 25 à 35 centimètres de longueur. Ils sont également pliés en lyre. Cette colle de poisson est quelquefois aussi belle que la première ; mais quelquefois aussi elle lui est de beaucoup inférieure. Il faut la choisir peu colorée, translucide, se déchirant facilement, et ne renfermant pas de matières étrangères dans le centre des cordons.

4° *En feuilles.* — Cette espèce, dont le nom indique l'état, est quelquefois fort pure et de très bonne qualité. D'autres fois, elle est falsifiée par des plaques faites avec de la gélatine dissoute puis desséchée.

5° *Factice.* — Cette sorte de colle de poisson est excessivement variable par son aspect : tantôt elle est sous forme de membranes, tantôt elle est en lyre, et tantôt en boules. On la prépare avec des membranes intestinales de poissons, desséchées, ou avec les mêmes parties dissoutes dans l'eau, puis étendues en membranes. On en rencontre qui ne peut se dissoudre dans de l'eau maintenue en ébullition pendant quelques heures, et on en trouve qui peut remplacer la colle de poisson dans tous ses usages. Avant d'en faire l'acquisition, il est donc important de l'essayer.

On vend aussi une colle de poissons en *gâteaux*, préparée avec les débris des membranes ; elle a beaucoup moins de valeur que les autres, et est impropre à la clarification de la bière.

III. PRÉPARATION DE LA COLLE DE POISSON

La préparation de la colle de poisson est très simple : on nettoie les vessies natatoires en enlevant les parties étrangères qui les couvrent; on les lave, et on les coupe en leur donnant les dimensions convenables aux différentes espèces commerciales; on roule chaque lame, on l'enfile avec une ficelle, et on la fait sécher à l'ombre. Pour préparer la colle en feuilles, on monde les vessies natatoires, on les dessèche, puis on les jette dans l'eau bouillante, et on les y laisse jusqu'à ce qu'elles surnagent; alors on les retire, on les ouvre et on les étend en feuilles pour les faire sécher.

Les Russes procèdent de la manière suivante : ils ouvrent dans leur longueur les vessies aériennes, et les lavent dans de l'eau de chaux très légère; ils en retirent la fine membrane qui les recouvre, puis ils enveloppent ces vessies dans de la toile mouillée, les pressent, les étendent ensuite et les font sécher en feuilles ou les roulent sur elles-mêmes; ils plient ce rouleau et le contournent en forme de cœur; ils rapprochent les deux bouts, et les assujettissent l'un contre l'autre au moyen d'une petite cheville de bois, qui empêche les feuillets de se désunir, enfin ils suspendent ces rouleaux cordiformes à l'air pour les faire sécher.

En hiver, à mesure qu'on extrait les vessies du poisson, on les enfouit dans la neige sans les laver, et, quand le printemps arrive et que le temps est assez chaud pour les faire sécher au soleil, on les traite d'après le procédé décrit plus haut.

Au besoin, on les sèche devant le feu, et, dans ce cas, il en sort quelquefois un liquide clair qui se durcit et forme ce qu'on appelle de la *colle de poisson en larmes*; mais cette manière de la sécher est loin d'être aussi bonne que celle qui résulte de l'exposition au grand air.

Lorsque les vessies sont séchées au soleil, on obtient une matière glutineuse, qui, étant enlevée au moyen du pouce et de l'index, forme l'espèce de colle de poisson connue sous le nom de *kroski*, mot russe qui signifie *miettes*.

Après son exportation de la Russie, la colle de poisson est soumise à plusieurs autres opérations, afin de pouvoir l'employer pour les usages auxquels elle est destinée. Elle est triée, lavée, roulée en feuilles minces et coupée en petites bandes par des moyens mécaniques.

Dans le but de rendre la colle de poisson très rapidement soluble, M. *Gion* a fait breveter en 1863 un procédé qui consiste essentiellement dans les opérations suivantes :

1° Faire immerger les vessies desséchées quelques heures dans l'eau douce pour les ramollir.

2° Les soumettre soit sous la presse, soit entre des cylindres, à une pression qui les étend en feuilles.

3° A placer chaque feuille entre deux linges à grosses mailles, puis à lui faire subir une forte pression : la feuille prend l'empreinte du grenu du linge et complète sa dessiccation.

4° A placer la feuille dans les mâchoires d'un étau ou d'une presse de menuisier et à la débiter en copeaux au moyen d'un rabot ou autre outil tranchant.

Réduite sous cette forme de copeaux, la colle de poisson n'a subi aucune altération, et a conservé toutes ses propriétés et toute la solubilité désirable.

On peut encore donner à la colle de poisson la forme de feuilles, la consistance à la fois solide et flexible sous lesquelles la gélatine et la colle de peau se vendent généralement.

A cet effet, on prend, suivant le procédé imaginé par MM. *Tolin*, la matière première de la colle, les vessies d'esturgeons, sous forme de copeaux ou de fuseaux allongés d'une apparence jaunâtre ainsi qu'on la trouve dans le commerce.

On fait tremper ces copeaux douze heures dans l'eau fraîche, puis on les porte à des bassines que l'on chauffe au bain-marie, en additionnant l'eau tiède, s'il y a lieu, d'un peu d'alcool ou de vinaigre pour faciliter la dissolution. Cette opération dure également douze heures.

Par le refroidissement, la masse se fige et se prend en une sorte de gelée, qui lorsqu'elle a atteint la consistance voulue est débitée d'abord en lamelles ou feuilles. Ces feuilles sont ensuite étendues sur des filets pour être séchées.

L'emploi de cette colle de poisson à l'état de feuilles s'étend aux mêmes usages que la colle liquide, sur laquelle elle a l'avantage d'une plus grande pureté et d'une conservation parfaite.

Pour s'en servir, il suffit de tremper les feuilles dans l'eau froide pour les faire gonfler, puis dans l'eau tiède pour dissoudre la colle; cette dissolution se fait en quelques minutes, au moment du collage des bières, vins blancs et autres spiritueux.

IV. PURIFICATION DE LA COLLE DE POISSON. COLLE NELSON

La colle de poisson telle qu'on la reçoit de Russie n'est quelquefois pas assez pure pour certains usages alimentaires, pharmaceutiques ou économiques, et alors il est nécessaire de la purifier. Parmi les moyens qu'on peut employer pour cet objet, nous indiquerons ceux qui ont été proposés par un chimiste anglais, M. *Nelson*, qui a même pris en France un brevet d'importation à ce sujet, à la date du 2 mars 1838.

« Les substances gélatineuses auxquelles s'applique mon invention, dit M. *Nelson* dans ce brevet, sont les différentes espèces de colles de poisson ou ichthyocolles, portant en Angleterre les noms de *honeycomb*, celles connues en France sous les noms de colle en gros cordons, de colle en cœur ou en lyre, de colle en morceaux ; la colle dite de *Samovy* en Angleterre, en livre ou en feuilles. Ces colles sont moins pures et moins solubles que la colle en petits cordons et en feuilles de Russie, qui, dans l'état où elles sont importées, sont suffisamment pures pour tous les usages auxquels on les emploie.

Je procède de la manière suivante :

Je prends les espèces d'ichthyocolle auxquelles mon procédé s'applique, et je les mets tremper dans de l'eau pure et froide, jusqu'à ce qu'elles soient suffisamment imprégnées d'eau pour s'amollir et permettre de les nettoyer et de retirer la crasse qui peut y avoir adhéré. J'enlève la peau de celles qui en sont garnies; je fends et je divise celles qui ont besoin d'être divisées, telles que la colle en gros cordons, la colle en cœur, la colle en masse ou la colle en morceaux; la colle Samovy, en livre, doit être fendue et divisée dans sa partie la plus épaisse, ce que j'exécute quand elle est suffisamment saturée ou amollie, comme il vient d'être dit. Après cette macération, j'enlève avec soin la peau de celle des colles qui ont une peau, comme par exemple la colle en rayon de miel, le grand cordon ou la colle en cœur, la colle en morceaux ou en masse; les autres espèces, telles que la colle en livre et en feuille, n'exigent pas cette préparation.

J'enlève toutes les crasses qui peuvent y avoir adhéré; je découpe, en parties distinctes, les morceaux qui sont plus épais dans un endroit que dans un autre, j'assortis les divers morceaux suivant leur épaisseur.

Après ce premier travail, je fais macérer ces colles dans une solution caustique d'alcali, faisant usage, à cet effet, de vases de terre peu profonds, ou de vases en briques garnis de ciment ou de toute autre substance non attaquable aux alcalis. Ces vases, que j'appelle vases à macération, sont munis d'un couvercle qui soustrait leur contenu à l'action libre de l'atmosphère.

Le temps requis pour la macération variera selon l'épaisseur des morceaux de colle : vingt-quatre heures seront suffisantes pour les morceaux très minces, et de six à huit jours, ou même un peu plus longtemps, seront nécessaires quand les morceaux seront plus épais.

Je reconnais que la macération a duré assez longtemps en perçant, avec une fourchette ou autre instrument analogue, les morceaux de colle : si l'instrument les traverse sans difficulté, c'est signe que la macération est complète ; s'il éprouve de la résistance, cela prouve que la macération n'a pas duré encore assez longtemps.

Quand les morceaux de colle sont très minces, je soutire la solution au bout de vingt-quatre heures, et cette partie de l'opération est terminée ; mais, quand ils exigent un plus long temps, je soutire la solution après les premières vingt-quatre heures, et je remplis le vase avec une solution nouvelle.

L'alcali que je préfère, pour la solution, est la potasse, et je la prépare de la manière ordinaire, avec deux parties de potasse d'Amérique, ou trois parties de perlasse d'Amérique, dissoute dans trente parties d'eau, avec une partie de chaux vive ou une quantité de chaux vive suffisante pour rendre la lessive caustique.

Quand la macération est complétée, comme il a été dit, je soutire la solution au moyen d'un robinet placé, à cet effet, dans la partie inférieure du vase, et je place les morceaux de colle séparément sur des tamis formés de canevas grossier étendu sur un cadre, portant en dessous des règles transversales pour pouvoir les superposer les uns sur les autres, chaque tamis étant isolé de celui posé dessus ou dessous ; je place ces tamis dans un vaisseau que je remplis d'eau pure en quantité suffisante pour couvrir les tamis et les morceaux de colle qu'ils contiennent.

A ce moment de l'opération, je préfère l'emploi

de l'eau douce, c'est-à-dire de celle qui dissout le savon.

Je fais circuler l'eau dans le vase ci-dessus, au moyen d'une ouverture au bas dudit vase et sur un bout pour l'écoulement de l'eau, pendant qu'un tuyau verse constamment une eau pure dans le vase par sa partie supérieure et par le bout opposé.

Je laisse ces tamis dans l'eau jusqu'à ce que l'alcali soit, par le lavage, extrait des morceaux de colle, et cette partie de l'opération dure généralement environ trente-six heures, à l'expiration desquelles je place les tamis et les morceaux de colle qui y sont contenus dans une caisse en bois construite ordinairement, pour empêcher la fuite du gaz, et j'expose, dans cette caisse, les morceaux de colle à l'action du gaz sulfureux produit par la combustion du soufre dans la caisse. Je continue d'exposer les morceaux de colle au gaz sulfureux pendant plusieurs heures, le temps variant suivant l'épaisseur des morceaux : six heures sont suffisantes pour les feuilles minces, et vingt-quatre heures sont nécessaires pour les morceaux plus épais.

Après ce traitement, je replace les tamis avec les morceaux de colle dans le vase à eau, que je remplis d'une eau pure, et je les soumets de nouveau à un courant d'eau pure pendant quatre à cinq heures; je les sèche ensuite sur le tamis, que j'expose à un courant d'air sec et frais de préférence à une température de 65° Fahrenheit ou 18°33 centigrades. Quand les morceaux de colle ont été ainsi complètement séchés, on peut les livrer au commerce ou en faire tel usage qui conviendra.

On trouvera quelquefois, lorsqu'on soutirera la

lessive caustique après la macération, que quelques morceaux sont encore trop fermes pour que la fourchette puisse les percer; dans ce cas, il faut mettre à part ces morceaux et les placer, saturés comme ils le sont, dans le vase macérateur, sans solution alcaline, jusqu'à ce qu'ils s'assouplissent assez pour que la fourchette puisse les traverser. On achève ensuite l'opération comme il a été dit ci-devant.

Il arrive aussi que, après que le séchage a duré un ou deux jours, on aperçoit sur quelques morceaux des parties de peau que, comme on vient de le dire, on doit enlever de certaines espèces de colle; on les enlève à ce moment de cette opération, c'est-à-dire après le premier ou le second jour du séchage, si toute la peau n'a pas été enlevée dans la première période de l'opération. »

La colle *Nelson* est donc de l'ichthyocolle blanche, filiforme, à cassure vitreuse, mais épurée, qu'on a mise sous forme de lames très minces, incolores, translucides comme du verre, à surface resplendissante, rayées de lignes parallèles rapprochées, et présentant la consistance et presque la ténacité de la corne.

V. USAGES DE LA COLLE DE POISSON

La colle de poisson, nommée *ichthyocolle* dans les arts, *isin-glass* par les Anglais, et *fishleim* ou *hausenblase* par les Allemands, sert à beaucoup d'usages. Les médecins la prescrivent comme *médicament*; elle sert *à clarifier* la bière, le vin, l'infusion de café; on l'emploie pour *donner du lustre* et de la consistance aux étoffes de soie, aux rubans, aux gazes, aux baudruches des batteurs d'or, pour préparer le **taffetas d'Angleterre**, les fleurs artificielles et le papier glacé ; pour imiter les perles fines ; pour recoller la porcelaine et le verre ; elle entre dans la composition des gelées alimentaires ; les lapidaires turcs l'emploient mélangée à la gomme ammoniaque pour monter les pierreries.

On s'en sert aussi pour les ouvrages de marqueterie, pour préparer des membranes artificielles d'une grande transparence, qui sont employées par les graveurs pour calquer, pour faire des vitres de navires, etc.

M. *Rochon* a fait une utile application de l'ichthyocolle, en composant les lanternes des vaisseaux avec des toiles métalliques trempées dans une solution de colle de poisson.

De tous ces usages, la *clarification de la bière* est le seul pour lequel l'industrie n'ait encore pu parvenir à remplacer l'*ichthyocolle* : c'est donc à cet emploi qu'il faut attribuer le prix souvent fort élevé que le commerce met à l'achat de cette substance.

Pour dissoudre la colle de poisson, il est indispensable de la faire macérer dans l'eau pendant une douzaine d'heures. Après cette opération, on la déroule, on la coupe en lanière avec des ciseaux ; et on la traite par l'eau bouillante ; elle se dissout alors facilement, et, par le refroidissement, l'eau se prend en gelée, si elle en contient environ 0,04 en été, et même moins, en hiver.

On peut aussi opérer de la manière suivante : on divise l'ichthyocolle au marteau ou au pilon, on l'arrose d'eau froide et on la laisse se gonfler peu à peu. Après vingt-quatre heures, on la malaxe avec la main et on l'étend peu à peu d'eau ; on la passe ensuite au travers d'un linge.

L'ichthyocolle contient de 86 à 93 0/0 de gélatine pure. Elle est presque entièrement soluble dans l'eau tiède, et se dissout plus facilement dans l'eau additionnée de un à deux millièmes d'acide chlorhydrique.

Quelques personnes ajoutent de l'eau-de-vie à l'eau dans laquelle on fait macérer la colle. Cette eau-de-vie ne peut que retarder l'action de l'eau; mais elle a l'avantage de s'opposer à la putréfaction qui arrive facilement dans les grandes chaleurs. D'autres personnes ajoutent du vinaigre, qui facilite réellement l'action de l'eau; mais il communique en même temps sa saveur et son odeur aux matières que l'on veut clarifier : ce qui est nuisible.

Pour clarifier une liqueur, on y ajoute une dissolution de colle de poisson et l'on agite : les matières contenues ordinairement dans les liquides potables, l'alcool, le tanin, les acides, etc., agissent sur la colle de poisson et la précipitent; elle entraîne avec elle toutes les matières impures. Quand on l'emploie pour clarifier des vins peu astringents, comme ceux de Bourgogne et de Champagne, il arrive souvent qu'elle ne se sépare pas complètement; on est alors obligé d'ajouter une matière qui puisse se combiner à la gélatine et la précipiter; on emploie pour cela une infusion de thé, dont le principe astringent complète la clarification. Il arrive souvent que ces vins étant très troubles, il faut employer une assez grande quantité de colle de poisson pour les clarifier; dans ce cas, elle les décolore souvent en partie, et leur donne la teinte pelure d'oignon qu'ils acquièrent en vieillissant.

Si l'on opérait sur des boissons ou des matières communes, on pourrait, au lieu de thé, employer une matière astringente quelconque, telle que la noix de galle, qui atteindrait le même but.

La théorie de l'action de l'*ichthyocolle* dans la clarification de la bière ne paraissant pas bien connue, des observations microscopiques et des recherches chimiques ont été entreprises récemment ; elles ont amené les résultats suivants :

La colle de poisson, détrempée à froid dans l'eau et malaxée jusqu'à être réduite en une bouillie claire, conserve une organisation remarquable ; elle se compose de fibres droites, blanches, nacrées ; délayée dans du vin blanc ou de la bière *faite*, elle forme une gelée remplie de fibrilles excessivement déliées, qui se disséminent dans toutes les parties de la bière, lorsque l'on y verse cette gelée en l'agitant fortement.

Si cette espèce de réseau restait ainsi étendu dans le liquide, on ne concevrait pas comment il pourrait opérer une clarification quelconque ; il était probable qu'un agent inconnu déterminait sa contraction. Des expériences sur tous les principes solubles et insolubles contenus dans la bière trouble au moment où elle va être livrée au consommateur, ont appris que la levure réagit sur les fibrilles de l'ichthyocolle, de manière à les contracter. On conçoit alors que le réseau étendu sur le liquide, se resserrant de plus en plus sur lui-même, enveloppe toutes les substances insolubles ; la solution claire seule peut traverser ses innombrables mailles. Des bulles de gaz acide carbonique, enfermées elles-mêmes, entraînent à la superficie de la bière une partie du réseau contracté avec les substances qu'il retient, et forme cette écume rejetée par l'ouverture de la bonde. Les fibrilles gélatineuses ne se dissolvent pas dans les solutions acides faibles, en sorte que l'ichthyocolle peut être employée pour clarifier le vinaigre ; mais, dans cette circonstance, la même contraction ne s'opère pas, et la clarification ne peut être complète sans faire filtrer le liquide sur des copeaux.

Des expériences directes ont démontré que la colle de poisson dissoute dans l'eau chaude est désorganisée, ne produit aucun des phénomènes ci-dessus décrits et n'opère pas la clarification de la bière.

Il est donc désormais inutile de présenter de la gélatine ou colle forte, quelque pures qu'elles puissent être, pour remplacer la colle de poisson : c'est parmi les matières susceptibles de former un réseau semblable à celui de l'ichthyocolle que l'on peut espérer trouver celle qui remplacera cette substance.

Le règne végétal offrirait des chances de succès. Ainsi, l'acide gélatineux trouvé dans l'écorce de l'*aylanthus glandulosa*, et répandu dans les racines charnues et les tubercules, qu'on peut mélanger à l'eau au moyen de l'ammoniaque ou d'une solution alcaline, est coagulé en gelée par tous les acides. Le mucilage du salep, soluble dans l'eau, se prend en gelée fibreuse par une addition de magnésie, d'ammoniaque, de soude, etc. Ces substances et d'autres analogues peuvent donner lieu à des recherches utiles.

VI. CARACTÈRES DE LA BONNE COLLE DE POISSON

Les consommateurs de colle de poisson de provenances quelconques, sont assez disposés à demander un produit en feuilles minces et blanches; mais c'est une erreur, la vessie natatoire des esturgeons, quand elle est sèche n'est pas blanche, elle a toujours un aspect jaunâtre. En conséquence, à Saint-Pétersbourg, qui est le grand marché de l'ichthyocolle, et en Allemagne, on blanchit par voie chimique les sortes les plus brunes et celles imprégnées de sang, et ces sortes sont vendues comme première qualité. L'expérience a cependant constaté que ces colles perdent par le blanchiment de leur force adhésive et clarifiante. En outre, on ne parvient pas à débarrasser entièrement la colle de l'agent qui sert à la blanchir, et cet agent, quand on se sert de la colle pour clarifier les vins, peut être fort nuisible à ceux-ci et davantage encore quand on s'en sert aux préparations pharmaceutiques ou culinaires, où naturellement on donne la préférence à la colle blanche. Ce blanchiment est donc une altération du produit naturel ou plutôt une fraude pour en élever la valeur; mais elle est si bien pratiquée, que la colle sophistiquée diffère à peine par son aspect de la colle naturelle de première qualité. Les caractères les plus saillants de la belle et bonne colle de poisson sont la fraîcheur et un aspect opalin. Quant aux différentes sortes, quand on n'a besoin que d'une petite quantité de colle, il faut donner la préférence à celle en cordons ou en feuilles minces, à celle qui se dissout le plus aisément, tandis que pour les besoins en grand, on doit rechercher les feuilles épaisses d'Astrakan, qui sont d'un prix moins élevé, et celles des Indes-Orientales qui sont épaisses et dures comme la corne. Quant aux colles provenant des autres pays, elles sont souvent mal préparées, recouvertes de membranes ou d'autres impuretés qui en altèrent ou en annulent parfois les propriétés.

Une falsification souvent mise en pratique, consiste soit à rouler ensemble des feuilles de colle de poisson et de gélatine, soit à tremper la colle de poisson dans une solution de gélatine, avant de la rouler et de la couper.

Le chimiste anglais *Redwood* a fait, au sujet de cette fraude, diverses expériences, desquelles il résulte que la gélatine laisse, par l'incinération, beaucoup plus de résidu que la colle de poisson, et que c'est le principal indice de son adultération par cette matière. 100 grains (6 grammes 583) d'ichthyocolle de 1re qualité donnent, par l'incinération, 2,48 grains ($0^{gr}1485$) de cendres; une même quantité de gélatine en laisse 4 0/0.

Pour éviter toute perte de matière pendant l'incinération, M. *Redwood* recommande l'emploi du creuset à large ouverture et la réduction en poudre de la masse lorsqu'elle a pris la forme spongieuse.

M. *H. Letheby*, professeur de chimie et de toxicologie au collège médical de l'hôpital de Londres, s'est également occupé d'une analyse comparative de l'ichthyocolle pure et de celle qui renferme de la gélatine. Voici de quelle manière il s'exprime au sujet d'un échantillon de ce produit débité comme pur, dont il a fait l'analyse :

« 1° L'odeur de cette colle de poisson n'est pas bonne ; car, tandis que la colle de poisson russe a simplement une légère odeur de poisson ou d'algue, celle par moi examinée possède une odeur caractéristique de matière animale en décomposition, odeur qui devient encore plus sensible lorsqu'on fait bouillir ce produit dans une petite quantité d'eau.

2° Son goût est très désagréable et ressemble à celui de la colle forte.

3° Elle rougit fortement le papier de tournesol, ce que la véritable colle ne fait jamais.

4° L'eau froide réagit sur elle d'une manière particulière ; car lorsqu'on traite la colle de poisson russe par l'eau froide, elle se gonfle à peine, devient opaque, et, lorsqu'elle est coupée en très petits morceaux, les fibres se ramollissent légèrement, mais elles ne fournissent jamais une grande partie de flocons détachés, et l'eau dans laquelle on l'agite pendant une douzaine d'heures ne se prend jamais sous la forme gélatineuse. La colle falsifiée, au contraire, disparaît rapidement dans l'eau, ses fibres se transforment en une masse floconneuse, et, après douze heures de contact, l'eau perd sa fluidité et se prend en gelée.

5° Une solution de potasse caustique, après avoir agi sur cette colle de poisson, laisse une quantité de flocons non dissous plus forte qu'il ne le faudrait.

6° Une forte solution d'acide oxalique agit différemment avec le produit en question, et laisse un dépôt plus abondant qu'avec la véritable colle de poisson russe.

7° La cendre qui provient de l'incinération de la bonne colle de poisson russe est d'un rouge foncé ; elle ne renferme qu'un peu de carbonate de chaux qui ne s'élève jamais à plus de 0,9 0/0 de la colle, tandis que la cendre provenant de la colle falsifiée a une couleur plus pâle, fait plus fortement effervescence avec les acides, et sa proportion s'élève à 1,42 0/0.

8° Enfin, l'ichthyocolle pure, vue au microscope, laisse apercevoir, dans toute sa masse, une structure organique, fibreuse, cellulaire ou épidermique, tandis que celle qui est falsifiée présente, indépendamment de ces caractères, une couche distincte d'une substance amorphe inorganique et transparente, possédant tous les caractères de la gélatine ordinaire ».

VII. IMITATION DE LA COLLE DE POISSON

Voyons maintenant quelles ont été les tentatives faites jusqu'à présent pour fabriquer, en France ou en Angleterre, de l'ichthyocolle artificielle ou une colle ressemblant plutôt par son aspect que par ses propriétés à la colle de poisson. Malheureusement les produits fabriqués ne sont que de la gélatine, et ne peuvent rendre les mêmes services que la véritable colle de poisson, particulièrement au point de vue de la clarification des liquides. On a utilisé dans ce but tantôt les écailles des poissons, tantôt leurs têtes, nageoires et intestins, tantôt leurs os et cartilages, tantôt même leur chair. La première de ces tentatives a été faite par M. *Goubely*, de Lyon, pour préparer une ichthyocolle avec les écailles des carpes.

Les écailles des carpes, lavées et nettoyées avec soin, sont mises dans un cuvier, où l'on verse une quantité d'eau suffisante pour que ces écailles en soient recouvertes. On ajoute ensuite 25 kilogr. d'acide chlorhydrique par quintal métrique d'écailles; on agite de manière que toutes les écailles soient atteintes par l'acide. L'acide chlorhydrique décompose les phosphates et carbonates de chaux renfermés dans l'écaille, et alors la gélatine est bien plus facile à attaquer. Au bout de quelques minutes, temps nécessaire pour que l'acide ait produit toute son action, on lave de nouveau les écailles et on les laisse tremper pendant quelques heures dans une eau courante pour enlever ce qu'elles pourraient encore contenir d'acide. Toutes ces opérations de lavage se font dans des paniers à claire-voie.

Les écailles, privées de leurs sels, sont mises, avec une quantité d'eau égale en poids à celle des écailles employées, dans une chaudière ordinaire étamée, dont l'ouverture est plus étroite que le reste, pour que le couvercle ferme mieux.

Le feu est modéré et entretenu jusqu'à ce que l'eau fasse surnager les écailles et les agite librement. On verse ensuite le contenu de la chaudière dans un panier placé sur le cuvier pour séparer les écailles du liquide. Cette écaille, après qu'on l'a pressée, ne contient plus de gélatine, et ressemble à des morceaux de corne, dont elle a même toutes les propriétés chimiques.

Le bouillon ou la gélatine obtenu de cette manière est remis dans la chaudière avec 32 grammes de sulfate d'alumine et de potasse par chaque 100 litres de bouillon ; on fait bouillir avec précaution, afin d'éviter la carbonisation.

Lorsque cette composition est bouillante, il se forme un précipité très abondant qu'on laisse déposer dans le fond de la chaudière après qu'on a éteint le feu.

Après quelques heures, on décante la liqueur, qu'on verse dans un tonneau allongé, dans lequel on fait passer un courant de gaz acide sulfureux obtenu par la décomposition de l'acide sulfurique à l'aide du charbon.

Le passage du gaz acide sulfureux dans le tonneau contenant la liqueur décantée s'opère au moyen d'une fiole ordinaire à médecine placée sur un réchaud et dans le goulot de laquelle entre un des bouts d'un tube à deux coudes, dont l'autre bout plonge presque au fond du tonneau qui contient la liqueur ; c'est ce coude en forme de siphon, qui reçoit le gaz acide sulfureux qui s'élève de la fiole et qui le conduit dans la liqueur décantée.

La liqueur est alors pure et parfaitement claire ; elle conserve cependant une petite teinte verdâtre que l'on détruit et que l'on transforme en un blanc azuré au moyen de l'addition de quelques grammes d'acétate de plomb par chaque 100 litres de bouillon.

La liqueur refroidie, c'est-à-dire descendue à la température de 20°, est coulée sur des planches horizontales de 1^{m}65 de long sur 33 centimètres de large, où elle ne tarde pas à se transformer en gelée.

Au bout de quelques heures, cette couche gélatineuse est découpée avec des couteaux de bois en morceaux de 13 centimètres de long sur 8 de large.

Ces morceaux sont étendus sur des filets suspendus au plafond de l'appartement, où ils se dessèchent au bout de trois ou quatre jours, selon l'état de l'atmosphère. Le dessèchement de ces morceaux s'opérant difficilement en hiver, on peut employer à cet effet un calorifère ou poêle ordinaire composé de deux marmites de fonte jointes ensemble. La marmite supérieure, qui est celle où est établi le foyer, est environnée d'une enveloppe de tôle, formant une espèce de tambour en communication, à l'aide d'un conduit, avec l'air extérieur qui vient s'y échauffer; une ouverture est pratiquée au sommet de cette marmite pour l'échappement de l'air chaud.

La deuxième tentative a été faite en 1836 par MM. *de Beaujeu* et *André*, de Marseille, qui ont fait breveter un procédé pour l'utilisation des os d'animaux marins.

« Pour obtenir l'ichthyocolle par ce procédé, on prend les grands os des grands animaux de la mer, tels que les baleines, les cachalots, les marsouins, les dauphins, les requins, etc.

« Ces os sont très abondants dans certains parages et faciles à se procurer.

« Pour extraire la colle contenue en grande quantité dans ces os, comme ils sont généralement fort durs, surtout les côtes, qui sont très résistantes, il faut d'abord les scier ou les couper avec des coins et une masse de fer pour leur donner environ 16 centimètres de longueur sur 5 d'épaisseur.

« Ainsi disposés, ils présentent plus de surface à l'action des réactifs.

« D'abord on leur fait subir une préparation préliminaire, très essentielle, soit une forte ébullition dans l'eau pure, au moyen d'une grande chaudière en cuivre, pendant quatre ou cinq heures, en ayant soin d'enlever avec une écumoire toutes les parties grasses qui se montrent successivement à la surface ; on retire ces os de la chaudière, on les met à égoutter convenablement ; puis on les met dans de grandes cuves en bois, cerclées en fer, pouvant contenir environ 600 ou 800 kilogrammes.

« On les couvre ensuite d'acide chlorhydrique du commerce à 22°, que l'on réduit à 6° au pèse-acide, en y ajoutant l'eau nécessaire pour arriver à ce degré.

« Après trois ou quatre jours de macération, cet acide affaibli se trouve neutralisé par les sels calcaires contenus dans les os, ce dont il est facile de s'assurer par la dégustation, ou mieux encore en plongeant dans la cuve des papiers réactifs.

« Alors, au moyen d'un robinet en plomb au bas de la cuve, on en retire le liquide qui contient presque en totalité le chlorhydrate de chaux, et, après avoir laissé égoutter les os, on verse dessus une seconde eau acidulée comme la première, à 6°.

« Cette nouvelle immersion dure plus que la première, parce qu'il faut plus de temps à l'acide pour se saturer de phosphate de chaux, etc.

« On vide de nouveau la cuve comme il vient d'être dit, et, dans l'hypothèse que tous les os n'auraient point encore éprouvé l'action complète de l'acide, on les recouvrirait d'une troisième eau acidulée semblable aux deux premières.

« En un mot, le séjour des os dans cette eau doit durer jusqu'à ce qu'ils soient devenus mous au point d'être aisément courbés par la moindre force.

« Ce ramollissement varie, quant au temps, suivant que les os sont plus ou moins compacts.

« Toutefois, il a lieu d'ordinaire au bout de douze jours.

« A ce moment, les os sont sortis de la cuve, lavés dans de grands bassins d'eau pure, afin de les bien désacidifier.

« On répète, pour cela, trois fois les mêmes lavages, ayant soin de changer entièrement l'eau à chaque fois.

« Ramollis et bien lavés, les os sont placés sur des terrasses exposées au midi, afin de les faire sécher le plus promptement possible. On les met alors dans une chaudière en cuivre remplie aux deux tiers d'eau pure de rivière; on en jette ainsi préparés jusqu'au haut de la chaudière, et on soumet le tout à une chaleur de 30° Réaumur, qui en fait sortir tous les corps gras, que l'on ôte avec soin.

« On porte à l'ébullition, que l'on soutient pendant deux ou trois heures, ce qui suffit pour que la cuisson soit opérée.

« On fait alors tomber tout le feu du foyer de la chaudière, et on clarifie le liquide avec la chaux ou avec la poudre de marbre, moyen infaillible pour avoir une colle de poisson pure, transparente, blanche, inodore et dégagée de tous corps étrangers, et parfaitement sèche.

« La clarification terminée, on verse dans un reposoir, qui doit être placé tout près de la chaudière, la colle, qui, par cette précaution, dépose mieux et se dépouille entièrement des matières hétérogènes.

« Comme elle ne doit rester au repos que dix à douze heures, elle est, après ce temps, versée, encore chaude, et liquide par conséquent, dans des caisses, en un lieu frais, et pendant une nuit; elle s'est alors prise au point de pouvoir être coupée plus ou moins épaisse, suivant la forme qu'on veut lui donner.

« Les lames sont posées sur des filets en ficelle tendus sur des châssis de bois, lesquels se trouvent dans des séchoirs sur plusieurs rangs.

« Le rendement, soit le produit net des ossements des animaux marins, varie de 10 à 16 0/0; cela dépend de leur espèce et de leur âge.

« Les procédés décrits ci-dessus réussissent parfaitement, mais sont cependant encore susceptibles de quelques perfectionnements, soit par l'emploi de la vapeur, soit en employant une haute pression ».

Dans le Nord, on fabrique une colle de poisson factice en opérant comme suit :

« Les animaux dont on tire cette colle sont les loups marins, les marsouins, les vaches marines, les baleines, les requins, les sèches et toutes sortes d'animaux marins, On prend de ces animaux la peau, les nageoires, la queue, la tête, les arêtes ou cartilages, en un mot, tout le corps, excepté la chair, la graisse ou l'huile.

« On fait cuire toutes ces parties dans de l'eau,

en les préservant avec soin de la fumée et de tout ce qui peut roussir le bouillon. Quand l'eau a pris toute la substance qu'elle peut tirer du poisson et quand il est bien cuit, on laisse tiédir et reposer le bouillon, pour le tirer au clair, et on le passe au tamis ou par un linge; ensuite on fait cuire le bouillon une seconde fois avec les mêmes précautions que la première, jusqu'à ce que les gouttes qu'on laisse tomber se figent en se refroidissant. C'est par là qu'on juge que la colle est faite. On la laisse alors refroidir, mais pas assez pour empêcher qu'elle ne puisse couler sur les tables de pierre, de caillou ou d'ardoises sur lesquelles on la jette. Lorsqu'elle fait corps, on la tortille en gaufre, et on l'enfile pour en faire des cordons qu'on laisse sécher à l'ombre.

« La colle est plus ou moins parfaite, selon le plus ou moins de soins qu'on a pris de la clarifier et de la conserver sans couleur. Pour qu'elle soit telle, il faut qu'elle se dissolve totalement dans l'eau, sans y rien déposer. »

Dans les principautés Danubiennes, on fait bouillir la peau, les vessies natatoires, les intestins et l'estomac des poissons cartilagineux, afin d'en obtenir une gelée consistante qu'on coupe en lames minces, que l'on dessèche et que l'on roule comme la colle de poisson d'esturgeon et qu'on livre au commerce sous ce nom. Mais cette colle, ainsi que beaucoup d'autres qu'on prépare avec des matières diverses empruntées aux animaux terrestres ou à la mer, est inférieure à la véritable colle de poisson, et quelques-unes d'entre elles n'en possèdent en aucune façon les propriétés.

On fait actuellement un usage assez étendu d'une sorte de colle pour clarifier les bières, qu'on fabrique avec des peaux de raies. La plus belle qualité est sans bouton, la qualité inférieure est boutonneuse. Il est présumable que cette colle se prépare en faisant macérer à la vapeur sous pression les peaux des poissons débarrassées des chairs et des os.

On vend, pour les mêmes usages que la colle de poisson, les vessies de mâchoiraux (poisson de la famille des Issaroïdes). Cette substance, qui n'a pas les qualités de l'ichthyocolle, mais à laquelle on donne les formes usitées pour celle-ci dans le commerce, sert à tromper l'acheteur.

Enfin, on trouve encore dans le commerce de la peau battue, sorte de parchemin qui se vend à bas prix.

On donne dans le commerce le nom d'*ichthyocolle française* à une substance qu'on dit propre à remplacer celle de poisson et qu'on prépare avec la fibrine du sang des animaux domestiques et du tanin.

Certaines familles de poissons, telles que celles des marsouins, des requins, des esturgeons, des congres, etc., ont une chair dont M. *H.-C. Jennings* a cru qu'on pouvait fabriquer de la gélatine propre à encoller les papiers ou pour tout autre objet.

Pour fabriquer de la colle, M. *Jennings* soumet la chair des poissons à l'action d'une solution étendue d'acide chlorhydrique et sulfurique jusqu'à ce qu'elle soit débarrassée de la pellicule colorée et que la pulpe soit devenue blanche. On fait égoutter la liqueur acide et on immerge dans une eau de chaux récente et concentrée encore chaude, et on répète cette immersion jusqu'à ce qu'on ait éliminé toute l'huile. On expose alors la matière qui reste à l'action de l'acide chlorhydrique étendu et on enlève l'acide et la chaux par des lavages répétés et abondants. Arrivé à ce point, on fait bouillir le tout à la plus basse température possible, à l'aide d'un serpentin de vapeur, d'une double enveloppe ou dans une chaudière où l'on a fait le vide comme dans la fabrication du sucre. Quand la dissolution est opérée, on clarifie à l'acide sulfureux et à l'alun, et lorsque les impuretés se sont précipitées et ont été enlevées, on ajoute une solution de bicarbonate de soude ou de potasse pour saturer les dernières traces d'acide. La gélatine est alors concentrée au degré nécessaire pour pouvoir, après le refroidissement, être découpée en feuilles de 12 millimètres d'épaisseur, qu'on fait sécher sur des filets. Cette gélatine peut, suivant l'auteur, servir aux mêmes usages que la colle forte ordinaire; mais nous doutons qu'elle possède la même force adhésive que la bonne colle forte d'os et même de colle-matières ordinaires.

CHAPITRE XXI

Liquéfaction de la Gélatine

Dans certaines conditions, la gélatine perd la propriété de se prendre en gelée par le refroidissement. Il n'y a plus *gélification* mais *liquéfaction*. Les principales conditions de cette modification ont été étudiées par MM. *A. Dastre* et *N. Floresco*.

La gélification commence à se montrer avec les solutions contenant 0,75 0/0 de gélatine évaluée à l'état sec; les solutions à 2,3 0/0 sont des solutions moyennes; les solutions de 5 à 10 0/0 sont des solutions dont il est facile de suivre les transformations.

On avait observé que le chauffage de la solution de gélatine en tube scellé, à 140°, pendant quelques moments, la liquéfiait d'une façon définitive (*Mülder*). L'ébullition prolongée à la pression ordinaire a un résultat analogue (*Hoffmeister*).

Au contraire, on admettait que l'action passagère de la chaleur n'avait pas d'effet, et par exemple que l'opération consistant à stériliser pendant une heure dans l'autoclave à 110°-120° les bouillons gélatineux de culture bactériologique, n'altérait pas la gélatine.

MM. *Dastre* et *Floresco* ont constaté que cette altération existe et qu'il y a une diminution de la faculté de gélification traduite par l'abaissement du point de gélification, l'augmentation de durée et la diminution de consistance.

En principe, le simple contact de l'eau chaude modifie toujours la gélatine, mais le changement ne devient apparent que si le contact se prolonge plusieurs heures.

La gélatine est alors transformée plus ou moins complètement en un composé voisin, la *gélatose* ou *protogélatose* caractérisée par les traits suivants : absence de la faculté de gélification ; absence de précipitation par le sel marin à saturation ; dérivation de la gélatine par fixation d'eau.

Lorsqu'il y a perte totale de la faculté de gélification, cela veut dire que la totalité de la gélatine (à moins de 0,75 0/0) a passé à l'état de gélatose.

La gélatine perd la faculté de se gélifier lorsqu'elle est mise en contact, un temps suffisant, avec les solutions d'un certain nombre de sels neutres tels que les iodures et chlorures alcalins. Là encore il s'agit d'une transformation en gélatose qui peut être totale. Avec d'autres sels, tels que les fluorures, la transformation n'est jamais que partielle.

Si les sels sont en faible proportion (1 0/0), les solutions de gélatine ne sont pas définitivement liquéfiées ; il y a seulement retard de la gélification et diminution de la consistance.

Si les sels sont en forte proportion (10 0/0), la liquéfaction est définitive et cela quelle que soit la quantité de gélatine employée (solutions à 1, à 2,5, à 5 0/0).

Cette altération peut être réalisée par un contact prolongé (vingt-quatre à quarante-huit heures) à une température modérée (étuve à 40°); au contraire, elle fait presque complètement défaut dans le cas de chauffage passager (une heure) à une température plus haute (100°-120°).

Les recherches ci-dessus résumées jettent un nouveau jour sur la fabrication de la colle et démontrent l'intérêt considérable d'une cuisson rapide des solutions gélatineuses au point de vue de la rapidité de gélification et de la qualité des produits; elles font voir aussi combien peut être nuisible l'addition de sels étrangers, dont il a été question plusieurs fois dans le présent Manuel.

FIN

TABLE DES MATIÈRES

Pages

Préface.. v

PREMIÈRE PARTIE
Colles diverses

Chapitre premier. — *Colles végétales*................ 1
  I. Propriétés des fécules et de l'amidon............ 1
  II. Fabrication des fécules et de l'amidon.......... 6
     Amidon de froment................................ 6
     Amidon de riz.................................... 8
     Amidon de maïs................................... 9
     Fécule de pommes de terre........................ 9
     Fécule de marrons d'Inde......................... 11
  III. Colle d'amidon................................. 13
  IV. Colle de pâte.................................. 14
  V. Dextrine....................................... 15
  VI. Colles de dextrine imputrescibles............... 20
  VII. Gluten.. 21
  VIII. Colles au gluten............................. 23
     Colle végétale................................... 23
     Colle pour le cuir............................... 24
  IX. Parements des tisserands....................... 24
     Colle pour les tissus fins....................... 29
     Colle économique................................. 30
     Apparatine....................................... 33
  X. Gélatine chinoise.............................. 34
  XI. Colle de gélose................................ 36
  XII. Gélatine des varechs et des algues............. 37
  XIII. Gommes....................................... 37
  XIV. Caoutchouc.................................... 43
  XV. Glu ou colle marine de Jeffery................. 47
     Glu translucide.................................. 49
  XVI. Gutta-percha.................................. 50
  XVII. Collodion.................................... 51
     Préparation du coton-poudre...................... 52
     Préparation du collodion......................... 56
  XVIII. Celluloïd................................... 58
     Fabrication du celluloïd......................... 58

Chapitre II. — *Colles minérales*.	60
I. Colle au silicate de potasse ou verre soluble.	60
II. Colle au phosphate d'alumine.	62
III. Colle pour l'os et l'ivoire.	64
Chapitre III. — *Colles animales*.	64
I. Gélatine.	64
II. Chondrine.	70
III. Colles gélatineuses.	71
Colle à vernir les cartes, les photographies, etc.	71
Colle mixte de riz et de gélatine.	73
Colle de reliure.	73
Colle à l'éther et au caoutchouc.	73
Colle forte à la térébenthine.	74
Colle pour étiquettes.	75
Colle à la gélatine chromée.	76
Ciment pour le verre.	77
Gélatine formolisée.	77
IV. Caséine.	79
V. Colles au fromage.	81
VI. Albumine.	84
VII. Colles albumineuses.	85
Chapitre IV. — *Colles mixtes*.	86
I. Colle à la gomme-laque.	87
II. Colle aux gommes-résines.	89
III. Colle au vernis gras.	91
IV. Colles au vernis copal.	92
V. Colles-ciments.	93
VI. Colles à la céruse et à la gomme-laque.	94
VII. Mastic à la glycérine.	94
VIII. Colle pour fixer la nacre sur le métal.	95
Chapitre V. — *Usages des colles*.	96
I. Conservation des fruits.	97
II. Conservation des viandes.	97
III. Clarification des vins.	99
IV. Apprêt des tissus.	103
V. Teinture des tissus.	104
VI. Toile pour relieurs.	105
VII. Sparadrap.	105
VIII. Pains à cacheter, feuilles de gélatine.	105

IX. Capsules pharmaceutiques.	106
X. Vitres en gélatine.	107
XI. Imitations de la corne, de l'écaille, etc.	108
XII. Imitation de la nacre.	108
XIII. Imitation du cuir, du parchemin, du feutre, de l'os et de la corne.	109
XIV. Imitation de l'ivoire, de l'os.	112
XV. Composition dite « Opaline ».	113
XVI. Colle servant à enduire les barriques destinées à contenir la mélasse et l'huile.	115
XVII. Plaque-mastic pour obturer les trous des barriques.	116
XVIII. Préparation des couleurs.	118
XIX. Préparation des encres de sûreté.	119
XX. Autres applications de la gélatine.	120
XXI. Usages de la colle de poisson.	120
XXII. Emploi de la colle forte.	121

DEUXIÈME PARTIE

Fabrication de la Colle forte

CHAPITRE VI. — *Préparation des colle-matières.*	123
I. Colle-matières.	123
II. Echandage ou chaulage des colle-matières.	125
III. Conservation des colle-matières.	132
IV. Lavage mécanique des déchets de cuir.	133
CHAPITRE VII. — *Traitement des colle-matières.*	137
I. Cuisson à l'air libre.	137
II. Ancienne méthode d'extraction.	143
III. Extraction fractionnée.	145
IV. Fabrication de la colle au baquet.	148
V. Cuisson à la vapeur.	150
VI. Cuisson dans le vide.	156
VII. Fabrication par la putréfaction et les acides.	159
VIII. Fabrication par trituration mécanique des colle-matières.	159
IX. Fabrication par l'acide sulfureux.	164
X. Fabrication par le chlore.	167
XI. Traitement des déchets de cuir de veau.	168
XII. Traitement des pieds de mouton.	169

XIII. Colle de pieds de veau, de peaux de lapin, de gants, de parchemins, de peaux d'anguilles. 170
XIV. Traitement des pieds de bœuf. 171
XV. Traitement du goudron noir animal 173

CHAPITRE VIII. — *Préparation des os*. 174
    I. Os. 174
        Osséine et glutine 177
    II. Purification des os à sec 180
    III. Purification par lavage 181
    IV. Dégraissage des os 182

CHAPITRE IX. — *Traitement des os par cuisson*. 186
    I. Cuisson à l'air libre. 186
        Procédé J.-F. Boby. 186
    II. Traitement des os par la vapeur 188
    III. Appareil de Puymaurin. 197
    IV. Appareil de d'Arcet. 211
    V. Appareil de Malepeyre 216
    VI. Appareil de J.-J. Maclagan 224
    VII. Appareil de Briers 228
        Description de l'appareil. 232
        Préparation des os 244
        Réduction des os. 244
        Extraction de la gélatine 246
        Évaporation de la gélatine 248
        Pressurage. 250
        Comparaison entre cette méthode et les procédés usuels 250
        Réduction des os dans le tambour 251
        Extraction de la gélatine dans le baquet . . . 254
        Clarification de la gélatine. 254
        Évaporation de la gélatine dans la poêle. . . 255
        Observations. 257
    VIII. Procédés Hagen et Selstam 259
    IX. Procédé Coignet. 262
    X. Procédé de la société Coignet et Cie 263

CHAPITRE X. — *Traitement des os par l'acide chlorhydrique*. 268
    I. Procédé de d'Arcet 269
        Matières premières 269
        Dégraissage 271
        Ramollissement des os 272

TABLE DES MATIÈRES

Lavage et neutralisation des os ramollis.	274
Dessiccation des os ramollis.	278
Cuisson des os.	278
Rendement.	279
II. Procédé Dupasquier.	280
Choix et blanchissage des os.	280
Division des os.	281
Immersion dans l'acide muriatique.	282
Blanchiment.	285
Coulage et étendage.	286
III. Utilisation des vapeurs acides des fabriques de soude.	288
IV. Procédé Pascal.	290
Clarification.	292
V. Procédé Sian. Ganloffret et Boffe.	293

CHAPITRE XI. — *Traitement des os par l'acide sulfureux* . . 297

I. Procédé W. Gerland.	298
II. Procédé Thiollier.	299
III. Procédé Flodquist.	305
IV. Procédé Serve.	311

CHAPITRE XII. — *Clarification des colles* 312

I. Clarification par l'alun.	313
II. Clarification par l'albumine.	313
III. Procédé Hewitt.	315
IV. Procédé Muzzarelli.	318
V. Utilisation des résidus.	318

CHAPITRE XIII. — *Mise en feuilles.* 321

I. Entonnage des colles.	321
II. Démoulage des pains de colle.	327
III. Découpage des pains.	329
Machines à couper la colle.	331
IV. Fabrication de feuilles de colle continues.	341
Procédé Tucker.	341
Procédé Wolff.	341
Procédé Hewitt.	347
V. Fabrication mécanique des feuilles de colle.	356

CHAPITRE XIV. — *Dessiccation des colles.* 379

I. Dessiccation à l'air libre.	380
II. Dessiccation à l'air chaud.	384
III. Dessiccation à l'air sec.	387
IV. Procédé Fleck.	388
V. Procédé Picard et Cie.	390
VI. Lustrage de la colle.	391

Colles.

CHAPITRE XV. — *Essai des colles* 392
   I. Caractères et classification des colles animales. . . . 392
        Prix des colles et gélatines 399
   II. Propriétés des colles fortes 402
        Hygrométrie des colles 404
        Solubilité 405
        Colles et tanin 405
        Ténacité des colles 407
   III. Caractères extérieurs des bonnes colles. 411
   IV. Procédé d'essai Karmarsch. 413
   V. Procédé Weidenbusch. 414
   VI. Procédé Bauschinger 415
   VII. Procédé Schattenmann 418
   VIII. Procédé Lipowitz. 422
   IX. Procédé Graeger 425
   X. Procédé Risler-Beunat 430
   XI. Dosage de la gélatine dans les gommes et substances alimentaires 432
   XII. Moyen d'empêcher les gélatines et les colles de se fendiller 436
   XIII. Moyen d'empêcher les colles de se putréfier. . . . 438

CHAPITRE XVI. — *Hygiène des fabriques de colle forte*. . . . 439

CHAPITRE XVII. — *Gélatine alimentaire* 444
   I. Traitement des os par la vapeur. 444
   II. Traitement des os par les acides. 451
   III. Propriétés nutritives de la gélatine. 455

CHAPITRE XVIII. — *Colle à bouche* 459

CHAPITRE XIX. — *Colle forte liquide*. 461

CHAPITRE XX. — *Colle de poisson* 469
   I. Matières premières 469
   II. Variétés de colles de poisson 471
   III. Préparation de la colle de poisson 473
   IV. Purification de la colle de poisson. Colle Nelson. . 476
   V. Usages de la colle de poisson 480
   VI. Caractères de la bonne colle de poisson 485
   VII. Imitation de la colle de poisson 488

CHAPITRE XXI. — *Liquéfaction de la gélatine*. 497

FIN DE LA TABLE DES MATIÈRES

BAR-SUR-SEINE. — IMPRIMERIE VEUVE C. SAILLARD.

ENCYCLOPÉDIE-RORET
L. MULO, LIBRAIRE-ÉDITEUR
PARIS, 12, Rue Hautefeuille, PARIS

NOUVEAU MANUEL COMPLET

DU

Pêcheur-Praticien

Ou les Secrets et les Mystères de la Pêche à la ligne dévoilés

Par M. LAMBERT

1 vol. orné de vignettes et accompagné de planches

PRIX : 1 FR. 50

NOUVEAU MANUEL COMPLET

DU

CHASSEUR

Ou Traité général de toutes les Chasses à courre ou à tir, suivi d'un Vocabulaire des termes de Chasse et de Législation,

Par MM. de Mersan, Boyard et Robert

1 volume, contenant

la Musique des principales Fanfares

PRIX : 3 FRANCS

ENVOI FRANCO CONTRE MANDAT-POSTE

ENCYCLOPÉDIE-RORET
L. MULO, LIBRAIRE-ÉDITEUR
PARIS, 12, rue Haulefeuille, PARIS

MANUEL
DE
l'Apiculteur Mobiliste
NOUVELLES CAUSERIES SUR LES ABEILLES
EN 30 LEÇONS

Par l'Abbé DUQUESNOIS
Curé de Saint-Cyr-sous-Dourdan
MÉDAILLE D'ARGENT A BAR-LE-DUC

1 vol. in-18 jésus, orné de 20 figures dans le texte.

Prix : 3 francs.

MANUEL PRATIQUE
DE
l'Eleveur de Poules

Contenant : le choix d'une race, l'installation, l'hygiène, la nourriture, la ponte, la conservation des œufs, l'incubation naturelle, l'élevage naturel, l'incubation artificielle, l'élevage artificiel, l'engraissement, les maladies ; avec la méthode de construire : couveuse, éleveuse, gaveuse (travaux qui ont valu à l'auteur une MÉDAILLE DE VERMEIL décernée par la Société des Agriculteurs de France).

Par H.-L.-Alph. BLANCHON

1 vol. in-18 jésus, orné de 67 figures dans le texte.

Prix : 3 francs.

ENVOI FRANCO CONTRE MANDAT-POSTE

1er NOVEMBRE 1900

Ce Catalogue annule les précédents

CATALOGUE COMPLET
DE LA
LIBRAIRIE ENCYCLOPÉDIQUE
RORET

L. MULO, SUCC^r

12, rue Hautefeuille, 12

PARIS-VIe

NOUVELLE COLLECTION
DE
L'ENCYCLOPÉDIE-RORET
Format in-18 Jésus 19 × 12

COLLECTION DES MANUELS-RORET

OUVRAGES DIVERS
Sur l'Industrie et les Arts et Métiers

OUVRAGES HORTICOLES

JOURNAUX — SUITES A BUFFON
Divers. — Bibliothèque des Arts et Métiers

Ce Catalogue est envoyé *franco* sur demande

ENCYCLOPÉDIE-RORET

COLLECTION

DES

MANUELS-RORET

FORMANT UNE

ENCYCLOPÉDIE DES SCIENCES ET DES ARTS

FORMAT IN-18

Par une réunion de Savants et d'Industriels

Tous les Traités se vendent séparément.

La plupart des volumes, de 300 à 400 pages, renferment des planches parfaitement dessinées et gravées, et des figures intercalées dans le texte.

Les Manuels épuisés sont revus avec soin et mis au niveau de la science à chaque édition. Aucun Manuel n'est cliché, afin de permettre d'y introduire les modifications et les additions indispensables. Cette mesure, qui oblige l'Éditeur à renouveler les frais de composition typographique à *chaque édition*, doit empêcher le Public de comparer le prix des *Manuels-Roret* avec celui des ouvrages similaires, tirés sur clichés.

Pour recevoir chaque volume franc de port, on joindra, à la lettre de demande, un *mandat sur la poste* (de préférence aux timbres-poste). Afin d'éviter les écritures pour l'expéditeur et les frais de recouvrement pour le destinataire, **aucun envoi n'est fait contre remboursement par la Poste.**

Les volumes expédiés dans les pays qui ne font pas partie de l'Union des Postes, seront grevés des frais de poste établis d'après les tarifs de la poste française. Les demandes venant de l'**Étranger** devront contenir **25 centimes** en sus des prix portés au Catalogue, pour frais de recommandation à la Poste.

Les timbres étrangers ne pouvant être utilisés, nous prions nos correspondants de ne pas nous en adresser.

Nouvelle Collection de l'Encyclopédie-Roret

Format in-18 Jésus 19 × 12

Les ouvrages précédés d'un astérisque (*) ont été honorés d'une souscription du Ministère de l'Instruction publique et des Beaux-Arts.

Manuel de l'Apiculteur Mobiliste, nouvelles Causeries sur les Abeilles en 30 leçons, par l'abbé DUQUESNOIS, curé de Saint-Cyr-sous-Dourdan, auteur des Causeries sur les Abeilles. 1 vol. in-18 jésus, orné de 20 fig. dans le texte. (*Médaille d'argent.*) 3 fr.

* — de l'**Eleveur de Faisans**, par H.-L.-Alph. BLANCHON, 1 vol. in-18 jésus, orné de 31 figures dans le texte. 2 fr.

— de l'**Eleveur de Poules**, par H.-L.-Alph. BLANCHON, 1 vol. in-18 jésus, orné de 67 figures dans le texte. 3 fr.

— du **Pisciculteur**, par H.-L.-Alph. Blanchon, 1 vol. in-18 jésus, orné de 65 fig. dans le texte. 3 fr. 50

* — de l'**Eleveur de Pigeons**, par H.-L.-Alp. BLANCHON, 1 vol. in-18 jésus, orné de 44 fig. dans le texte. 3 fr.

* — de l'**Eleveur de Lapins**, par WILLEMIN, 1 vol. in-18 jésus, orné de 24 figures dans le texte. 2 fr. 50

— **Eléments Culinaires** (les), à l'usage des jeunes filles, par Auguste COLOMBIÉ, 1 vol. in-18 jésus, cartonné. 3 fr.

— **Traité pratique de Cuisine bourgeoise**, par Auguste COLOMBIÉ, 1 vol. in-18 jésus, cartonné. 4 fr.

— **100 Entremets**, par Auguste COLOMBIÉ, 1 vol. in-18 jésus, cartonné. 2 fr.

* — de **Jardinage et d'Horticulture**, par Albert MAUMENÉ, professeur d'horticulture, diplômé de l'Ecole d'arboriculture de Paris, lauréat des Cours d'horticulture et boursier du département de la Seine ; avec la collaboration de Claude TRÉBIGNAUD, arboriculteur. — 1 vol. in-18 jésus orné de 275 figures dans le texte. 6 fr.

— de l'**Agriculteur**, par Louis BEURET et Raymond BRUNET, 1 vol. in-18 jésus. (*En préparation.*)

* **Guide pratique de Teinture moderne**, suivi de l'Art du Teinturier-Dégraisseur, contenant l'étude des fibres textiles et des matières premières utilisées en Teinture, et des procédés les plus récents pour la fixation des couleurs sur laine, soie, coton, etc., par V. THOMAS, docteur ès sciences, préparateur de Chimie appliquée à la Faculté des Sciences de l'Université de Paris. 1 vol. grand in-8° raisin, orné de 133 figures dans le texte. 20 fr.

DIVISION PAR ORDRE ALPHABÉTIQUE

Manuel pour gouverner les Abeilles et en retirer profit, par MM. Radouan et Malepeyre. 2 vol.   6 fr.

— **Accordeur de Pianos**, traitant de la Facture des Pianos anciens et modernes et de la Réparation de leur mécanisme, contenant des Principes d'Acoustique, des Notions de Musique, les Partitions habituelles, la Théorie et la Pratique de l'Accord, à l'usage des Accordeurs et des Amateurs, par M. G. Huberson. 1 vol. orné de figures et de musique et accompagné de planches.   2 fr. 50

— **Aérostation**, ou Guide pour servir à l'histoire ainsi qu'à la pratique des *Ballons*, par M. Dupuis-Delcourt, 1 vol. orné de figures.   3 fr.

— **de l'Agriculteur**, par Louis Beuret et Raymond Brunet. 1 vol in-18 jésus. (*En préparation.*) (Voir nouvelle Collection, page 3.

— **Agriculture Elémentaire**, à l'usage des écoles primaires et des écoles d'agriculture, par M. V. Rendu. (*Ouvrage autorisé par l'Université.*) 1 vol.   1 fr. 25

— **Alcools**, voyez *Distillation, Liquides, Négociant en eaux-de-vie*.

— **Alcoométrie**, contenant la description des appareils et des méthodes alcoométriques, les Tables de Force de Mouillage des Alcools, le Remontage des Eaux-de-Vie, et des indications pour la vente des alcools au poids, par MM. F. Malepeyre et Aug. Petit. 1 vol.   1 fr. 75

— **Algèbre**, ou Exposition élémentaire des principes de cette science, par M. Terquem. (*Ouvrage approuvé par l'Université.*) 1 gros vol.   3 fr. 50

— **Alimentation**, par M. W. Maigne. 2 vol.   6 fr.

— *Première partie*, Substances alimentaires, leur origine, leur valeur nutritive, falsifications qu'on leur fait subir et moyens de les reconnaître. 1 vol.   3 fr.

— *Deuxième partie*, Conserves alimentaires, contenant tous les procédés en usage pour conserver les Viandes, le Poisson, le Lait, les OEufs, les Grains, les Légumes verts et secs, les Fruits, les Boissons, etc., suivi du Bouchage des boîtes, des vases et des bouteilles. 1 vol. orné de fig.   3 fr.

— **Allumettes**, voyez *Briquets*.

— **Amidonnier et Fabricant de Pâtes alimentaires**, traitant de la Fabrication de l'Amidon et des Produits obtenus des Fruits et des Plantes qui renferment de la

Fécule, par MM. Morin, F. Malepeyre et Alb. Larbalétrier. 1 vol. avec figures et planches. 3 fr.

— **Anatomie comparée,** par MM. de Siebold et Stannius ; trad. de l'allemand par MM. Spring et Lacordaire, professeurs à l'Université de Liège. 3 gros vol. 10 fr. 50

— **Aniline (Couleurs d'), d'Acide phénique et de Naphtaline,** comprenant : l'étude des Houilles, la distillation des Goudrons, la préparation des Benzines, Nitrobenzines, Anilines, de l'Acide phénique, de la Naphtaline et de leurs dérivés, ainsi que leur Emploi en Teinture, par M. Th. Chateau. 2 forts volumes ornés de figures. 7 fr.

— **Animaux domestiques (Eleveur d').** (*En préparation.*)

— **Animaux de Basse-Cour (Eleveur d').** (*En préparation*).

— **Animaux nuisibles** (Destructeur des).
1re *partie.* Animaux nuisibles aux Habitations, à l'Agriculture, au Jardinage, etc., par M. Vérardi. (*En préparation.*)
2e *partie.* Insectes nuisibles aux Arbres forestiers et fruitiers, à l'usage des Forestiers, des Jardiniers et des Propriétaires, par MM. Ratzeburg, De Corberon et Boisduval. 1 vol. orné de 8 planches. 2 fr. 50

— **de l'Apiculteur Mobiliste,** nouvelles Causeries sur les Abeilles, en 30 leçons, par l'abbé Duquesnois, curé de Saint-Cyr-sous-Dourdan, auteur des Causeries sur les Abeilles. 1 vol. in-18 jésus, orné de 20 figures dans le texte *(Médaille d'argent).* — (Voir nouvelle Collection, page 3. 3 fr

— **Aquarelle,** voyez *Peinture à l'Aquarelle.*

— **Arbres fruitiers** (Taille des), contenant les notions indispensables de Physiologie végétale ; un Précis raisonné de la multiplication, de la plantation et de la culture ; les vrais principes de la taille et leur application aux formes diverses que reçoivent les arbres fruitiers, par M. L. de Bavay. 1 vol. orné de figures. 3 fr.

— **Archéologie** grecque, étrusque, romaine, égyptienne, indienne, etc., traduit de l'allemand de M. O. Muller par M. Nicard. 3 vol. avec Atlas. Les 3 vol. 10 fr. 50. L'Atlas séparé : 12 fr. Les 3 volumes et l'Atlas : 22 fr. 50

— **Architecte des Jardins,** ou l'Art de les composer et de les décorer, par M. Boitard. 1 vol. avec Atlas de 140 planches. 15 fr.

— **Architecte des Monuments religieux,** ou Traité d'Archéologie pratique, applicable à la restauration et à la construction des Eglises, par M. Schmit. 1 gros vol. avec Atlas contenant 21 planches. 7 fr.

— **Architecture**, voyez *Construction moderne, Maçon.*

— **Arithmétique démontrée**, par MM. Collin et Trémery. 1 vol. 2 fr. 50

— **Arithmétique complémentaire**, ou Recueil de Problèmes nouveaux, par M. Trémery. 1 vol. 1 fr. 75

— **Armurier**, Fourbisseur et Arquebusier, traitant de la fabrication des Armes à feu et des Armes blanches, par M. Paulin Désormeaux. 2 vol. avec planches. 6 fr.

— **Arpentage**, ou Instruction élémentaire sur cet art et sur celui de lever les plans, par M. Lacroix, de l'Institut, MM. Hogard, geomètre, et Vasserot, avocat. 1 vol. avec figures. (*Autorisé par l'Université.*) 2 fr. 50

On vend séparément les Modèles de Topographie, par Chartier. 1 planche coloriée. 1 fr.

— **Art militaire**, ou Instructions pratiques à l'usage de toutes les armes de terre, par M. Vergnaud, colonel d'artillerie. 1 volume avec figures. 3 fr.

— **Artificier** (Pyrotechnie civile), contenant l'Art de confectionner et de tirer les feux d'artifice, par A.-D. Vergnaud, colonel d'artillerie et P. Vergnaud, lieutenant-colonel. 1 vol. orné de fig. et accompagné d'une planche. 2 fr.

— **Asphaltes et Bitumes**, voyez *Chaufournier.*

— **Aspirants** aux fonctions de Notaires, Greffiers, Avocats à la Cour de Cassation, Avoués, Huissiers, et Commissaires-Priseurs, par M. Combes. 1 vol. 3 fr. 50

— **Assolements, Jachère et Succession des Cultures**, par M. Victor Yvart, de l'Institut, et M. Victor Rendu, inspecteur de l'agriculture. 3 vol. 10 fr. 50

— **Astronomie**, ou Traité élémentaire de cette science, trad. de l'anglais de W. Herschel, par M. A.-D. Vergnaud. 1 vol. orné de planches. 3 fr. 50

— **Astronomie amusante**, Notions élémentaires sur l'Astronomie, par M. L. Tomlinson, traduit de l'anglais par A. D. Vergnaud. 1 vol. avec figures. 2 fr. 50

— **Avocats**, voyez *Aspirants* aux fonctions d'avocats à la Cour de Cassation.

— **Avoués**, voyez *Aspirants* aux fonctions d'Avoués.

— **Ballons**, voyez *Aérostation.*

— **Bibliographie universelle**, par MM. F. Denis, P. Pinçon et De Martonne. 3 gros vol. à 2 colonnes. 20 fr.

— **Bibliothéconomie**, Arrangement, Conservation et

Administration des Bibliothèques, par L.-A. Constantin. 1 vol. orné de figures. 3 fr.

— **Bijoutier-Joaillier** et Sertisseur, traitant des Pierres précieuses, de la Nacre, des Perles, du Corail et du Jais, contenant l'Art de les tailler, de les sertir, de les monter, de les imiter, suivi de la description des principaux Ordres et la fabrication de leurs décorations, par MM. Julia de Fontenelle, F. Malepeyre et A. Romain. 1 vol. accompagné de planches 3 fr.

— **Bijoutier-Orfèvre**, traitant des Métaux précieux, de leurs Alliages, des divers modes d'Essai et d'Affinage, du Titre et des Poinçons de garantie de l'Or et de l'Argent, des divers travaux d'Orfèvrerie en or, en argent et en plaqué, du Niellage et de l'Emaillage des Métaux précieux, de la Bijouterie en vrai et en faux, de la fabrication des bijoux de fantaisie, en fer, en acier, en aluminium, etc., par J. de Fontenelle, F. Malepeyre et A. Romain. 2 vol. avec fig. et planches. 6 fr.

— **Biographie**, ou Dictionnaire historique abrégé des grands hommes, par M. Noel, ancien inspecteur-général des études. 2 volumes. 6 fr.

— **Blanchiment et Blanchissage**, Nettoyage et Dégraissage des fils de lin, coton, laine, soie, etc., par MM. J. de Fontenelle et Rouget de Lisle. 2 vol. avec fig. 6 fr.

— **Boissons économiques**, voyez *Vins de Fruits*.

— **Boissons gazeuses**, voyez *Eaux Gazeuses*.

— **Bonnetier et Fabricant de bas**, renfermant les procédés à suivre pour exécuter, sur le métier et à l'aiguille les divers tissus à maille, par MM. Leblanc et Preaux-Caltot. 1 vol. avec planches. 3 fr.

— **Botanique**, Partie élémentaire, par M. Boitard. 1 vol avec planches. 3 fr. 50
Atlas de botanique pour la partie élémentaire. 1 vol. in-8 renfermant 36 planches. 6 fr.

— **Bottier et Cordonnier.** (*En préparation.*)

— **Boucher**, voyez *Charcutier*.
Tableau figuratif des diverses Qualités de la Viande de Boucherie, in-plano colorié. 1 fr.

— **Boucherie Taxée**, ou Code des Vendeurs et des Acheteurs de Viande, suivi d'un Barême pour l'application du prix à la pesée, par un Magistrat. 1 vol. 1 fr. 50

— **Bougies stéariques et Bougies de paraffine**, traitant de la fabrication des Acides gras concrets, de l'Acide oléique, de la Glycérine, etc., par M. F. Malepeyre. 2 vol. accompagnés de planches. 7 fr.

— **Boulanger**, ou Traité pratique de la Panification

française et étrangère, contenant la connaissance des farines, les moyens de reconnaître leur mélange et leur altération, les principes de la Boulangerie, la construction des pétrins et des fours, la fabrication de toute espèce de pains et de biscuits, par J. Fontenelle et F. Malepeyre. Nouvelle édition entièrement refondue et mise au courant de l'état actuel de cette industrie, par Schield-Treherne. 1 vol. orné de 97 figures dans le texte   4 fr.

Bourrelier et Sellier, contenant la fabrication des harnais de toute sorte pour les chevaux d'attelage et de selle, ainsi que la garniture des voitures, par M. Lebrun. 1 vol. orné de figures. (*En préparation.*)

— **Bourse et ses Spéculations** mises à la portée de tout le monde, par M. Boyard. 1 vol.   2 fr. 50

— **Bouvier.** (*En préparation.*)

— **Brasseur**, ou l'Art de faire toutes sortes de Bières françaises et étrangères, par F. Malepeyre. Nouvelle édition, entièrement revue et complétée par Schield-Treherne, 2 gros vol. accompagnés d'un Atlas de 14 pl.   8 fr.

— **Briquetier, Tuilier**, Fabricant de Carreaux, de tuyaux de Drainage et de Creusets réfractaires, contenant la fabrication de ces matériaux à la main et à la mécanique, et la description des fours et appareils actuellement usités dans ces industries, par MM. F. Malepeyre et A. Romain. 2 vol. accompagnés de planches.   6 fr.

— **Briquets, Allumettes chimiques**, soufrées, phosphorées, amorphes, etc., *Briquets électriques, Lumière électrique* et appareils qui la produisent, par MM. Maigne et A. Brandely. 1 vol. orné de figures.   3 fr.

— **Broderie**, ou Traité complet de cet Art, indiquant la manière de dessiner et d'exécuter toutes sortes de Broderies, ainsi que les Dentelles, la Tapisserie et d'autres ouvrages de Dames, par Mme Celnart. 1 vol. accompagné d'un Atlas de 40 planches. (*En préparation.*)

— **Bronzage des Métaux et du Plâtre**, par MM. Debonliez, Malepeyre, et Lacombe. 1 vol.   1 fr. 25

— **Cadrans solaires, Gnomonique**, voyez *Mathématiques appliquées*.

— **Cadres** (Fabricant de), Passe-Partout, Châssis, Encadrements, suivi de la restauration des tableaux et du nettoyage des gravures, estampes, etc., par J. Saulo et de Saint-Victor. Edition entièrement refondue, par E.-E. Stahl. 1 vol. orné de 27 illustrations.   2 fr.

— **Calculateur**, ou Comptes-Faits utiles aux opérations industrielles, aux comptes d'inventaire, etc., par M. Aug. TERRIÈRE. 1 gros vol. 3 fr. 50

— **Calendrier** (Théorie du) et Collection de tous les calendriers des années passées, présentes et futures, par M. FRANCŒUR, professeur à la Faculté des sciences. 1 vol. *(En préparation)*.

— **Calligraphie**, ou l'Art d'écrire en peu de leçons, d'après la méthode de CARSTAIRS. 1 Atlas in-8 obl. 1 fr.

— **Canotier**, ou Traité universel et raisonné de cet Art, par UN LOUP D'EAU DOUCE. 1 vol. orné de fig. 1 fr. 75

— **Caoutchouc, Gutta-percha, Gomme factice** Tissus imperméables, Toiles cirées et gommées, par M. MAIGNE. 2 vol. accompagnés de planches. 5 fr.

— **Capitaliste**, contenant la pratique de l'escompte et des comptes-courants, d'après la méthode nouvelle, par M. TERRIÈRE, employé à la trésorerie générale de la couronne. 1 gros vol. 3 fr. 50.

— **Carrier**, voyez *Chaufournier, Mines, Sondeur.*

— **Cartes à jouer** (Fabrication des), voyez *Graveur.*

— **Cartes Géographiques** (Construction et Dessin des), par M. PERROT. 1 vol. orné de planches. 2 fr. 50

— **Cartonnier**, Cartier et Fabricant de Cartonnages, par M. LEBRUN. 1 vol. orné de figures. *En préparation.)*

— **100 Entremets**, par Auguste COLOMBIÉ. 1 vol. in-18 jésus, cartonné. (Voir nouvelle Collection, p. 3). 2 fr.

— **Chamoiseur, Maroquinier, Mégissier, Teinturier en peaux, Fabricant de Cuirs vernis, Parcheminier et Gantier**, traitant de l'outillage à la main, des machines nouvelles, et des procédés les plus récents en usage dans ces diverses industries, par MM. JULIA-FONTENELLE, MAIGNE et VILLON. 1 vol. avec fig. 3 fr. 50

— **Chandelier et Cirier**, contenant toutes les opérations usitées dans ces industries, par MM. SÉB. LENORMAND et F. MALEPEYRE. 2 vol. accompagnés de planches. 6 fr.

— **Chapeaux** (Fabricant de) en tous genres, tels que Chapeaux de soie, de feutre, de poils, de plumes et de paille, par MM. CLUZ, F. et JULIA DE FONTENELLE. 1 vol. orné de planches. 3 fr.

— **Charcutier, Boucher et Équarrisseur**, contenant l'élevage et l'engraissement du Porc et de la Truie, l'Art de préparer et de conserver les différentes parties du Cochon, les maniements et le Dépeçage du Bœuf, de la Vache, du Taureau, du Veau, du Mouton et du Cheval, et traitant de l'utilisation des débris, par MM. LEBRUN et MAIGNE. 1 vol. avec figures et planches. 2 fr. 50

On vend séparément :
TABLEAU DES QUALITÉS DE VIANDE, en planc col. 1 fr.

— **Charpentier**, ou Traité complet et simplifié de cet Art, traitant de la Charpente en bois et en fer et de la Manipulation des diverses pièces de Charpente, par MM. Hanus, Biston, Boutereau et Gauché. 2 vol. accompagnés d'un Atlas de 22 planches. 7 fr.

— **Charron-Forgeron**, traitant de l'Atelier, de l'Outillage, des Matériaux mis en œuvre par le Charron, du Travail de la forge, de la Construction du gros et du petit matériel, etc., par M. G. Marin-Darbel. 1 vol. orné de nombreuses figures et accompagné de planches. 3 fr. 50

— **Chasselas**, sa culture à Fontainebleau, par un Vigneron des environs. 1 vol. avec fig. (*En préparation.*)

— **Chasseur**, ou Traité général de toutes les chasses à courre et à tir, suivi d'un Vocabulaire des termes de Chasse et de la Législation, par MM. de Mersan, Boyard et Robert. 1 vol. contenant la musique des principales fanfares. 3 fr.

— **Chaudronnier et Tôlier**, contenant l'Art de travailler au marteau le cuivre, la tôle et le fer-blanc, ainsi que les travaux d'Estampage et d'Etampage, par MM. Jullien, Valério et Casalonga, ingénieurs civils. 1 vol. et 1 Atlas in-18 de 20 planches. 5 fr.

— **Chauffage et Ventilation** des Bâtiments publics et privés, au moyen de l'air chaud, de l'eau chaude et de la vapeur, Chauffage des Bains, des Serres, des Vins, et des Vagons de chemins de fer, par M. A. Romain. 1 vol. accompagné de planches et orné de figures. 3 fr.

— **Chaufournier, Plâtrier, Carrier et Bitumier**, contenant l'exploitation des Carrières et la fabrication du Plâtre, des différentes Chaux, des Ciments, Mortiers, Bétons, Bitumes, Asphaltes, etc., par MM. D. Magnier et A. Romain. Nouvelle édition. 1 vol. accompagné de planches. 3 fr. 50

— **Chaussures (Imperméabilisation des)**, voyez *Encres*.

— **Chemins de Fer**, contenant des études comparatives sur les divers systèmes de la voie et du matériel, le Formulaire des charges et conditions pour l'établissement des travaux, etc., par M. E. With. 2 vol. avec atlas 7 fr.

— **Cheval (Education et dressage du)** monté et attelé, traitant de son hygiène et des remèdes qui lui conviennent, par M. de Montigny. 1 vol. avec planches. 3 fr.

— **Chimie Agricole**, par MM. Davy et Vergnaud. 1 vol. orné de figures. 3 fr. 50

— **Chimie analytique**, contenant des notions sur les

manipulations chimiques, les éléments d'analyse inorganique, qualitative et quantitative, et des principes de chimie organique, par MM. Will, F. Vœhler, J. Liebig et Malepeyre. 2 vol. ornés de planches et de tableaux. 5 fr.

— **Chimie appliquée**, voyez *Produits chimiques*.

— **Chirurgie**, voyez *Médecine, Instruments de chirurgie*.

— **Chocolatier**, voyez *Confiseur et Chocolatier*.

— **Cidre et Poiré** (Fabricant de), traitant de la Culture et de la Greffe des meilleures variétés de fruits propres à faire le Cidre et le Poiré, ainsi que des Méthodes nouvelles et des Appareils perfectionnés employés dans cette industrie, par MM. Dubief, F. Malepeyre et le Comte de Valicourt. 1 vol. orné de figures. 3 fr.

— **Cirage**, voyez *Encres, Papetier-régleur*.

— **Cire à cacheter** (Fabrication de la), voyez *Papetier-régleur, Papiers de Fantaisie*.

— **Ciseleur**, contenant la description des procédés de l'Art de ciseler et repousser tous les métaux ductiles, bijouterie, orfèvrerie, armures, bronzes, etc., par M. Jean Garnier, ciseleur-sculpteur. 1 v. orné de fig. (*En préparation*.)

— **Clichage** en matière et galvanique, voyez *Graveur*.

— **Coiffeur**, contenant l'Art de se coiffer soi-même par M. Villaret. 1 vol. orné de figures. 2 fr. 50

— **Colles** (Fabrication de toutes sortes de), comprenant celles de matières végétales, animales et composées, par M. Malepeyre. 1 vol. orné de planches (*En préparation*.)

— **Coloriste**, contenant le mélange et l'emploi des Couleurs, ainsi que l'Enluminure, le Lavis, le coloriage à la main et au patron, etc., par MM. Perrot, Blanchard, Thillaye et Vergnaud. 1 vol. (*En préparation*.)

— **Commerce, Banque et Change**, contenant tout ce qui est relatif aux effets de Commerce, à la tenue des livres, à la comptabilité, à la bourse, aux emprunts, etc., par M. Gallas, suivi de la Méthode nouvelle pour le calcul des intérêts a tous les taux, par M. Pijon. 2 vol. 6 fr.

— **Commissaires-Priseurs**, voyez *Aspirants* aux fonctions de Commissaires-Priseurs.

— **Compagnie** (Bonne), ou Guide de la Politesse et de la Bienséance, par madame Celnart. 1 vol. 1 fr. 75

— **Comptes-Faits**, voyez *Calculateur, Capitaliste, Poids et Mesures* (Barême des).

— **Confiseur et Chocolatier**, contenant les derniers perfectionnements apportés à ces Arts, par MM. Cardelli et Lionnet-Clémandot. Nouvelle édition complètement refondue par M. A. M. Villon, ingénieur-chimiste. 1 vol. avec nombreuses illustrations. 4 fr.

— **Conserves alimentaires**, voyez *Alimentation*.

— **Construction moderne** (La), ou Traité de l'Art de bâtir avec solidité, économie et durée, comprenant la Construction, l'histoire de l'Architecture et l'Ornementation des édifices, par M. Bataille, architecte, ancien professeur. 1 vol. et Atlas grand in-8° de 44 planches. 15 fr.

— **Constructions agricoles**, traitant des matériaux et de leur emploi dans les Constructions destinées au logement des Cultivateurs, des Animaux et des Produits agricoles dans les petites, les moyennes et les grandes exploitations, par M. G. Heuzé, inspecteur de l'agriculture. 1 vol. accompagné d'un Atlas de 16 pl. grand in-8°. 7 fr.

— **Contre-Poisons**, ou Traitement des individus empoisonnés, asphyxiés, noyés ou mordus, par M. le Docteur H. Chaussier. 1 vol. 2 fr. 50

— **Contributions Directes**, Guide des Contribuables, par M. Boyard. 1 vol. *(En préparation.)*

— **Cordier**, contenant la culture des Plantes textiles, l'extraction de la Filasse, et la fabrication de toutes sortes de cordes, par M. Boitard. 1 vol. orné de fig. *(En préparation.)*

— **Cordon bleu** (le), nouvelle Cuisinière bourgeoise, par Mlle Marguerite. 11e édition. 1 vol. in-18 jésus, orné de figures dans le texte. *(En préparation.)*

— **Correspondance Commerciale**, contenant les Termes de commerce, les Modèles et Formules épistolaires et de comptabilité, etc., par MM. Rees-Lestienne et Trémery. 1 vol. *(En préparation.)*

— **Corroyeur**, voyez *Tanneur*.

— **Couleurs** (Fabricant de) à l'huile et à l'eau, Laques, Couleurs hygiéniques, Couleurs fines, etc., par MM. Riffault, Vergnaud, Toussaint et Malepeyre. 2 volumes accompagnés de planches. 7 fr.

— **Couleurs vitrifiables et Emaux**, voyez *Peinture sur Verre, sur Porcelaine et sur Email*.

— **Coupe des Pierres**, contenant des notions de Géométrie élémentaire et descriptive, ainsi que l'art du Trait appliqué à la Stéréotomie, par MM. Toussaint et H. M.-M., architectes. 1 vol. avec Atlas. 5 fr.

— **Coutelier**, ou l'Art de faire tous les Ouvrages de Coutellerie, par M. Landrin, ingénieur civil. 1 vol. *(En préparation.)*

— **Couvreur**, voyez *Plombier*.
— **Crustacés** (Hist. natur. des), par MM. Bosc et Desmarest, etc. 2 vol. ornés de planches.   6 fr.
— **Cuirs vernis**, voyez *Chamoiseur*.
— **Cuisinier et Cuisinière**. (*En préparation*.)
— **Cultivateur Forestier**, contenant l'Art de cultiver en forêts tous les Arbres indigènes et exotiques, par M. Boitard. 2 vol.   5 fr.
— **Cultivateur Français**, ou l'Art de bien cultiver les Terres et d'en retirer un grand profit, par M. Thiébaut de Berneaud. 2 vol. ornés de figures.   5 fr.
— **Dames**, ou l'Art de l'Elégance, traitant des Objets de toilette, d'ameublement et de voyage qui conviennent aux Dames, par madame Celnart. 1 vol.   3 fr.
— **Danse**, ou Traité théorique et pratique de cet Art, contenant toutes les *Danses de Société* et la Théorie de la Danse théâtrale, par Blasis et Lemaitre 1 vol.   1 fr. 25
— **Décorateur-Ornementiste**. (*En préparation*.)
— **Dentelles**, V. *Broderie*.
— **Dessin Linéaire**, par M. Allain, entrepreneur de travaux publics. 1 vol. avec Atlas de 20 planches.   5 fr.
— **Dessinateur**, ou Traité complet du Dessin, par M. Boutereau, professeur. 1 volume accompagné d'un Atlas de 20 planches, dont quelques-unes coloriées.   5 fr.
— **Distillateur-Liquoriste**, contenant les Formules des Liqueurs les plus répandues, les parfums, substances colorantes, etc., par MM. Lebeaud, Julia de Fontenelle et Malepeyre. 1 gros volume.   3 fr. 50
— **Distillation des Grains et des Mélasses**, par MM. F. Malepeyre et Alb. Larbalétrier. 1 vol accompagné d'un Atlas de 9 planches in-8°.   5 fr.
— **Distillation des Pommes de terre et des Betteraves**, par MM. Hourier et Malepeyre. 1 vol. accompagné de planches. (*En préparation*.)
— **Distillation des Vins**, des Marcs, des Moûts, des Fruits, des Cidres, etc., par M. F. Malepeyre. Nouvelle édition revue, corrigée et considérablement augmentée par M. Raymond Brunet, ingénieur-agronome. 1 vol.   3 fr.
— **Domestiques**, ou l'Art de former de bons serviteurs ; Conseils aux Cuisinières, Valets et Femmes de chambre, Bonnes d'enfants et Cochers, par madame Celnart. 1 vol.   2 fr. 50
— **Dorure, Argenture, Nickelage, Platinage sur Métaux**, au feu, au trempé, à la feuille, au pinceau, au pouce et par la méthode électro-métallurgique, traitant

2.

de l'application à l'Horlogerie de la dorure et de l'argenture galvaniques, et de la coloration des Métaux par les oxydes métalliques et l'Electricité, par MM. MATHEY, MAIGNE et A. VILLON. 1 vol. orné de figures. 3 fr. 50

— **Dorure sur bois** à l'eau et à la mixtion, par les procédés anciens et nouveaux, traitant des Peintures laquées sur Meubles et sur Sièges, par M. SAULO. 1 vol. 1 fr. 50

— **Drainage simplifié**, mis à la portée des Campagnes, suivi de la législation relative au Drainage, par M. DE LA HODDE. 1 petit vol. orné de fig. 90 c.

— **Draps** (Fabricant de), voyez *Tissus*.

— **Eaux et Boissons Gazeuses**, ou Description des méthodes et des appareils les plus usités dans cette industrie, le bouchage des bouteilles et des siphons, la Gazéification des Vins, Bières et Cidres, etc. Nouv. édit. augmentée des Boissons angl. et améric., par L. GASQUET, Ingénieur des Arts et Manufactures, et JARRE, Ingénieur. 1 vol. orné de 140 fig. dans le texte. 4 fr.

— **Eaux-de-Vie** (Negociant en), Liquoriste, Marchand de Vins et Distillateur, par MM. RAVON et MALEPEYRE. Nouvelle édition revue, corrigée et augmentée par RAYMOND BRUNET, ingénieur-agronome. 1 vol. 1 fr.

— **Ebeniste et Tabletier**, traitant des Bois, de leur Teinture et de leur Apprêt, de l'Outillage, du Débitage des bois de placage, de la fabrication et de la réparation des Meubles de tout genre et du travail de la Tabletterie, par MM. NOSBAN et MAIGNE. 1 vol orné de figures et accompagné de planches. 3 fr. 50

— **Economie domestique**, V. *Maîtresse de Maison*.

— **Electricité atmosphérique**, ou Instructions pour établir les Paratonnerres et les Paragrêles, par M. RIFFAULT. 1 vol. avec planche. 2 fr. 50

— **Electricité médicale**, ou Eléments d'Electro-Biologie, suivi d'un Traité sur la Vision, par M. SMEE, traduit par M. MAGNIER. 1 vol. orné de figures 3 fr.

— **Eléments culinaires** (les) à l'usage des jeunes filles, par Auguste COLOMBIÉ. 1 vol. in-18 jésus, cartonné (Voir nouvelle Collection, page 3). 3 fr.

*— **de l'Eleveur de Faisans**, par H.-L.-Alph. BLANCHON. 1 vol. in-18 jésus, orné de 31 figures dans le texte (Voir nouvelle Collection, page 3). 2 fr.

*— **de l'Eleveur de Lapins**, par WILLEMIN. 1 vol. in-18 jésus, orné de 24 figures dans le texte (Voir nouvelle Collection, page 3). 2 fr. 50

*— **de l'Eleveur de Pigeons**, par H.-L.-Alph. BLAN-

chon. 1 vol. in-18 jésus, orné de 44 figures dans le texte (Voir nouvelle Collection, page 3) 3 fr.
— de l'Eleveur de Poules, par H.-L.-Alph. Blanchon. 1 vol. in-18 jésus, orné de 67 figures dans le texte (Voir nouvelle Collection, page 3). 3 fr.
— Encres (Fabricant d') de toute sorte, telles que Encres d'écriture, Encres à copier, Encres d'impression typographique, lithographique et de taille douce, Encres de couleurs, Encres sympathiques, etc., suivi de la *Fabrication des Cirages* et de l'*Imperméabilisation des Chaussures*, par MM. de Champour, F. Malepeyre et A. Villon. 1 v. 3 fr. 50
— Engrais (Fabrication et application des) animaux, végétaux et minéraux et des Engrais chimiques, ou Traité théorique et pratique de la nutrition des plantes, par MM. Eug. et Henri Landrin et M. Alb. Larbalétrier. 1 vol. orné de figures. 3 fr.
— Engrenages, voyez *Filature du Coton*.
— Entomologie élémentaire, ou Entretiens sur les Insectes en général, mis à la portée de la jeunesse, par M. Boyer de Fonscolombe. 1 gros vol. 3 fr.
— Epistolaire (Style), Choix de lettres puisées dans nos meilleurs auteurs et Instructions sur le Style, par M. Biscarrat et Mme la comtesse d'Hautpoul. 1 vol. 2 fr. 50
— Equarrisseur, voyez *Charcutier*.
— Equitation, traitant du manège civil, du manège militaire, de l'Equitation des Dames, etc., par MM. Vergnaud et d'Attanoux. 1 vol. orné de figures. 3 fr.
— Escaliers en Bois (Construction des), traitant de la manipulation et du posage des Escaliers à une ou plusieurs rampes, de tous les modèles et s'adaptant à toutes les constructions, par M. Boutereau. 1 vol. et Atlas grand in-8º de 20 planches gravées sur acier. 5 fr.
— Escrime, ou Traité de l'Art de faire des armes, par M. Lafaugère. 1 vol. orné de figures. 2 fr. 50
— Etat Civil (Officier de l'), traitant de la Tenue des Registres et de la Rédaction des Actes, par M. Lemolt. 1 vol. 2 fr. 50
— Etoffes imprimées et Papiers peints (Fabricant d') traitant de l'Impression des Etoffes de coton, de lin, de laine, de soie, et des Papiers destinés à l'Ameublement et à la Décoration des appartements, par MM. Séb. Lenormand et Veronaud. 1 v. avec planch. (*En préparation*)
— Falsifications des Drogues simples ou composées, moyens de les reconnaître, par M. Pédroni, chimiste. 1 vol. avec planche. **2 fr. 50**

— **Ferblantier-Lampiste**, ou Art de confectionner tous les Ustensiles en fer-blanc, de les souder, de les réparer, etc., suivi de la fabrication des Lampes et des Appareils d'éclairage, par MM. Lebrun, Malepeyre et A. Romain. 1 vol. orné de fig. et accompagné de planches. 3 f. 50

— **Fermier**, ou l'Agriculture simplifiée et mise à la portée de tout le monde, par M. de Lépinois. 1 vol. 2 fr. 50

— **Fermière** (Bonne), voyez *Habitants de la Campagne*.

— **Filature du Chanvre, de l'Etoupe et du Lin**, voyez page 36.

— **Filature du Coton**, contenant la description des Métiers à filer le coton, diverses formules pour apprécier la résistance des Appareils mécaniques, et un Traité des engrenages, par M. Drapier. 1 vol. avec planches. (*En préparation.*)

— **Fleuriste artificiel et Feuillagiste**, ou l'Art d'imiter toute espèce de Fleurs, de Feuillage et de Fruits. 1 vol. orné de figures. (*En préparation.*)

On peut se procurer des *modèles coloriés*, dessinés d'après nature, par Redouté. La planche :   1 fr.

— **Fondeur**, traitant de la Fonderie du fer, de l'acier, du cuivre, du bronze et du laiton, de la fonte des statues, des cloches, etc., par MM. A. Gillot et L. Lockert, ingénieurs. 2 vol. accompagnés de 8 planches.   7 fr.

— **Fontainier**, voy. *Mécanicien-Fontainier, Sondeur*.

— **Forestier praticien** (le) et Guide des Gardes Champêtres, traitant de la Conservation des Semis, de l'Aménagement, de l'Exploitation, etc., etc., des Forêts, par MM. Crinon et Vasserot. 1 vol.   1 fr. 25

— **Forgeron, Maréchal, Taillandier**, voyez *Charron, Machines-Outils, Serrurier*.

— **Forges** (Maître de), ou Traité théorique et pratique de l'Art de travailler le fer, la fonte et l'acier, par M. Landrin. 2 vol. accompagnés de planches.   6 fr.

— **Galvanoplastie**, ou Traité complet des Manipulations électro-métallurgiques, contenant tous les procédés les plus récents et les plus usités, par M. A. Brandely ingénieur. 2 vol. ornés de vignettes.   6 fr.

— **Gants** (Fabricant de), voyez *Chamoiseur*.

— **Gardes Champêtres, Gardes Forestiers, Gardes-Pêche, et Gardes-Chasse**, par M. Boyard, ancien président à la Cour d'Orléans, M. Vasserot, ancien sous-préfet, M. V. Emion et M. L. Crevat, juges de paix, 1 vol. 2 fr. 50

— **Gardes-Malades**, et personnes qui veulent se soigner elles-mêmes, par M. le docteur Morin. 1 vol. 2 fr. 50

— **Gaz** (Appareilleur à), voyez *Plombier*.

— **Gaz** (Eclairage et Chauffage au), ou Traité élémentaire et pratique destiné aux Ingénieurs, aux Directeurs et aux Contre-Maîtres d'Usines à Gaz, mis à la portée de tout le monde, suivi d'un *Aide-Mémoire de l'Ingénieur-Gazier*, par M. D. Magnier, ingénieur-gazier. Nouvelle édition corrigée, augmentée et entièrement refondue, par E. Bancelin, ancien élève de l'Ecole polytechnique, ancien sous-régisseur d'usine de la Cie Parisienne du Gaz. 2 vol. ornés de 322 figures dans le texte. 8 fr.

On a extrait de ce Manuel l'ouvrage suivant :

Aide-Mémoire de l'Ingénieur-Gazier, contenant les Notions et les Formules nécessaires aux personnes qui s'occupent de la Fabrication et de l'Emploi du Gaz. Br. in-18. 75 c.

— **Géographie de la France**, divisée par bassins, par M. Loriol (*Autorisé par l'Université*). 1 vol. 2 fr. 50

— **Géographie physique**, ou Introduction à l'étude de la Géologie, par M. Huot. 1 vol. 3 fr.

— **Géologie**, ou Traité élémentaire de cette science, par MM. Huot et d'Orbigny. 1 vol. orné de planches. 3 fr.

— **Glaces** (Fabrication des), voyez *Verrier*.

— **Glacier**, voyez *Limonadier*.

— **Glycérine** (Fab. de la), voyez *Bougies stéariques*.

— **Gouache**, voyez *Peinture à l'Aquarelle*.

— **Gourmands**, ou l'Art de faire les honneurs de sa table, par Cardelli. 1 vol. 3 fr.

— **Graveur**, ou Traité complet de la Gravure en creux et en relief, Eau-forte, Taille douce, Héliogravure, Gravure sur bois et sur métal, Photogravure, Similigravure, Procédés divers, Clichage des gravures en plomb et en galvanoplastie, Fabrication des Cartes à jouer, Gravure de la musique, etc., par M. Villon. 2 volumes ornés de figures. 6 fr.

— **Greffes** (Monographie des), ou Description des diverses sortes de Greffes employées pour la multiplication des végétaux, par M. Thouin, de l'Institut, etc. 1 vol. orné de 8 planches. 2 fr. 50

— **Greffiers**, voyez *Aspirants* aux fonctions de Greffier.

— **Grillages**, voyez *Treillageur*, 2e partie.

— **Gutta-Percha**, voyez *Caoutchouc*.

— **Gymnastique**, par M. le colonel Amoros. (*Ouvrage*

couronné par l'Institut, admis par l'Université, etc.)
2 vol. et Atlas. 10 fr. 50

— **Habitants de la Campagne** et Bonne Fermière, contenant tous les moyens de faire valoir, de la manière la plus profitable, les terres, le bétail, les récoltes, etc., par Madame Celnart, 1 vol. 2 fr. 50

— **Histoire naturelle médicale et de Pharmacographie**, ou Tableau des Produits que la Médecine et les Arts empruntent à l'Histoire naturelle, par M. Lesson, ancien pharmacien de la marine à Rochefort. 2 volumes. 5 fr.

— **Horloger**, comprenant la Construction détaillée de l'Horlogerie ordinaire et de précision, et, en général, de toutes les machines propres à mesurer le temps ; par Lenormand, Janvier et Magnier, revu par L. S.-T. Nouvelle édition entièrement refondue et augmentée de l'Horlogerie Electrique, l'Horlogerie Pneumatique et la Boîte à Musique, par E. Stahl. 2 vol. accompagnés d'un Atlas de 15 planches. 7 fr.

— **Horloger-Rhabilleur**, traitant du rhabillage et du réglage des Montres et des Pendules, augmenté de : **Corrélation du Pendule au rochet** avec le levier de la Force motrice. Etude mécanique appliquée à l'Horlogerie, par M. J.-E. Persegol. 1 vol. orné de figures et planches. 2 fr. 50

On vend séparément :
Corrélation du Pendule au rochet. 50 c.

— **Huiles minérales**, leur Fabrication et leur Emploi à l'Eclairage et au Chauffage, par M. D. Magnier, ingénieur. 1 vol. accompagné de planches. 3 fr. 50

— **Huiles végétales et animales** (Fabricant et Epurateur d'), comprenant la Fabrication des Huiles et les méthodes les plus usuelles de les essayer et de reconnaître leur sophistication, par MM. J. de Fontenelle, F. Malepeyre et Ad. Dalican. 2 vol. avec 8 planches. 6 fr.

— **Huissiers**, voy. *Aspirants* aux fonctions d'Huissiers.

— **Hydroscope**, voyez *Sondeur*.

— **Hygiène**, ou l'Art de conserver sa santé, par le docteur Morin. 1 vol. 3 fr.

— **Imperméabilisation**, voyez *Caoutchouc*.

— **Indiennes** (Fabricant d'), renfermant les Impressions des Laines, des Châles et des Soies, par MM. Thillaye et Vergnaud. 1 vol. accompagné de planches. 3 fr. 50

— **Instruments de Chirurgie** (Fabricant d'), Traité de la fabrication et de l'emploi des Instruments employés dans les opérations chirurgicales, par M. H.-C. LANDRIN. 1 gros vol. avec planches. 3 fr. 50

— **Irrigations et assainissement des Terres,** ou Traité de l'emploi des Eaux en agriculture, par M. le Marquis DE PARETO, 3 vol. accompagnés de deux Atlas composés de 40 planches in-folio et de tableaux. 18 fr.

— **Ivoirier,** voyez *Marqueteur.*

— **de Jardinage et d'Horticulture,** par Albert MAUMENÉ, Professeur d'horticulture, Diplômé de l'Ecole d'arboriculture de Paris, Lauréat des Cours d'horticulture et Boursier du département de la Seine ; avec la collaboration de Claude TRÉBIGNAUD, arboriculteur. 1 vol. in-18 jésus orné de 275 figures dans le texte. Voir nouvelle Collection. page 3. 6 fr.

— **Jaugeage,** voyez *Tonnelier.*

— **Jeunes gens,** ou Sciences, Arts et Récréations qui leur conviennent, et dont ils peuvent s'occuper avec agrément et utilité, par M. VERGNAUD. 2 vol. ornés de fig. 6 fr.

— **Jeux d'Adresse et d'Agilité,** contenant les Jeux et les Récréations d'intérieur et en plein air, à l'usage des enfants, des jeunes gens et des jeunes filles de tout âge, et des grandes personnes, par M. DUMONT. 1 vol. orné de figures. 3 fr.

— **Jeux de Calcul et de Hasard,** ou nouvelle Académie des Jeux, comprenant les Jeux de Dés, de Roulette, de Trictrac, de Dames, d'Echecs, de Billard, etc., par M. LEBRUN. 1 vol. (*En préparation.*)

— **Jeux de Cartes,** tels que l'Ecarté, le Piquet, le Whist, la Bouillotte, le Bésigue, le Trente et un, le Baccarat, le Lansquenet, etc. 1 vol. (*En préparation.*)

— **Jeux de Société,** renfermant les Rondes enfantines, les Jeux innocents, les Pénitences, les Jeux d'esprit, les Jeux de Salon les plus en usage dans les réunions intimes, par Madame CELNART. 1 vol. 2 fr. 50

— **Justices de Paix,** ou Traité des Compétences et Attributions tant anciennes que nouvelles, en toutes matières, par M. BIRET, ancien magistrat. 1 vol. 3 fr. 50

— **Laiterie,** ou Traité de toutes les méthodes en usage pour traiter et conserver le Lait, faire le Beurre, confectionner les Fromages français et étrangers, et reconnaître les Falsifications de ces substances alimentaires, par M. MAIGNE. 1 vol. orné de figures. 3 fr.

— **Lampiste,** voyez *Ferblantier.*

— **Langage** (Pureté du), par M. BLONDIN. 1 vol. 1 fr. 50

— **Langage** (Pureté du), par MM. Biscarrat et Boniface. 1 vol. 2 fr. 50

— **Levure** (Fabricant de), traitant de sa composition chimique, de sa production et de son emploi dans l'industrie, principalement dans la Brasserie, la Distillation, la Boulangerie, la Pâtisserie, l'Amidonnerie, la Papeterie, par M. F. Malepeyre. 1 vol. orné de figures. 2 fr. 50

— **Limonadier**, Glacier, Cafetier et Amateur de thés, contenant la fabrication de la Glace et des Boissons frappées ou rafraîchissantes, par MM. Chautard et Julia de Fontenelle. 1 vol. accomp. de planch. (*En préparation.*)

— **Liqueurs**, voyez *Distillateur, Liquides.*

— **Lithographe** (Imprimeur et Dessinateur), traitant de l'Autographie, la Lithographie mécanique, la Chromolithographie, la Lithophotographie, la Zincographie, et des procédés nouveaux en usage dans cette industrie, par M. Villon. 2 vol. et Atlas in-18. 9 fr.

— **Liquides** (Amélioration des), tels que Vins, Vins mousseux, Alcools, Spiritueux, Vinaigres, etc., contenant les meilleures formules pour le coupage et l'imitation des Vins de tous les crus, des Liqueurs, des Sirops, des Vinaigres, etc., par M. Lebeuf. 1 vol. 3 fr.

— **Littérature** à l'usage des deux sexes, par madame d'Hautpoul. 1 vol. 1 fr. 75

— **Locomotion mécanique**, voyez *Vélocipédie.*

— **Lumière électrique**, voyez *Briquets.*

— **Luthier**, ou Traité de la construction des Instruments à cordes et à archet, tels que le Violon, l'Alto, le Violoncelle, la Contrebasse, la Guitare, la Mandoline, la Harpe, les Monocordes, la Vielle, etc., traitant de la Fabrication des Cordes harmoniques en boyau et en métal, par MM. Maugin et Maigne. Nouvelle édition suivie du mémoire sur la construction des instruments à cordes et à archet, par F. Savart. 1 vol. avec fig. et planch. 3 fr. 50

— **Machines à Vapeur** appliquées à la Marine, par M. Janvier. 1 vol. avec planches. 3 fr. 50

— **Machines Locomotives** (Constructeur de), par M. Jullien, ingénieur civil. 1 volume avec Atlas. 5 fr.

— **Machines-Outils** employées dans les usines et ateliers de construction, pour le Travail des Métaux, par M. Chrétien. 2 vol. et atlas de 16 pl. grand in-8°. 10 fr. 50
Le même ouvrage. 1 vol. in-8° jésus, renfermant l'Atlas. Voyez page 35. 12 fr.

— **Maçon, Stucateur, Carreleur et Paveur**, contenant l'emploi, dans ces industries, des matières cal-

caires et siliceuses, ainsi que la construction des Bâti
ments de ville et de campagne, et les méthodes de Pavage
expérimentées dans les grandes villes, par MM. Toussaint,
D. Magnier, G. Picat et A. Romain. 1 vol. orné de figures et accompagné de 7 planches. 3 fr. 50

— **Maires, Adjoints, Conseillers et Officiers
municipaux**, rédigé *par ordre alphabétique*, par M. Ch.
Vasserot, ancien adjoint. 1 gros vol. 3 fr. 50

— **Maître d'Hôtel**, ou Traité complet des menus, mis
à la portée de tout le monde, par M. Chevrier. 1 vol. orné
de figures. 3 fr.

— **Maîtresse de Maison**, ou Conseils et Recettes
sur l'Economie domestique, par MM^{mes} Pariset et Celnart.
1 vol. 2 fr. 50

— **Mammalogie**, ou Histoire naturelle des Mammifères, par M. Lesson. 1 gros vol. 3 fr. 50

— **Marbrier, Constructeur et Propriétaire de
maisons**, contenant des Notions pratiques sur les Marbres, ainsi que des Modèles de Monuments funèbres, de
Cheminées, de Vases et d'Ornements de toute nature, par
MM. B. et M. 1 vol. avec un Atlas de 20 planches. 7 fr.

— **Marine**, Gréement, manœuvre du Navire et Artillerie, par M. Verdier. 2 vol. ornés de figures. 5 fr.

— **Maroquinier**, voyez *Chamoiseur*.

— **Marqueteur et Ivoirier**, traitant de la fabrication des meubles et des objets meublants en marqueterie
et en incrustation, de la Tabletterie-Ivoirerie, du travail
de l'Ivoire, de l'Os, de la Corne, de la Baleine, de la Nacre,
de l'Ambre, etc., par MM. Maigne et Robichon. 1 vol.
orné de figures. 3 fr. 50

— **Mathématiques appliquées**, Notions élémentaires sur les Lois du mouvement des corps solides, de
l'Hydraulique, de l'Air, du Son, de la Lumière, des Levés
de terrains et nivellement, du Tracé des Cadrans solaires,
etc., par M. Richard. 1 vol. avec figures. 3 fr.

— **Mécanicien-Fontainier**, comprenant la Conduite
et la Distribution des Eaux, le mesurage aux Compteurs
et à la Jauge, la Filtration, la fabrication des Robinets, des
Fontaines, des Bornes, des Bouches d'eau, des Garde-robes,
etc., par MM. Biston, Janvier, Malepeyre et A. Romain.
1 vol. avec figures et planches. 3 fr. 50

— **Mécanique**, ou Exposition élémentaire des lois de
l'Equilibre et du Mouvement des Corps solides, par M. Terquem. 1 gros vol. orné de planches. 3 fr. 50

— **Mécanique appliquée à l'Industrie**, voyez *Technologie mécanique.*

— **Médecine et Chirurgie domestiques**, contenant les moyens les plus simples et les plus rationnels pour la guérison de toutes les maladies, par M. le docteur Morin. 1 vol. (*En préparation*)

— **Mégissier**, voyez *Chamoiseur.*

— **Menuisier en bâtiments, Layetier-Emballeur**, traitant des Bois employés dans la menuiserie, de l'Outillage, du Trait, de la Construction des Escaliers, du Travail du Bois, etc., par MM. Nosban et Maigne. 2 vol. accompagnés de planches et ornés de figures. 6 fr.

— **Métaux** (Travail des), voyez *Machines-Outils, Tourneur, Charron, Chaudronnier, Ferblantier.*

— **Meunier**. (*En préparation.*)

— **Microscope** (Observateur au). Description du Microscope et ses diverses applications, par M. F. Dujardin, ancien professeur à la Faculté des Sciences de Rennes. 1 vol. avec Atlas de 30 planches. 10 fr. 50

— **Minéralogie**, ou Tableau des Substances minérales, par M. Huot. 2 vol. ornés de figures. 6 fr.

Atlas de Minéralogie, composé de 40 planches représentant la plupart des Minéraux décrits dans l'ouvrage ci-dessus ; fig. noires. 3 fr.

— **Mines** (Exploitation des).
2º partie, Métaux précieux et industriels, Soufre, Sel, Diamant, par M. L. Knab, ingénieur. 1 vol. avec pl. 3 fr. 50

— **Miniature**, voyez *Peinture à l'Aquarelle.*

— **Morale**, ou Droits et Devoirs dans la Société. 1 volume. 75 c.

— **Morale** (La) de l'Enfance, par le vicomte de Morel-Vindé. 1 vol. in-18 cartonné. 1 fr.

— **Moraliste**, ou Pensées et Maximes instructives pour tous les âges de la vie, par M. Tremblay. 2 vol. 5 fr.

— **Mouleur**, ou Art de mouler en Plâtre, au Ciment, à l'argile, à la cire, à la gélatine, traitant du Moulage du carton, du carton-pierre, du carton-cuir, du carton-toile, du bois, de l'écaille, de la corne, de la baleine, du celluloïd, etc., contenant le moulage et le clichage des médailles, par MM. Lebrun, Magnier, Robert et De Valicourt. 1 vol. orné de figures. 3 fr. 50

— **Moutardier**, voyez *Vinaigrier.*

— **Musique simplifiée**, ou Grammaire élémentaire contenant les principes de cet Art, par M. Led'huy. 1 vol. accompagné de musique. 1 fr. 50

— **Musique Vocale et Instrumentale**, ou Encyclopédie musicale, par M. Choron, fondateur du Conservatoire de Musique classique et religieuse, et M. De Lafage, professeur de Chant et de composition.

— Première partie : Exécution, Connaissances élémentaires, Sons, Notations, Instruments. 1 vol. et Atlas. *(En préparation.)*

— Deuxième partie : Composition. Mélodie et Harmonie, Contre-Point, Imitation, Instrumentation, Musique vocale et instrumentale d'Église, de Chambre et de Théâtre. 3 vol. et 3 Atlas. *(En préparation.)*

— Troisième partie : Complément ou Accessoire. Théorie physico-mathématique. Institutions. Histoire de la musique. Bibliographie. Résumé général. 2 volumes et Atlas. 10 fr. 50

SOLFÈGES, MÉTHODES

Méthode de Trompette		Méthode de Guitare.	3 »
et Trombone.	» 75	— de Cor anglais	1 75
Méthode de Harpe.	3 50		

— **Mythologies** grecque, romaine, égyptienne, syrienne, africaine, etc., par M. Dubois. *Ouvrage autorisé par l'Université.* 1 vol. 2 fr. 50

— **Naturaliste préparateur**, 1re *partie* : Classification, Recherche des Objets d'histoire naturelle et leur emballage, Disposition et Conservation des Collections, par M. Boitard. 1 vol. orné de figures. 3 fr.

— *Seconde partie* : Art de préparer et d'empailler les Animaux, de conserver les Végétaux et les Minéraux, de préparer les Pièces d'Anatomie normale et d'embaumer les corps, par MM. Boitard et Maigne. 1 vol. orné de figures. 3 fr. 50

— **Navigation**, contenant la manière de se servir de l'Octant et du Sextant, les méthodes usuelles d'astronomie nautique, suivi d'un Supplément contenant les méthodes de calcul exigées des candidats au grade de Maître au cabotage, par M. Giquel, professeur d'hydrographie. 1 vol. accompagné d'une planche. 2 fr. 50

— **Notaires**, voyez *Aspirants* aux fonctions de Notaires.

*— **Numismatique ancienne**, par M. A. de Barthélemy, Membre de l'Institut. 1 gros vol. accompagné d'un Atlas renfermant 12 planches. 7 fr.

*— **Numismatique moderne et du moyen âge**, par M. Ad. Blanchet. 3 vol accompagnés d'un Atlas renfermant 14 planches. 15 fr.

— **Oiseaux (Eleveur d')**, ou Art de l'Oiselier, contenant la Description des principales espèces d'Oiseaux indigènes et exotiques susceptibles d'être élevés en captivité; leur nourriture, leur reproduction, leurs maladies, etc., par M. G. Schmitt. 1 vol. 1 fr. 75

— **Oiseleur**, ou Secrets anciens et modernes de la Chasse aux Oiseaux, traitant de la Fabrication et de l'emploi des Filets et des Pièges, par J. G. et Conrard. 1 vol. orné de planches et de 48 figures dans le texte. Nouvelle édition. 3 fr. 50

— **Organiste**, 1re PARTIE, contenant l'histoire de l'Orgue, sa description, la manière de le jouer, etc., par M. Georges Schmitt. 1 vol. avec fig. et musique. 2 fr. 50

— **Organiste**, 2e PARTIE, contenant l'expertise de l'Orgue, sa description, la manière de l'entretenir et de l'accorder soi-même, suivi de Procès-verbaux pour la réception des Orgues de toute espèce, par M. Charles Simon. 1 vol. orné de planches et de musique. (*En préparation.*)

— **Orgues** (Facteur d'), ou Traité théorique et pratique de l'Art de construire les Orgues, contenant le travail de Dom Bédos et les perfectionnements de la facture jusqu'à nos jours, par M. Hamel. 3 vol. avec Atlas in-folio. (*En préparation.*)

— **Ornementiste**, voyez *Décorateur*.

— **Ornithologie**, ou Description des genres et des principales espèces d'oiseaux, par M. Lesson. 2 vol. 7 fr.

Atlas d'Ornithologie, composé de 129 planches représentant la plupart des oiseaux décrits dans l'ouvrage ci-dessus. Figures noires. 10 fr.

— **Orthographiste**, ou Cours théorique et pratique d'Orthographe, par M. Thémery. 1 vol. 2 fr. 50

— **Paléontologie**, ou des Lois de l'organisation des êtres vivants comparées à celles qu'ont suivies les Espèces fossiles et humatiles dans leur apparition successive; par M. Marcel de Serres, professeur à la Faculté des Sciences de Montpellier. 2 vol. avec Atlas. 7 fr.

— **Papetier et Régleur**, traitant de ces arts et de toutes les industries annexes du commerce de détail de la Papeterie, Encres, Cirages, etc., par MM. Julia Fontenelle et Poisson. 1 gros vol. avec planches. 3 fr. 50

— **Papiers de Fantaisie**, (Fabricant de), Papiers marbrés, jaspés, maroquinés, gaufrés, dorés, etc.; Peau d'âne factice, Papiers métalliques; Cire et Pains à cacheter, Crayons, etc., etc., par M. Fichtenberg. 1 vol. orné de modèles de papiers. (*En préparation.*)

— **Papiers peints**, voyez *Etoffes imprimées*

— **Paraffine** (Fab. et Epuration de la), voyez *Bougies stéariques, Huiles minérales, Huiles végétales et animales.*

— **Parcheminier**, voyez *Chamoiseur.*

— **Parfumeur**, ou Traité complet de toutes les branches de la Parfumerie, contenant les procédés nouveaux, employés en France, en Angleterre et en Amérique, à l'usage des chimistes-fabricants et des ménages, par MM. Pradal, F. Malepeyre et A. Villon. 2 vol. ornés de figures. Nouvelle édition corrigée, augmentée et entièrement refondue, par M. A.-M. Villon, ingénieur-chimiste.   6 fr.

— **Patinage** et Récréations sur la Glace, par M. Paulin-Désormeaux. 1 vol. orné de 4 planches.   1 fr. 25

— **Pâtes alimentaires**, voyez *Amidonnier.*

— **Pâtissier**, ou Traité complet et simplifié de Pâtisserie de ménage, de boutique et d'hôtel, par M. Leblanc. 1 volume orné de figures.   3 fr.

— **Paveur et Carreleur**, voyez *Maçon.*

— **Pêcheur**, ou Traité général de toutes les pêches *d'eau douce et de mer*, contenant l'histoire et la pêche des animaux fluviatiles et marins, les diverses pêches à la ligne et aux filets en rivière et en mer, etc. (*En préparation.*)

— **Pêcheur-Praticien**, ou les Secrets et les Mystères de la Pêche à la ligne dévoilés, par M. Lambert. 1 vol. orné de vignettes et accompagné de planches.   1 fr. 50

— **Peintre d'histoire et Sculpteur**, ouvrage dans lequel on traite de la philosophie de l'Art et des moyens pratiques, par M. Arsenne, peintre. 1 vol.   3 fr. 50

— **Peintre d'histoire naturelle**, contenant des notions générales sur le dessin, le clair-obscur, l'effet des couleurs naturelles et artificielles, les divers genres de peintures, etc. par M. Duménil. 1 vol. orné de teintes. 3 fr.

— **Peintre en Bâtiments**, Vernisseur et Vitrier, traitant de l'emploi des Couleurs et des Vernis pour l'assainissement et la décoration des habitations, de la pose des Papiers de tenture et du Vitrage, par Riffault, Vergnaud, Toussaint et F. Malepeyre. Nouvelle édition revue et augmentée du Peintre d'enseignes, de la Pose des vitraux, etc. 1 vol. orné de 44 figures.   3 fr.

— **Peinture à l'Aquarelle**, Gouache, Pastel, Miniature, Peinture à la cire, Peintures orientales, etc. 1 vol. (*En préparation.*)

— **Peintre et Graveur en lettres.** (*En préparation.*)

— **Peinture sur Verre, Porcelaine, Faïence et**

Email, traitant de la décoration de ces matières, ainsi que de la fabrication des Emaux et des Couleurs vitrifiables et de l'Emaillage sur métaux précieux ou communs et sur terre cuite, par MM. Reboulleau, Magnier et Romain. 1 vol. avec fig. Nouv. édit. revue par H. Bertran. 3 fr. 50

— **Peinture et Vernissage des Métaux et du Bois,** traitant des Couleurs et des Vernis propres à décorer les Métaux et les Bois, de l'imitation sur metal des bois indigènes et exotiques, de l'ornementation des Articles de ménage et des Objets de fantaisie, suivi de l'imitation des Laques du Japon sur menus articles, par MM. Fink et Lacombe. 1 vol. orné de figures. 2 fr.

— **Pelletier-Fourreur et Plumassier,** traitant de l'apprêt et de la conservation des Fourrures et de la préparation des Plumes, par M. Maigne. 1 vol. orné de figures. 2 fr. 50

— **Perspective** appliquée au Dessin et à la Peinture, par M. Vergnaud. 1 vol. orné de planches. 3 fr.

— **Pharmacie Populaire,** simplifiée et mise à la portée de toutes les classes de la société, par M. Julia de Fontenelle. 2 vol. 6 fr.

— **Photographie** sur Métal, sur Papier et sur Verre, contenant toutes les découvertes les plus récentes, par M. de Valicourt. 2 vol. avec planche. 6 fr.

— Supplément à la Photographie sur Papier et sur Verre, par M. G. Huberson. 1 vol. 3 fr.

— **Photographie** (Répertoire de), Formulaire complet de cet Art, par M. de Latreille. 1 vol. 3 fr. 50

— **Physicien-Préparateur,** ou Description des Instruments de Physique et leur Emploi dans les Sciences et dans l'Industrie, par MM. Ch. Chevalier et le docteur Fau. 2 gros vol. avec un Atlas in-8° de 88 pl. 15 fr.

— **Physiologie végétale,** Physique, Chimie et Minéralogie appliquées à la culture, par M. Bottard. 1 vol. orné de planches. 3 fr.

— **Physionomiste des Dames.** Etude de la Physionomie de la Femme et des Signes extérieurs au moyen desquels on peut reconnaître son Caractère et ses Aptitudes, d'après Lavater, par M. le D' Morin. 1 vol. accompagné de planches. (*En préparation.*)

— **Physique appliquée aux Arts et Métiers,** voyez *Physicien-Préparateur, Technologie physique.*

— **du Pisciculteur,** par H.-L.-Alph. Blanchon. 1 vol. in-18 jésus, orné de 65 figures dans le texte (Voir nouvelle Collection, page 3). 3 fr. 50

— **Plain-Chant ecclésiastique**, romain et français, à l'usage des Séminaires, des Communautés et de toutes les Eglises catholiques, par M. MINÉ. 1 vol. 2 fr. 50

— **Plâtrier**, voyez *Chaufournier, Maçon*.

— **Plombier, Zingueur, Couvreur, Appareilleur à Gaz**, contenant la fabrication et le travail du Plomb et du Zinc et la manière de les souder, la Couverture des Constructions et l'Installation des Appareils et des Compteurs à Gaz, par M. ROMAIN. 1 vol. orné de figures et accompagné de planches. 3 fr. 50

— **Poêlier-Fumiste**, traitant de la construction des Cheminées de tous modèles, des Fourneaux et des Poêles en terre, de l'agencement et de la Tuyauterie des Fourneaux en maçonnerie et des Poêles en terre, en fonte et en tôle, et du Ramonage des divers appareils de Chauffage, par MM. ARDENNI, J. DE FONTENELLE, F. MALEPEYRE et A. ROMAIN, 1 vol. orné de figures. 3 fr.

— **Poids et Mesures**, par M. TARBÉ, ancien conseiller à la Cour de cassation.

PETIT MANUEL classique pour l'Enseignement élémentaire, sans Tables de conversions (*Autorisé par l'Université*). 25 c.

PETIT MANUEL à l'usage des Ouvriers et des Ecoles, avec Tables de conversions. 25 c.

PETIT MANUEL à l'usage des Agents Forestiers, des Propriétaires et Marchands de bois. Brochure accompagnée d'une planche (*En préparation*).

POIDS ET MESURES à l'usage des Médecins, etc. Brochure in-18. 25 c.

TABLEAU FIGURATIF DES POIDS ET MESURES. 75 c.

— **Poids et Mesures**, Comptes faits ou Barème général des Poids et Mesures, par M. ACHILLE NOUHEN. *Ouvrage divisé en cinq parties qui se vendent séparément.*

1re partie, Mesures de LONGUEUR (*En préparation*).
2e partie, — de SURFACE. 60 c.
3e partie, — de SOLIDITÉ. 60 c.
4e partie, POIDS. 60 c.
5e partie, Mesures de CAPACITÉ (*En préparation*).

— **Poids et Mesures** (Barème complet des), avec conversion facile de l'ancien système au nouveau, par M. BAGILET. 1 vol. 3 fr.

— **Poids et Mesures** (Fabrication des), contenant en général tout ce qui concerne les Arts du Balancier et du **Potier d'Etain**, et seulement ce qui est relatif à la Fabrication des Poids et Mesures dans les Arts du Fondeur, du Ferblantier, du Boisselier, par M. Ravon. 1 vol. orné de figures. (*En préparation.*)

— **Police de la France**, par M. Truy, commissaire de police à Paris. (*En préparation.*)

— **Politesse** (Guide de la), voyez *Bonne Compagnie*.

— **Pompes (Fabricant de)** de tous les systèmes, rectilignes, centrifuges, à diaphragme, à vapeur, à incendie, d'épuisement, de mines, de jardin, etc., traitant des principales Machines élévatoires autres que les Pompes, par MM. Janvier, Biston et A. Romain. 1 vol. orné de figures et accompagné de planches. 3 fr. 50

— **Ponts-et-Chaussées** : *Première partie*, Routes et Chemins, par M. de Gayffier, ingénieur en chef des Ponts-et-Chaussées. 1 vol. avec planches. 3 fr. 50

— *Seconde partie*, Ponts et Aqueducs en maçonnerie, par M. de Gayffier, 1 vol. avec planches. 3 fr. 50

— *Troisième partie*, Ponts en bois et en fer, par M. A. Romain. 1 vol. avec figures et planches 3 fr. 50

— **Porcelainier, Faïencier, Potier de Terre**, contenant des notions pratiques sur la fabrication des Grès cérames, des Pipes, des Boutons, des Fleurs en porcelaine et des diverses Porcelaines tendres, par D. Magnier, ingénieur civil. Nouvelle édition revue et augmentée par Bertran, Ingénieur des Arts et Manufactures. 1 vol. orné de 148 figures dans le texte. 4 fr.

— **Potier d'étain**, voyez *Fabr. des Poids et Mesures*.

— **Prestidigitation**, voyez *Sorcellerie*.

— **Produits chimiques** (Fabricant de), formant un Traité de Chimie appliquée aux Arts, à l'Industrie et à la Médecine, et comprenant la description de tous les procédés et de tous les appareils en usage dans les laboratoires de chimie industrielle, par M. G. E. Lormé. 4 gros volumes et Atlas de 16 planches grand in-8º. 18 fr.

— **Propriétaire, Locataire** et Sous-Locataire, des biens de ville et des biens ruraux ; rédigé *par ordre alphabétique*, par MM. Sergent et Vasserot. 1 vol. 2 fr. 50

— **Puisatier**, voyez *Sondeur*.

— **Relieur** en tous genres, contenant les Arts de l'Assembleur, du Satineur, du Brocheur, du Rogneur, du Cartonneur et du Doreur, par MM. Séb. Lenormand et W. Maigne. 1 vol. avec figures et planches. 3 fr. 50

— **Roses** (Amateur de), leur Histoire et leur Culture, par M. Boitard. 1 vol. avec planches. 3 fr. 50

— **Sapeur-Pompier** (Nouveau Manuel *complet* du), composé par une commission d'officiers du Régiment de

Paris et de la *Province,* publié par *Ordre* du *Ministère de l'Intérieur.*

Edition entièrement refondue d'après le nouveau matériel de la Ville de Paris. 1 vol. orné de 140 fig. dans le texte.
Broché.. 3 fr. 50
Cartonné avec la couverture imprimée. . . . 3 fr. 85

— **Sapeur-Pompier** (Nouveau Manuel *abrégé* du) composé par une commission d'officiers du Régiment de Paris et de la Province, publié par *ordre* du *Ministère de l'Intérieur.*

Edition abrégée entièrement refondue, extraite du nouveau Manuel complet. 1 vol. orné de nombreuses figures dans le texte.
Broché.. 2 fr.
Cartonné avec la couverture imprimée. . . . 2 fr. 25

— **Sapeurs-pompiers** (Théorie des), extraite du nouveau Manuel complet du Sapeur-Pompier composé par une commission d'officiers du Régiment de Paris et de la Province.

Edition entièrement refondue, contenant les manœuvres de la Pompe à bras et des Echelles, d'après le nouveau matériel de la Ville de Paris. 1 vol. orné de nombreuses figures dans le texte.
Broché. 75 c.
Cartonné avec la couverture imprimée. . . . 85 c.

— **Sapeurs-Pompiers** (*Manuel des Concours*) (Fédération des Officiers et Sous-Officiers des Sapeurs-Pompiers de France et d'Algérie). 1 vol. broché. 1 fr.
Cartonné avec la couverture imprimée. . . . 1 fr. 20

— **Sapeurs-Pompiers**, manuel des premiers secours par le Dr Ch. Le Page. 1 vol. in-16 orné de 83 illust. dans le texte 2 fr.

— **Sapeurs-Pompiers**, voir Service d'Incendie dans les Villes et les Campagnes, page 30.

— **Sauvetage** dans les Incendies, les Puits, les Puisards, les Fosses d'aisances, les Caves et Celliers, les Accidents en rivière et les Naufrages maritimes, par M. W. Maigne. 1 vol. orné de vignettes et de planches. 2 fr. 50

— **Savonnier**, ou Traité de la Fabrication des Savons, contenant des notions sur les Alcalis et les corps gras saponifiables, ainsi que les procédés de fabrication et les appareils en usage dans la Savonnerie, par M. E. Lormé. 3 vol. accompagnés de planches. 9 fr.

— **Sculpture sur bois**, contenant l'Outillage et les moyens pratiques de Sculpture, les Styles de l'Ornementation, l'Art de Découper les Bois, l'Ivoire, l'Os, l'Ecaille et les Métaux, la Fabrication des Bois comprimés, etc., par M. S. LACOMBE. 1 vol. orné de figures. 3 fr. 50

— **Serrurier**, ou Traité complet et simplifié de cet art, traitant des Fers, des Combustibles, de l'Outillage, du Travail à l'atelier et sur place, de la Serrurerie du carrossage, et des divers Travaux de Forge, par M. PAULIN-DÉSORMEAUX et M. H. LANDRIN. 1 vol. et 1 Atlas. 5 fr.

— **Service d'Incendie** dans les Villes et les Campagnes, en France et à l'Étranger, par le lieutenant-colonel RAINCOURT, ancien Chef de Bataillon au Régiment des Sapeurs-Pompiers, Président d'honneur du Congrès international des Sapeurs-Pompiers en 1889, et M. MARCEL GRÉGOIRE, Sous-Préfet de Pontoise. 1 vol. in-18 orné de 77 fig. dans le texte. 2 fr. 50

— **Soierie**, contenant l'art d'élever les Vers à soie et de cultiver le Mûrier, traitant de la Fabrication des Soieries, par M. DEVILLIERS. 2 vol. et Atlas. 10 fr. 50

— **Sommelier** et **Marchand de Vins**, contenant des notions sur les Vins rouges, blancs et mousseux, leur classification par vignobles et par crus, l'Art de les déguster, la description du matériel de cave, les soins à donner aux Vins en cercles et en bouteilles, l'art de les rétablir de leurs maladies, les coupages, les moyens de reconnaître les falsifications, etc., par M. MAIGNE. 1 vol. orné de fig. 3 fr.

— **Sondeur, Puisatier et Hydroscope**, traitant de la construction des Puits ordinaires et artésiens et de la recherche des Sources et des Eaux souterraines, par M. A. ROMAIN, 1 vol. accompagné de planches. 3 fr. 50

— **Sorcellerie Ancienne et Moderne expliquée**, ou Cours de Prestidigitation (Épuisé).

— SUPPLÉMENT A LA SORCELLERIE EXPLIQUÉE, par M. PONSIN. 1 petit volume. 1 fr. 25

— **Souffleur à la Lampe et au Chalumeau**, traitant de l'emploi de ces instruments au dosage des Métaux et à diverses opérations chimiques de laboratoire, par M. PEDRONI, chimiste. 1 vol. orné de figures. 2 fr. 50

— **Substances Alimentaires**, voyez *Alimentation*.

— **Sucre** (Fabricant et Raffineur de), traitant de la fabrication actuelle des Sucres indigènes et coloniaux, provenant de toutes les substances saccharifères dont l'emploi est usuel et reconnu pratique, par M. ZOÉGA. 1 vol. orné de planches et de figures. 3 fr. 50

— **Tabletier**, voyez *Ebéniste, Marqueteur*.

— **Taillandier**, voyez *Serrurier*.

— **Taille-Douce** (Imprimeur en), par MM. BERTHIAUD et BOITARD. 1 vol. avec fig. 3 fr.

— **Tanneur, Corroyeur et Hongroyeur**, contenant le travail des Cuirs forts de la Molleterie et des Cuirs blancs, suivi de la fabrication des Courroies, d'après les méthodes perfectionnées les plus récentes, par M. MAIGNE. 2 vol. ornés de figures et accompagnés de planches. 6 fr.

— *Tapissier*, par LACROIX. (*En préparation*).

— **Technologie physique et mécanique**, ou FORMULAIRE à l'usage des Ingénieurs, des Architectes, des Constructeurs et des Chefs d'usines, par M. ANSIAUX, ingénieur. 1 vol. (*En préparation*).

— **Teinture des peaux**, voyez *Chamoiseur*.

— **Teinture moderne**. Voir page 3.

— **Teinturier, Apprêteur et Dégraisseur**, ou Art de teindre la Laine, la Soie, le Coton, le Lin, le Chanvre et les autres matières filamenteuses, ainsi que les tissus simples et mélangés, au moyen des COULEURS ANCIENNES animales, végétales et minérales, par MM. RIFFAUT, VERGNAUD, JULIA DE FONTENELLE, THILLAYE, MALEPEYRE, ULRICH et ROMAIN. 2 vol. accompag. de planch. 7 fr.

— *Supplément*, traitant de l'emploi en Teinture des COULEURS D'ANILINE et de leurs dérivés, par M. A.-M. VILLON, chimiste. 1 vol. 3 fr. 50

— **Télégraphie électrique**, contenant la description des divers systèmes de Télégraphes et de Téléphones, et leurs applications au service des Chemins de fer, des Sonneries électriques et des Avertisseurs d'incendie, par M. ROMAIN. 1 vol. orné de figures et accompagné de planches. 3 fr. 50

— **Teneur de Livres**, renfermant la Tenue des Livres en partie simple et en partie double, par MM. TRÉMERY et A. TERRIÈRE (*Ouvrage autorisé par l'Université*). 1 vol. 3 fr.

— **Terrassier** et Entrepreneur de terrassements, traitant des divers modes de transport, d'extraction et d'excavation, et contenant une description sommaire des grands travaux modernes, par MM. CH. ETIENNE, AD. MASSON et D. CASALONGA. 1 vol. et un Atlas de 22 pl. 5 fr.

— **Théâtral** (**Manuel**) et du Comédien, contenant les principes de l'Art de la parole, par Aristippe BERNIER DE MALIGNY. 1 vol. 3 fr. 50

— **Tissage mécanique**, contenant la Description des Machines génériques, leur installation, leur mise en œuvre, ainsi que l'organisation des établissements de Tissage, par M. Eug. BUREL, ingénieur. 1 vol. orné de figures et de planches. 3 fr.

— **Tissus** (Dessin et Fabrication des) façonnés, tels que Draps, Velours, Ruban, Gilet, Coutil, Châle, Passementerie, Gazes, Barèges, Tulle, Peluche, Damassé, Mousseline, etc., dar M. TOUSTAIN. 2 vol. et Atlas in-4° de 26 planches. 15 fr.

— **Toiles cirées**, voyez *Caoutchouc*.

— **Tonnelier**, contenant la fabrication des Tonneaux, des Cuves, des Foudres et des autres vaisseaux en bois cerclés, suivi du *Jaugeage* des fûts de toute dimension, par P. DÉSORMEAUX, OTT et MAIGNE. Nouvelle édition revue et corrigée par RAYMOND BRUNET, Ingénieur agronome. 1 vol. orné de 227 figures. 3 fr.

— **Tourneur**, ou Traité théorique et pratique de l'art du Tour, contenant la description des appareils et des procédés les plus usités pour Tourner les Bois et les Métaux, les Pierres, l'Ivoire, la Corne, l'Ecaille, la Nacre, etc. Ainsi que les notions de Forge, d'Ajustage et d'Ebénisterie indispensables au Tourneur, par E. de VALICOURT. 1 vol. grand in-8 contenant 27 planches de figures, 4e édition revue et corrigée. 15 fr.

— **Traité pratique de Cuisine bourgeoise**, par AUGUSTE COLOMBIÉ. 1 vol. in-18 jésus, cartonné (Voir nouvelle Collection, page 3). 4 fr.

Treillageur, *Première partie*, traitant de la fabrication à la main, de la Menuiserie des Jardins et de la fabrication des Objets de jardinage, par M. P. DÉSORMEAUX. 1 vol. accompagné de planches. 3 fr.

— **Treillageur**, *Seconde partie*, traitant de l'outillage, de la fabrication à la main et à la mécanique, de la confection des Grillages, Claies, Jalousies, etc., par M. E. DARTHEY. 1 vol. avec figures et planches. 3 fr.

— **Tricots** (Fabrication des), voyez *Bonnetier*.

— **Tuilier**, voyez *Briquetier*.

— **Typographie** (de). Historique. Composition. Règles orthographiques. Imposition. Travaux de ville. Journaux. Tableaux. Algèbre. Langues étrangères. Musique et plain-chant. Machines. Papier. Stéréotypie. Illustration. Par ÉMILE LECLERC, de la *Revue des Arts graphiques*, ancien directeur de l'École professionnelle Lahure. Préface de M. PAUL BLUYSEN. 1 vol. orné de 100 figures dans le texte. 4 fr.

On vend séparément les SIGNES DE CORRECTION. 50 c.

— **Vélocipédie** (de), Locomotion, Vélocipèdes, Construction, etc., par Louis LOCKERT, ingénieur diplômé de l'Ecole centrale. 1 vol. orné de 58 fig. dans le texte. Terminé par l'art de monter à Bicyclette, par RIVIERRE. 1 fr. 50

— **Vernis** (Fabricant de), contenant les formules les plus usitées de vernis de toute espèce, à l'éther, a l'alcool, à l'essence, vernis gras, etc., par M. A. ROMAIN. 1 vol. orné de figures. 3 fr. 50

— **Vernisseur**, voyez *Peintre en Bâtiments, Peintures sur Métaux et sur Bois*.

— **Verrier et Fabricant de cristaux**. Pierres précieuses factices, Verres colorés, Yeux artificiels, par JULIA DE FONTENELLE et MALEPEYRE. Nouvelle édition entièrement refondue par BERTRAN, Ingénieur des Arts et Manufactures. 2 vol. ornés de 235 fig. dans le texte. 8 fr.

— **Vétérinaire**, contenant la connaissance des chevaux, la manière de les élever, les dresser et les conduire, la Description de leurs maladies, les meilleurs modes de traitement, etc., par M. LEBEAU et un ancien professeur d'Alfort. 1 vol. orné de figures. 3 fr. 50

— **Vigne** (Culture), voyez *Chasselas, Vigneron*.

— **Vigneron**, ou l'Art de cultiver la Vigne, de la protéger contre les insectes qui la détruisent, et de faire le Vin, contenant les meilleures méthodes de Vinification, traitant du chauffage des Vins, etc., par MM. THIÉBAUT DE BERNEAUD et F. MALEPEYRE. 1 vol. orné de figures et accompagné de planches. 3 fr. 50

— **Vinaigrier et Moutardier**, contenant la fabrication de l'acide acétique, de l'acide pyroligneux, des acétates, et les formules de Vinaigres de table, de toilette et pharmaceutiques, l'analyse chimique de la graine de moutarde, ainsi que les meilleures recettes pour la préparation de la moutarde, par MM. J. DE FONTENELLE et F. MALEPEYRE. 1 vol. orné de figures. 3 fr. 50

— **Vins** (Calendrier des), ou instructions à exécuter mois par mois, pour conserver, améliorer ou guérir les Vins. (*Ouvrage destiné aux Garçons de caves et de celliers, et aux Maîtres de Chais, faisant suite à l'Amélioration des Liquides*), par M. V.-F. LEBEUF. 1 vol. 1 fr. 75

— **Vins**, voyez *Liquides, Sommelier*.

— **Vins de Fruits et Boissons économiques**, contenant l'Art de fabriquer soi-même, chez soi et à peu de frais, les Vins de Fruits, les **Vins de Raisins secs**, le **Cidre**, le **Poiré**, les **Vins de Grains**, les **Bières économiques et de ménage**, les **Boissons rafraîchissantes**, les **Hydromels**, etc., et l'Art d'imiter avec les Fruits et les

Plantes les Vins de table et de liqueur français et étrangers, par M. F. MALEPEYRE. 1 vol. 3 fr.
— **Vins mousseux**, voyez *Liquides*.
— **Zingueur**, voyez *Plombier*.

Voir page 3 la Nouvelle collection in-18 jésus.

INDUSTRIE, ARTS ET MÉTIERS

Art du Peintre, Doreur et Vernisseur, par WATIN ; 13ᵉ édit., revue pour la fabrication et l'application des couleurs, par MM. Ch. et F. BOURGEOIS, et augmentée de l'*Art du Peintre en voitures, en marbres et en faux-bois*, par M. J. DE MONTIGNY, ingénieur. 1 vol. in-8°. 6 fr.

Calcul des essieux pour les Chemins de Fer ; Coup d'œil sur les roues de vagons, par A.-C. BENOIT-DUPORTAIL. Brochure in-8°. 1 fr. 75

Carnet de l'Inventeur et du Breveté. Précis des législations française et étrangères, renseignements et conseils pratiques, mémento pour l'enregistrement des échéances d'annuités, par M. CH. THIRION, ingénieur-conseil. 1 vol. in-18, cart. toile. *(En préparation.)*

Considérations sur la perspective, par BENOIT-DUPORTAIL. Brochure in-8° avec planche. 1 fr. 25

Cordon bleu (Le). Nouvelle cuisinière bourgeoise, rédigée et mise par ordre alphabétique, par Mˡˡᵉ MARGUERITE. 13ᵉ édition, augmentée de nouveaux menus appropriés aux diverses saisons de l'année, d'un ordre pour les services, de l'art de découper et de servir à table, d'un traité sur les vins et des soins à donner à la cave, etc. 1 vol. in-18 de 250 p., orné de fig., broché. *(En préparation.)*

Cubage des Bois en grume (Tarif de), au mètre cube réel et au mètre cube marchand, par M. CH. BLIND, Brochure in-18. 75 c.

Dictionnaire du Métré et de la Vérification, par M. O. MASSELIN. 3 vol. grand in-8° et un Atlas in-4°. 32 fr.
On vend séparément :
— CHARPENTE EN BOIS, 1 vol. et Atlas. 12 fr.
— SERRURERIE ET QUINCAILLERIE, 1 vol. 10 fr.
— TERRASSE, MAÇONNERIE, MARBRERIE et CARRELAGE, 1 volume. 10 fr.

Etudes sur quelques produits naturels applicables à la *Teinture*, par M. ARNAUDON. Br. in-8°. 1 fr. 25

— **Guia del Cultivador de Montes y de la Guarderia Rural** — ó — **La Silvicultura Práctica**. 1 vol. in-8°. 2 fr.

Levés à vue (Des) et du Dessin d'après nature, par M. LEBLANC. Brochure in-18 avec planche. 25 c.

Livret-Devaux, Guide indispensable aux Débitants de Boissons et à tous les Négociants soumis à l'exercice de la Régie, ainsi qu'aux Consommateurs, par M. DEVAUX, receveur-buraliste. Cartonnage in-18. 50 c.

Machines-Outils (Traité des) employées dans les usines et les ateliers de construction pour le Travail des Métaux, par M. J. CHRÉTIEN, 1 volume in-8° jésus renfermant 16 planches gravées avec soin sur acier. 12 fr.

LE MÊME OUVRAGE, 2 vol. in-18 avec un Atlas grand in-8°. (Voyez page 20.)

Manipulations hydroplastiques, ou Guide du Doreur et de l'Argenteur, par M. ROSELEUR. 1 volume in-8°. 15 fr.

Manuel-Barème pour les Alliages d'Or et d'Argent. Ouvrage indispensable aux Fabricants Bijoutiers et Orfèvres, ainsi qu'à toutes les personnes qui s'occupent du commerce des Métaux précieux, par M. A. MERCIER. 1 vol. in-8°. 10 fr.

Manuel du Commerçant en Épicerie, Traité des marchandises qui sont du domaine de ce commerce, falsifications qu'on leur fait subir ; moyen de les reconnaître, par MM. A. CHEVALLIER fils et J. HARDY, chimistes, 1 vol. in-12 accompagné de 4 planches. (*En préparation.*)

Manuel de la Filature du Lin et de l'Etoupe, Application du Système au Calcul du mouvement différentiel, par M. DELMOTTE. 2e *édition*. 1 vol. in-12. 2 fr. 50

Aide-Mémoire de l'Ingénieur-Gazier, contenant, sous une forme succincte, les Notions et les Formules nécessaires à toutes les personnes qui s'occupent de la fabrication et de l'emploi du Gaz, par M. D. MAGNIER. Nouvelle édition corrigée, augmentée et entièrement refondue, par E. BANCELIN, ancien Elève de l'Ecole polytechnique, ancien Sous-Régisseur d'Usine de la Cie Parisienne du Gaz. (Extrait du *Manuel de l'Eclairage et du Chauffage au Gaz*, de l'ENCYCLOPÉDIE-RORET. Br. in-18. 75 c.

Mémoire sur l'Appareil des voûtes hélicoïdales et des voûtes biaises à double courbure, par M. A.-A. SOUCHON. 1 vol. in-4° renfermant 8 planches. 3 fr. 50

Photographie sur papier, par M. Blanquart-Evrard. 1 vol. grand in-8º. 1 fr. 50

Tables techniques de l'Industrie du Gaz; Calculs tout faits des diamètres et des longueurs de conduites, des volumes de gaz qui s'écoulent et des pertes de charges, du pouvoir éclairant et du titre du Gaz, etc., par M. D. Magnier, ingénieur. 1 vol. in 8º. 3 fr. 50

Traité complet de la Filature du chanvre et du lin, par MM. Coquelin et Decoster. 1 gros vol. avec Atlas in-folio de 37 planches. 20 fr.

Traité du Chauffage au Gaz, par Ch. Hugueny. Brochure in-8º. 1 fr. 50

Traité de la Comptabilité du Menuisier, applicable à tous les états de la bâtisse, par D. Clousier. 1 vol. (*En préparation.*)

Traité de la Coupe des Pierres, ou Méthode facile et abrégée pour se perfectionner dans cette science, par J.-B. De la Rue. 3e édition, revue et corrigée par M. Ramée, architecte. 1 vol. in-8º de texte, avec un Atlas de 98 planches in-folio. 20 fr.

Traité des Echafaudages, ou Choix des meilleurs modèles de charpentes, par J.-Ch. Krafft. 1 vol. in-folio relié, renfermant 51 planches gravées sur acier. 25 fr.

Usage de la Règle logarithmique, ou Règle-calcul. In-18. 25 c.

Vignole du Charpentier. 1re partie, Art du trait, contenant l'application de cet art aux principales constructions en usage dans le bâtiment, par M. Michel, maître charpentier, et M. Boutereau, professeur de géométrie appliquée aux arts. 1 vol. in-8º, avec Atlas de 72 pl. 20 fr.

OUVRAGES

sur

L'HORTICULTURE, L'AGRICULTURE

L'ÉCONOMIE RURALE, ETC.

Art de composer et décorer les Jardins, par M. Boitard; ouvrage orné de 140 planches gravées sur acier, 2 vol. format in-8 oblong. 15 fr

(*Ce traité est un travail très complet et publié à très*

bas prix, qui permet aux amateurs de jardins de tirer de leurs propriétés le meilleur parti possible).

Plantes vivaces de la maison Lebeuf, ou Liste des espèces les plus intéressantes cultivées dans cet établissement, avec quelques renseignements sur leur culture, leur emploi, etc., par GODEFROI-LEBEUF et BOIS. 1 vol. in-18, orné de figures. 2e édition. 1 fr. 50

Les Fruits populaires, indiquant le mérite et la valeur des meilleurs fruits à cultiver, suivis des Conseils aux planteurs, par CHARLES BALTET, horticulteur à Troyes. 1 vol. in-18, 2e édition. 1 fr. 25

Les Insectes nuisibles aux arbres fruitiers. Moyens de les détruire, par A. RAMÉ.
1re partie: LES LÉPIDOPTÈRES. 1 vol. in-18, 2e édit. 1 fr. 25

De la Sciure de bois et de la Tourbe, considérées comme litières et comme engrais, par Gaston JACQUIER. Brochure petit in-8°. 2 fr. 50

De la Vente du Lait en nature, etc., par Gaston JACQUIER. Brochure in-8°. 2 fr. 50

Histoire du Poirier, par DUVAL. Broch. in-8°. 1 fr. 50

Histoire du Pommier, par DUVAL. Brochure in-8°. 1 fr. 50

Etude sur les Sauterelles et les Criquets, moyen d'en arrêter les invasions et de les transformer en Engrais par les procédés DURAND et HAUVEL, brevetés s. g. d. g. Brochure in-8° de 36 pages. 75 c.

Pigeon Voyageur (Le) dans les Forteresses et au Zanzibar, par M. F. CHAPUIS. 1 vol. in-8°. 1 fr. 50

Vade-Mecum de l'Ensileur, Résumé des différentes méthodes de conservation des fourrages verts, par M. G. JACQUIER. 1 vol. in-8° orné de 20 figures. 3 fr.

Voyage de découverte autour du Monde et à la recherche de La Pérouse, par M. J. DUMONT D'URVILLE, capitaine de vaisseau, exécuté sous son commandement et par ordre du gouvernement, sur la corvette l'*Astrolabe*, pendant les années 1826 à 1829. 5 tomes divisés en 10 volumes in-8° ornés de vignettes sur bois, avec un Atlas contenant 20 planches ou cartes grand in-folio. 30 fr.

Cet important ouvrage, *qui a été exécuté par ordre du gouvernement sous le commandement de M. Dumont-d'Urville et rédigé par lui, n'a rien de commun avec le Voyage pittoresque publié sous sa direction.*

Voir page 3 la nouvelle Collection in-18 jésus.

ALBUMS INDUSTRIELS

Carnets du Garde-Meuble, 6 Albums grand in-8°, publiés par D. GUILMARD.

N° 1. EBÉNISTE PARISIEN, Recueil de dessins de Meubles dessinés d'après nature chez les principaux ébénistes du faubourg Saint-Antoine, dont la spécialité est le meuble simple. Album in-8° jésus de 130 feuilles, avec titre.
En noir, 25 fr. — En couleur, 40 fr.

N° 2. FABRICANT DE SIÈGES, Recueil de dessins de Sièges non garnis, dessinés d'après nature chez les principaux fabricants du faubourg Saint-Antoine. Sièges simples. Album de 120 planches avec titre.
En noir, 25 fr. — En couleur, 40 fr.

N° 3. VIEUX BOIS, Recueil de dessins de Meubles et de Sièges en vieux chêne sculpté. Fabrication courante. Album de 26 planches.
En noir, 6 fr. — En couleur, 10 fr.

N° 3 *bis*. MEUBLES EN CHÊNE, Recueil de Meubles et de Sièges sculptés en chêne. Album de 26 planches.
En noir, 6 fr. — En couleur, 10 fr.

N° 4. SCULPTEUR, Recueil de motifs sculptés employés dans la fabrication des meubles simples. Album de 24 planches.
En noir (pas de couleur), 6 fr.

N° 5. SCULPTURES DE FANTAISIE, Recueil de petits objets sculptés : Cartels, Pendules, Cadres, Miroirs, Vide-poche, Petits meubles, etc. Album de 24 planches.
En noir (pas de couleur), 6 fr.

N° 6. MARQUETERIE ET BOULE, Recueil de meubles dans ce genre, contenant 24 planches in-8° jésus, et représentant 44 modèles différents.
En noir, 6 fr. — En couleur, 12 fr.

N° 7 CARNET-RÉFÉRENCE, Collection de Sièges, Meubles et Tentures, contenant 80 planches in-4° noires. 12 fr.

Carnet Empire, 68 planches de Tentures, Sièges et Meubles, genre Empire, par E. MAINCENT. Album cart. toile.
En noir, 10 fr. — En couleur, 20 fr.

Petit Carnet, N° 1, MEUBLES SIMPLES, Petit Album de poche, contenant 40 planches, représentant 67 modèles différents.
En noir, 5 fr. — En couleur, 7 fr.

Petit Carnet, N° 2, Sièges. Petit Album de poche, contenant 40 planches.
En noir, 5 fr. — En couleur, 7 fr.
Petit Carnet, N° 3, Tentures. Petit Album de poche, contenant 39 planches.
En noir, 5 fr. — En couleur, 7 fr.
Petit Carnet du Garde-Meuble, N° 10, Sièges, Tentures. Petit Album de poche, renfermant 32 planches.
En noir, 5 fr. — En couleur, 7 fr.
Décoration (La) au XIXe Siècle, Décor intérieur des habitations, Riches appartements, Hôtels et Châteaux, par D. Guilmard. 48 pl. in-4° coloriées, en carton. 60 fr.
Décoration (La petite), Menuiserie décorative appliquée à l'intérieur des habitations, par E. Maincent. Album de 20 planches coloriées. 16 fr.
Disposition des Appartements, Album relié renfermant 18 plans de faces et d'élévations, etc. En noir, 50 fr.
Fleur décorative (La), 1re partie, Broderies, donnant la plus grande partie des types de fleurs employés dans la décoration. 43 planches, dont un titre, réunies en carton.
En noir, 12 fr. — En couleur, 25 fr.
Menuiserie (La) parisienne, Recueil de motifs de menuiserie dans le genre moderne, par D. Guilmard. Album de 30 planches in-4° coloriées, en carton. 15 fr.
Menuiserie (La) religieuse, Ameublement des Eglises, styles roman et ogival du xe au xive siècle, par D. Guilmard. Album in-4° de 30 planches. 15 fr.
Ornementation (La connaissance des Styles de l'), Histoire de l'ornement et des arts qui s'y rattachent depuis l'ère chrétienne jusqu'à nos jours, par D. Guilmard. 1 beau vol. in-4°, richement illustré et accompagné de 42 planches noires. 25 fr.
Ornements d'appartements (Album des), Collection de tous les accessoires de décorations servant aux croisées et aux lits, par D. Guilmard. Album de 24 planches in-8° oblong. En noir, 6 fr. — En couleur, 10 fr.
Portefeuille pratique de l'Ebéniste parisien, Elévation, Plan, Coupe et détails nécessaires à la fabrication des Meubles, par D. Guilmard. Album in-4° de 31 planches coloriées. 15 fr.
Sièges (Portefeuille pratique du Fabricant de), Plan, Coupes, Elévation et Détails nécessaires à la

Fabrication des Sièges, par D. Guilmard. Album in-4° de
41 planches coloriées. 15 fr.

Tapissier garnisseur (Tarif du), Prix de revient
de modèles en bois recouverts ou apparents. 7 fr. 50

Albums en cartons contenant les dessins correspondant
aux prix de revient du Tarif :
Bois recouverts, 128 modèles, fig. noires. 28 fr.
Bois apparents, 125 modèles, fig. noires. 23 fr.

Tapissier parisien (Album du), par D. Guilmard.
Album grand in-8° de 25 planches.
En noir, 7 fr. — En couleur, 12 fr.

Tapissier parisien (Portefeuille pratique du),
Première partie. Décors de lits, croisées, etc. Coupe et
texte de ces diverses décorations, par D. Guilmard. Album
de 30 planches in-4°. En noir, 18 fr. — En couleur, 25 fr.
Seconde partie. Dessins de Tentures modernes avec
Coupes, Détails et Texte explicatif, par E. Maincent. Album de 35 planches. En noir, 20 fr. — En couleur, 35 fr.

Tapissier (Tarif du), Tentures, par E. Maincent,
donnant le prix de revient, l'emploi et la coupe des Etoffes
pour Tentures. 1 vol. grand in-8° cartonné, sans planches. 10 fr.

Tourneur parisien (Albums du), par D. Guilmard. 2 Albums grand in-8° de 24 planches. 12 fr.
Chaque Album séparé. 6 fr.

Tourneur (Art du) ; Profils et renseignements pour
servir à l'usage dans tous les Arts et Industries du Tour,
par E. Maincent. Album in-4° de 30 planches avec
texte. 20 fr.

REVUE GÉNÉRALE D'AGRICULTURE

directeur :

Raymond BRUNET

Un an : 5 fr. — Le numéro : 50 centimes.

L'AMEUBLEMENT

RECUEIL DE DESSINS

DE SIÉGES, DE MEUBLES ET DE TENTURES

GENRE SIMPLE

DIVISÉ EN TROIS CATÉGORIES

SIÉGES, MEUBLES, TENTURES

Renfermant 36 Planches par an

Fondé par D. GUILMARD *et continué par* A. MAINCENT

Les abonnements ne se font que *pour un an*
à partir du 1ᵉʳ janvier

	PARIS	DÉPARTEMENTS	ÉTRANGER
3 catégories ensemble :			
En noir..........	15 fr.	18 fr.	20 fr.
En couleur.......	25 fr.	28 fr.	30 fr.
2 catégories ensemble :			
En noir..........	10 fr.	12 fr.	13 fr.
En couleur.......	17 fr.	18 fr. 50	20 fr.
1 catégorie séparée :			
En noir..........	5 fr.	6 fr.	7 fr.
En couleur.......	8 fr. 50	9 fr. 50	10 fr. 50

Une planche séparée : En noir : 50 c.— En couleur : 80 c.

LE GARDE-MEUBLE

JOURNAL D'AMEUBLEMENT

DIVISÉ EN TROIS CATÉGORIES

SIÉGES, MEUBLES, TENTURES

Renfermant 54 Planches par an

Fondé par D. Guilmard *et continué par* A. Maincent

Les abonnements se font *pour un an* et *pour six mois*, à partir du 15 janvier et du 15 juillet de chaque année. On ne reçoit pas d'abonnement de six mois pour une catégorie séparée.

TROIS CATÉGORIES RÉUNIES :

	Paris		Départements		Étranger	
	6 mois	1 an	6 mois	1 an	6 mois	1 an
En noir...	11 fr. 25	22 fr. 50	13 fr.	26 fr.	14 fr.	28 fr.
En couleur.	18 fr.	36 fr.	20 fr.	40 fr.	21 fr.	42 fr.

DEUX CATÉGORIES RÉUNIES :

	6 mois	1 an	6 mois	1 an	6 mois	1 an
En noir...	7 fr. 50	15 fr.	9 fr.	18 fr.	10 fr.	20 fr.
En couleur.	12 fr.	24 fr.	14 fr.	27 fr.	15 fr.	28 fr.

UNE CATÉGORIE SÉPARÉE :

	6 mois	1 an	6 mois	1 an	6 mois	1 an
En noir...	»	7 fr. 50	»	9 fr.	»	10 fr.
En couleur.	»	12 fr.	»	14 fr.	»	15 fr.

UNE FEUILLE SÉPARÉE :

En noir : 50 c. — En couleur : 80 c.

Coupe, emplois, revient des tentures :
Par an : Paris, 7 fr. ; Départements, 8 fr. ; Étranger, 9 fr.

SUITES A BUFFON

FORMANT

Avec les œuvres de cet Auteur

UN

COURS COMPLET D'HISTOIRE NATURELLE

EMBRASSANT

LES TROIS RÈGNES DE LA NATURE

Belle Édition, format in-octavo

Les possesseurs des OEuvres de BUFFON pourront, avec ces Suites, compléter toutes les parties qui leur manquent, chaque ouvrage se vendant séparément, et formant, tous réunis, avec les travaux de cet homme illustre, un ouvrage général sur l'histoire naturelle.

Le titre de SUITES A BUFFON donné à cette importante collection dès l'origine de sa publication et sous lequel les Traités qui la composent ont été publiés, ne doit pas la faire confondre avec une réimpression même partielle des OEuvres du célèbre naturaliste, sous les auspices duquel elle a été annoncée.

Cette publication scientifique, du plus haut intérêt, confiée à ce que l'Institut et le haut enseignement possèdent de plus célèbres naturalistes, est appelée à faire époque dans les annales du monde savant. Les noms des Auteurs indiqués sont pour le public une garantie certaine de la conscience et du talent apportés à la rédaction des différents traités.

DIVISION DE L'OUVRAGE

Zoologie générale (Supplément à Buffon), ou Mémoires et Notices sur la Zoologie, l'Anthropologie et l'Histoire de la Science, par M. Isidore Geoffroy-Saint-Hilaire. 1 vol. avec 1 livraison de planches.
Fig. noires. 10 fr. 50
Fig. coloriées. 17 fr.

Cétacés (Baleines, Dauphins, etc.), ou Recueil et examen des faits dont se compose l'histoire de ces animaux, par M. F. Cuvier, membre de l'Institut, professeur au Muséum d'Histoire naturelle. 1 vol. avec 2 livraisons de planches.
Fig. noires. 14 fr.
Fig. coloriées. 27 fr.

Reptiles (Serpents, Lézards, Grenouilles, Tortues, etc.), par M. Duméril, membre de l'Institut, professeur à la Faculté de Médecine et au Muséum d'Histoire naturelle, et M. Bibron, professeur d'Histoire naturelle. 10 vol. et 10 livraisons de planches.
Fig. noires. 105 fr.
Fig. coloriées. 170 fr.

Poissons, par M. A.-Aug. Duméril, professeur au Muséum d'Histoire naturelle, professeur agrégé libre à la Faculté de Médecine de Paris. Tomes I et II (en 3 volumes) avec 2 livraisons de planches. (*En publication*).
Fig. noires. 28 fr.
Fig. coloriées. 41 fr.

Entomologie (Introduction à l'), comprenant les principes généraux de l'Anatomie, de la Physiologie des Insectes ; des détails sur leurs mœurs, et un résumé des principaux systèmes de classification, etc., par M. Lacordaire, professeur à l'Université de Liège. (*Ouvrage adopté et recommandé par l'Université pour être placé dans les bibliothèques des Facultés et des Collèges, et donné en prix aux élèves*). 2 vol. et 2 livraisons de planches.
Fig. noires. 21 fr.
Fig. coloriées. 34 fr.

Insectes Coléoptères (Cantharides, Charançons, Hannetons, Scarabées, etc.) par M. Lacordaire, professeur à l'Université de Liège, et M. le Dr Chapuis, membre de l'Académie royale de Belgique. 14 vol. avec 13 livraisons de planches.
Fig. noires. 143 fr.
(*Manque de coloris*).

— **Orthoptères** (Grillons, Criquets, Sauterelles), par M. Audinet-Serville, membre de la Société entomologique de France. 1 vol. et 1 livraison de pl.
Fig. noires. 10 fr. 50
Fig. coloriées. 17 fr.

— **Hémiptères** (Cigales, Punaises, Cochenilles, etc.) par MM. Amyot et Ser-

VILLE. 1 vol. et 1 livraison de planches.
Fig. noires. 10 fr. 50
(Manque de coloris).

Insectes Lépidoptères
(Papillons). *Les deux parties de cet ouvrage se vendent séparément.*
— DIURNES, par M. BOISDUVAL, tome Ier, avec 2 livraisons de planches. (*En publication*).
Fig. noires. 14 fr.
(Manque de coloris).
— NOCTURNES, par MM. BOISDUVAL et GUÉNÉE, tome Ier, avec 1 livraison de planches, tomes V à X, avec 5 livraisons de planches. (*En publication*).
Fig. noires. 70 fr.
Fig. coloriées. 109 fr.
— **Névroptères** (Demoiselles, Éphémères, etc.), par M. le docteur RAMBUR. 1 vol. et 1 livraison de planches.
Fig. noires. 10 fr. 50
(Manque de coloris).
— **Hyménoptères** (Abeilles, Guêpes, Fourmis, etc.), par M. le comte LEPELLETIER DE SAINT-FARGEAU et M. BRULLÉ. 4 vol. avec 4 livraisons de planches.
Fig. noires. 42 fr.
Fig. coloriées. 68 fr.
— **Diptères** (Mouches, Cousins, etc.), par M. MACQUART, ancien recteur du Muséum d'Histoire naturelle de Lille. 2 vol. et 2 livraisons de planches.
Fig. noires. 21 fr.
(Manque de coloris).

— **Aptères** (Araignées) Scorpions, etc.), par MM. WALCKENAER et GERVAIS. 4 vol. avec 5 livraisons de planches.
Fig. noires. 45 fr.
(Manque de coloris).

Crustacés
(Ecrevisses, Homards, Crabes, etc.), comprenant l'Anatomie, la Physiologie et la classification de ces animaux, par M. MILNE-EDWARDS, membre de l'Institut, professeur au Muséum d'Histoire naturelle, etc. 3 vol. avec 4 livraisons de planches.
Fig. noires. 35 fr.
(Manque de coloris).

Mollusques
(Moules, Huîtres, Escargots, Limaces, Coquilles, etc.).

Helminthes
ou Vers intestinaux, par M. DUJARDIN, doyen de la Faculté des Sciences de Rennes. 1 vol. avec 1 livraison de planches
Fig. noires. 10 fr. 50
(Manque de coloris).

Annelés marins et d'eau douce
(Annélides, Géphyriens, Sangsues, Lombrics, etc.), par M. DE QUATREFAGES, membre de l'Institut, professeur au Muséum d'Histoire naturelle, et M. Léon VAILLANT, professeur au Muséum d'Histoire naturelle. Tomes I et II (en 3 vol.) avec 2 livraisons de planches.
Fig noires. 28 fr.
Tome III (en 2 vol.) avec 1 livraison de planches.
Fig. noires. 17 fr. 50
(Manque de coloris).

Zoophytes Acalèphes (Physales, Béroés, Angèles, etc.), par M. Lesson, correspondant de l'Institut, pharmacien en chef de la Marine, à Rochefort. 1 vol. avec 1 livraison de pl.
Fig. noires. 10 fr. 50
(Manque de coloris)

— **Echinodermes** (Oursins, Palmettes, etc.), par MM. Dujardin, doyen de la Faculté des Sciences de Rennes, et Hupé, aide-naturaliste au Muséum de Paris. 1 vol. avec 1 livraison de planches.
Fig. noires. 10 fr. 50
Fig. coloriées. 17 fr.

— **Coralliaires** ou Polypes proprement dits (Coraux, Gorgones, Eponges, etc.), par MM. Milne-Edwards, membre de l'Institut, professeur au Muséum d'Histoire naturelle, et J. Haime, aide-naturaliste au Muséum d'Histoire naturelle. 3 vol. avec 3 livraisons de pl.
Fig. noires. 31 fr.
(Manque de coloris).

Zoophytes Infusoires (Animalcules microscopiques), par M. Dujardin, doyen de la Faculté des Sciences de Rennes. 1 vol. avec 2 livraisons de pl.
Fig. noires. 14 fr.
(Manque de coloris)

Botanique (Introduction à l'étude de la), ou Traité élémentaire de cette science, contenant l'Organographie, la Physiologie, etc., par M. de Candolle, professeur d'Histoire naturelle à Genève. *(Ouvrage autorisé par l'Université pour les Lycées et les Collèges).* 2 vol. et 1 livraison de planches noires. 17 fr. 50
Les planches ne sont pas coloriées.

Végétaux phanérogames (Organes sexuels apparents : Arbres, Arbrisseaux, Plantes d'agrément, etc.), par M. Spach, aide-naturaliste au Muséum d'Histoire naturelle. 14 vol. avec 15 livraisons de pl.
Fig. noires. 150 fr.
Fig. coloriées. 248 fr.

— **Cryptogames** (Organes sexuels peu apparents ou cachés : Mousses, Fougères, Lichens, Champignons, Truffes, etc.).

Géologie (Histoire, Formation et Disposition des Matériaux qui composent l'écorce du globe terrestre), par M. Huot, membre de plusieurs sociétés savantes. 2 vol. ensemble de plus de 1,500 pages, avec 2 livraisons de pl. noires. 21 fr.
Les planches ne sont pas coloriées.

Minéralogie (Pierres, Sels, Métaux, etc.), par M. Delafosse, membre de l'Institut, professeur au Muséum d'Histoire naturelle et à la Sorbonne. 3 vol. et 4 livraisons de planches noires. 35 fr.
Les planches ne sont pas coloriées.

Les SUITES A BUFFON forment actuellement **88 volumes in-8º**, imprimés avec le plus grand soin sur beau papier vergé, et planches.
Chaque traité complet se vend séparément.

Prix du texte :
Chaque vol. se composant d'environ 500 à 700 p.   7 fr.

Prix des planches :
Chaque livraison d'environ 10 pl., fig. noires.   3 fr. 50
　　　—　　　　　—　　　　fig. coloriées.   10 fr.

Cours d'Entomologie ou Histoire naturelle des Crustacés, des Arachnides, des Myriapodes et des Insectes, par M. LATREILLE, de l'Institut, etc. 1 gros vol. in-8. *(Epuisé)*

Zoologie classique, ou Histoire naturelle du Règne animal, par M. F. A. POUCHET, ancien professeur de zoologie au Muséum d'Histoire naturelle de Rouen, etc. Seconde édition considérablement augmentée. 2 vol in-8º, contenant ensemble plus de 1,300 pages, et accompagnés d'un Atlas de 44 planches et de 5 grands tableaux.
Fig. noires.   20 fr.

NOTA. *Le Conseil de l'Université a décidé que cet ouvrage serait placé dans les bibliothèques des Lycées.*

PETITES SUITES A BUFFON
Format in-18

Histoire des Poissons classée par ordre, genres et espèces, d'après le système de Linné, avec les caractères génériques, par BLOCH et RÉNÉ-RICHARD CASTEL. 10 vol. accompagnés de 160 planches représentant 600 espèces de poissons dessinés d'après nature.
Fig. noires.   26 fr.

Histoire des Reptiles, par MM. SONNINI, naturaliste, et LATREILLE, membre de l'Institut. 4 vol. accompagnés de 54 planches, représentant environ 150 espèces différentes de serpents, vipères, couleuvres, lézards grenouilles, tortues, etc., dessinées d'après nature.
Fig. noires.   10 fr.

Histoire des Coquilles, contenant leur description, leurs mœurs et leurs usages, par M. Bosc, membre de l'Institut. 5 vol. accompagnés de planches.
Fig. noires. 10 fr. 50

Histoire naturelle des Minéraux, par M. E.-M. Patrin. 5 vol. accompagnés de 40 planches.
Fig. noires. 10 fr. 50

Histoire naturelle des Végétaux classés par familles, avec la citation de la classe et de l'ordre de Linné, et l'indication de l'usage qu'on peut faire des plantes dans les arts, le commerce, l'agriculture, le jardinage, la médecine, etc.; des figures dessinées d'après nature, et un Genera complet, selon le système de Linné, avec des renvois aux familles naturelles de Jussieu, par J.-B. Lamarck et C.-F.-B. de Mirbel. 15 vol. in-18 accompagnés de 120 planches.
Fig. noires. 30 fr.

Histoire naturelle des Vers, par M. Bosc, membre de l'Institut. 3 vol.
Fig. noires. 6 fr. 50
Fig. coloriées. 10 fr. 50

Histoire des Insectes, composée d'après Réaumur, Geoffroy, De Geer, Roesel, Linné, Fabricius, et les meilleurs ouvrages qui ont paru sur cette partie, rédigée suivant les méthodes d'Olivier, de Latreille, avec des notes, plusieurs observations nouvelles et des figures dessinées d'après nature, par F.-M.-G. de Tigny et Brongniart, pour les généralités. Édition augmentée par M. Guérin. 10 vol. ornés de planches. Fig. noires. 23 fr.
Fig. coloriées. 39 fr.

Histoire des Crustacés, contenant leur description, leurs mœurs et leurs usages, par MM. Bosc et Desmarest. 2 vol. accompagnés de 18 planches.
Fig. noires. 7 fr. 50
Fig. coloriées (manquent).

NOUVEAUX PROCÉDES
DE
TAXIDERMIE

Accompagnés de Photographies des principaux types de la collection de l'auteur à Makri-Keui, près Constantinople, de Physionomies de Rapaces sur nature, et suivis de quelques impressions ornithologiques, par le Comte Alléon, commandeur de l'ordre du Mérite civil de Bulgarie, chevalier de l'ordre de St-Grégoire, officier du Medjidié, membre du Comité international permanent ornithologique de Vienne, médaille d'or à l'exposition de Vienne 1883. 1 vol. in-8° jésus, 32 p. de texte, 132 fig. tirées sur papier couché. **25 fr.**

OUVRAGES DIVERS D'HISTOIRE NATURELLE

Arachnides (Les) de France, par M. E. SIMON, membre de la Société entomologique de France.

Tome 1er, contenant les Familles des Epeiridæ, Uloboridæ, Dictynidæ, Enyoidæ et Pholcidæ. 1 vol. in-8°, accompagné de 3 planches.   12 fr.

Tome 2, contenant les Familles des Urocteidæ, Agelenidæ, Thomisidæ et Sparassidæ. 1 vol. in-8°, accompagné de 7 planches.   12 fr.

Tome 3, contenant les Familles des Attidæ, Oxyopidæ et Lycosidæ. 1 vol. in-8°, accompagné de 4 planches. 12 fr.

Tome 4, contenant la Famille des Drassidæ. 1 vol. in-8°, accompagné de 5 planches.   12 fr.

Tome 5 (1re partie), contenant la Famille des Epeiridæ (supplément) et des Theridionidæ. 1 vol. in-8°, accompagné de planches.   12 fr.

Tome 5 (2e partie), contenant la Famille des Theridionidæ (suite). 1 vol. in-8°, accompagné de planches et orné de figures.   12 fr.

Tome 5 (3e partie), contenant la Famille des Theridionidæ (fin). 1 vol. in-8°, accompagné de planches et orné de figures.   12 fr.

Tome 6. (*En préparation*).

Tome 7, contenant les Familles des Chernetes, Scorpiones et Opiliones. 1 vol. in-8°, accompagné de planches. 12 fr.

Histoire naturelle des Araignées, par M. EUG. SIMON, *Deuxième édition*.

Tome premier, *1er fascicule* contenant 215 figures intercalées dans le texte. 1 vol. grand in-8° de 256 pages. 6 fr.

Tome premier, *2e fascicule* contenant 275 figures intercalées dans le texte. 1 vol. grand in-8°.   6 fr.

Tome premier, *3e fascicule* contenant 347 figures intercalées dans le texte. 1 vol. grand in-8°.   6 fr.

Tome premier, *4e et dernier fascicule* (du tome 1er), contenant 261 figures intercalées dans le texte. 1 vol. grand in-8°.   6 fr.

Tome second, *1er fascicule* contenant 200 figures intercalées dans le texte. 1 vol. grand in-8°.   6 fr.

Tome second, *2e fascicule* contenant 184 figures intercalées dans le texte. 1 vol. grand in-8.   6 fr.

Catalogue des espèces actuellement connues de la famille des Trochilides, par EUGÈNE SIMON, brochure in-8°.   3 fr.

OUVRAGES D'ASSORTIMENT

Aranéides des îles de la Réunion, Maurice et Madagascar, par M. Aug. Vinson. 1 gros volume in-8, illustré de 14 planches.
Fig. noires. 20 fr.

Astronomie des Demoiselles, ou Entretiens entre un frère et sa sœur, sur la mécanique céleste, par James Fergusson et M. Quétrin. 1 vol. in-12. 3 fr. 50

Botanique (La), de J.-J. Rousseau, contenant tout ce qu'il a écrit sur cette science, augmentée de l'exposition de la méthode de Tournefort et de Linné, suivie d'un Dictionnaire de botanique et de notes historiques, par M. Deville. 2e édition, 1 gros vol. in-12, orné de 8 planches.
Figures noires. 4 fr.

Chimie élémentaire, inorganique et organique, à l'usage des Écoles et des Gens du monde, par E. Burnouf. 1 gros vol. in-12. 3 fr.

Choix des plus belles fleurs et des plus beaux fruits, par P.-J. Redouté, peintre d'histoire naturelle.
150 planches différentes coloriées. Chaque pl. 1 fr.

Collection iconographique et historique des Chenilles d'Europe, ou Description et figures de ces Chenilles, avec l'histoire de leurs métamorphoses, et leur application à l'agriculture, par MM. Boisduval, Rambur et Graslin.
Cette collection se compose de 42 livraisons, format grand in-8, papier vélin : chaque livraison comprend *trois planches coloriées* et le texte correspondant.
Les 42 livraisons réunies (la pl. I des Papillonides n'a jamais existé) : 100 fr.

Cours d'agriculture, de viticulture et de jardinage, par Mathieu Risler (1849). 1 vol. in-12. 2 fr.

Fauna japonica, sive Descriptio animalium quæ in itinere per Japoniam jussu et auspiciis superiorum, qui summum in India Batava imperium tenent, suscepto anni 1823-1830, collegit, notis, observationibus et adumbrationibus illustravit Ph. Fr. de Siebold.
Reptiles, 3 livraisons noires. Ensemble. 25 fr.

Faune de l'Océanie, par M. le docteur Boisduval. 1 gros vol. in-8, imprimé sur grand papier. 10 fr.

Faune entomologique de Madagascar, Bourbon et Maurice. — *Lépidoptères*, par le docteur Boisduval ; avec des notes sur leurs métamorphoses, par M. Sganzin.
Huit livraisons, format grand in-8, papier vélin. Planches noires. 10 fr.

Icones historique des Lépidoptères nouveaux ou peu connus, collection, avec figures coloriées, des papillons d'Europe nouvellement découverts, par M. le docteur Boisduval. Ouvrage formant le complément de tous les auteurs iconographes. Cet ouvrage se compose de 42 livraisons grand in-8, comprenant chacune *deux planches coloriées* et le texte correspondant.
Les 42 livraisons réunies. Coloriées. 100 fr.
Noires. 25 fr.
Nota. — Tome 2. Le texte s'arrête page 208. Toutes les fig. des planches 48 à 70 inclusivement sont décrites.
Les fig. des planches 71 à la fin ne sont pas décrites.

Manuel des Candidats à l'emploi de Vérificateur des Poids et Mesures, par M. Ravon. 2ᵉ édit. 1 vol. in-8. 5 fr.

Manuel des Sociétés de secours mutuels. Une brochure in-12. 1854. 0 fr. 50

Mémoires de la Société royale des Sciences de Liège. Première série, 1843 à 1866, 20 vol. à 7 fr.
Deuxième série, 1866 à 1887, 13 vol. à 7 fr.

Mémoires récréatifs, scientifiques et anecdotiques du physicien-aéronaute Robertson. 2 vol. in-8 ornés de vignettes. 12 fr.

Ministre (Le) de Wakefield, traduit en français par M. Aignan. 1 vol. in-12, avec figures. 1 fr.

Monographie des Erotyliens, famille de l'ordre des Coléoptères, par M. Th. Lacordaire. In-8. 9 fr.

Synonymia insectorum. — **Genera et species curculionidum** (ouvrage comprenant la synonymie et la description de tous les Curculionides connus), par M. Schoenherr. 8 tomes en 16 parties. (*Ouvrage terminé.*) 144 fr.

Théorie élémentaire de la Botanique, ou Exposition des principes de la classification naturelle et de l'art de décrire et d'étudier les végétaux, par M. de Candolle. 3ᵉ édition, 1 vol. in-8. 8 fr.

Voyage à Madagascar, au couronnement de Radama II, par Aug. Vinson, Ouvrage enrichi de Catalogues spéciaux publiés par MM. J. Verreaux, Guénée et Ch. Coquerel. 1 beau volume in-8 jésus.
Papier ordinaire, fig. coloriées.   20 fr.

BIBLIOTHÈQUE DES ARTS ET MÉTIERS

10 vol. format in-18, grand papier

1 fr. 75 le volume

Livre de l'Arpenteur-Géomètre, Guide pratique de l'Arpentage et du lever des Plans, par MM. Place et Foucard. 1 vol. accompagné de 3 planches.

Livre de la Comptabilité du Bâtiment, Guide complet de la mise à prix de tous les travaux de Construction, par M. A. Digeon. 1 vol.

Livre du Cultivateur, Guide complet de la culture des Champs, par M. Mauny de Mornay. 1 vol. accompagné de 2 planches.

Livre de l'Économie et de l'Administration rurale, Guide complet du Fermier et de la Ménagère, par M. Mauny de Mornay. 1 vol. accompagné d'une planche.

Livre du Forestier, Guide complet de la Culture et de l'Exploitation des Bois, traitant de la fabrication des Charbons et des Résines, par M. Mauny de Mornay. 1 vol. accompagné d'une planche.

Livre du Jardinier, Guide complet de la culture des Jardins fruitiers, potagers et d'agrément, par M. Mauny de Mornay. 2 vol. accompagnés de 2 planches.

Livre des Logeurs et des Traiteurs, Code complet des Aubergistes, Maîtres d'hôtel, Teneurs d'hôtel garni, Logeurs, Traiteurs, Restaurateurs, Marchands de Vin, etc., suivi de la Législation sur les Boissons. 1 vol.

Livre du Fabricant de Sucre et du Raffineur, par M. Mauny de Mornay. 1 vol. accompagné de 2 planches.

Livre du Vigneron et du Fabricant de Cidre, de Poiré, de Cormé, et autres Vins de Fruits, par M. Mauny de Mornay. 1 vol. accompagné d'une planche.

BAR-SUR-SEINE. — IMP Vᵉ C. SAILLARD

ENCYCLOPÉDIE-RORET

COLLECTION
DES
MANUELS-RORET

FORMANT UNE

ENCYCLOPÉDIE DES SCIENCES & DES ARTS

FORMAT IN-18

Par une réunion de Savants et d'Industriels

Tous les Traités se vendent séparément

La plupart des volumes, de 300 à 400 pages, renferment des planches parfaitement dessinées et gravées, et des vignettes intercalées dans le texte.

Les Manuels épuisés sont revus avec soin et mis au niveau de la science à chaque édition. Aucun Manuel n'est cliché, afin de permettre d'y introduire les modifications et les additions indispensables.

Cette mesure, qui met l'Editeur dans la nécessité de renouveler à chaque édition les frais de composition typographique, doit empêcher le Public de comparer le prix des *Manuels-Roret* avec celui des autres ouvrages, tirés sur cliché à chaque édition, et ne bénéficiant d'aucune amélioration.

Pour recevoir chaque volume franc de port, on joindra, à la lettre de demande, un mandat sur la poste (de préférence aux timbres-poste) équivalant au prix porté au Catalogue.

Cette franchise de port ne concerne que la **Collection des Manuels-Roret** et n'est applicable qu'à la France et à l'Algérie. Les volumes expédiés à l'Etranger seront grevés des frais de poste établis d'après les conventions internationales.

Bar-sur-Seine. — Imp. Ve C. SAILLARD.

www.ingramcontent.com/pod-product-compliance
Lightning Source LLC
Chambersburg PA
CBHW060752230426
43667CB00010B/1536